国家社会科学基金项目资助

普惠金融下的
互联网金融创新与风险控制研究

吕秀梅　著

科学出版社
北京

内 容 简 介

互联网金融化和金融互联网化及两化融合发展是互联网条件下现代金融业发展的基本趋势，并由此掀起金融大众化和民主化浪潮，使长期饱受金融排斥与抑制的广大中小微企业、“三农”和社会弱势群体也能平等享受到现代金融服务，使普惠金融理念从理想主义到现实主义落地落实。但由于发展时间短，相关制度欠缺、监管缺失和经验缺乏，互联网金融前期的野蛮生长暴露出许多风险和弊端，为我国尚不完善的金融体系增加了许多不稳定因素，因此迫切需要对互联网金融“从哪里来，到哪里去”有清醒的认识，厘清互联网金融的本质，给互联网金融创新的“烈马”配上风险可控的“缰绳”，做好“踩油门”与“踩刹车”的动作配合，引导互联网金融既普惠化创新发展，又合规化健康发展。因此，本书抓住互联网金融作为金融应具有的本质属性，利用互联网金融发展带来的机遇助力普惠金融发展。研究结果应用对发展普惠金融，缓解我国金融排斥与抑制，让金融更好地回归到服务实体经济的发展之中有重要的理论意义和实践意义。

本书可作为从事互联网金融、智能金融研究的科研工作者和相关从业者以及金融专业研究生的参考书籍。

图书在版编目(CIP)数据

普惠金融下的互联网金融创新与风险控制研究 / 吕秀梅著. —北京：科学出版社，2022.10

国家社会科学基金项目

ISBN 978-7-03-060451-4

Ⅰ. ①普… Ⅱ. ①吕… Ⅲ. ①互联网络-应用-金融改革-研究-中国 ②互联网络-应用-金融风险-风险管理-研究-中国 Ⅳ. ①F832.1-39

中国版本图书馆 CIP 数据核字（2019）第 014171 号

责任编辑：武雯雯 / 责任校对：彭 映
责任印制：罗 科 / 封面设计：墨创文化

科学出版社出版
北京东黄城根北街16号
邮政编码：100717
http://www.sciencep.com

成都锦瑞印刷有限责任公司印刷
科学出版社发行 各地新华书店经销

*

2022 年 10 月第 一 版 开本：787×1092 1/16
2022 年 10 月第一次印刷 印张：18 1/2
字数：439 000

定价：148.00 元

（如有印装质量问题，我社负责调换）

资 助 项 目

1. 教育部人文社会科学重点研究基地重庆工商大学长江上游经济研究中心；

2. “三峡库区百万移民安稳致富国家战略”服务国家特殊需求博士人才培养项目；

3. 2014 年国家社科基金“普惠金融下的互联网金融创新与风险控制研究”(14BJY180)；

4. 2019 年国家社科基金“平衡效率和风险的金融科技与监管科技协同创新研究”(19XYJ022)；

5. 重庆工商大学学术专著出版基金。

作 者 简 介

吕秀梅，女，四川中江人，教授，经济学博士，毕业于西南财经大学金融学专业。现为重庆工商大学教育部人文社会科学重点研究基地重庆工商大学长江上游经济研究中心研究人员、金融学院专职教师，主要从事互联网金融、金融科技、金融理论前沿、金融学、商业银行经营学、金融风险管理等课程的教学工作。

主要进行互联网金融、金融科技、期权博弈等方面的研究，先后在 SSCI、SCI 检索的 *International Journal of Strategic Property Management*、*Chaos Solitons and Fractals* 等国外学术期刊和《系统工程理论与实践》《系统工程》等国内期刊发表 20 余篇论文。主持过 4 项科研项目，包括 2014 年国家社会科学基金项目“普惠金融下的互联网金融创新与风险控制研究”。已经独立撰写并出版专著《不确定环境下的竞争性投资：实物期权与博弈论》。

前　　言

本书通过对互联网金融作为利用互联网金融科技经营信用和风险的金融本质的认识，确立互联网金融作为服务实体经济的普惠金融的创新发展定位，顺应互联网金融化与金融互联网化及其相互融合的创新发展趋势，遵循一切金融活动配合“踩油门”与“踩刹车”的动作，厘清互联网金融“从哪里来，到哪里去”的创新发展规律。给互联网金融创新的“烈马”配上可控的“缰绳”，引导互联网金融既不忘初心，坚持创新，实现普惠化创新发展，又去伪存真，管控风险，实现规范化健康发展。

研究内容：①互联网金融本质。厘清互联网金融的金融本质属性，溯源互联网金融创新的理论基础，挖掘互联网金融创新的空间维度，梳理互联网金融创新的普惠体现，展望互联网金融服务实体的创新路径，确保互联网金融既普惠化创新发展又规范化健康发展。②互联网金融模式。梳理当今互联网金融创新的主要成果，重点介绍P2P、众筹、第三方支付、虚拟货币、互联网金融门户、大数据金融以及传统金融和小微金融互联网化等典型模式的基本内涵、主要做法、普惠体现和创新表现，把握互联网金融化、金融互联网化及其两化融合的创新发展规律。③互联网金融风控。从金融风险与网络风险相互叠加的视角，把握互联网金融的风险特征，识别互联网金融主要的风险类型，研究互联网金融风险度量和控制的方法，给互联网金融创新的“烈马”配上可控的“缰绳”，确保互联网金融在风险可控的前提下健康发展。④互联网金融监管。从我国互联网金融的现状及问题出发，在借鉴国际经验的基础上，重点研究我国互联网金融监管的思路、格局、体系和方法，科学划分互联网金融监管的管与不管边界，守住不发生区域性金融风险和系统性金融风险这两条底线，确保我国互联网金融发展既充满创新活力又合规可持续。⑤互联网消费金融。梳理互联网消费金融发展的驱动力量和普惠体系，从需求场景、产品形态和服务模式分析互联网消费金融服务实体的创新导向，识别、度量和控制互联网消费的金融风险，把握互联网消费金融服务实体的普惠化创新发展方向。⑥互联网公司金融。围绕着中小微企业融资难问题，探讨互联网金融如何通过模式创新向中小微企业提供普惠金融服务，同时对这一过程中可能出现的风险制定管控方案，把握互联网公司金融服务实体的普惠化创新发展方向。⑦互联网供应链金融。研究互联网金融围绕着供应链的产供销链条向利益相关者提供一揽子普惠金融服务的创新发展方向和风险控制方法，把握互联网供应链金融普惠化产融结合的基本态势。⑧互联网农村金融。研究互联网金融缓解农村金融排斥与歧视的具体实现路径，同时对这一过程中可能出现的风险制定管控办法，把握互联网金融普惠化服务“三农”的创新发展方向。

研究结论：①互联网金融利用互联网思维和金融科技手段经营信用和风险。由于互联网金融充分植入了互联网这种先进的生产力，因而在交易媒介、销售方式、风控方式、协议签订等方面实现了对传统金融的帕累托(Pareto)改进，能够低成本、低风险和高效率地将金融服务覆盖到广大中小微企业和低收入人群等长尾客群获取规模经济和范围经济，能够通过与居民消费、企业经营、供应链和“三农”场景的无缝对接服务实体经济。②我国的互联网金融创新源于国内金融压制与监管包容、金融科技兴起与网络消费盛行等合力驱动下的金融服务与互联网跨界融合，它借助金融科技朝着服务的大众化、产业的生态化、体验的场景化、风控的数据化方向创新发展，为我国普惠金融的发展注入了新的活力，已成为我国普惠金融体系的重要组成部分，是未来我国普惠金融发展的战略重点。③互联网金融叠加网络风险的同时创造出大数据这种更有效的金融风险管理工具。从过去金融风险的动态演变过程来看，互联网金融风险控制与金融创新并不矛盾，它们之间的关系犹如“缰绳”与“烈马”、“刹车”与“油门”的关系，需要做的就是在两者之间寻找到合适的平衡点。由于可以借助云计算、大数据、区块链等金融科技进行风险控制，使互联网金融的风险控制多样并高效。④互联网金融的适度监管已是民心所向。互联网金融本质是金融，因此仍需要监管。没有一定清晰的规则和边界，放任金融野蛮生长，最后的结果是“好人给坏人买单”，倘若等到问题大量浮出水平面后再去监管和整顿，极有可能是釜底抽薪，动摇社会对整个互联网金融的信心。但由于互联网金融是金融科技创新的新生事物，对互联网金融的监管须秉持包容性与严肃性兼顾的原则，把握管与不管的度，避免出现“一放就乱、一管就死”的困境。⑤普惠化服务实体经济是互联网金融创新发展的出发点和落脚点，也是互联网金融区别于传统金融最显著的特点和优势。互联网金融在需求场景、产品形态、服务模式和风控措施等方面表现出显著的普惠金融特征，它以对消费者的普惠化服务为切入点，向以中小微企业为主的生产者提供普惠金融服务，然后向产业链上的利益相关者提供金融解决方案，呈现出“星星之火，可以燎原”的发展态势，正一步步做实互联网金融作为服务实体经济的普惠金融。

决策建议：①坚定互联网金融普惠化服务实体经济的发展方向，重点支持互联网消费金融、互联网公司金融、互联网金融产融结合和互联网农村金融，不断丰富互联网金融的场景、模式和产品，通过 O2O 和大数据确保互联网金融在风险可控的条件下健康可持续发展。②坚持以用户为中心，与时俱进地进行互联网金融创新。深刻把握互联网金融消费趋势、客户潜在金融服务需求、客户消费行为特征，了解客户的真实需求，利用大数据分析技术为产品创新、客户定位、商业模式创新和金融服务模式创新提供有效支撑，建立以客户体验为核心的业务运行体系，为用户提供多元化、差异化、个性化的优质服务。③支持互联网金融企业优胜劣汰，通过产业联盟、企业联盟、战略联盟以及收购、控股、参股、成立合资公司等资本运作方式构建横向业务单元多元化、纵向客户服务全能化的生态体系，不断做大做强做优，降低交易成本，提高服务质量，增强行业自律，自觉接受“一行三会”监管，让普惠金融的“阳光”普照更多长尾客群。④对互联网金融的监管原则上应以不发生区域性金融风险和系统性金融风险为底线，以金融的本质要求界定互联网金融监管的管与不管，以负面清单的形式明确互联网金融行为的边界，重点防范以 P2P 形式出现的非法集资罪、以网络众筹和网络理财形式出现的诈骗罪以及互联网金融平台不委托第三方进行资金存管的挪用资金罪、未取得金融业务资质的非法经营罪或擅自设立金融机构罪。⑤引导社会公众正确看待和理性参与互联网金融活动，要教育引导投资者树立正确的投资理念，摒弃依靠投资一夜暴富的心态，自觉抵制高回报诱惑。顺应互联网金融发展趋势，及时修订《中华人民共和国证券法》等法律法规，依法打击以P2P网络借贷或股权众筹为名的非法集资、非法发行证券等违法行为，尤其是以高回报为诱饵的庞氏骗局。整顿校园网络贷款，引导在校大学生量入为出的理性消费观。

创新之处：①视角创新。本书既不同于市面上泛泛地介绍互联网金融基本模式的理论书籍，也不同于单纯地实时介绍互联网金融总体或细分领域发展情况的研究报告，而是以互联网金融本质为主线对互联网金融的理论成果与实践运用进行系统梳理、聚类分析和场景展示，在理论把握互联网金融创新的基础上，深入研究互联网金融在实体经济中的应用，开辟了互联网金融研究新的视角。②理论创新。本书综合应用博弈论、系统工程、信息经济学等理论知识和案例研究、比较研究、理论研究等多种研究方法，通过对纷繁复杂的互联网金融现象的梳理，研究互联网金融创新的基本规律、原则要求和风险管控，诠释互联网金融的昨天、今天和明天，确立服务实体经济的普惠金融的互联网金融发展定位，从理论上回答互联网金融应该如何普惠化创新发展和规范化健康发展。③实践创新。本书坚持“理论联系实际，从实践中来，到实践中去”的理论形成过程，运用大量的案例，分析近年来国内外涌现的各种互联网金融创新实践和风险事件，透过现象洞察互联网金融的本质，把握不同模式互联网金融创新的特点及风险，为互联网金融的普惠化健康发展和规范化健康发展提供重要的决策参考。

成果价值：①本书在界定互联网金融本质的基础上，系统梳理并分析了互联网金融创新理论、互联网金融普惠理论、互联网金融风控理论和互联网金融监管理论，从理论角度回答了普惠金融下的互联网金融应该如何创新发展和规范发展，既丰富了现有的互联网金融理论和普惠金融理论，又有一定程度的理论创新。②完善了中小微企业和“三农”的融资体系。长久以来，中小微企业和“三农”都处于融资难、融资贵的金融抑制和排斥的困境，本书在分析了中小微企业和“三农”融资困境的原因后，研究了互联网金融在解决融资问题时的优势，并对融资模式进行创新，为中小微企业和“三农”提供了更具可获得性和持续性的金融服务方案。③本书理论研究来源于实践中的大量相关案例，又扎根理论形成有关互联网金融的本质认识、模式创新、风险控制和金融监管理论，并运用到消费金融、公司金融、供应链金融和农村金融等场景进行实证检验，理论与实践的有机契合能为监管部门适度监管和互联网金融企业普惠化创新发展提供决策参考。④对互联网金融本质的准确把握为我国互联网金融既普惠化创新发展又规范化健康发展找寻出一条有效的路径。对互联网金融成为服务实体经济的普惠金融的发展路径的梳理，有助于引导我国互联网金融沿着正确的道路实现普惠化创新发展。“三位一体”的互联网金融风控体系的构建有利于互联网金融“守住不发生系统性和区域性金融风险的底线”，把正确的事情做正确，确保我国互联网金融规范化可持续健康发展。

本书得到以下项目基金支持，特此表示感谢：教育部人文社会科学重点研究基地重庆工商大学长江上游经济；“三峡库区百万移民安稳致富国家战略”服务国家特殊需求博士人才培养项目；2014 年国家社科基金“普惠金融下的互联网金融创新与风险控制研究”(14BJY180)；2019 年国家社科基金“平衡效率和风险的金融科技与监管科技协同创新研究”(19XYJ022)；重庆工商大学学术专著出版基金。

目　录

第 1 章　绪论 …… 1
1.1　研究问题的提出 …… 1
1.1.1　普惠金融与金融排斥和歧视 …… 1
1.1.2　传统金融难以实现普惠金融 …… 3
1.1.3　互联网金融与普惠金融契合 …… 3
1.2　相关的研究综述 …… 6
1.2.1　互联网金融普惠与创新 …… 6
1.2.2　互联网金融风险与监管 …… 7
1.3　研究目标及内容 …… 10
1.3.1　研究目标 …… 10
1.3.2　研究内容 …… 10
1.4　研究思路及方法 …… 12
1.4.1　研究思路 …… 12
1.4.2　研究方法 …… 13
1.5　主要创新及特色 …… 14
1.5.1　主要创新 …… 14
1.5.2　研究特色 …… 14
1.6　研究的主要价值 …… 14
第 2 章　互联网金融本质：服务实体经济的普惠金融 …… 16
2.1　互联网金融本质属性的认识 …… 16
2.1.1　互联网金融本质是金融 …… 16
2.1.2　传统金融的帕累托改进 …… 17
2.2　互联网金融创新的理论基础 …… 19
2.2.1　普惠金融理论 …… 19
2.2.2　金融创新理论 …… 22
2.2.3　长尾效应理论 …… 22
2.2.4　金融脱媒理论 …… 24
2.2.5　金融中介理论 …… 26
2.3　互联网金融创新的驱动力量 …… 26
2.3.1　金融抑制是创新的土壤 …… 26
2.3.2　金融科技是创新的条件 …… 27
2.3.3　客户改变是创新的导向 …… 28

2.3.4 普惠金融是创新的动力 ……28
2.3.5 监管包容是创新的环境 ……29
2.4 互联网金融创新的空间维度 ……29
2.4.1 创新概念界定 ……29
2.4.2 基础设施创新 ……31
2.4.3 网络平台创新 ……32
2.4.4 渠道整合创新 ……32
2.4.5 应用场景创新 ……34
2.5 互联网金融创新的普惠体现 ……35
2.5.1 提高金融服务的覆盖率 ……35
2.5.2 提高金融服务的可获得性 ……36
2.5.3 提高金融服务的满意度 ……36
2.5.4 提高金融服务的可持续性 ……37
2.5.5 提高金融风险的可控性 ……37
2.6 互联网金融服务实体的创新表现 ……38
2.6.1 为实体服务的创新导向 ……38
2.6.2 面向消费者的金融创新 ……38
2.6.3 面向生产者的金融创新 ……39
2.6.4 面向供应链的金融创新 ……39
2.6.5 面向“三农”的金融创新 ……39
第 3 章 互联网金融模式：创新普惠金融的服务方式 ……41
3.1 P2P 网络借贷 ……42
3.2 众筹融资 ……44
3.3 第三方支付 ……48
3.4 虚拟货币 ……50
3.5 互联网金融门户 ……53
3.6 大数据金融 ……55
3.7 “互联网+银行” ……60
3.8 “互联网+证券” ……63
3.9 “互联网+保险” ……66
3.10 “互联网+理财” ……69
第 4 章 互联网金融风控：发展普惠金融的前置条件 ……72
4.1 互联网金融风控的理论分析 ……72
4.1.1 互联网金融风险的生成机理 ……72
4.1.2 互联网普惠金融与金融风险 ……73
4.1.3 互联网金融创新与金融风险 ……74
4.2 互联网金融的风险识别 ……75
4.2.1 风险类型 ……75
4.2.2 风险评估 ……80

4.2.3 风险体系 ……………………………………………………………………83
4.3 互联网金融的风险度量…………………………………………………………84
4.3.1 模型构建 ……………………………………………………………………84
4.3.2 模型分析 ……………………………………………………………………85
4.3.3 结论建议 ……………………………………………………………………89
4.4 互联网金融的风险控制…………………………………………………………90
4.4.1 借鉴传统的策略……………………………………………………………90
4.4.2 大数据技术风控……………………………………………………………91
4.4.3 其他的金融科技……………………………………………………………93
第 5 章 互联网金融监管：让金融在阳光下普惠大众 …………………………96
5.1 互联网金融监管的理论分析……………………………………………………96
5.1.1 市场与监管…………………………………………………………………96
5.1.2 普惠与监管…………………………………………………………………97
5.1.3 风险与监管…………………………………………………………………98
5.2 我国互联网金融监管的问题……………………………………………………98
5.2.1 监管现状 ……………………………………………………………………98
5.2.2 监管问题 ……………………………………………………………………100
5.2.3 问题根源 ……………………………………………………………………101
5.2.4 监管借鉴 ……………………………………………………………………102
5.3 互联网金融创新与监管研究……………………………………………………104
5.3.1 问题提出 ……………………………………………………………………104
5.3.2 模型构建 ……………………………………………………………………105
5.3.3 模型分析 ……………………………………………………………………106
5.3.4 政策启示 ……………………………………………………………………114
5.4 我国互联网金融监管措施………………………………………………………115
5.4.1 思路：宏观审慎+功能监管+行为监管 ……………………………………115
5.4.2 格局：中央银行+审慎部门+行为部门 ……………………………………117
5.4.3 体系：政府监管+行业自律+中介辅助 ……………………………………117
5.4.4 宗旨：助力普惠+鼓励创新+适度监管 ……………………………………120
5.4.5 方式：传统监管+数据监管+创新监管 ……………………………………121
第 6 章 互联网消费金融：对消费者的普惠金融服务 …………………………123
6.1 互联网消费金融的理论分析……………………………………………………123
6.1.1 理论基础 ……………………………………………………………………123
6.1.2 概念界定 ……………………………………………………………………124
6.1.3 普惠体现 ……………………………………………………………………126
6.1.4 驱动力量 ……………………………………………………………………128
6.2 互联网消费金融的创新方向……………………………………………………129
6.2.1 需求场景创新………………………………………………………………129
6.2.2 产品形态创新………………………………………………………………132

6.2.3 服务模式创新……133
6.3 互联网消费金融的风险控制……142
6.3.1 风险识别……142
6.3.2 风险评估……144
6.3.3 风险控制……149
6.4 互联网消费金融的发展趋势……155
第7章 互联网公司金融：对生产者的普惠金融服务……156
7.1 互联网公司金融的理论分析……156
7.1.1 理论基础……156
7.1.2 融资理论……157
7.1.3 普惠体现……158
7.1.4 驱动力量……164
7.2 互联网公司金融的创新方向……166
7.2.1 P2P网贷融资……166
7.2.2 电商平台融资……167
7.2.3 众筹模式融资……170
7.2.4 共享模式融资……171
7.2.5 传统金融网络融资……172
7.3 互联网公司金融的风险控制……173
7.3.1 问题提出……173
7.3.2 理论分析……173
7.3.3 实例分析……180
7.3.4 研究结论……183
7.4 互联网公司金融的发展展望……185
第8章 互联网供应链金融：对供应链的普惠金融服务……186
8.1 互联网供应链金融的理论分析……186
8.1.1 理论基础……186
8.1.2 生态系统……190
8.1.3 普惠体现……194
8.1.4 驱动力量……195
8.2 互联网供应链金融的创新方向……198
8.2.1 资产端创新……198
8.2.2 资金端创新……202
8.2.3 服务模式创新……209
8.3 互联网供应链金融的风险控制……218
8.3.1 风险识别……218
8.3.2 风险评估……220
8.3.3 实证分析……224
8.3.4 风控措施……225

8.4 互联网供应链金融的发展趋势……229
第 9 章 互联网农村金融：对“三农”的普惠金融服务……231
9.1 互联网农村金融的理论分析……231
9.1.1 理论基础……231
9.1.2 普惠体现……235
9.1.3 驱动力量……239
9.2 互联网农村金融的创新方向……242
9.2.1 需求场景创新……242
9.2.2 供给主体创新……245
9.2.3 服务模式创新……250
9.3 互联网农村金融的风险控制……255
9.3.1 主要风险识别……255
9.3.2 风控模型分析……256
9.3.3 风险管控措施……260
9.4 互联网农村金融的发展展望……261
第 10 章 研究结论及决策建议……265
10.1 研究结论……265
10.2 决策建议……267
10.3 研究展望……270
参考文献……272

第1章 绪　论

以互联网金融化和金融互联网化为显著特征的互联网金融异军突起，正好弥补了我国传统金融服务实体经济和长尾客群的欠缺，为我国金融普惠化服务实体经济注入了新的活力。本书作为专题研究普惠金融视角下的互联网金融创新及风险控制的研究报告，首章主要介绍研究问题的提出、研究综述、研究目标、研究内容、研究思路、研究方法、主要创新和主要价值，展示研究成果的形成过程，从整体上给本书画像。

1.1 研究问题的提出

1.1.1 普惠金融与金融排斥和歧视

2005 年，联合国在宣传小额信贷时首次提出普惠金融(inclusive finance)，用于阐述社会各阶层以合理价格获取金融服务的理念。2006 年联合国在 *Building Inclusive Financial Sectors for Development* 中指出，每个发展中国家应通过政策、立法和规章制度的支持来建立一个持续的、可以为人们提供合适产品和服务的普惠金融体系。2010 年 G20 杭州峰会形成普惠金融专家组和普惠金融全球伙伴，并发布创新普惠金融的原则。2012 年世界银行加入普惠金融全球伙伴。尽管目前学术界对普惠金融没有统一定义，但认为其含义基本相似，即普惠金融能够全面、高效、可持续地为有金融需求的各种企业和家庭提供金融服务。因此，普惠金融应使所有有金融服务需求的用户能以合理价格获取金融服务，金融机构能以合理收益提供可持续性服务，金融领域实现完全市场竞争，市场和政府能对金融机构可持续地审慎监管。

与普惠金融相对的概念是金融排斥(financial exclusion)。金融排斥是指长尾客群被排斥在金融机构服务范围外，无法从正规渠道获取金融服务，虽然这些服务是他们所必需的。金融排斥最早由 Leyshon 和 Thrift(1995)在阐述金融不公平和金融歧视问题时提出，指政府放松金融监管后金融机构为降低成本而关闭大量少数民族居住区域的分支机构，使该地区居民的社会和经济权利被剥夺而形成的地理性金融歧视。Kempson 和 Whyley(1999)认为，金融排斥还包括金融产品获取价格过高导致的价格排斥(price exclusion)、风险评估程序设置导致的可及性排斥(access exclusion)、金融产品附属条件过高而导致的条件排斥(condition exclusion)、金融机构销售金融产品对目标市场的选择性放弃导致的营销排斥(marketing exclusion)、申请者灰心预期导致的自我排斥(self-exclusion)。Beck 等(2007)认为，自我排斥属于主动性金融排斥(voluntary exclusion)，其他属于被动性金融排斥

(involuntary exclusion)。要解决金融排斥，需要发展普惠金融。

近些年，国际组织提出“宽内涵、多维度”的普惠金融，提出信贷、支付、保险、证券、养老金等多层次多维度的普惠金融(粟芳和方蕾，2016)。我国在 2013 年中共十八届三中全会上正式将“发展普惠金融”上升为国家战略，2014 年政府工作报告再次提出“发展普惠金融”，2016 年 1 月国务院印发的《推进普惠金融发展规划(2016—2020 年)》提出，到 2020 年全面建立与小康社会相适应的普惠金融服务与保障体系，2016 年 9 月 G20 杭州峰会将数字普惠金融列为重要议题并出台《G20 数字普惠金融高级原则》等高级别指引性文件。2017 年 7 月全国金融工作会议提出普惠金融的目的是服务实体和精准扶贫，前提是构建多层次金融组织体系、完善的信用管理体系、严密的风险防控体系“三位一体”的普惠金融体系，重点是要善用科技手段融合“互联网+”(许志峰 等，2017)。自此我国普惠金融实践大致经历了四个主要发展阶段(表 1-1)。

表 1-1 我国普惠金融的发展阶段

发展阶段	起止时间	主要特点
公益性小额信贷阶段	1990～2000 年	我国早期的金融扶贫体现了普惠金融的基本理念，比较典型的有中国扶贫基金会、扶贫经济合作社等，资金主要出自国际组织、社会捐赠和财政扶贫等，缺乏持续性供给
发展型微型金融阶段	2001～2005 年	资金实力较强的传统金融机构，如中国农业发展银行、中国农业银行、农村信用社或地方性商业银行等，面向农户及下岗失业人员等有一定信用基础和偿还能力的弱势人群开展小额信贷业务，信贷目的不单是扶贫，还要兼顾就业促进，资金来源主要依靠吸收社会公众存款
综合性普惠金融阶段	2006～2010 年	2005 年中央明确探索建立更贴近农民农村需要、由自然人或企业发起的小额信贷组织，于是不断设立为农户、个体工商户及中小微型企业等服务的小贷公司、村镇银行、农村资金互助社等机构
互联网普惠金融阶段	2011 年至今	互联网金融的发展使得服务群体从中低收入群体扩大到都市白领、中小微企业等客群，为其提供开户、支付、结算、存款、信贷等服务，且网络化、移动化特征明显，线上线下并行，推动我国更具平等、开放、便利、草根性普惠金融体系的逐步形成

普惠金融是一种让普通民众也能享受金融改革成果的理念，其核心是为农村居民、城市低收入群体、中小微企业等被传统金融或正规金融体系边缘化的社会弱势群体提供同等的获取优质金融服务的机会。普惠金融能体现出金融服务的公平性，是社会主义国家应有之义，同时也是国家深化改革、完善金融市场体系的必由之路。传统金融是专业化、精英化的利益驱动者，出于成本最小化和收益最大化考虑，金融服务往往侧重于国有企业、大型企业、富有人群等优质客户或高净值客户，很难覆盖到普通客群。因此，普通客群只能选择私人借贷、高利贷等非正规途径来满足金融需求，但因监管缺失导致成本高、社会风险大。中小微企业和居民消费是社会发展中最具活力的原动力，迫切需要通过发展普惠金融解决这些拉动国民经济增长的新生力量的融资问题，并通过金融精准扶贫帮助广大农村和城市低收入人群创业、就业增收，脱贫致富，提高资源配置效率并增进社会福利。

1.1.2　传统金融难以实现普惠金融

首先，传统金融机构开展普惠金融难以实现商业可持续性。第一，难以满足众多客户多样化的金融需求。普惠金融覆盖面广，客户不同使得金融需求不同，为满足普通客群的多元化多样性金融需求，传统金融机构需耗费大量时间、资金和精力研发产品，丰富产品种类以提升客户体验，与低成本高收益的经营理念相悖。第二，难以解决开展普惠金融时的地理性金融排斥问题。传统金融服务以物理网点为主，设备、场地、人工等因素导致成本过高，与普惠金融需要的网点覆盖地域广之间存在不可调和的矛盾，并且普通客群单笔业务金额小导致传统金融机构实际盈利差，因此更不愿将营业网点设立在偏远农村。第三，难以解决开展普惠金融时风险太大的难题。普惠金融客群自身抗风险能力较弱，数量大又会增大风险事件频率并提升管理难度，若服务于偏远农村地区的客户，会因为恶化的区域金融生态环境而引发更多风险。

其次，传统金融难以将客户覆盖到普惠金融要求的广度。普惠金融服务特别需要关照中小微企业、蓝领工人、农民工、从事兼职创业的大学生等长尾人群，但他们却存在信用记录少、有效抵押品少、交易金额小等特点，难以实现规模经济。而传统金融往往设置较高的服务门槛，如银行理财产品通常需要 5 万元人民币起投、信托产品通常需要 100 万元以上，还需通过风险评估、提供工资收入证明等，把大量普通客户排斥在外。传统金融机构网点往往集中在中高端客户密集的经济发达区域，而乡镇和农村地区的金融服务网点明显不足且还在逐渐减少，部分网点只能提供存款、汇款等基本服务。农业银行本应与“三农”的金融服务紧密相关，却将发展战略转向了城市和工业项目。由于弱势客户群体的偿还能力低，一些公益性的非政府组织、政策性担保公司以及商业性小额贷款公司、村镇银行、资金互助社等定位于专门从事普惠金融服务的微型金融机构，在资金得不到及时补充时往往难以持续经营，部分商业性小额信贷组织只能将资金投向收益较高的非普惠金融项目。

最后，传统金融机构的经营原则无法契合普惠金融核心理念。营利性和安全性要求传统金融机构设置较高服务门槛以提高单笔业务收益并降低风险，如贷款需优质抵押担保，理财产品认购有最低额度门槛，信用卡发放面向有较高、较稳定收入人群等。然而弱势群体普遍缺乏抵押品，且交易金额规模较小，很难达到传统金融机构的门槛要求，而普惠金融重点关注的中低收入群体客户、农村等偏远地区客户、中小微企业客户等与服务门槛差距更大。并且，这些客户的融资需求往往是应急性的，需要金融机构快速响应并及时放款，但传统金融机构长期养成的冗长业务环节及风险控制使放贷过程经历多环节逐级审批，贷款发放往往错过了普惠金融客群的最佳用款时间。

1.1.3　互联网金融与普惠金融契合

互联网金融（internet finance）是利用互联网技术或移动通信技术来实现资金融通、信息中介、支付等功能的金融模式，是互联网时代金融领域表现出来的新特征、新技术、新平台、新模式和新实现形式（谢平　等，2014）。最早提出“互联网金融”概念的是谢平和邹传伟(2012)，他们认为互联网金融既包含传统银行、证券、保险等金融中介，也包含无金融中介的金融交易和组织形式。从形式上，互联网金融可分为互联网金融化和金融互联网化两个方面，即互联网企业从事金融业务和传统金融机构通过互联网渠道提供金融服务。互联网金融只是我国的一种提法，国外叫在线金融(online-finance)或电子金融(e-finance)，出现在20世纪80年代，目前已引起了理论界广泛的研究关注和实务界大胆的实践摸索。理论上，Merton(1995)认为互联网金融的发展可归因于信息处理能力提高后带来的融资、风险监管等的正常运转；Mishkin和Strahan(1999)指出互联网技术使金融机构共享信息，也降低了金融机构与客户的信息不对称，让客户特别是中小企业和居民的金融需求得到满足。实务上，1971年VASDAQ(纳斯达克)系统的出现为网络金融的产生创造了条件，只是欧美金融体系非常完善，所以国外互联网金融并不如国内反应强烈。

随着2011年中国人民银行(简称央行)正式发放第一批第三方支付牌照，我国互联网金融开始被人们所熟知，尤其是2013年推出的余额宝更是把互联网金融推上风口，P2P、众筹、金融搜索、大数据金融以及传统金融互联网化等互联网金融模式不断涌现。与此同时，理论研究也逐步聚焦互联网金融。谢平等(2015)认为互联网金融网络支付便捷，还能降低信息不对称，并且更多表现为交易成本低的直接交易。李文启(2014)认为互联网金融高效运行机制能使更多中小微企业和个人通过网络平台获取多样化金融服务。互联网金融提倡公平与分享，能让中小微企业、个体工商户、在校大学生、蓝领工人、农民工、农户等正规金融体系之外的长尾客群借助互联网及时、有效地获得价格合理、便捷安全的小额金融服务，推动普惠金融的发展。

首先，互联网金融能显著降低普惠金融业务的交易成本。高昂成本是阻隔传统金融与长尾客户的天然鸿沟，而互联网金融的最大优势是成本低，其一系列举措降低了互联网金融的各种成本。互联网金融主要通过互联网以非人力的方式为客户提供金融服务，互联网金融从业机构(以下简称互金企业)减少了传统金融物理网点中的场地、人工等耗费的巨大成本，长尾客户减少了到服务网点的时间成本，大数据分析和挖掘所实现的精准营销和风险控制降低了产品营销成本及风险管理成本，互联网批量化处理能力降低了业务拓展成本，互联网金融通过网络实现借贷双方资金的匹配降低了信息沟通成本。因此，互金企业在利率市场化下既能保障自身合理收益，又能吸引广大长尾客户。互联网银行(Internet Bank)在2000年测算的单笔业务成本中，营业网点、电话银行、ATM的成本分别为1.07美元、0.54美元和0.27美元，而网络银行仅0.1美元。阿里网商贷(原蚂蚁微贷)推出纯信用贷款，所有流程在网上进行，单笔交易成本仅有2.3元，而传统金融需要2000元左右(蔡恺，2014)。

其次，互联网金融能有效缓解普惠金融发展的信息不对称矛盾。信息不对称会导致金融风险高、金融资源错配。一方面，传统金融机构对普通客群信用状况未知，他们在央行征信系统中没有记录，也缺乏有效抵押物，若线下人工收集信息则运行成本高、操作风险大，且很难保证获得信息的及时性和准确性。另一方面，广大长尾客户也不了解传统金融机构有哪些金融产品适合自己而主动放弃申请金融服务。互联网金融在解决信息不对称方面却有天然优势。资金需求方可通过开放的网络平台搜索金融产品的期限、价格等信息，打破资金供需双方原有的信息壁垒，互金企业在法律和道德容许范围内通过大数据、云计算和社交网络等捕捉普通客群的各种信息，判断客户的还款能力、还款意愿和持续经营能力等，折射出普通客群信用状况并据此进行差异化风险定价。互联网金融彻底颠覆传统金融依靠线下审核和评估来甄别客户信用的方式，使金融服务透明化、对等化，省去的担保与质押环节降低了长尾客户的交易门槛，而长尾效应必将带来规模经济。比如，阿里微商贷数据能反映阿里巴巴会员企业的信用状况并进行风险评估，精准风控后能为会员企业提供信用贷款。

再次，互联网金融能有效拓宽普惠金融服务边界。互联网金融依托网络，能将金融服务延伸到偏远、分散的落后地区及弱势群体，突破时空限制，让不便于到线下物理网点办理金融业务的社会各阶层都能利用闲暇时间随时办理在线金融业务。互金企业能对金融产品创新，通过货币基金整合网民闲散资金，让普通老百姓的碎片化、个性化金融需求得到满足，实现了服务对象从大企业和高净值客户到普惠金融的转型。互联网金融实现了金融服务零门槛、零网点、T+0 赎回等一系列突破，使金融服务在客户分布和交易时间分布上得到显著拓展。从客户分布看，传统金融服务是锦上添花，主要向发达城镇、传统产业、国有企业、大型企业和富有人群提供较单一化的金融服务，而互联网金融是雪中送炭，还能向偏远地区、新兴产业、中小微企业以及中低收入人群提供多样化、差异化、个性化金融服务。据统计，截至 2017 年 6 月，我国网民规模达 7.51 亿人，其中农村网民达 2.01 亿人①，农村地区互联网的快速普及让金融服务覆盖面扩大成为可能。从交易时间看，互联网金融企业打破传统金融机构“朝九晚五”的时间限制，全天候提供金融服务。由此可见，互联网金融能从根本上改变传统金融所助长的“二八定律”现象，成为无传统中介、无垄断利润、无交易成本、去中介化、泛金融化、全智能化、互补共赢的微型金融和草根金融的普惠金融。

最后，互联网金融能推动金融自主和金融民主。金融自主体现为客户从被动接受向主动选择的转变，包括主动选择何时何地通过何种渠道获得何种金融服务；而金融民主表现为长尾客户投融资意识的提升。互联网金融的出现让普通客群的诉求也能被聆听和重视，让客户的散碎时间与闲置资金也能整合并进行价值创造。互联网金融真正实现了“以客户为中心”，把客户的诉求真正渗透到金融机构产品开发、服务流程设计、渠道改造、运营提升等各个方面。与此同时，互联网公司、创业者、通信运营商等新的从业者的加入也将促使传统金融机构用更开放的心态去拥抱这些新的竞合关系，促使金融行业的竞争更加市场化，更加注重应变和效率。因互联网金融的出现而产生的鲶鱼效应迫使“高大上”的传统金融服务平民化，促进传统金融机构改革和创新，促进传统金融和互联网金融相互借鉴并共同为客户提供多样化、便捷化的金融服务，从而强化普惠大众的服务意识。传统金融主要为大企业和富人提供服务，以间接融资为主，而互联网金融主要为中小微企业提供短期拆借和为居民提供消费类小额贷款，以“脱媒”化的直接融资为主，它们发挥各自优势共同为各类客户群体提供立体的全方位金融服务。

① 数据来源：中国互联网信息中心. 2017. 第 40 次中国互联网络发展状况统计报告，2017-8-4。

1.2 相关的研究综述①

1.2.1 互联网金融普惠与创新

自普惠金融概念提出后学术界存在两种解读，一种强调普惠金融服务覆盖的全面性(晏海运，2013；马彧菲和杜朝运，2017)，另一种强调中低收入人群金融需求的满足性(马玉霞，2012)。晏海运(2013)认为，普惠金融需要各种金融机构提供全面的金融服务；马彧菲和杜朝运(2017)认为普惠金融体系应该包括那些所有有金融需求的人，而且金融服务要便捷、低成本。马玉霞(2012)认为普惠金融不是单纯给弱势群体输血而是造血，培养他们自力更生的能力。普惠金融对中低收入群体的作用已非常明显。比如在脱贫方面，马彧菲和杜朝运(2017)构建普惠金融指数和包容性增长指数实证检验了普惠金融对减缓贫困的作用；在改善教育状况方面，Chowdhury 和 Bhuiya(2001)发现参与项目的家庭中 11～14 岁年龄段孩子的读写算能力由之前的 12%提升到 24%；在小微企业融资方面，曹廷贵等(2015)认为充分运用互联网技术可有效减少中小微企业面临的金融排斥。如前所述，互联网金融契合普惠金融，因此有文献对互联网金融的普惠性进行研究。吴本健等(2017)利用双向固定效应模型分析了互联网金融发展对农村金融普惠的推动作用，认为只要借鉴农民面临的工具排斥和自我排斥，就能有效提升互联网金融的普惠效应。黄浩(2017)分析了互联网银行的普惠金融实践，认为只要在数字驱动下进行场景整合，并打通交易链、资金链和物流链，就能推动普惠金融发展。宋晓玲和侯金辰(2017)利用 25 个发达国家和 40 个发展中国家的数据证实了互联网能显著促进国家普惠金融发展。李怡然(2017)认为，互联网金融与普惠金融能相互促进，但互联网金融要加强征信体系建设并加强行业监管才能使两者更好地融合。因此，现有文献也肯定了互联网金融对普惠金融的推动作用，但互联网金融在各种模式中如何践行普惠金融，互联网金融如何为消费者、中小微企业、农村提供金融服务以推动普惠金融的发展等问题，仍有待研究。

“创新”一词最早由 Schumpeter(1980)提出，指企业家将新的生产要素或生产条件组合后引入生产体系，包括引进新产品、新技术、新原料或开辟新市场等。Schumpeter(1980)分析新技术对经济发展的作用，强调技术进步不断引发的“创造性的破坏”持续推进了传统产业的突变和转型升级，金融创新也是如此。Silber(1983)认为金融创新是金融组织寻求利润最大化时应对外部金融压制而采取的正当防卫。Kane(1988)进一步指出这种金融压制主要是外部力量对金融的控制和各种苛刻的规章制度，与 Davies 和 Horst(2015)等认为金融创新是一种与经济制度相互作用的制度变革的观点是一致的。Hicks 和 Watkins(2009)认为金融创新可降低交易成本，实质是科技进步的正常反应。Tufano(2002)对金融创新出现的原因进行了系统归纳，包括应对技术进步的冲击、税收和监管的严苛、信息不对称、委托代理、经济全球化带来的风险全球化蔓延，降低获客成本、交易成本和营销成本，弥

① 此处只单独论述了普惠、创新、风险和监管四个方面的文献，而四者相互之间的影响，如创新与风险、普惠与风险、创新与监管等，按照讨论内容的需要将研究综述放在后面相应章节中。

补传统金融的不足之处等。Mckinnon（1973）认为金融创新源于金融抑制，即银行等正规金融机构主要为大型企业和政府提供金融服务，无法满足小额借贷者的金融需求，从而存在金融抑制的现象。

互联网金融创新能明显降低交易成本，更好地推进普惠金融发展（黄卫东，2015）。并且，金融科技为互联网金融的创新发展提供条件（Poppe，2016）。互联网金融创新还能提升金融效率，转换经营方式，更利于内部管理与外部合作，进而促进互联网金融的发展（李卉，2016）。但互联网金融创新的研究不多，且主要从以下几个角度进行分析。一是从商业银行创新角度的研究。高祚（2016）认为，互联网金融对商业银行造成很大冲击，所以商业银行需要创新来应对互联网金融的影响，丁夏（2015）主要研究商业银行个人金融业务如何创新，吴成颂等（2016）实证分析了互联网金融对银行创新能力的影响。二是从具体模式来分析互联网金融创新，如冯科和何理（2016）研究互联网消费金融如何创新，顾婧等（2017）与姜超峰（2015）均分析了中小企业在供应链金融模式中的创新，徐学锋和夏建新（2010）分析了供应链金融创新中的问题，黄玲霞等（2017）与唐晓旺（2015）都分析了互联网农村金融模式中的创新实践，周雅琼（2017）分析了农村金融服务中的创新。三是从创新方向来进行分析的，如周士元（2017）研究了中小企业融资中的工具创新，张诚与李晓翠（2015）分析了供应链金融中的流程创新，李学林等（2016）研究了信息技术创新对互联网金融的影响。由上可知，现有文献普遍从某一角度分析互联网金融创新，研究较为零散。因此有必要进行系统性分析，厘清互联网金融创新的驱动力、内在的理论逻辑，探讨创新方向、创新的根本目的等内容。

1.2.2　互联网金融风险与监管

1.金融风险

根据 1987 年《新帕尔格雷夫经济学大辞典》，风险是指经济中的不确定性或不完全信息的现象。根据国际标准化组织（International Organization for Standardization，ISO）发布的 2009 年《风险管理原则与指南》，风险是不确定性对主体目标的影响。Knight（1921）首次将不确定性与风险进行区分，认为风险是可测的而不确定性是不可测的。不少学者研究金融风险，但对其含义的认识却各有不同。Crockett（1996）认为，金融风险是金融资产价格的异常波动，或金融机构因恶化的资产负债结构导致其具有脆弱性。王曼怡和周晔（2015）认为，金融风险是指金融行为因事前不可预估的不确定性的影响而使预期收益与实际收益之间产生偏差。结合 Knight（1921）的研究，本书认为，金融风险是指金融业务中的各经济体在金融产品和服务过程中遭遇损失的不确定性和可能性。

Keynes 和 William（1936）较早对金融风险进行分类，认为金融风险就是雇主或借款人风险、贷款人风险和货币价值风险。Hicks（1939）建立动态市场一般均衡模型来研究风险报酬，认为市场交易中的各方对市场价格中不确定性的预期不同，这种不同会使得动态市场交易不稳定，从而出现风险。Arrow（1968）较早提出道德风险，认为保险中的信息不对称会导致损人利己行为的发生，同时认为道德风险是一种不确定性的风险，具有随机性和偶然性，不可观察且无法完全转移风险。受 Arrow(1968)不确定性思想的启发，Debreu(1959)利用拓扑学和集合论原理，将不确定性引入确定性商品和商品价格中，通过推出不确定性商品和不确定性消费构建出消费者与生产者的一般均衡模型，解释了不确定性环境下的经济行为，创立出不受概率影响的不确定性理论。后期很多研究都是基于这些文献进行分析的。

总体上来说，金融风险控制是指个人或组织借助一些必要的资源，通过一定的技术手段和措施来消除或减少金融产品或服务中不确定性带来的不利影响的行为。从组织形式看，金融风险控制可分为内部控制和外部控制，前者是指受险主体自身采取措施控制风险，后者是指通过行业自律组织和政府监管等外部管理组织的形式来控制风险。追根溯源，金融风险控制源于 1929 年美国经济大萧条期间，当时主要借助保险来控制风险，后来人们逐渐开始研究金融风险控制，而 2008 年金融危机再度让金融风险控制成为国内外学者研究的重点，出现了很多相关文献，金融风险控制逐步理论化、模型化、产品化、制度化。1994 年 J.P.Mogan 公司提出 VaR(value at risk)模型，与该公司发布的 RiskMetrics 系统对接后可提供风险的计量技术，Jorion(2000)和 Dowd(1998)分别给出 VaR 的含义，同时都明确了 VaR 度量风险的作用。1997 年美国 KMV 公司建立 KMV 模型来估计借款企业违约概率，KMV 模型认为贷款的信用风险是在给定负债的情况下由债务人的资产市场价值决定的，而资产并未真实交易，资产的市场价值不能被直接观测。由于金融时间序列数据存在偏度和厚尾(Fama，1965；Hagerman，2012)，还存在不对称现象(Schwert，1990)，不能满足 VaR 的有效市场假设，因此人们开始研究通过分布来描述样本(Bollerslev，1987)的方法，并使用蒙特卡洛模拟等方法来估计风险(Dowd，2009)。后来，学者发现时间序列数据中存在波动爆发和聚集现象，于是 Engle(1982)和 Bollerslev(1986)提出 ARCH 和 GARCH 模型，Andersen 等(2011)分析了期权交易波动率，认为修正后的 GARCH 模型能精确化估计证券市场短期和较长期高频数据，便于投资者做出决策和控制风险。

2.互联网金融风险

互联网金融发展至今，互联网金融风险控制一直是学术界和业界关注的重点。虽有很多文献研究互联网金融风险，但鲜有文献提其含义。周娟(2015)认为，互联网金融风险是指互联网金融业务中存在不确定性及不可控性而产生损失的可能性。黄卫东(2015)认为，互联网金融风险是指互联网技术平台条件下的多种不确定性造成金融资产损失或潜在损失的可能性。结合前述金融风险的含义，本书中互联网金融风险是指互联网金融业务中各参与主体在金融产品和服务过程中遭遇损失的不确定性和可能性。具体而言，互联网金融业务是广义范畴，凡是通过互联网平台来提供金融业务的都可归于此，参与主体可能包括互联网金融平台、金融产品或服务需求者等，还可能包括 P2P 网贷中的担保公司、提供征信服务的大数据公司等。

互联网金融风险的具体研究相对较少。Pennathur(2001)集中分析电子银行市场影响战略转变中的风险及其管理，认为电子银行的虚拟性会扩大危险，增加风险，产生操作风险、安全性风险、法律风险和声誉风险等。不少学者也对互联网金融风险进行了分类(谢平 等，2014；李慧和宋良荣，2016；周剑平，2017)，普遍认为互联网金融风险包括传统金融常见风险和互联网引发的特殊风险。央行也指出，要注意防范互联网金融风险，并且互联网金融本质是金融，仍具有金融风险的隐蔽性、传染性、广泛性和突发性等特点[①]。早期的互联网金融风险研究主要是定性分析(卢馨和李慧敏，2015；周娟，2015)，后来量化分析逐渐增多。孙小丽和彭龙(2013)利用 KMV 模型测量互联网金融中的信用风险，宋光辉等(2014)利用余额宝的收益数据，借助 VaR 模型和 GARCH 模型度量互联网理财风险。吴诗伟和朱业(2015)构建空间 Dubin 模型实证分析互联网金融创新对区域金融风险及其空间溢出效应的影响。李琦和曹国华(2015)借助 4 个互联网信贷平台的贷款数据，利用 CreditRisk+模型分析互联网金融信贷风险。廖理等(2015)实证分析了借款者学历与借款人的违约风险之间的关系。朱智恒(2016)基于 BP 神经网络来构建互联网金融中 P2P 网络借贷的风险预警模型，并提出 P2P 网贷的风险应对措施。由此可以看出，互联网金融风险控制研究已经达到一定深度，但是互联网金融风控不仅可以借鉴传统手段，更重要的是可以利用大数据等金融科技来控制互联网金融风险，而后者在现有文献中反映不足。

3.互联网金融监管

金融监管研究可追溯到 20 世纪 60 年代，芝加哥学派当时提出金融市场应自我调节，达到无监管状态，实现真正的监管。但是，受各种不同利益集团的影响，金融监管可能偏离早期的监管目标，从而出现市场失灵(Stigler，1971)，或者是因为系统性金融风险的不断叠加而出现的金融不稳定性(Minsky and Hyman，1982)。市场失灵时，需要通过政府管制进行调节(Stiglitz and Weiss，1981)，并引入一定的监管机制。金融监管则指的是一国相应部门对金融机构施行的关于市场准入制度、市场退出机制、业务范围等各方面的约束和规定，以及对金融机构内部的组织结构、风控等各方面的要求(白钦先，2000)。①监管内容。营利性是金融机构的重要目标，而高营利性却可能伴随着高风险，因此监管部门重点关注高风险领域，导致金融监管和金融机构营利之间存在矛盾，并且金融机构巨大的负外部性驱使监管部门不断提升自身监管能力(Saunders and Cornett，2013)。特别是 2008 年金融危机后，各国监管部门更是将风险的控制和预防作为工作的重点内容。早期的风险监管主要针对信贷风险，后来逐步与市场风险、操作风险并重，并且信贷资产与非信贷资产并重(黄宪和金鹏，2004)。②监管利益。由于金融市场中存在信息不对称，所以容易出现道德风险，导致金融市场失灵，因此金融监管会带来公共利益，即纠正市场失灵后带来的收益(Meltzer，1967)。但是，金融监管也可能带来私人利益，因为部分监管是由政府掠夺的(Peltzman，1976)，通过管制寻租(Kruger，1974)，以及金融监管中的补贴、准入门槛设置等使供求变化而带来收益(Peltzman，1976)。③监管演化。金融监管制度是在监管过程中逐步形成的，经历“监管—放松监管—再监管”的演化过程(Meltzer，1967)。

近些年互联网金融的快速发展促使不少学者对互联网金融监管进行了研究，他们普遍认为互联网金融在推动经济发展的同时，也对金融监管提出了新的挑战，监管部门既要确保监管到位又要包容创新(冯娟娟，2013；陈华和李国峰，2014)。虽然互联网金融仍处于

① 资料来源：2015 年 7 月中国人民银行联合十部委颁发《关于促进互联网金融健康发展的指导意见》。

摸索发展阶段，但不能放任自流(谢平 等，2014)。监管措施各有不同，有人认为互联网金融跳出了原有业务模式，应该创新监管理念(蒋雁峰和熊宇，2016)；有人认为应该对互联网金融进行分业监管(鲁政委，2014)，也有人认为应该从机构监管改为功能监管(丁玉和卢国彬，2016)。部分学者关注某一具体模式的监管，如俞林等(2015)通过博弈模型对P2P网贷提出监管措施，陆磊和刘海二(2015)提出第三方支付监管策略，刘占辉(2016)对众筹的监管制度进行了分析。毫无疑问，现有文献对我国互联网金融监管有很好的参考作用，但现有文献多为定性分析，缺乏经定量分析佐证的科学性。

1.3 研究目标及内容

1.3.1 研究目标

互联网金融打破了传统金融的垄断，契合普惠金融的发展理念，为广大中小微企业和中低收入人群带来了市场化和多样化的普惠金融体验，引发鲶鱼效应，彰显金融服务实体经济的本质要求。但由于互联网金融发展时间尚短，存在制度欠缺、监管缺失和经验缺乏等风险和弊端，给金融体系增加了风险因素，因此需要清醒认识互联网金融“从哪里来，到哪里去”，厘清互联网金融的本质，做好“踩油门”与“踩刹车”的动作配合，既不忘初心，坚持创新，引导互联网金融普惠化创新发展，又去伪存真，管控风险，引导互联网金融规范化健康发展。为此，本书兼用经典理论与扎根理论的分析方法，从层出不穷、纷繁复杂的互联网金融实践中“穿透”互联网金融的本质，把握互联网金融创新发展的规律，梳理互联网金融的风险，谋划互联网金融的监管措施，考察互联网金融在消费领域、生产领域、供应链上和“三农”领域等场景的创新表现、普惠体现和风险控制，为互联网金融科技化创新发展、规范化健康发展、普惠化服务实体提供决策咨询。

1.3.2 研究内容

1.互联网金融本质

正所谓“大道至简”，本书的首要任务是要从纷繁复杂的互联网金融表象中清楚认识互联网金融本质，准确把握互联网金融作为服务实体经济的普惠金融的角色定位。因此，本书选择从互联网金融的本质研究入手，研究互联网金融的本质属性、互联网金融创新的空间维度，厘清互联网金融是什么，可以在哪些方面进行创新，确保互联网金融既普惠化创新发展，又规范化健康发展。

2.互联网金融模式

互联网金融服务模式是互联网金融创新的集中展示和普惠金融的实现路径。为此，本书重点研究 P2P 网络贷款、众筹融资、第三方支付、虚拟货币、互联网金融门户、大数据金融等互联网金融化模式以及银行、证券、保险、信托、期货、基金、理财、小贷、担保、保理、租赁等传统金融互联网化的创新表现和普惠体现，把握互联网金融普惠化服务实体的创新发展规律。

3.互联网金融风控

互联网金融运用互联网从事金融活动，兼具金融风险、网络风险以及两类风险的叠加，导致互联网金融风险更为复杂。但由于可以借助云计算、大数据等金融科技进行风险控制，互联网金融的风险控制手段更加多样化和高效率。因此，本书从金融风险与网络风险相互叠加的视角，把握互联网金融的风险特征，识别互联网金融主要的风险类型，找寻互联网金融风险度量和控制方法，给互联网金融创新的“烈马”配上可控的“缰绳”，确保互联网金融在风险可控的前提下健康发展。

4.互联网金融监管

世界上不存在不受监管的金融，互联网金融也不例外。但由于互联网金融是金融科技创新的新生事物，互联网金融监管须秉持包容性与严肃性兼顾的原则，把握管与不管的度，避免出现“一放就乱、一管就死”的困境。因此，本部分从我国互联网金融的现状及问题出发，在借鉴国际经验的基础上，重点研究我国互联网金融监管的思路、格局、体系和方法，科学划分互联网金融监管管与不管的边界，守住不发生区域性金融风险和系统性金融风险这两条底线，确保我国互联网金融发展既充满创新活力又合规地可持续发展。

5.互联网消费金融

消费金融是互联网金融较早进入的领域，也是互联网金融创新的得意之作，是互联网金融兴起和发展的引擎。因此，本部分梳理互联网消费金融发展的驱动力量和普惠体现，从需求场景、产品形态和服务模式分析互联网消费金融服务实体的创新导向，识别、度量和控制互联网消费金融风险，推演互联网消费金融演化发展趋势，把握互联网消费金融服务消费者的普惠化创新发展规律。

6.互联网公司金融

互联网金融是服务实体经济的普惠金融，产融结合是互联网金融的显著特征。互联网金融以需求侧的消费金融为入口，向供给侧的中小微企业的融资和投资理财延伸，打破了一直由传统金融机构垄断公司金融业务(对公业务)的传统。因此，本部分围绕着中小微企业融资难问题探讨互联网金融如何通过创新向中小微企业提供普惠金融服务，同时提出可能出现的风险，制定管控方案，推演互联网公司金融演化发展趋势，把握互联网公司金融服务生产者的普惠化创新发展规律。

7.互联网供应链金融

由于抓住了消费金融和中小微企业金融等普惠金融业务的长尾客群，互联网金融得以快速进入供应链金融业务，从支持产业发展的视角，以在线供应链金融的形式进一步做实互联网金融作为服务实体经济的普惠金融。因此，本部分围绕着互联网金融向供应链的产供销链条向利益相关者提供一揽子普惠金融服务的创新发展方向和风险控制方法，推演互联网供应链金融演化发展趋势，把握互联网供应链金融服务产业链利益相关者的普惠化创新发展规律。

8.互联网农村金融

互联网金融能否实现普惠金融，不在于它在多大程度上与传统金融重新配置了城市消费与工业增长的金融资源存量，而在于它在多大程度上拓展了传统金融无法覆盖的长尾客户群及需求增量，尤其是在金融排斥与歧视严重的农村。互联网农村金融作为互联网消费金融、供应链金融和公司金融的综合试验田，本部分重点研究互联网金融缓解农村金融排斥与歧视的具体实现路径，同时对这一过程中可能出现的风险制定管控办法，推演互联网农村金融演化发展趋势，把握互联网金融普惠化服务“三农”的创新发展规律。

1.4 研究思路及方法

1.4.1 研究思路

本书旨在充分发挥互联网金融的普惠性优势，引导互联网金融在风险可控的条件下朝着服务实体经济的普惠性金融方向创新发展，通过发展互联网金融弥补传统金融在开展普

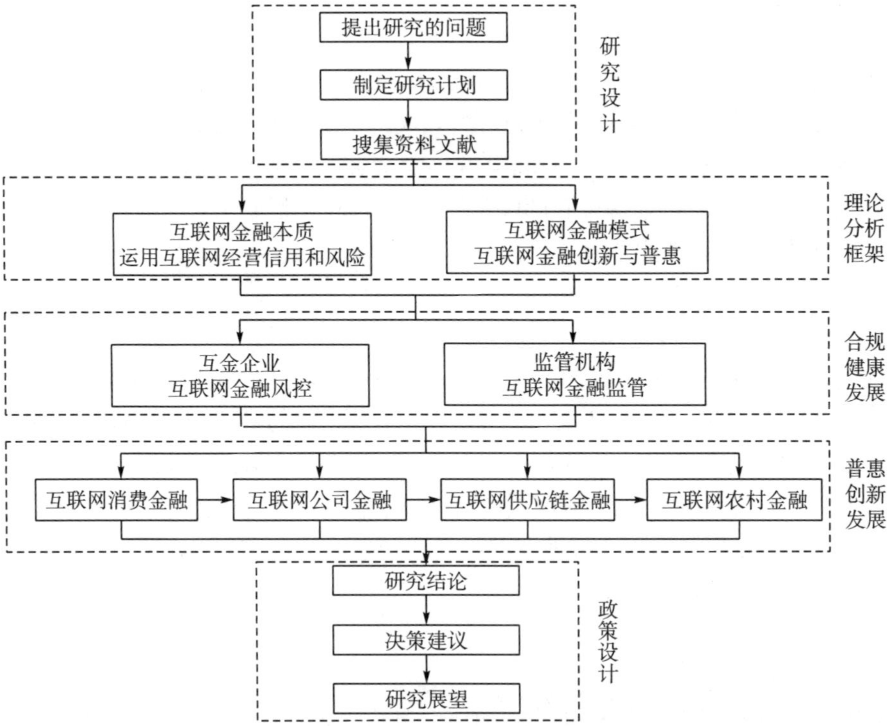

图 1-1 项目研究的逻辑结构

惠金融服务方面的先天性不足，推动我国普惠金融发展战略的落地生根和可持续发展。本书在理论分析互联网金融经营信用和风险的金融本质、普惠化服务实体的创新发展导向的基础上，运用扎根理论形成确保互联网金融合规化健康发展的风险控制和监管体系，然后将形成的理论成果运用于消费、生产、供应链和“三农”等互联网金融创新最活跃的领域，考察互联网金融在这些领域的创新表现、普惠体现和风险控制，研究互联网金融如何在风险可控的条件下普惠化服务实体经济，最后形成研究报告的结论及对策建议。整个研究遵循应用经济“问题→理论→实证→对策”的一般研究过程(图 1-1)。

1.4.2 研究方法

(1)理论研究。运用新古典经济学的理论和分析范式，构建了互联网金融普惠化创新发展与规范化健康发展的理论分析框架，对互联网金融的概念进行了科学界定，对互联网金融的本质特征进行了系统梳理，对互联网金融创新和普惠特性分别进行了理论分析。

(2)扎根研究。尽管互联网金融本质上仍然是金融，但它已经不再是传统意义上的金融，尤其在风险控制和监管方面与传统金融有很大的不同，本书通过考察互联网金融创新发展的大量具体实践，通过系统的逻辑和演绎，扎根形成互联网金融普惠化创新发展、数据化风险控制、包容性适度监管的理论。

(3)实证研究。由于 Wind 资讯等数据库均无较为详尽的互联网金融行业数据，所以计量分析有一定难度，因此本书仅在互联网消费金融一章利用自身整理的数据进行实证分析，而互联网金融创新与监管、互联网公司金融、互联网供应链金融等均在理论分析的基础上借助 MATLAB 等软件进行了实例分析。

(4)数理研究。以理论分析和制度分析为基础，本书采用动态博弈等数理分析方法研究互联网金融的利基战略和普惠优势，构建基于大数据的信用评分模型，讨论互联网消费金融的风险控制，构建演化动态博弈模型分析互联网金融创新与监管，借助灰色关联理论并通过改进的 AHP(analytic hierarchy process，层次分析)-DEA(data envelopment analysis，数据包络分析)方法分析互联网公司金融风险。

(5)案例研究。案例研究是本书运用最多的方法，这充分体现在互联网金融的各种模式及细分在消费金融、公司金融、供应链金融、农村金融领域的各种创新。本书关于互联网金融的创新成果并非编者主观设计，而是基于大量实地调研后归纳总结的结果。

(6)比较研究。从我国普惠金融的发展历程中把握互联网金融对普惠金融的契合度，从传统金融与互联网金融的比较中了解互联网金融创新发展及风险管理的要求，从互联网金融的模式对比中把握互联网金融创新发展的适用场景，从中外互联网金融监管比较中掌握我国互联网金融监管的原则与方法。

1.5 主要创新及特色

1.5.1 主要创新

(1)视角创新。本书既不同于市面上泛泛地介绍互联网金融基本模式的理论书籍，也不同于单纯地实时介绍互联网金融总体或细分领域发展情况的研究报告，而是以互联网金融本质为主线对互联网金融的理论成果与实践运用进行了系统梳理、聚类分析和场景展示，在理论把握互联网金融创新的基础上，深入研究互联网金融在实体经济中的应用，开辟互联网金融研究新的视角。

(2)理论创新。本书综合应用博弈论、系统工程、信息经济学等理论知识和案例研究、比较研究、理论研究等多种研究方法，通过对纷繁复杂的互联网金融现象的梳理，研究互联网金融创新的基本规律、原则要求和风险管控，诠释互联网金融的昨天、今天和明天，确立服务实体经济的普惠金融的互联网金融发展定位，从理论上回答互联网金融应该如何普惠化创新发展和规范化健康发展。

(3)实践创新。本书按照“理论联系实际，从实践中来，到实践中去”的理论形成过程，运用大量的案例分析近年来国内外涌现的各种互联网金融创新实践和风险事件，透过现象洞察互联网金融的本质，把握不同模式互联网金融创新的特点及风险，为互联网金融实践普惠化创新发展和规范化健康发展提供决策参考。

1.5.2 研究特色

(1)研究视野与思路开阔方面。本书将普惠金融理论、金融创新理论、金融脱媒理论、长尾效应理论与金融科技进步融入互联网金融的创新发展与风险控制之中，遵循金融经营信用和风险的属性，一方面引导互联网金融创新发展，另一方面引导互联网金融规范发展，做好“踩油门”与“踩刹车”的动作配合，确立互联网金融真正成为服务实体经营的普惠金融。

(2)理论高度与问题深度方面。本书运用理论与实证、定量与定性、案例研究与比较研究等多种方法，对互联网金融在哪些方面可以发展普惠金融，从哪些方面可以服务实体经济，发展过程中会出现哪些风险，需要如何进行风险控制及监管进行逐一的理论分析、经验介绍、案例演示和效果反馈，确保研究成果兼具高度的理论指导性与丰富的实践操作性。

1.6 研究的主要价值

(1)抓住互联网金融本质属性来正确看待互联网金融。互联网金融仍是金融，必须坚持创新发展与健康发展“两手抓、两手都要硬”，做好“踩油门”与“踩刹车”的动作配合。但互联网金融又与传统金融有很大的不同，它是以互联网为基础的现代金融科技经营信用和风险，难免会背上科学技术的“双刃剑”，一方面是信息不对称和交易成本的降低，另一方面是风险的复杂性和危害性的增大。因此，互联网金融的创新发展与健康发展必须趋利避害，用好金融科技降低交易成本和管控金融风险，对互联网金融本质的准确把握为我国互联网金融实现既普惠化创新发展又规范化健康发展找到一条有效路径。

(2) 厘清互联网金融服务经济的普惠金融的创新发展路径。互联网金融的最大优势在于信息对称和交易成本的节约，具有鲜明的普惠基因，它首先在服务居民的消费金融方面发力，并以此为入口，向未被传统金融服务覆盖的广大中小微企业融资、理财业务拓展，向各个产业链条上的广大利益相关者的金融服务业务延伸。互联网金融就这样一点一点逐步扩大自己服务实体经济的地盘，一步一步把互联网金融的普惠金融业务做实，并开始向金融排斥与抑制最严重的农村金融进军，这就是互联网金融成为服务实体经济的普惠金融的路线图。对互联网金融成为服务实体经济的普惠金融的发展路径的梳理，有助于引导我国互联网金融沿着正确的道路普惠化创新发展。

(3) 扎根形成互联网金融数据化风控和包容性适度监管理论。从当前野蛮生长的互联网金融来看，互联网金融不缺创新但缺风控，由此互联网金融不可持续发展的各种不利影响开始显现，为我国尚不完善的金融体系增加了许多不稳定因素。从风控看，互联网金融必须接受政府监管，确保投资者利益；对互金企业而言，最重要的是坚守信息中介的角色定位，促进投资者与融资者的信息对称；而行业自律组织则是沟通政府、市场和企业的桥梁和纽带，是实现行业自律、规范行业行为、开展行业服务、保障公平竞争的关键。从监管看，应遵循“宏观审慎+功能监管+行为监管”的思路，形成“中央银行+审慎部门+行为部门”的格局，构筑“政府监管+行业自律+中介辅助”的体系，坚持“助力普惠+鼓励创新+适度监管”的宗旨，并配合运用传统监管方法、大数据监管与创新监管方法。三位一体的风控体系和立体化的监管体系有利于互联网金融“守住不发生系统性和区域性金融风险的底线”，把正确的事情做正确，确保我国互联网金融规范化可持续健康发展。

第2章　互联网金融本质：服务实体经济的普惠金融

互联网金融创新风云变幻，容易让互联网金融发展迷失方向，忘了经营信用服务实体经济的初心。为此，本章站在社会经济发展全局的高度审视互联网金融的发展，透过现象去发掘互联网金融的本质属性和创新发展空间，厘清互联网金融是什么，应当从哪些方面进行创新，可以通过何种形式服务实体经济，让互联网金融从混沌走向有序，确保互联网金融创新既普惠化服务实体，又合规化健康发展。

2.1　互联网金融本质属性的认识

2.1.1　互联网金融本质是金融

金融是现代经济的核心，通过金融活动，可以集中大量社会闲置资金，实现各经济主体之间资金的互通，用于国家经济建设，促进国民经济发展。在一般层面上，金融主要涉及商品、服务贸易向未来收益的资金转移。在更高层面上，金融通过动员储蓄、配置资本、风险转移进行资金融通，对实体经济发展产生影响。随着经济全球化、经济金融化、金融民主化日益加速，金融的呈现形式不断演进，但金融在制度和技术支撑下的金融本质却始终未变，即金融的核心在信用，任何形式的金融创新都必须以良好的信用为前提，而良好的信用则以金融服务实体经济发展为前提。脱离实体经济的金融创新必将导致频繁的金融动荡，引发信用危机，动摇金融存在的根基。

目前，互联网金融本质的认知存在较大争论。部分学者认为，融通资金的主要模式是商业银行等间接融资和资本市场等直接融资，虽然交易成本都很高，但却在资源配置和经济增长过程中发挥了重要作用。现代信息技术和移动网络技术等金融科技的发展对两种融资模式产生深远影响，互联网金融模式与这两种传统模式均不相同（谢平和邹传伟，2012）。但大部分学者认为互联网金融的本质是金融（吴晓求，2015），互联网只是渠道和手段，目的是服务和创新，是对销售渠道和获取渠道的创新，并未改变金融风险隐蔽性、传染性、广泛性和突发性等特点，都能满足用户支付、投融资和财富管理等金融需求。从支付功能看，互联网金融通过网银支付、第三方支付为用户提供线上线下支付、转账及缴费服务，还可通过虚拟货币充当网上流量，是具有标价及消费功能的支付媒介；从投融资功能看，互联网金融通过网络平台进行金融产品创新、服务创新及金融信息供应与服务，让用户低成本、高效率地获取投融资服务；从财富管理功能看，互联网金融通过大数据技术为客户精准选择基金、年金、理财、保险等产品。因此，虽然互联网金融用新思维、新技术、新平台对传统金融进行了变革，但它与传统金融有相同或相似的金融属性，并未改变金融作为货币流通、信用中介和持续运营的核心特征，并未改变经营信用和管控风险的金融本质要求，都需通过加杠杆进行资金融通。所以，互联网金融的本质仍是金融，互联网金融产品的开发设计、市场营销和风险控制仍要遵循传统金融的基本规律。

2.1.2　传统金融的帕累托改进

尽管互联网金融属于金融范畴，具有金融属性，但又不能简单等同于传统金融，它是互联网与金融的融合，还具有网络的属性、渠道的属性。互联网金融体现了适应商业模式、市场格局和客户消费观念革命性变化和人们对普惠金融的渴望。金融属性在交易时不会改变，但交易渠道和金融科技创新却能引发金融交易的变革。互联网金融跨界融合了互联网与金融，并借助金融科技实现资金融通、支付等功能，是一种先进的新型金融，与传统金融在结算方式、服务方式、协议签订等方面均有明显的不同(表 2-1)。

表 2-1　互联网金融与传统金融的比较

比较项目	传统金融	互联网金融
获客渠道	线下物理网点及专业人员服务	通过网页、App 等多种渠道收单业务
资格审查	专业人员实地查证或纸质资料审核	自动化采集搜索、社交、电商、政府征信网站信息
结算方式	小部分转账结算，大部分以现钞存取结算	账户清算完全电子化，无现钞结算
服务方式	依靠实体支付完成	主要依靠网页和移动互联网完成
协议签订	当面签订纸质协议	远程签约电子合同
风险管理	专业人员线下管理、调查及收集信息实效性差	依靠大数据对资金进行实时监控和合规管理

资料来源：根据相关资料整理所得。

传统金融服务价值链最上端是金融机构，最下端是客户，金融产品或服务从机构到客户需经历基础设施、产品等多个环节(图 2-1)。从这条价值链的构造可以看出，传统金融机构普遍持有“官本位”思想，产品主要依照内部规章制度进行设计。互联网金融则从互联网思维衍生而来，包括用户、云和端等要素，各要素相互之间动态构成多维生态系统。其中，用户是这个生态系统的核心，构建在云上的数据服务和征信平台是基础设施，端代表大量的应用场景以及与场景紧密相连的产品。互金企业根据客户在具体场景的金融需求研发个性化金融产品，并将产品嵌入各种具体场景中(图 2-2)。对传统金融机构来说，“用户+云+端”的思维显得有点抽象；而对互金企业来说，价值链的思维过于陈腐。但从长远来看，两种思维的相互尊重和理解将是互联网金融与传统金融之间竞争与融合的必要前提。

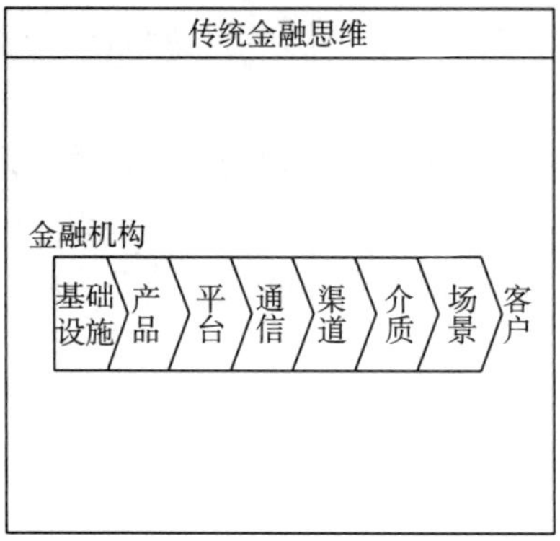

图 2-1　传统金融的价值链线性思维

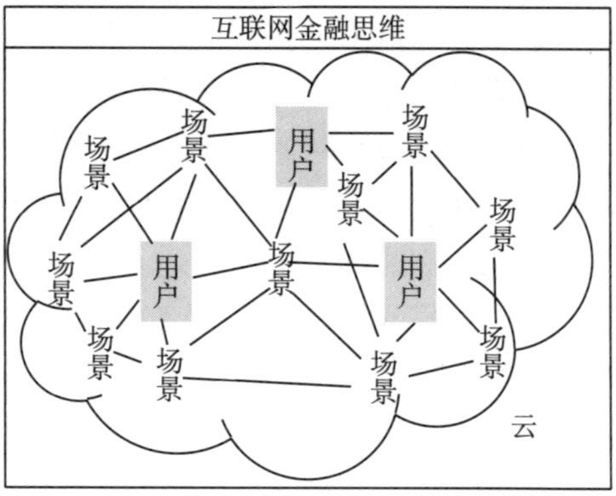

图 2-2　互联网金融的“用户+云+端”思维

资料来源：波士顿咨询公司，2014。

互联网金融的一大优势是降低交易成本。传统金融服务网点增加了交易成本，技术与市场垄断增加了垄断成本，而大量客户无法满足的融资需求增加了寻租成本，交易期限单一性增加了机会成本，但互联网金融则可以显著减少这些成本(表 2-2)。成本优势是互联网金融践行普惠金融服务的前置条件，是互联网金融企业营利性的重要保障。正是因为成本优势的存在，互联网金融以较低成本搜集信息来降低、改善信息不对称状况。信息不对称始终是金融行业中亟待攻克的难题，它导致的最直接影响是金融风险。金融服务本质上要求低成本、高效率地克服信息不对称，尽可能地消除或降低资金提供者和使用者两端的信息不对称。

表 2-2　互联网金融的成本优势

优势	具体描述
减少显性成本	互联网金融几乎无物理网点，降低了人力成本和配套设施成本，零边际成本可为很多客户同时提供金融服务，效率高；客户在线交易不受时间地域限制，省去到网点等候的成本，客户间的直接交易降低了金融中介费
减少隐性成本	金融机构轻松获取客户海量信息，通过定位用户精准营销，通过信用评级控制风险，降低信用评级成本、交易维护成本、风险管理成本。客户通过互联网渠道轻松找到交易对象，信息充分且透明，降低了信息不对称时的额外成本
减少机会成本	对金融机构而言，多元化的产品能够有效吸引客户，增加客户黏性，实现风险分散。对客户而言，多元化的产品能够满足客户的预防性、支付性、投资性等多样化需求，避免产品单一带来的交易损失，且能方便客户足不出户自由决定持有时间、随时赎回，减少了交易的执行成本
减少其他成本	互联网金融通过技术、市场和客户的充分分享，打破金融垄断，产品信息网络化扩散打破金融机构间的相互学习壁垒，金融产品同质化、市场开放化、客户分散化降低了垄断成本和寻租成本等。互联网金融填补了过去交易中大量空白，也是一种降低成本的行为

互联网金融作为传统金融的重要补充，互联网入侵金融，不是对金融本质的颠覆，而是一种形式上的创新；不是市场的毁灭，而是思维的彻底转变。互联网金融的创新之处在于从终端拦截用户，当用户足不出户就能在手机上轻松理财、投融资和财富管理时，传统金融那种“大门一开，肥水自来”坐等客户送钱上门的“板凳金融”必然会受到强烈冲击。互联网金融凭借“平等、开放、协作、分享”的互联网精神成为普惠金融的重要组成

部分，并存在三大效应。第一，凸显长尾效应。互联网金融主要为长尾客户提供服务，单笔交易金额小但交易数量大，因此碎片化的金融需求仍能带来规模效应，政府的适度有效监管必会凸显长尾效应并进一步激发普惠金融市场潜力。第二，放大鲶鱼效应。第三方支付切断了银行与客户的直接联系，P2P 网贷、众筹融资等模式拓宽了客户融资渠道，余额宝、T+0 货币基金等低门槛理财产品创造了流动性与收益性兼得的新型金融产品，互联网金融对传统金融负债端存款份额的分流加速了金融脱媒，因此对传统金融产生很大冲击，促使传统金融机构加速创新以适应金融的变革。第三，强化马太效应。大型互金企业良好的口碑使获客能力及客户黏性更强，专业的运营及丰厚的资源使得竞争能力更强，既有数据资源又有数据挖掘和分析能力使得风控能力和运营能力更强，因此很多中小型的互金企业逐渐无人问津，步入被淘汰的困境，垄断竞争格局凸显。

2.2　互联网金融创新的理论基础

2.2.1　普惠金融理论

1.需求的视角：谁最需要普惠金融服务

第一，中小微企业。中小微企业是普惠金融的重点服务对象，也是互联网金融的重要服务对象。截至 2017 年 7 月底，我国小微企业名录收录的小微企业已达 7328.1 万户，每户小微企业能带动 7～8 人就业，一户个体工商户带动 2.9 人就业①。在我国，中小微企业数量大概占整体企业数量的九成，对 GDP 的贡献超过 65%，税收贡献占 50%以上，出口超过 68%，吸收 75%以上的就业②。但是，由于中小微企业自身的信息披露机制不够健全，金融机构很难在短期内快速分辨贷款信息的真实性，只能通过抵押、质押、担保等方式来降低贷款风险，或者是通过加价的方式进行风险补偿，所以中小微企业融资成了世界难题，我国中小微企业也不能幸免。Wind 资讯显示，截至 2017 年 3 月，我国金融机构的贷款余额中，中小微企业贷款占比不超过 7%(图 2-3)，中小微企业融资难成了制约其发展的重要因素。但是，以普惠金融为创新动力的互联网金融通过各种互联网技术不仅显著降低了运营成本，还大幅提高了运营效率，实现了以较低的成本为中小微企业提供融资的普惠金融服务。

第二，“三农”。根据中国银行保险监督管理委员会(简称银保监会)的统计口径，我国涉农金融机构主要有农村商业银行、农村合作银行、农村信用社、村镇银行等新型农村金融机构。以村镇银行为例，截至 2016 年末，全国已组建村镇银行 1519 家，中西部共组建村镇银行 980 家，约占村镇银行总数的 65%③。近些年，村镇银行的机构数量快速增长，与 2011 年的 539 家相比增长近 3 倍，满足了部分“三农”的贷款需求。但是，从涉农贷款余额来看，近些年我国涉农贷款余额增速明显放缓(图 2-4)。因此，“三农”的资金缺口较大，而互联网金融能更好地满足“三农”的资金需求，践行普惠金融。

---

① 资料来源：我国小微企业已超 7300 万户，光明日报，2017-9-3。
② 资料来源：从“65%”看中小微企业，新华日报，2015-3-3。
③ 数据来源：2017 年 3 月第 96 场银监会新闻发布会。

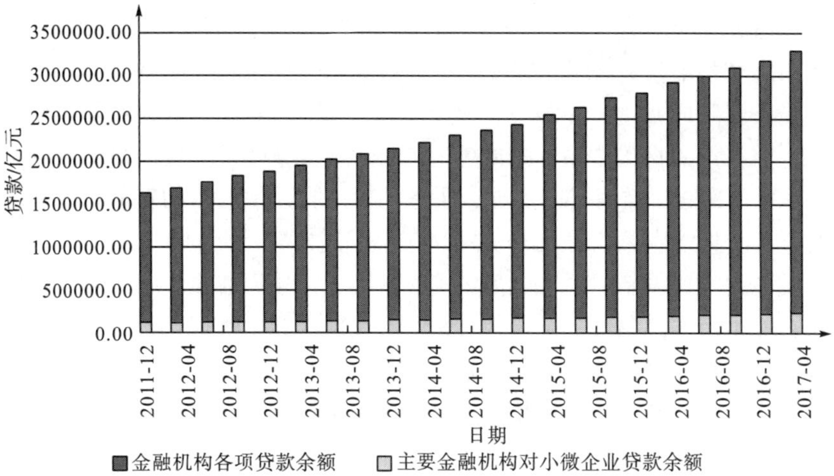

图 2-3　我国小微企业在传统金融机构的贷款状况

数据来源：Wind 资讯。

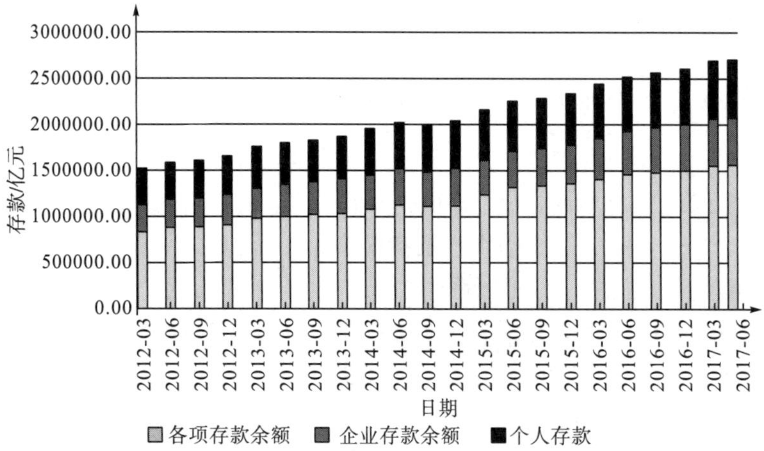

图 2-4　主要金融机构“三农”贷款余额

数据来源：Wind 资讯。

第三，其他长尾客群。传统金融机构具有很强的商业性，金融服务对象的选择往往出于成本、收益和风险的考虑，因此大型企业、高净值客户等优质客户成了传统金融服务的主要对象。因此，它们的金融服务不仅很难覆盖到中小微企业、“三农”等客群，普通社会公众、大学生群体等其他长尾客群也很难被覆盖。数量庞大的长尾客群只能选择私人借贷、高利贷等非正规途径来满足金融需求，而这些非正规途径由于监管缺失，存在资金成本过高、社会风险过大等问题。普通社会公众的金融需求主要体现在消费、投资理财上，大学生群体的金融需求主要体现在消费上，部分大学生还需要资金进行微创业，但是传统金融机构为长尾客群提供服务的种类较少且动力不足，无法满足他们的需求。互联网金融的低边际成本特征，让互联网金融有能力服务于巨大的长尾市场，激发小额投资需求。

2.供给的视角：谁能提供普惠金融服务

第一，草根创业公司。草根创业公司是互联网金融行业的先行者，互联网金融最初被称为“草根金融”就是这个原因。草根创业公司创建的互联网金融平台具有鲜明的特点与代表性，对互联网金融行业的成长和发展具有重要意义。其中，比较有影响力的互联网金融平台有人人贷、拍拍贷、红岭创投、宜信和融 360 等。这些互联网金融平台的创始人都是自然人或者民营企业，没有金融牌照，也不属于地方政府所管理的准金融企业。但这些互联网金融平台经过一段时间的发展，均得到了风险投资或者私募投资机构的认可，并获得大量社会投资，从而逐步成了比较规范的准公众公司。

第二，电子商务平台。电子商务平台(简称电商平台)，是互联网金融的主要参与者，在互联网金融创新中具有举足轻重的影响力。甚至可以说，我国互联网金融的异军突起是始于电商平台涉足互联网金融，典型代表是天猫、腾讯、京东和苏宁易购等。电商平台在互联网领域有海量的客户积淀、闭环的供应链优势和大数据优势，涉足互联网金融是服务客户交易快捷支付的需要，也是电商平台增加客户黏性的需要，同时也为电商平台流量变现增加了新的经济增长点，这种基于真实交易的互联网金融产品创新及服务对互联网金融的健康发展具有积极助推作用。

第三，传统金融机构。在互联网金融浪潮中，传统金融机构也一直在不动声色地进行互联网金融布局，并日益成为互联网金融创新最主要的创新主体。从银行系统来看，除了传统业务的互联网化外，部分银行也推出了自己的移动支付、P2P 网贷、电商平台以及手机银行等。而证券行业则很早就开始实行电子化集中交易，各个证券公司也纷纷推出了网上远程委托交易系统。当前网上保单销售和保险理财产品销售也在保险行业中普遍采用。由于传统金融机构不缺创新能力和创新人才，更不缺金融资源的配置，在互联网金融合规化健康发展的监管约束下积极运用互联网进行流程再造，必将成为互联网金融浪潮中的大赢家。

第四，小微金融机构。小微金融机构是指小额贷款公司、融资担保公司、融资租赁公司、典当行、商业保理公司等非银行类金融机构。这类金融机构以自有资金和银行授信发放贷款或开展业务，主要满足中小微企业的融资需求，不能吸收公众存款和委托理财，因此不需要人民银行、银保监会和证监会等金融监管部门颁发许可证。小微金融的客户群体也主要是互联网金融的客户群体，因而受互联网金融的影响较大，只能积极主动去拥抱互联网金融。小微金融机构通过发放贷款、提供租赁物、收购债权形成一定规模的权益类资产，这是小微金融机构参与互联金融的基础。此类机构除了通过互联网拓宽客户来源，最主要的是通过资产证券化，通过担保公司增信将债权资产进行分拆转让给社会投资者，实现资产的流动。

第五，传统实体企业。面对互联网金融的迅猛发展及其可期的美好发展前景，一些国有企业、上市公司、IT 企业和民营企业等实体企业也纷纷发挥各自优势进军互联网金融，既有开鑫贷、金开贷等国有企业建立的 P2P 平台，海尔等上市公司利用 IT 技术优势建立的联想“翼农贷”和用友“友金所”，还有民营企业德信控股集团的“星投资”。传统实体企业涉足互联网金融主要有两方面好处：一是通过互联网供应链金融、互联网消费金融等方式更好地服务自己的主业，扩大产品或服务的市场销路；二是在产能过剩的经济新常态下为传统实体企业转型升级寻找企业新的经济增长点。由于有实体交易形成风控闭环，传统实体企业进军互联网金融在金融风险的控制方面也往往有一定优势。

第六，电信通信企业。电信网络系统是支撑整个互联网经济的物理基础，电信运营商和服务商在客户获取、客户数据等方面有天然优势，涉足互联网金融是电信运营商和服务商延伸产业链获取规模经济的有效途径。目前，中国移动、中国电信、中国联通等主要电信运营商和华为等主要电信提供商都先后将业务拓展到互联网金融，如中国移动通过整合原有的手机支付和手机钱包推出了“和包”支付平台，用户开通钱包业务即可享受网上购物、充话费、生活缴费等在线支付。持有 NFC 支付手机和 NFC-SIM 卡的用户将银行卡、公交卡、会员卡等支付结算集成在手机终端，还可以到便利店、商场、公交、地铁等特约商家线下刷卡消费[①]。

第七，门户搜索网站。门户网站也是互联网金融创新发展的主体之一。当前，百度、新浪、搜狐等门户网站都在探索自己的互联网金融模式。以百度为例，百度目前的互联网金融已有网络小贷业务百度小贷、金融理财类垂直搜索引擎百度财富、网络支付平台百度钱包、网络基金投资的百度小金库等互联网金融产品。门户网站涉足互联网金融最大的好处是实现流量变现，为网站过去单一的广告收入拓宽利润新渠道。

2.2.2 金融创新理论

在传统金融里，金融机构是金融创新的主体，其出发点并非基于对客户需求或者市场竞争的考量，而是出于对金融监管或监管制度安排的一种被动反应，因此传统金融创新的模式相对单一，金融产品也容易出现同质化和标准化特点。产品需求是由供给引导的，产品一经推出，需求者只能被动接受。与之完全不同的是互联网金融创新。首先，互联网金融的创新主体既有传统金融机构，也有互联网企业，且目前看来，后者是创新主力。其次，互联网金融创新的动力是客户需求。借助大数据，创新机构细分客户需求，推出很多非标产品，本身因消费者的风险偏好、消费习惯、消费场景等因素而具备个性化和多样性，更好契合客户需求。最后，互联网金融创新就是通过对互联网思维及其技术的运营，降低交易成本，减少信息不对称，改善风险管理水平，弥补传统金融不能很好满足中小微企业和普通居民金融需求，对传统金融垄断和监管的金融压制做出的一种积极应对。

2.2.3 长尾效应理论

长尾效应理论简称长尾理论（long tail），最早由 Anderson（2004）提出。出于成本和效率的考虑，传统金融往往只关注重要的高端客户，在正态分布曲线上表现为只重视曲线“头部”的高净值客户，而忽略曲线“尾部”的广大低端客户，即所谓的帕累托“二八定律”，依靠 20%的高净值客户带来 80%的利润（图 2-5）；由于传统金融中存在信息不对称，

① NFC 支付，即 near field communication，指近距离无线通信技术，它可以在移动设备、消费类电子产品和智能控件工具间进行近距离无线通信。

中小微企业、“三农”、社区居民等“尾部”客户信用缺失和抵押物匮乏，同时交易额度小而传统金融运营成本高，所以长尾人群的金融需求不被重视。虽然长尾市场的单笔交易金额较小，但数量巨大，市场总量有很大盈利空间。面对传统金融难以覆盖的长尾客群，互联网金融却有着天然的优势。互联网金融具有门槛低、个性化服务和用户体验好等显著特征，通过客户在网上交易及行为信息可动态发现客户需求，通过大数据等技术可获得客户信用状况并据此设计一些自动化的风险控制手段，低成本、高效率地为客户提供个性化的金融服务。利用互联网平台，互联网金融能充分聚集资金并用创意的个性化产品激发广大长尾客户的现实或隐性需求，开发和培育利基市场，在显著提高广大中小微企业(图 2-6)和普通民众金融服务需求的同时，通过以小博大、集腋成裘获得自身的商业可持续性发展，践行普惠金融的真谛。

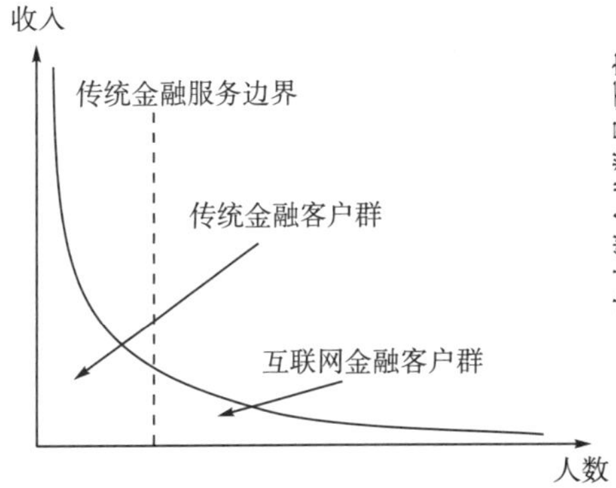

图 2-5　帕累托“二八定律”

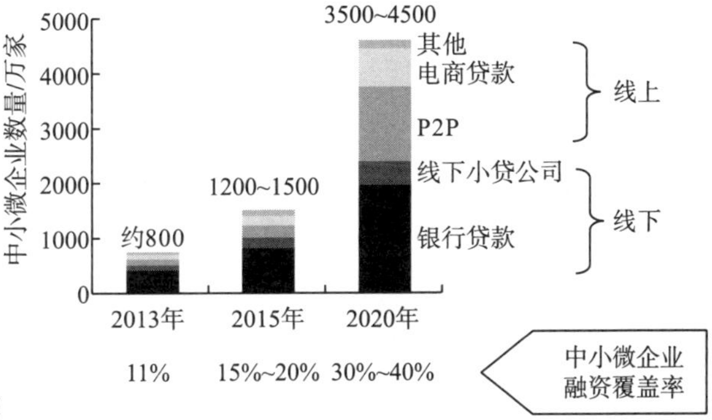

图 2-6　互联网金融提升中小微企业融资可获得性

资料来源：李文启(2014)等多篇文献。

根据 Bob Metcafe'saw(梅卡菲定律)，网络产品具有正外部性，网络价值会随着用户数量的增加而增加，并且与用户数量的平方数成正比。基于此，随着互联网金融的发展，需求曲线会越发延展化、扁平化，即从曲线 AB 变为曲线 $A'B'$ (图 2-7)，其原因如下。第一，科技创新发展所致。互联网金融的发展会促进大数据、云计算、区块链等金融科技的

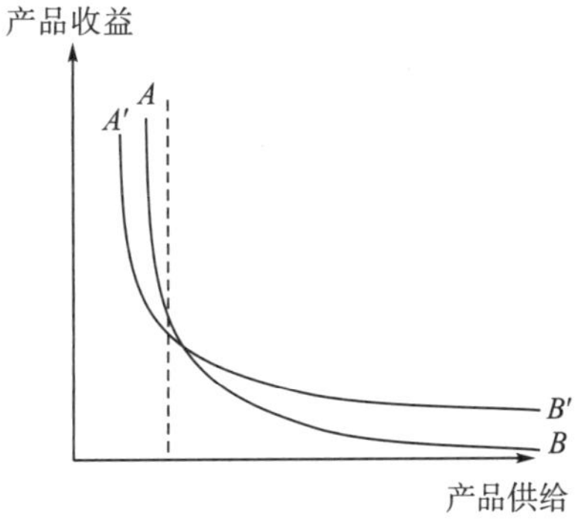

图 2-7　互联网金融对长尾效应的影响

创新与发展，这些金融科技不仅能极大地提升金融服务效率、降低金融风险，互金企业还能让渡部分利益给客户以稳定既有客户并吸引新客户的参与，因此极大提升互联网金融价值。第二，产品创新发展所致。互金企业在发展过程中，为提升自身竞争力，会为客户提供更多个性化的金融产品和服务，增加有效需求，从而使现有客户能获得更好的客户体验，也能吸引更多客户参与进来，因此提升网络价值。

2.2.4 金融脱媒理论

金融脱媒亦称“金融非中介化”(financial disintermediation)，最早由 Hester(1969)提出，是指伴随着经济金融化和金融市场化的步伐，社会资金的融通由商业银行主导的间接融通转向商业银行的间接融通与证券的直接融通并重，逐步到资金在金融管制的情况下绕开商业银行体系实现资金输出方与需求方的直接对接。金融脱媒最初只是单纯的资本市场对商业银行功能的部分替代，一方面是企业通过发行股票、债券、商业票据和融资票据等直接证券筹措资金以减少对商业银行的依赖，另一方面是居民通过购买并持有股票、债券、保险及基金等直接证券寻求更高的投资回报和更多样化的资产组合。后来，随着信息化和网络化的发展，部分产业资金通过供应链金融的形式绕开商业银行的间接融资。一些业绩好的大集团公司则自办财务公司进行集团内部资金调配，进一步分流了商业银行的间接融资业务。

促使金融脱媒的原因有很多，主要在于金融抑制和技术进步(王达，2014)。Shaw(1973)在研究金融抑制时认为，事实上，若经济政策比较落后，则市场中普遍存在价格操纵现象，即本币价格被高估，实际利率较低，劳动力价格等也会被压制在较低水平。在我国，金融资源主要被大型商业银行垄断，而大型商业银行主要为政府和大型企业提供金融服务，导致中小微企业、农村地区人口等长尾客群的金融需求长期无法得到满足，因此我国长期存在金融抑制现象。互联网金融的出现会在一定程度上解决金融抑制的问题，从而促进更多长尾客群转向 P2P 网络借贷、众筹等众多网络平台获得金融中介服务，加速金融脱媒。虽然商业银行等传统金融机构可以通过提高存款利率和提高理财产品收益率等方式与新兴的互联网金融平台竞争，但无论竞争格局如何，互联网金融中介平台分流传统金融机构的部分金融服务已成事实。互联网金融的出现导致金融机构的各类存款增幅在近些年总体呈现下降趋势[①](图 2-8)，而 P2P、众筹等交易规模却在稳步快速增长。截至 2016 年 12 月底，第三方支付、P2P 网贷、互联网理财市场交易规模已经分别达 893144.6 亿元、19173 亿元和 78536 亿元[②]，所以互联网金融对商业银行等金融机构的脱媒效应显著，金融抑制加快金融脱媒。

① 2015 年金融机构各种存款余额与企业的同比增幅均有明显上升，这可能与存款利率浮动区间的调整有关。2014 年 11 月存款利率浮动区间为基准利率的 1.2 倍，到 2015 年上升为基准利率的 1.5 倍，到后面完全实施存款利率市场化，同时 2015 年 1 季度的回购利率处于高位，共同导致银行同业存款收益率升高，从而导致存款余额和企业存款余额同比增加。但是，个人存款余额却无明显上升，这可能是因为货币基金、P2P 等各种互联网金融的投资收益更高，从而导致银行收益率上升但吸引力不足。

② 资料来源：中国互联网金融行业专题分析 2017，易观智库，2017-8-15。

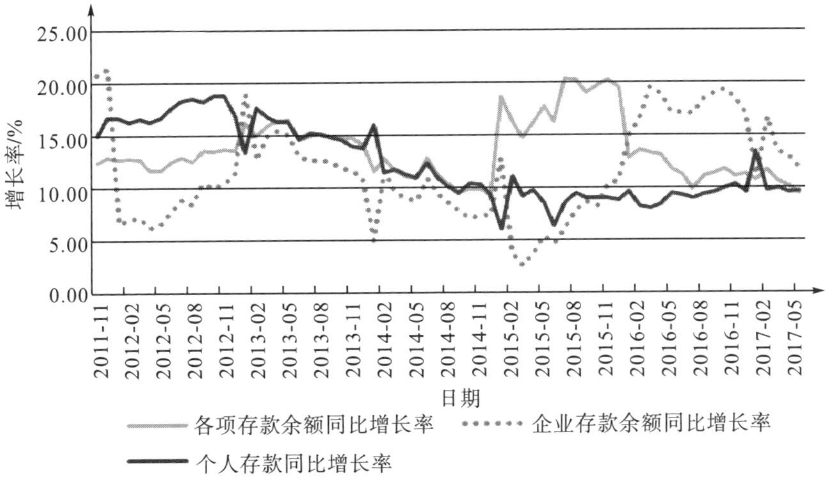

图 2-8　金融机构各种存款同比增长幅度

数据来源：Wind 资讯。

技术进步是促使金融脱媒的另一重要原因。互联网的出现和广泛普及，大数据技术、云计算技术、区块链技术、人工智能技术等金融科技的不断进步，人脸识别技术、电子签名技术等具体技术的广泛运用，让互联网金融具有方便快捷、成本低、收益高的显著特征，从而吸引越来越多客户转向互联网金融获取金融服务(图 2-9)。因此，技术进步让互联网金融优势更加突出，金融脱媒加剧。互联网金融之所以如此火爆，正是符合了金融脱媒的大趋势和逻辑。应当指出的是，互联网金融实质上也没有真正完全脱媒，它只是换上了互联网这种高效率、低成本的隐形媒介而已。并且，由于虚拟货币短期内不可能取代法定货币，加之互联网金融这种开放体系在安全上具有先天的缺陷，必须依赖商业银行等传统金融中介安全背书完成支付等流程，事实上也没有完全脱离商业银行等传统金融中介。

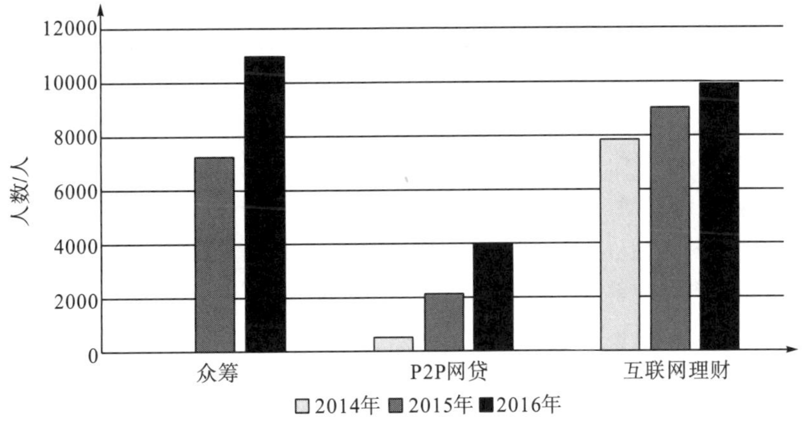

图 2-9　互联网金融参与者人数

数据来源：Wind 资讯。

2.2.5 金融中介理论

金融中介理论最早可追溯到20世纪50年代，Gurely和Shaw(1955)较早注意到金融服务机构在信用创造和促进资金在储蓄人与借款人之间的良性循环方面发挥着关键作用。Cadbury(1992)研究表明，金融中介具有资产转换与风险分担、降低交易成本和信息不对称的功能，即资金在借入与借出过程中存在规模经济，且能通过不同的资产组合增加流动性、分散和转移风险，而规模经营则可以降低交易成本。Millon和Thakor(1985)认为，由于金融活动存在着事前和事后的信息不对称，且分别可能产生逆向选择和道德风险，客观上也需要金融中介作为信息服务代理商来进行业务评估和过程监督以化解信息不对称风险。Clemons和Madhani(2010)认为金融中介与金融创新有密切关系，全能型金融中介的创新水平往往低于职能细分型金融中介的创新水平，金融垄断往往抑制金融创新。这正好与我国的情况一致，正是由于金融垄断和金融抑制使我国互联网金融异军突起。传统大金融主要是股票、债券等直接融资和银行等间接融资两种模式，而互联网金融为资金供需双方提供信息平台，是一种介于两种模式之间但更偏向于直接融资的模式，交易过程通过相关软件及计算机技术在线自动进行金融交易、风险定价、期限匹配，互联网金融本身则扮演着信息中介的角色，不再需要经过其他金融中介，交易成本进一步降低，金融资源配置开始脱媒。

2.3 互联网金融创新的驱动力量

2.3.1 金融抑制是创新的土壤

Mckinnon(1973)认为，金融创新是为了应对金融抑制。金融产品供给不足、中小微企业融资渠道狭窄是我国互联网金融创新发展的重要驱动因素。长期以来，由于我国金融机构的审批、金融产品的审核和发行方面有严格的行业监管政策，资金在供给和需求间出现严重的结构失衡。在资金需求端，虽然国家投放了大量货币，却不能顺畅地通过债券、股票等方式进入实体经济和中小微企业；在资本市场上，国有企业或大型民营企业比较容易获得资金，广大中小微企业很难获得足够的金融支持。在资金供给端，小储户只有把钱存入银行才能获得较低利息收入，难以获得理财投资等更高收益的金融服务。资金供给与需求的结构性失衡使得资金供给方和需求方均有突破传统金融束缚去寻找更佳渠道的需求，重新整合资金供给与需求链条。这种需求伴随着互联网的广泛普及诱致了互联网金融的异军突起，冲破传统金融束缚创新发展。

传统的金融服务也在进行金融创新，但在互联网金融之前并无革命性的突破，原因有三。一是体制的保护使传统金融缺乏金融创新的动力；二是商业银行把竞争的焦点集中在同业竞争，大型商业银行无竞争压力，小型商业银行有想法没办法，沿着传统的路子走，很难拥有金融创新的冲动；三是没有找到从互联网中找突破口的感觉，直到互联网金融冲击才想着创新变革。客观上看，传统金融与互联网金融都各有优势和劣势，需要优劣互补，进行更大的金融创新。这一次互联网金融的金融创新，是令传统金融，甚至监管当局感到非常突兀的，也是必然的。互联网金融创新是从互联网企业发动并创造的，而不是由商业银行发动的，这种现象值得深思、反思。

2.3.2　金融科技是创新的条件

互联网金融的创新发展很大程度是由以互联网为基础的金融科技引起的。一方面，金融科技从供给侧与需求侧改变金融。在需求侧，金融科技实现对客户的时刻相连，使动态跟踪并发现客户需求成为可能，极易以较低成本发现客户需求。在供给侧，金融科技会以数据为基础并借助科技手段实现金融产品和服务的创新，降低金融服务的成本并提升金融服务的效率，同时还能精准营销并管控风险，降低服务成本并同时提高服务效率。另一方面，金融科技带来的金融创新，既包括创新业务模式和应用，又包括创新业务流程和金融产品，对互联网金融的整个市场、互金企业和金融服务提供方式等产生重要影响。

大数据技术。互联网平台能记录并保存几乎所有的数据，因此数据类型丰富且量大。借助云计算、搜索引擎和大数据处理技术对这些数据进行深度挖掘和分析，可剖析出客户的金融需求、风险偏好及行为特性，据此设计出差异化的需求产品，并借助网络推送产品和个性化营销。由于人们在互联网上的失信行为也将被记录和挖掘，人们不敢在网上“陌生世界”违约，这正是互联网金融在摆脱“熟人社会”后能够异军突起的重要原因。未来，基于大数据的信用体系不仅能运用于金融领域，还能运用于所有陌生人之间的场景。

云计算技术。云计算是借助互联网来增加使用或交互相关服务的模式，即通过互联网提供虚拟化的资源。对于互联网金融，云计算有两层含义。一方面，从客户角度看，云计算使移动互联和多屏互动成为可能，因为云技算的远程存储和处理信息降低了对终端的要求，实现了手机、平板电脑的移动互联，同时云平台是跨终端的存储与处理后台，实现了不同终端之间的多屏互动。另一方面，从金融机构角度看，云计算能显著降低运营与创新成本，因为云计算这一虚拟主机资源比传统 IT 系统更灵活、更具延展性，能轻松应对网络突发的“高峰”事件。另外，云计算可以帮助金融机构以较低成本创新和“试错”。

区块链技术。区块链技术实际上是一种基于网上的去中心化和去信任化的分布式记账系统。采用分块的方法，将一定时间内的交易打包形成区块，并与上个区块链接起来形成“链”状，一旦某个区块被链接到区块链中则永久存储无法修改，而要创建一个新区块，需要检验区块中所有交易的合法性，还需检验区块之间数据的关联性，从而构建出一个纯粹的验证机制，使互联网金融活动简便且容易。区块链的这种验证机制能保证网络安全，无须担心数据被篡改，因此解决了互联网金融中信息不对称、环境不确定情况下的信任问题，可被广泛应用于支付结算、证券交易、数字货币等，有望成为互联网金融的基础设施。

人工智能。深度学习在算法上的突破推动着人工智能的快速发展，为各行各业带来巨大变革和深远影响。将人工智能应用于互联网金融领域，传统的金融产品和服务方式将被机器模拟功能取代，人工智能代替互联网金融企业与客户沟通并及时发现客户需求，同时还能批量化且个性化地为客户提供金融服务。具体而言，人工智能的应用场景包括语音识别、图像识别、机器学习、实时进行风险控制、智能监控、智能运维、智能客服和生物识别等，这些应用将带来金融产品、金融服务、风险控制、投资决策、融资授信等多个方面的创新与变革。

2.3.3 客户改变是创新的导向

由于电子商务、社交网络和即时通信应用的逐渐普及，人们已经习惯在网络上做生意、交朋友，对网上交易从不习惯、不信任逐步变成习惯甚至依赖。数据显示，截至 2017 年 6 月，我国网民数已达 7.51 亿人，互联网普及率达 69.1%，超过全球平均水平 3.1%①。互联网、移动互联网的普及已深刻改变了客户的金融意识和行为，消费者能决定和主导自己的金融服务及投资决策。借助互联网技术，互联网金融尤其是移动金融突破了传统金融在时间和空间上束缚，扩大了金融服务的范围，满足了客户随时随地享受自己个性化的金融需求。一是自主获取金融服务信息及决策。互联网金融弱化了传统金融机构在信息与产品方面的权威性和特许供应地位，消费者可主动获取信息，并根据自身感受推荐给他人，从而主导自己的决策。二是自主选择交易时间。传统金融机构的营业网点大多有“朝九晚五”的时间限制，互联网金融却将这八小时的服务时间扩展至全天，客户可自主决定何时交易。三是自主选择接受服务的渠道。据有关部门测算，目前银行有近四成的销售与六成的售后服务和转账业务都是通过网络渠道完成的，与 2012 年的两成和五成相比增长快速。客户交易的线上化必将迫使传统金融改革，如金融服务生活化、服务客群扩大化、服务地域拓展化等。

2.3.4 普惠金融是创新的动力

长期以来，传统金融的运营成本较高，既需要大量的人力、物力和营业网点支撑，又需要耗费员工大量时间审核考察，效率低下且主观因素易增加信贷风险，因此以银行为主体的传统金融对中小微企业、中低收入人群等普通民众的金融服务并不给力。互联网金融的运营成本主要在系统的开发和维护、数据的挖掘和研究、产品的创新等方面，节约了大量的人力成本和时间成本，并且能够全天候地提供金融服务，所以服务效率高，企业竞争力强。互联网金融创新的动力就是为了让更多普通民众能更快更好地获取金融服务，自身也能实现更大的规模经济。互联网金融通过互联网渠道的创新，大幅降低交易成本，因此能让渡部分利益给普通民众，让更多民众参与金融服务；互联网金融通过征信方式创新，改变传统征信，让更多在央行征信系统中征信数据缺失的中小微企业和普通大众有机会获得金融服务；互联网金融通过金融产品创新，为客户提供个性化定制的产品，让普通民众客户体验更好；互联网金融通过风控手段创新，采用大数据风控不仅颠覆了传统金融的风控思维和方法，还能更有效地降低金融风险，减少普通民众在获取金融服务时的后顾之忧。

① 数据来源：中国互联网信息中心. 2017. 第 40 次中国互联网络发展状况统计报告，2017-8-4。

2.3.5　监管包容是创新的环境

互联网金融的发展是监管套利的产物，监管套利是金融创新的重要动力，为互联网金融的创新与发展营造了宽松氛围。2014 年政府工作报告中明确提出要促进互联网金融健康发展，央行原行长周小川曾鼓励金融领域的科技应用，副行长潘功胜曾肯定了互联网金融在微小企业融资、百姓投资、金融服务水平、利率市场化等方面的积极作用。由此可见，中央决策层和监管层对互联网金融的创新发展是持包容态度的，得到政府层面正式认可后的互金企业参与热情和创新力度明显增强。不过，技术的创新使全新的思维方式和商业模式提高效率的同时，也将对原有的行业生态系统形成冲击。我国金融行业实行分业监管，获得金融牌照的机构受一行三会的监管。然而，互联网金融可以实现在同一平台上同时提供银行、证券、保险、基金、信托等金融服务，混业经营下存在监管套利的现象。并且，创新发展的过程中，部分互联网金融产品游走在监管的真空地带或灰色地带，甚至部分超出了法律范围，如部分互联网理财产品过度强调收益而忽视风险提示，部分互金企业无资本金约束，部分 P2P 网贷平台设置资金池等，监管缺失增加套利机会，出现与传统金融不平等竞争下的快速发展。现在回过头来看，前几年“野蛮生长”的网络借贷出现了很多问题，也同时连累了行业内一些商业模式先进的互联网金融平台的发展。所以，互联网金融创新发展必须以合规为基本前提，所谓合规就是关于行业生态协调发展的游戏规则，是商业利益和社会效益协调的产物。

2.4　互联网金融创新的空间维度

2.4.1　创新概念界定

互联网金融的诞生来自互联网技术和金融服务的跨界融合，这种融合实际上体现的就是技术创新对于金融机构扩大供给能力的基础性作用。互联网金融创新是指运用以互联网、大数据、云计算为基础的信息技术和以区块链、人工智能为核心的金融科技对金融业务的重新塑造，实现互联网金融化与金融互联网化及其两化的融合发展，形式上包括经营理念创新、服务模式创新、商业模式创新、金融产品创新、金融技术创新和用户体验创新(表 2-3)，并通过互联网金融模式创新进行集中体现。从产业链的视角看，互联网金融可分为基础设施、网络平台、渠道整合和应用场景等四大核心环节，也是互联网金融创新非常活跃的领域。其中，以支付和征信为主要内容的基础设施是最有可能产生颠覆性创新的领域；网络平台是互联网经济模式在金融领域的延续和创新；渠道整合则是互联网时代对传统金融机构核心资产的重新审视，也是互联网金融线上线下整合的重要阵地；应用场景是金融生活化以及“以客户为中心”的核心体现。

表 2-3 互联网金融创新的主要表现

主要创新方向	互联网金融创新的具体做法
经营理念创新	理念创新主要包括：①第三方支付平台的理念。互联网金融以第三方支付为入口拉开了金融创新的大幕。第三方支付像一根无形的红线连接着需求者、生产者、供应者和服务者，实现了购买者与供应商的直接交易，缩减了交易环节，节省了交易时间和成本，提高了交易的效率与质量，快速完成了用户的互联网金融交易。②无分支网点的理念。互联网金融不受时间、地域限制，没有客户的区分。只要上线，客户就可以获得一视同仁的服务。互联网金融不提什么微笑服务、VIP 服务，但服务过程都是人性化、个性化和无差异化的，也是快捷和安全的，充分体现了对客户一视同仁的普惠金融理念。③全天候交易的理念。受运营成本、安全因素、劳动时间、业务量大小等多因素约束，传统金融的服务时间是行政化的，每天只有那几个小时，遇到节假日、公休日还会放假歇业。互联网金融所提供的金融服务是全天候的，用户可以在任何方便的时候通过线上办理业务。④商业信用市场深化中不断发展的理念。在互联网金融的市场过程中，随着企业制度的合规化，监管水平的提高，行业自律的加强，互联网金融的市场总体上是健康发展的，诚信问题虽有待加强，但没有恶劣到影响互联网金融交易的地步。人们曾经对网上购物谈虎色变，担心交易的真实性、资金的安全性、商品质量的可靠性、售后服务的可能性和诚信经营的持久性。但这些疑虑通过互联网金融已经逐步得到了消除
服务模式创新	服务模式创新体现为金融服务媒介的网络化，主要包括对接金融机构和非金融机构。①电商平台的供应链金融、金融产品销售平台和金融流量分发对接金融机构。a.电商平台供应链金融是指银行为电商平台的供应商提供供应链金融服务。b. 金融产品销售平台是直接销售基金、保险等金融产品的平台，让客户投资理财。c. 金融流量分发是利用互联网为客户的金融需求匹配金融机构。②对接非金融机构的金融中介服务创新有 P2P 借贷平台和众筹平台。a. P2P 网贷平台连接提供信息中介平台，匹配资金需求者与供给者。b. 众筹平台为有筹资意愿的发起人提供发布信息的网络平台，并通过实物预售或股权回报等形式募集资金
商业模式创新	传统金融机构主要通过表内业务挣利差，低利率获取资金、高利率贷出资金，也就是做市商的概念；通过表外业务收取手续费，如银行的各种手续费、券商承销按 IPO（initial public offering，首次公开募股）承销额按比提成。互联网金融与传统金融存在模式区别，央行对互联网金融定位为信息中介，不能对产品提供增信、不能碰资金池，意味着互联网金融不能挣利差收益，而收取服务费的老路对用户而言也不具有吸引力。因此互联网金融的商业模式需另辟蹊径，采取“羊毛出在羊身上”的做法，用免费的方式获取流量，不直接从入口挣钱，有了流量再从延伸和衍生的业务环节挣钱。以往企业触网为升级服务模式，提高服务效率并促进产品销售，这本质上仍是一种营销模式的变革，但盈利空间有限，而互联网金融平台数据是各企业增加盈利的最佳方式
金融产品创新	产品创新有两种模式：一是金融机构搭建网络平台为客户提供投资产品和融资产品，如传统银行、证券、保险等的互联网化；二是通过电商平台植入金融服务收集、浏览和交易数据，挖掘客户需求的同时，借助大数据控制信用风险发放小额贷款，如微商贷、京东白条等。互联网金融创新的第三方支付平台、网上理财、网上融资等产品与服务都体现了互联网金融的普惠金融实质。这些产品与服务是在特定技术环境、经济环境、政策环境下创新出来的，是非金融企业创新出来的，是互联网企业创新出来的
金融技术创新	互联网金融创新很大程度上是移动通信技术、大数据技术、云计算技术、人工智能技术以及区块链技术和金融科技推动的结果，金融技术创新程度可通过这些金融科技的具体应用来衡量。其中，智能技术应用程度衡量技术创新带来的操作的自助和简化程度；交互技术应用程度衡量技术创新中人机交互技术的引入和应用程度；数据技术应用程度衡量技术创新中新型数据的引用和新型数据处理方式的使用；移动技术应用程度衡量移动端的技术应用程度。互联网金融技术创新的具体做法详见前面对互联网金融创新动力的论述
用户体验创新	互联网时代，用户往往记不住理念，忘不了体验。产品或服务好不好，不是产品或服务做了什么，而是用户体验到了什么。与传统金融相比，体验创新是互联网金融最显著的特征。体验创新是通过用户体验来衡量机构或产品的创新程度，如操作便捷性、交互性、信息披露透明度、社交参与度等。互联网金融的体验创新具体表现为：①集购物、理财、融资于一身，增强用户体验。传统金融难以方便快捷地为客户多样化的金融需求提供一揽子金融服务。互联网金融突破了原有金融的“短板”，金融功能的多样性在互联网金融上能很好地体现出来。互联网金融把关联性不是特别强的客户与生产商、供应商、服务中介的需求与供给串联起来，用互联网所特有的资源与金融嫁接的功能合并在一起，拉动了消费，搞活了市场，满足了客户，实现了高效率的兼顾、兼容和兼得。②创新了跨界经营。金融混业经营与互联网经济的跨界经营有着异曲同工之妙。跨界经营让原来毫无相干的元素相互渗透相互融合，给品牌一种立体感和纵深感。跨界经营以互联网金融为后盾。跨界营销的实质是使多个品牌从不同角度诠释同一个用户的特征，跨界经营的创新与发展，增强了用户体验。③创新了客户关系管理。客户关系管理是企业利用信息技术和互联网技术来协调企业与顾客在销售和服务等方面的互交，从而提升其管理的方式，向客户提供创新的个性化服务的过程。传统金融由于数据和信息缺乏，要做好客户关系管理是很困难的事情。移动互联网和大数据技术为客户关系管理提供了有效的技术支持，可以精准地分析客户需求、交易情况、消费偏好及未来购买力，按照用户体验需求设计和提供个性化的金融产品及服务

资料来源：根据相关资料整理所得。

2.4.2　基础设施创新

支付和征信是互联网金融最主要的基础设施，也是互联网金融创新最活跃的领域。移动金融时代支付充满活力，如英国巴克莱银行的“Pay-Tag”支付贴纸，与银行卡绑定在某个地方即可实现几十英镑内的小额支付，“b-Pay”智能腕带则是该行推出的近场支付媒介。国内的支付创新主要在移动支付介质上，如近场支付、扫码支付、刷脸支付、光支付、虹膜支付、指静脉支付、声波支付等。传统支付的盈利方式为收取支付转账手续费，互联网支付业务盈利方式为免手续费，支付入口化，盈利转移。在商户端，互联网支付深入商户交易管理，集成订单管理、用户管理等功能。基于积累的商户交易信息，互联网支付可以提供贷款业务，从虚拟账户沉淀资金利用中获得收入。在用户端，互联网支付通过提供多种商品的服务销售，从虚拟账户沉淀资金利用中获得收益。互联网支付的场景是多元化的，除转账和网购，信用卡还款、话费和线下收单是渗透率较高的场景。互联网支付迫使传统金融机构的支付从利润业务转为成本业务。2015 年 9 月，招商银行成为首家转账免手续费的银行。互金企业一旦进入清算市场，银联将失去清算业务定价权。互联网银行如果获得直接发卡权，费率结构将会产生更大变化。鉴于互联网支付的美好前景，目前银行、通信运营商、第三方支付机构等均布局互联网支付。随着支付需求的移动化，移动支付发展空间巨大。

分析挖掘支付数据成为互联网时代的信用基础(图 2-10)。移动互联网和社交网络的快速发展必将带来数据种类、维度和数量的大幅提高，信用评价变得多元、及时和立体。传统征信主要是银行信用数据，数据来源单一，采集频率低；互联网征信的数据来源多元化，有来自信贷、司法、工商、税务、公安等第三方的数据，也有来自电商、运营商、社保、教育、职业、信用卡等用户提交的数据，还有网络行为、IP、社交网络等互联网数据，数据实时采集，采集的频率高。在数据挖掘方面，传统征信业务采取线性回归、聚类、因子分析、分类树等传统统计方法；互联网征信业务采取深度学习(deep learning)、网页排名(page rank)、神经网络(neural network)、射频(radio frequency)等综合大数据统计方法。在数据的使用方面，传统征信业务的数据使用范围有限，只有金融机构能够介入央行征信中心，主要用于贷款审批。而互联网征信业务的数据的使用场景十分丰富，如贷款额度、定价、雇主服务、反欺诈、租赁、定向营销等。

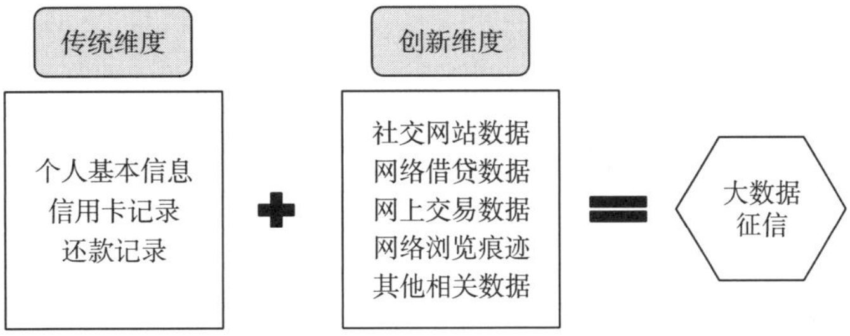

图 2-10　互联网金融基于大数据的征信体系构建

2.4.3 网络平台创新

网络平台是互金企业提供金融服务的载体、展示行为规则的虚拟场所，还能从中获取盈利。一个优秀的网络平台往往采取合作共赢、先人后己的商业模式积累巨大规模的用户，并为其提供巨大黏性的服务。在获取客户方面，一些网络平台通过在社交平台的传播实现快速的客户累积，如开心网由初期的300名用户历经15个月后增长10万倍，就是通过用户发布的照片、日记、游戏等吸引了大量亲朋好友；还有一些网络平台商聚合各种产品和服务后提供导航服务来导流，如融360几年时间达到千万客户，成为国内金融导航网站的领跑者，就是通过与众多银行、小贷公司等机构合作，提供贷款、信用卡、理财等产品的搜索、比价等服务。在增加客户黏性方面，一些网络平台提供差异化产品或为客户提供个性化服务。例如，阿里巴巴旗下拥有淘宝、天猫、支付宝等差异化产品；个性化体现在产品推送上，通过大数据分析客户的浏览记录和交易记录等信息并挖掘出客户偏好，从而为其推荐适当产品，让长尾客群也能像传统金融的高端客户那样获得个性化的产品和服务。支付宝与余额宝的搭配是互联网金融服务整合的典型。支付宝在原有的便捷体验下嵌入余额宝产品，使客户获得了更丰富的产品和服务。

网络平台催生债权、股权以及各类产权的在线直接撮合交易，加速了去中介化的金融脱媒进程。债权交易方面，P2P网贷平台只是信息中介，为投融资需求者提供交流沟通的场所。互联网金融与产业结合，通过产业内其他业务收益，如消费金融通过销售更多的产品获益。经营业务之间开始混同经营，先通过低价甚至免费获客，再通过其他金融业务获取收益。而金融风险的漏洞也显著减少，投前采取数据风控和人工审核，投中采取风险分散，投后从基于抵押担保的风险控制扩展到基于数据的风险衡量和分散。运营模式采取纯线上或线上融+线下投。纯线上是基于数据和模型完成信用评审，多用于消费金融、电商金融和供应链金融。线上融+线下投是P2P目前的主流模式，线上获取资金，线下人工搜集审核债权项目。基于零边际成本的借贷业务覆盖更多长尾客群，能满足更多的小微投资、融资需求。股权交易方面，众筹平台降低了投融资双方的信息不对称，促进了股权投资的去中心化和大众化。对创业公司而言，传统的风险投资基金中，有限合伙人投资门槛高，需要投入99%的资金，获取80%的收益；普通合伙人作为专业投资人负责筛选标的，具备投后管理经验，需要向创业公司提供资源和辅导，投入1%的少量资金，却要收取2%～3%的管理费，以及基金收益的20%。基金的退出主要采取IPO、管理层收购或公司回购等方式。众筹采取“领投+跟投”模式，领投者是专业投资者，具备项目筛选、投后管理的经验，向创业公司提供资源和辅导；跟投者是大众投资者，资金和能力门槛低，通过跟投方式进行小额分散投资。一旦跟投者获取固定收益，就会具有配资特征，成为领投者加杠杆的工具。

2.4.4 渠道整合创新

金融产品也是一种商品，与实物商品的渠道类似，金融产品渠道的核心价值在于金融机构能从多个渠道提供金融产品和服务，从而客户能根据自身需求选择适当渠道获取金融服务。银行等传统线下渠道主要关注高净值客户，而较高的投资门槛和较复杂的流程直接将长尾客群拒之门外。线上销售模式不仅打破了传统物理网点的局限，还能以较低成本为客户提供多样的金融产品，客户体验好。目前的金融产品中仅少量以直销方式销售，其余仍通过银行、券商/保险、线下第三方及线上销售等方式出售(表 2-4)。线上销售优势明显，线上渠道可充分挖掘长尾客户的金融需求，并以低门槛、无时间地域局限的优势为其提供个性化的金融服务，改变了原有的银行独大格局；线上渠道还能降低营销成本并增加发行方收入。多样化的渠道不会增加发行方营销成本，且标准化的金融产品让发行者不用考虑价格体系统一化的问题。消费者可通过有优惠申购费的渠道来购买产品获得实惠，而较低的门槛和便捷的服务也会增加消费效用。比如，基金网销的申购费率为 0.3%～0.6%，而银行柜面的申购费率为 1.5%，折扣显著。保险方面，保险产品的设计由 B2C 向 C2B 转变，个性化增强，碎片化、场景化的小额高频消费产品增加。产品销售由个人推广和银行渠道销售转向互联网销售，与存保关联的场景正在成为保险销售的关键场景，并通过数据积累与挖掘实现保险产品在不同用户间的差异化定价和个性化保险推荐。理赔开始由人工理赔转向网络理赔。证券方面，网络渠道的应用正全面铺开，如采用股票雷达的账户跟投机制，采取百度百发指数进行大数据选股，采取股票赢家等方式进行个性化选股，通过 App 等方式实现交易移动化。

表 2-4　不同渠道竞争要素比较

比较项目	直销	商业银行	券商/保险	线下第三方销售	线上销售
网点	少或没有	营业网点多，地域面广	介于直销与银行间	少	无
获客能力	略弱	较强	弱	服务高净值客户，用户规模小	门槛低、客户面广，用户导入快
定价	优惠价	较高	介于直销与银行间	优惠价	优惠价
产品服务	仅自己发行产品	产品丰富，少专业化服务	产品丰富，可专业化咨询	以信托、直投产品为主	基金、保险、票据支持类产品等
成本	前期开发成本高	营销成本高，交易成本高	营销成本高	营销成本高	有规模效应，成本低

应当指出的是，互联网金融若仅依靠线上渠道无法适用于所有客户群和场景，客户对实体渠道仍有一定的依赖性，特别是产品复杂需要面对面交流的时候，所以实体网点仍需存在。因此，互联网金融与拥有丰富线下渠道的传统金融的跨界合作仍有必要，如微众银行与华夏银行、东亚银行、平安银行的合作(表 2-5)。反过来讲，传统金融与互联网金融的跨界合作更为重要，毕竟金融渠道的互联网化是大势所趋。这一点对于拥有较多实体渠道资产的传统金融机构来说尤为重要。传统金融机构早已开展网络渠道的金融服务，几乎所有的银行、证券公司、保险公司等都有一定程度的网络渠道，但是网络银行或手机银行等基本都是将传统网点网络化，产品设计都是从金融机构角度展开而非客户需求角度展开。因此，传统金融机构需要加快实体渠道功能和布局的转型，将众多如转账等简单交易转向 ATM 机或电子渠道，让物理网点人员有精力专于销售、咨询等工作。并且，银行还

需调整网点布局，将当前单一大网点转为多种便捷点，即通过“少量综合网点+大量便捷网点”来扩大地域覆盖率，提升服务针对性和普惠性。

表 2-5 微众银行与传统金融机构的渠道整合

时间	合作对象	合作内容
2015.2	华夏银行	资源共享，并且在小微贷款、信用卡、理财及生态圈业务等领域合作
2015.4	东亚银行	充分发挥自身竞争优势，展开在信用卡、小微及个人贷款、客户推荐、理财等方面的深度合作，实现共赢
2015.5	平安银行	秉承资源优化互补的理念，建立全面业务合作伙伴关系，在客户推荐、小微及个人贷款、理财、生态圈等领域合作，并提供各种增值服务，全方位满足客户多样化的金融服务

2.4.5 应用场景创新

“场景”本是影视用语，是通过人物行为反映剧情的多个过程。场景实际是对时间的占用，拥有场景就拥有用户的时间，就会轻松占领用户的心智。当“场景”这个词被移植到互联网金融时用于说明金融的生活化，即金融并非独立于人们的生产生活，而是被融入具体的生产生活中，虽不易感受但却时刻存在。例如，使用手机应用打车并在打车后直接通过手机进行支付并分享红包，查看电影排期并直接团购电影票，购买大型耐用消费品并直接分期支付等。互联网金融版图扩张，或拓展目标客户群，或占据客户时间，或进入其生产生活场所。拓展目标客户群可扩大地域、年龄层、财富层等的服务范围；占据客户时间可利用很多应用场景，即流量入口，如通过网络提供娱乐、沟通、信息获取和电子商务等活动实现(图 2-11)。

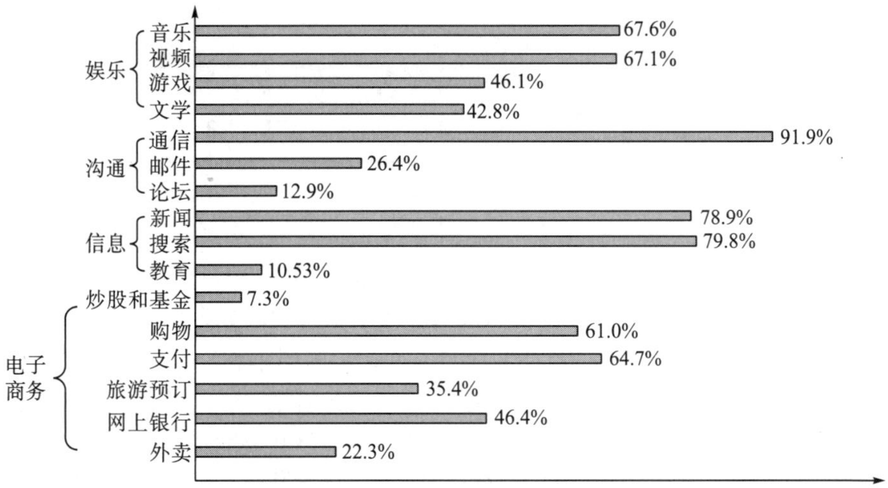

图 2-11 中国网民每周上网的时间分布(2011 年)

资料来源：根据中国中央电视台新闻整理所得。

目前，以 BAT 为首的互金企业也主要围绕这几大领域展开客户时间的争夺(表 2-6)。未来，场景争夺需要找准并切入客户生活的主场景，它既可能存在于线上，也可能存在于线下，从客户最基本的需求角度而非占据客户的时间角度来考虑场景争夺，如零售、餐饮、订票、转账、交通以及重要节日或礼尚往来地发红包等，并在此基础上叠加各种辅助应用。同时，传统金融机构也逐渐将金融产品与场景融合，因为单纯依靠产品本身很难实现差异化，将客户需求的产品融入具体场景中才容易被客户接受。所以，工行、建行等传统金融机构纷纷加入场景争夺，建立自己的电商平台，平安集团则进军二手车和房产交易市场。

表 2-6　BAT 对客户时间的争夺

网络平台	娱乐	沟通	信息获取	电子商务
阿里巴巴	收购优酷土豆 16.5%股份；收购穷游；收购虾米音乐；收购恒大足球俱乐部部分股份	收购新浪微博 18%股份；收购陌陌	收购高德地图；收购 UC 浏览器	淘宝、天猫；支付宝；收购银泰百货 9.9%股份；收购美团
腾讯	腾讯游戏；腾讯视频；收购 Riot Games；收购 CJ Games	QQ；微信	腾讯微博；收购大众点评 20%股份；收购 58 同城 19.9%股份	与 Groupon 合资高朋网；收购京东 15%股份
百度	爱奇艺；百度影音；收购 PPS 和千千静听	暂无	百度；收购 91 无线	收购糯米网(团购)

资料来源：根据 BAT 网上资料整理所得。

2.5　互联网金融创新的普惠体现

2015 年 12 月国务院印发《推进普惠金融发展规划(2016—2020 年)》，提出普惠金融的主要目标是有效地提高金融服务的覆盖率、可得性和满意度，同时明显提高人民群众对金融服务的获得感。互联网金融正是以这一目标为宗旨，践行普惠金融。

2.5.1　提高金融服务的覆盖率

普惠金融覆盖率是指推行普惠金融的机构包含的客户相关信息，包括存、贷款人数量，存、贷款额度等(陈平，2015)。传统金融机构由于金融业务严格的信用审核，将部分客群排斥在服务门槛之外；由于营利性要求，不在偏远地区开设分支机构，将当地客群排斥在金融服务之外。当存在金融排斥时，可能出现贫困放大效应，使贫富两极分化现象更为严重。互联网金融践行普惠金融，有效提高了金融服务的覆盖率。首先，互联网金融本身是互联网与金融的创新融合，并创新出 P2P 网络借贷、第三方支付、众筹等多种异于传统业态的新模式，让社会公众在寻求金融产品和服务时有更多选择；其次，创新业务审批方式，利用大数据等技术实现快速审核，让众多没有征信记录的客户也能公平享受金融服务；再次，创新金融服务方式，通过互联网渠道提供服务，缓解了信息不对称问题，还提高了金融资源的优化配置效率，解决了普惠金融服务中的机构排斥问题；最后，技术创新拓宽了可能性交易边界，将传统金融不被覆盖的人群也纳入进去。以网贷行业为例，截至 2016 年 12 月底，网贷行业正常运营平台数量达到了 2448 家，全年网贷行业成交量达到了 20638.72 亿元，较 2015 年增长 110%；年网贷行业投资人数与借款人数分别约为 1375 万人和 876 万人，较 2015 年分别增加 134.64%和 207.37%①，由此可见互联网金融的服务覆盖率在快速提高。

2.5.2 提高金融服务的可获得性

普惠金融的根本目标是让有金融服务需求的社会各阶层群体都能平等地获得适当、有效、便利的金融服务，让金融服务惠及普通民众。我国普惠金融发展较为缓慢，既受制于我国经济发展状况，又受交易成本、服务效率、金融意识、地理环境、金融基础设施等多方面影响。就交易成本看，互联网金融借助互联网特别是移动互联网渠道为客户提供金融服务，交易成本较低；从服务效率看，互联网金融不再局限于传统金融机构通过物理网点提供服务的约束，突破了时间和空间的限制，让普通民众等长尾客群也能随时随地获取金融服务，提高了金融服务效率；从金融意识看，互联网金融让社会公众的金融意识逐渐增强，如余额宝横空出世后带来的高收益让众多没有接触过理财的人萌发了理财意识，随之唤起了大众通过 P2P 网络借贷、众筹融资等模式的投资和融资意识；从地理环境看，农村等偏远地区经济相对落后，地广人稀，农民收入较低，导致传统金融机构不愿设置物理网点为其提供金融服务，但互联网金融借助互联网渠道，通过手机等移动终端即可提供普惠金融服务，解决了普惠金融服务的地理可及性问题；从金融基础设施看，当前的大数据技术相对成熟，既可解决央行征信系统无信用记录者的信用问题，又可用于构建全民的信用体系，金融基础设施的逐步完善有助于实现互联网金融的普惠服务。

2.5.3 提高金融服务的满意度

客户满意度受客户获得产品的付出和对产品的期望的影响，客户消费前后对产品和服务的期望与实际感受之间的对比带来的心理状态就是客户满意度。与传统金融相比，互联网金融能提高金融服务满意度，较好地践行普惠金融。首先，从便捷性看，互联网金融能实现 3A（anytime、anyhow、anywhere）金融服务，并且通过手机等移动设备就能轻松获取，极大地提高了金融服务的便捷性。其次，从服务门槛看，互联网金融服务的主要对象不是传统金融的高净值客户而是长尾客群，各种互联网“宝宝”类理财产品门槛可低至 1 元，众筹和 P2P 网贷等投资门槛和融资门槛也可低至几十元，极大降低的服务门槛让消费者有了更多的选择。再次，从产品和服务本身看，互联网金融通过大数据，极大程度地追踪客户需求，为客户提供个性化需求的金融产品，从而给客户带来极大的心理满足感。最后，从安全性看，互金企业在提供金融产品和服务的时候，都会兼顾客户的账户安全问题，并

---

① 数据来源：未央网。《20 家网贷平台年报出炉：7 家出现逾期坏账》。https://www.weiyangx.com/230684.html#:~:text=%E6%8D%AE%E7%BD%91%E8%B4%B7%E4%B9%8B%E5%AE%B6%E5%8F%91%E5%B8%83%E7%9A%84,%E5%A2%9E%E9%95%BF%E4%BA%86110%25%E3%80%82. 2017-2-13.

且大多数互金企业都承诺了在发生账户资金被盗等情况下的补偿机制，保障了消费者权益，提高了金融服务的安全性。

2.5.4　提高金融服务的可持续性

但是，普惠金融并非扶贫金融，并非政策性金融，并非慈善金融，要想实现互金企业的持续运作，首要条件是互金企业能实现财务和机构的可持续性①。也就是说，互金企业要想提供长久性的金融服务，自身必须能够持续运营下去，无论是依靠外部的扶持，还是政府的优惠政策，抑或是自身的盈利。部分学者认为，发展普惠金融的基本原则就是“市场主导、政府引导”，互金企业应该剔除政策扶持的作用而实现真正的“商业可持续性”（贝多广和李焰，2016）。传统金融机构出于成本与风险等因素的考虑，很难在普惠金融道路上为社会公众提供可持续性的金融服务。根据规模报酬理论中的经济学原理，互联网金融要想实现普惠金融服务的可持续性，必须同时满足两个条件，一是提供金融服务的边际成本足够低，二是服务规模足够大，才能使规模经济发展下去。一方面，互金企业借助互联网极大地降低了传统金融服务中的物理网点成本和人力成本等交易成本，同时借助大数据和金融科技极大地降低了普惠金融服务中的金融风险，互联网渠道让互金企业的边际服务成本非常低；另一方面，互联网特别是移动互联网技术让 3A 金融服务成为现实，提高的金融服务效率吸引了客户的参与，借助大数据让互联网金融为客户提供个性化产品也成为现实，互联网金融服务的客群量非常庞大。网易新闻报道，2016 年蚂蚁金服新增约 1 亿客户，客户总数已超过 5 亿人，几乎是世界最大银行的 10 倍②。因此，互金企业不仅能够打破传统金融机构对中小微企业、城镇低收入群体、农民等长尾客群的金融排斥，还能实现真正的商业可持续性，实现真正的普惠金融。

2.5.5　提高金融风险的可控性

互联网金融践行普惠金融的前提条件是有效管控金融风险。高效配置资源和有效防控风险是一个硬币的双面。金融信用转换和期限转换，既是配置资源的过程，也是分散和管理风险的过程，必须做好自身，管控好风险。用互联网技术提供金融服务，可能是传统金融机构借助互联网技术，也可能是互联网公司利用自身平台提供金融产品，但无论是哪一种，都不应离开践行普惠金融的宗旨，否则就会有很大风险。因此，互联网金融应时时刻刻坚持合规经营、规模效应、规避风险、合规发展，还需考虑如何将货币有效配置到各社会主体并为其提供方便快捷的金融服务，以促进社会发展。互联网金融是多层次资本市场的重要组成部分，在解决中小微企业及“三农”等问题时发挥重要作用。比如，互联网小额、便捷的支付服务为众多长尾客群提供了支付便利，股权众筹融资为众多中小微企业提供了融资便利。然而，虽然多数互联网互金企业不忘初心践行普惠金融，为互联网金融带

① “财务与机构的可持续性”源于联合国 2006 年发布的 *Building Inclusive Financial Sectors for Development*。

② 资料来源：第一财经《蚂蚁金服称支付与金融服务用户已达 4.5 亿日活用户数翻番》。https://www.yicai.com/news/5286976.html. 2017-5-18.

来了发展红利，但随着越来越多机构进入这一行业，部分机构的初心改变，逐渐步入监管套利、非法集资的漩涡，互联网金融践行普惠金融的效果并不如预想的那么明显。比如余额宝，虽然让社会公众有了理财意识，但也助推了银行负债成本的增加和民间借贷资本的高利率，所以很多 P2P 网贷并未缓解中小微企业融资贵的问题。并且，互联网金融服务有很大一部分是由互联网企业提供，而很多互联网企业风控能力不强，甚至部分企业风控意识缺失，导致整个行业风险增大。当务之急，必须要构建监管机构、行业协会、互金企业三位一体的风控体系，监管机构立法合规行业发展，行业协会从中协调，互金企业主动控制风险，只有这样，互联网金融才能可持续、健康、合规地发展下去。

2.6 互联网金融服务实体的创新表现

2.6.1 为实体服务的创新导向

金融是经济的“心脏”，为实体经济发展提供“血液”。金融需要服务于实体经济，因为脱离实体经济而自我发展易出现虚拟膨胀并最终导致金融危机，而实体经济缺乏资金支持或金融服务不足也必然发展缓慢甚至陷入衰退的境地。金融需服务于实体经济，植根于实体经济，帮助实体经济提高效率与质量，同时促进消费者价值增长，才能助推自己的发展。互联网金融仍是金融，必须把服务实体经济作为创新发展的基石进行坚守。传统金融关上一扇门，而互联网金融打开了一扇窗。传统金融通过服务大中型企业作用于实体经济，互联网金融通过服务刚毕业的年轻白领、普通餐馆老板、理发店店长等中小微企业主和普通消费者作用于实体经济。具体而言，互联网金融有股权融资与债权融资，如股权众筹、P2P 网贷等，均能给中小微企业提供全方位的金融服务；大数据解决了 P2P 网贷服务中小微企业的信用问题，使平台大量资金流入中小微企业，极大地解决了融资难问题；互联网技术与大数据技术的应用让金融机构与互联网企业跨界合作，实体经济融资变得容易；互联网金融创新产品为中小微企业提供资金融通服务，反过来又通过资产证券化把这些产品的现金流做成标准化证券；低门槛为广大投资者搭建了安全可靠的投资渠道，有利于发挥民间资本服务实体经济的作用，实现经济平稳较快发展。除了服务中小微企业，互联网金融还通过互联网消费金融服务居民消费，从供给侧和需求侧同时发力助推实体经济发展。因此，互联网金融能满足草根、小额、分散、长尾的融资需求，为大众创业、万众创新创造条件，让金融资源惠及普通民众。

2.6.2 面向消费者的金融创新

与传统消费金融相比，互联网消费金融由于借助了互联网、大数据、云计算等先进技术，使得互联网金融为消费者提供的金融服务更具普惠性。第一，由于充分利用了互联网技术，互联网消费金融大大降低了零售业务乃至消费金融业务的人工成本；相比于银行至少两个星期的授信审批周期，互联网消费金融聚焦更小额度信贷，并且遵循额度越小审批速度越快的规律，因此线上的小额消费贷款审批时间以分钟计。第二，消费金融通过互联网手段开展还可以沉淀数据，降低获客成本。第三，在互联网消费金融服务中，每笔消费贷款金额越小，越需要依靠风控系统将授信流程标准化，这既是用户体验的客观要求，也是金融机构降低人工成本的主观需要。正因为此，互联网金融能够让更多消费者获得金融服务，体现金融普惠性。也就是说，互联网金融不仅能够覆盖传统金融中的高净值消费者，也能覆盖广大中低端用户群体，包括农民工等流动人口和大学生等中低端用户群体。

2.6.3　面向生产者的金融创新

长期以来，融资难问题始终困扰着生产者特别是中小微企业，这是由中小微企业等生产者自身竞争实力不强，从业人员素质较低，企业自身财务制度不健全且信息披露不及时、不充分等造成的。一般地，中小微企业主要通过银行、小贷公司、民间借贷等途径融资，融资渠道相对狭窄，并且很难从银行等传统金融机构获取贷款，即使能够获取也会存在审核周期长、放贷速度慢、贷款成本高等问题。互联网金融借助大数据极大地降低了信息不对称问题并更好地控制了金融风险，借助互联网技术极大地降低了获客成本和交易成本等服务成本，借助互联网技术和大数据技术极大地提高了互联网金融的服务效率，借助 P2P 网络借贷模式、众筹模式、电商融资等互联网融资平台扩大了企业融资渠道。因此，互联网金融能够为生产者提供普惠金融服务。

2.6.4　面向供应链的金融创新

虽然供应链金融早已有之，但爆发于互联网金融的催化。我国中小微企业数量多、轻资产的特点较为明显，虽然贡献大但获得的金融支持较少。互联网技术融入供应链金融，将原有的“银-企”两点模式变成了“银行-核心企业-上下游企业”三角模式，虽然相关主体更多，业务流程更复杂，信息共享要求更高，但互联网技术使这种供应链金融模式变成现实。银行不再是中小微企业的唯一选择，电商平台、小贷公司、融资租赁公司等主体已逐渐进入供应链金融领域，为供应链中的中小微企业提供普惠金融服务。互联网供应链金融提供产品和服务普遍采取线上线下相结合的 O2O 模式，信息共享更流畅，可让更多的利益相关者融入进去，从而显著降低交易和融资成本，提高融资效率。互联网技术和大数据技术使供应链金融线上化、自动化，极大地降低订单采购成本，优化付款和单据处理流程，降低应收(付)账款的不确定性，帮助企业规划经营。

2.6.5　面向“三农”的金融创新

经过十来年的金融改革，我国已逐步形成较为完整的金融体系和多层次的市场主体，但是由于农村金融覆盖成本高，金融风险难以控制，所以传统金融仍未能解决我国农村的融资难、融资贵等问题，未能实现普惠金融。但是，互联网金融却能为“三农”提供普惠金融服务，这是因为互联网金融有助于提高涉农金融机构的商业可持续性，能为“三农”提供更多的微型金融服务，资金灵活运转的特性实现了农民金融服务的可获得性，金融创新及多种互联网融资渠道提高了农户融资的可获得性，大数据等技术的使用有助于完善农村的金融基础设施建设。

第 3 章　互联网金融模式：创新普惠金融的服务方式

由于用户的多样性和差异性，金融属性需要通过丰富的服务模式来彰显。但由于技术手段等限制，传统金融服务模式往往单调乏味，这正好给互联网金融创新预留了空间。互联网金融通过互联网金融化与金融互联网化的模式创新与融合①（图 3-1），恰好抓住了用户个性化的金融需求痛点。为此，本章重点介绍 10 种最能彰显互联网金融普惠化发展的创新模式②，通过“显微镜”去观察互联网金融是如何创新实现普惠化发展的。

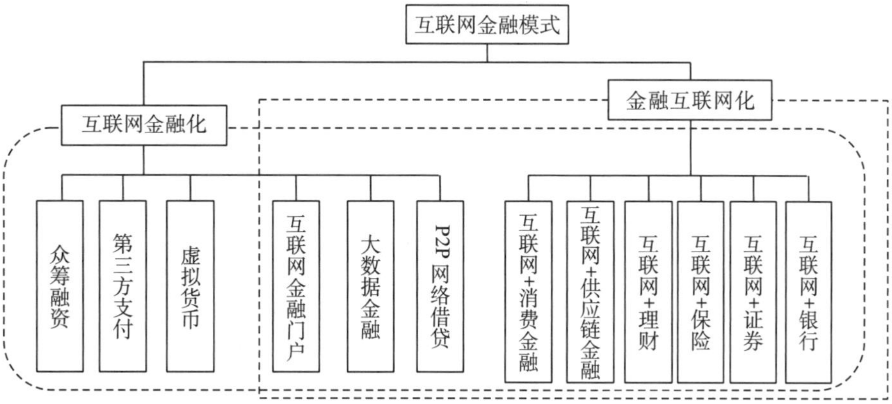

图 3-1　互联网金融模式

① 由于标准不同，互联网金融模式存在不同的分类，典型代表有如下几类：第一类是中国人民银行在《中国金融稳定报告(2014)》中，将互联网金融分为互联网支付、P2P 网络借贷、非 P2P 网络小贷、众筹融资、金融机构创新型的互联网平台、互联网基金销售等六种模式；第二类是 2015 年十部委在《关于促进互联网金融健康发展的指导意见》中，将互联网金融分为互联网支付、网络借贷、股权众筹融资、互联网基金销售、互联网保险、互联网信托和互联网消费金融等模式；第三类是从金融功能的角度，即支付、投融资、风险管理等功能，将互联网金融分为第三方支付、网络借贷、互联网银行、互联网保险、网络保险、网络征信、大数据金融等 13 种类型；第四类是从机构角度将互联网金融模式分为互联网金融化、金融互联网化、原生模式。本报告认为，按照互联网金融的发展历程，20 世纪 90 年代起就有银行、证券、保险等金融业务互联网化，然后 21 世纪开始出现阿里、百度、腾讯等互联网企业创新第三方支付等金融业务，后来逐渐通过并购、获取牌照等方式向传统金融业务靠拢，因此有了图 3-1 的业务模式。

② 事实上，随着互联网金融的蓬勃发展，一切金融基本都在进行互联网化。除了列出的 10 种模式之外，还有互联网信托、互联网票据市场、互联网+类金融（如融资租赁、商业保理）等多种模式，但这些模式存在投资门槛高、成本高、服务差、效率低等特点，不能很好地契合普惠金融发展方向，所以未在书中阐述。

3.1　P2P 网络借贷

1.基本内涵

P2P 网络借贷(peer-to-peer lending)，即点对点借贷，是指通过网络借贷平台实现借款人和投资人的信息匹配(卢馨和李慧敏，2015)。P2P 网贷平台是信息中介，为借款人和投资人提供评估资信、交互及撮合信息等服务，并从服务中收取一定费用用于维持平台运营，但并不直接参与到借贷活动中去。借款人项目需要先通过平台审核，方可发布借款标，即借款金额、借款目的、借款期限、借款利率等信息；投资人浏览借款列表后对满意标进行投资，资金从投资人账户转入 P2P 平台或资金存管的第三方机构账户中；同时，网站自动生成电子借条，资金从 P2P 平台或资金存管的第三方机构账户转入借款人账户中，到期时借款人再进行偿还(图 3-2)。网贷平台在 P2P 网贷业务中处于核心地位，需要与一些门户网站、导航网站等合作获取流量，需要小贷公司、担保公司和信托公司等提供融资服务，需要征信信息获取客户信用状况，需要系统开发与维护的公司保障网络系统的正常运营，同时也必须接受相关部门的监管，由此形成 P2P 网贷产业链(图 3-3)。

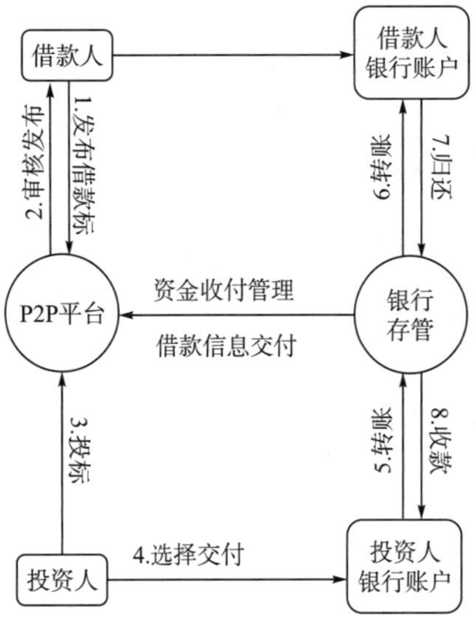

图 3-2　P2P 网贷运作流程

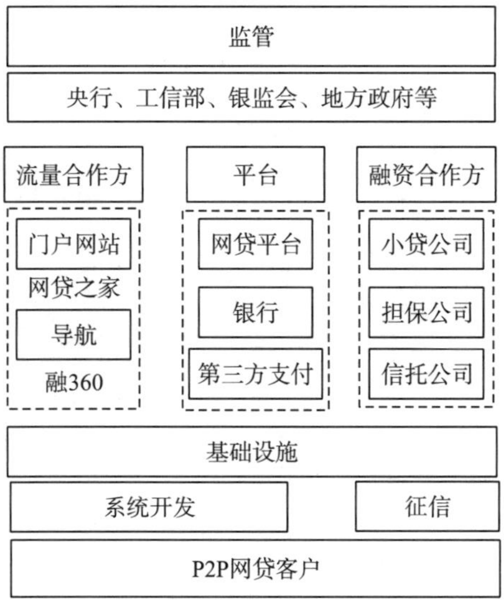

图 3-3　P2P 网贷产业链

2.主要做法

从融资方式和功能上看，P2P 网络借贷不仅包括传统的 P2P 模式，还包括企业作为融资方的 P2B(person-to-business)和 P2C(person-to-company)模式。P2B 网贷平台只针对中小微企业提供投融资服务，部分网贷平台会将第三方机构做好风控的项目或标的在平台上与投资者对接，部分网贷平台需要借款的中小微企业提供担保，因此 P2B 的信用风险会比 P2P 要低；P2C 模式中网贷平台会对债权转让公司的资质进行线下审核并考察，筛选出的有投资价值的优质债权项目才能在网贷平台上公开，因此其安全性较高。从 P2P 网贷的价值环节看，P2P 网贷可分为纯线上模式、线上线下结合模式和线下为主模式(图 3-4)。纯线上网贷本质是一种直接融资，是金融脱媒的一种表现，最大亮点在成本低、信息透明合规，但需要平台自己获取各种维度数据以掌握借款人的信用状况，这一门槛严重阻碍了纯线上模式的发展。在线上线下结合模式中，多数平台引入担保机构，此机构需要在贷前寻找优质资产，贷中担保项目并匹配供需信息，这一系列的行为使得 P2P 在这一层面上成了所有风险的聚集点，不但成了交易的信息中介、资金中介，也成了风险中介，平台已经异化为一个金融机构。线下为主的模式里网贷平台通过线下寻求有投资价值的借款人获得债权，并通过网贷平台拆分组合债权并以理财产品的方式转售给投资人，在这过程中会沉淀下来部分资金，实际上已经是一个资金池。无论是哪种类型，其成功的关键均在于优质的金融资产、优良的风控体系和轻资产的线上平台(图 3-5)。

纯线上模式	纯信用的交易模式，采用大数据评估信用	拍拍贷
线上线下结合模式	线上审核借款信息，线下引入担保公司	人人贷
线下为主模式	线下获得债权，打包后通过平台销售给投资人	宜人贷

图 3-4　P2P 网贷模式及典型代表

优质金融资产	个人和企业都缺乏稳定投资渠道，平台与金融机构合作可获得优质资产
优良风控体系	安全是生命线，良好风控才能长久生存下去
轻资产线下平台	轻资产运营，抓住自己作为信息中介的核心业务

图 3-5　P2P 网贷平台成功要素

3.创新表现

金融创新主要围绕资产端和资金端，因为资产端和资金端通过 P2P 网贷平台实现匹配。P2P 的资产端是指平台资金的去向，是网贷平台凸显竞争力的关键，从最初的信用贷到车贷、房贷、消费贷、供应链金融等，资产端不断创新，多元化趋势明显，但优质资产的获取早已成为网贷平台争夺的重点。P2P 的资金端是指资金出借方，即投资者或理财者，是保障资金来源的关键。缺乏优质资产会出现逾期、坏账等现象，资金端不足容易出现庞氏骗局等问题，因此资金端和资产端都非常重要，只是由于优质资产的存在会逐渐吸引越来越多的投资者，因此各网贷平台更关注资产端。为此，一些网贷平台采取降低平台融资成本、提供高效便捷的融资服务、创新资产端等一系列措施来争夺优质资产。

4.普惠体现

截至 2017 年 6 月底，正常运营的网贷平台达到了 2359 家，同比下降 11.12%，贷款余额达 1.45 万亿，同比增长 17.92%，虽然综合收益率为 8.3%，下降幅度较大，但仍吸引了超过 122 万借款者和 317 万投资者[①]，这说明网贷行业为大量长尾客群提供投融资服务，充分体现出金融普惠性。①从投资端看。虽然有房地产、股票市场、银行存款、理财产品、风险投资、私募基金等投资方式，但部分渠道投资门槛较高，或需要具备一定专业知识，所以百姓普遍选择收益率偏低的银行存款。P2P 网贷的投资门槛低，几百元便可参与投标，投资收益通常高于银行理财产品，并且平台上汇集的大量借款者需求信息让投资者对所有资金价格信息一览无余，轻松获取借款利率、借款期限等信息，P2P 网贷快速受到投资者追捧。但是，近些年频繁爆发出的网贷平台跑路等现象，涉及资金额度巨大且投资者人数众多，这说明网贷投资者仍需具备一定的风险识别能力和风险承受能力，接受一定的投资者教育，不能盲目追求高收益。②从融资端看。网贷中的融资者主要是需要资金的中小微企业或个人，他们很难通过银行等传统金融机构获得融资，即使获得，授信额度小且放款速度慢。P2P 网贷是银行放贷的有效补充，只要根据融资需求提交收入证明、信用记录等材料，就可能在较快时间内获得资金。这既是普惠金融的充分体现，也是国家大力支持的根本原因。③从渠道看。现有连接投资和融资的渠道费用普遍较高，无形中增加了投资和融资成本，而 P2P 网贷平台是信息中介，为资金供需双方提供信息平台，所以渠道费相对较低，这加速了金融脱媒，也助推了普惠金融的实现步伐。④其他。我国互联网技术和移动互联网技术的快速发展使得互联网渗透率大幅提高，从而推动了网民通过互联网平台理财习惯的形成。

3.2 众筹融资

1.基本内涵

众筹被大众定义为是一种群体性的合作行为，即借助互联网将资金汇集起来以支持他人发起的项目；Mollick(2013)认为众筹是资金需求者直接通过互联网平台向社会公众寻求资金，资金提供者在提供小额资金后会获得产品或公司股权的一种新型商业模式。综上可知，众筹是资金需求者(个人或企业)凭借互联网平台发布需求信息，向社会公众寻求支持的商业模式。众筹平台、发起人和投资者是众筹融资的三大基本元素。众筹平台是发起人展示融资信息和融资项目的互联网媒介，既承担着提供信息中介服务的义务，又需要在筹资前审核项目并监督发起人，筹资时维护投资者权益，部分平台还有筹后管理。发起人可能拥有创意项目但缺乏前期的启动资金，或者无法明确判断项目市场前景，也可能项目已经有一定进展但缺乏进一步发展的资金。发起人是有想法和设计原型的创业者，并且需要通过视频、图片或文字的方式在众筹平台上呈现项目，让投资者感受到项目的潜力和创意；需要建立精美详细的网页，让投资者能了解资金用途和自己的投资回报；还需要通过社交网络等途径将项目在各种人脉中传播出去，以获得更多的资金来帮助自己实现梦想。支持者是对发起人项目感兴趣并愿意给予资金支持的个人或团体，通过众筹平台把钱投给发起人可获取承诺的回报。

① 数据来源：2017 年上半年全国 P2P 网贷行业报告，搜狐网，http://mt.sohu.com/20170702/n499469483.shtml，2017-7-2。

首先借款的发起人发送筹资项目相关信息给众筹平台，平台审核通过后发布项目信息，项目信息可以通过图片、文字或视频的方式展示项目团队、项目内容、筹资期限、筹资金额、投资回报等；投资者浏览筹资项目，并对中意项目给予资金支持，即在筹资期内划拨资金给众筹融资账户；若在筹资期限内所筹资金达到或超过筹资目标，则项目筹资成功，发起人向投资者按事先预约的股权、债权、红利、现金、产品或服务等方式向投资者进行回报，否则筹资失败，众筹平台会退还全部资金给支持者①。而股权众筹与产品众筹在业务流程上略有不同(图 3-6 和图 3-7)。

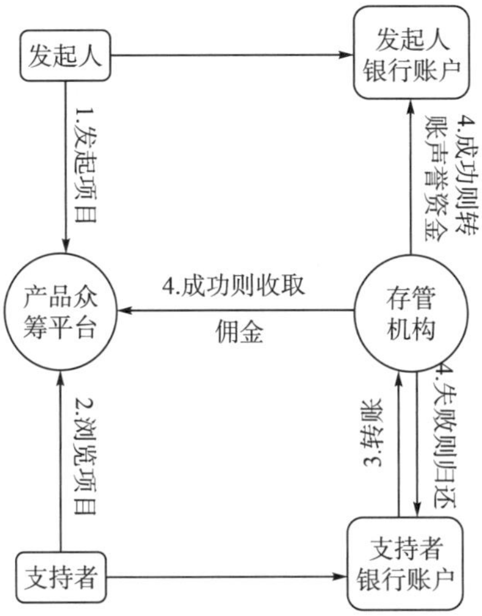

图 3-6　产品众筹融资业务流程

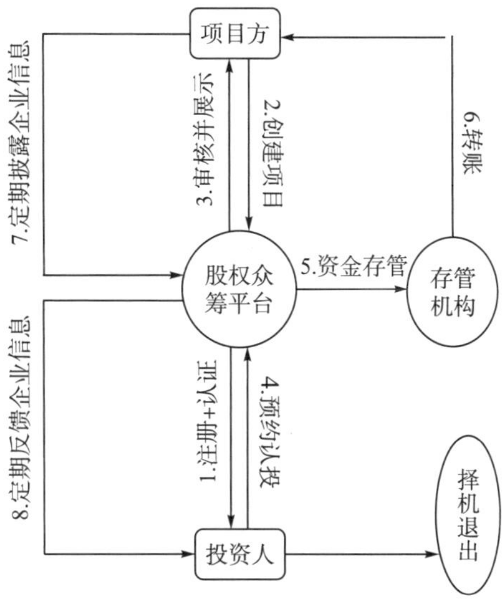

图 3-7　股权众筹融资业务流程

2.主要做法

按照投资回报的不同，众筹分为债权众筹、产品众筹、股权众筹和公益众筹(图 3-8)。产品众筹也称奖励众筹或回报众筹，是指发起人以实物或服务作为支持者的出资产品，股权众筹指支持者成为发起人企业股东获得股权收益，债权众筹即 P2P 网络借贷，公益众筹指支持者通过众筹平台为公益项目捐款。按项目来源，产品众筹可分为综合类平台和垂直类平台，前者指平台的项目来源于音乐、影视、艺术、游戏等诸多领域，具有综合性，后者指平台只针对房地产、体育类、音乐类、电影类等领域中的某一特定领域。按是否包含跟投机制，股权众筹分为领投+跟投模式和非领投模式(个人直接投资、合投等方式)模式。领投+跟投模式是指由众筹平台指定的具备一定专业性和影响力、投资经验丰富且有很强风险承受能力的人领先投资(general partner，GP)，其他人跟随投资(limited partner，LP)；非领投模式是指个人直接投资或者投资人合伙投资。

① 只有极少数众筹平台在项目筹资失败后投资者仍可获得所筹资金，如众筹平台 Indiegogo，对成功项目收取已筹资金的 4%为手续费，而对失败项目收取 9%的手续费，以此来激励项目发起人。

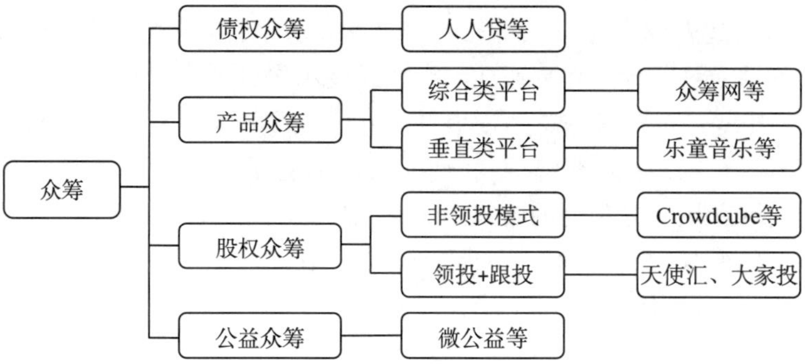

图 3-8 众筹的不同分类及典型代表

由于债权众筹单独归为 P2P，所以目前主流的众筹模式是产品众筹和股权众筹，二者的比较如表 3-1 所示。

表 3-1 产品众筹与股权众筹的比较

对比项目	产品众筹	股权众筹
模式	发起人给予支持者实物回报	发起人给支持者公司股权
回报方式	团购+预售的形式获取	支持者享受公司股东权益
投资者要求	众筹网站用户，无收入等限制	存在投资者收入、金融资产等限制
筹资金额	筹资目标较低，多数在 5 万美元以下	筹资目标普遍在 5 万～100 万美元
投资者权利	可对产品设计提出建议	普通股东的权利
投资目的	支持和预购产品	看重发起项目的未来发展
回报期限	较短，主要看发起人承诺	较长，公司盈利后才可获得回报
项目失败的处理	发起人需要退还部分资金	发起人不退还资金

3.创新表现

①服务模式创新。主要体现在众筹融资服务媒介的网络化上，即这种融资服务需要依托众筹平台为有资金需求的发起人发布信息，并通过产品、股权等形式作为回报募集资金。②服务领域创新。目前，众筹平台的项目可能已经涉及各行各业。以众筹平台众筹网为例，项目类型分为科技、公益、农业、出版、娱乐、艺术、房产、其他等八个领域，并且这些领域还在不断创新扩大。众筹领域的创新体现出众筹的多样性，这一特性正好契合了产品供给和需求的多样性，可能增加发起人的创业热情和参与者的投资热情。③众筹产品创新。2015 年政府工作报告提出借助“大众创业、万众创新”推动中国经济增长，而众筹正好践行着这一理念，不仅给有创业梦想的人一个融资机会，也给有创新创意的项目一个展示的平台。比较而言，创新创意的项目产品会更容易通过众筹平台审核，也更容易吸引民众投资，增加项目筹资成功的概率。比如，京东众筹 2016 年 9 月 1 上线的小巨蛋(power egg)更是首次突破 1 亿元，创下了 1.017 亿元的国内最高众筹纪录。究其原因，在于其鸡蛋的外形携带方便，并且产品本身还具有酷炫、新颖、易操作、体感遥控器、一键拍照等特点。

对于股权众筹，具有如下创新。一是推出可转债。目前，在我国法律法规体系下，可转债是上市公司发行的，若将可转债用于非上市公司，可降低投资者的股权投资风险。也就是说，可转债给投资者一种选择的权利，投资期结束之后，投资者可以将债权转化为股权成为公司股东，当不看好公司发展时可拿回本金和收益。正是由于投资者多了一个选择权，因此发起人可以较低利率获得资金。若将可转债的模式运用于股权众筹，可丰富股权众筹产品，也可满足广大投资者个性化的选择要求，但同时也可能存在一定的法律风险。二是推出股权期权。《中华人民共和国证券法》有 200 人证券发行对象的上限，股权众筹也不能违背。针对该问题，或许可以采用股权期权的方法，承诺众筹参与者一定期限或条件的期权，当条件满足时按约定价格和约定数量给予参与者购买股票的选择权，这样就能避开 200 人的上限，但该方法也存在一定的法律风险。三是创新股权众筹形式。目前的股权众筹中投资者往往支持的是货币资金。而在实际中，股权众筹公司往往是一些初创企业，除了需要货币资金，还需要设备、专利、场地、人脉等非货币资源。因此，股权众筹平台可让众筹的初创企业自身决定需要哪些非货币资源，并设置多种形式的非货币资源供投资者选择，这实际上也是众包的做法。四是实行组合的股权众筹。股权众筹是一种新金融，需要众筹平台向综合化服务方向迈进。因此，在通过股权众筹融资时，可考虑部分股权融资，部分债权融资，即组合股权和债权，充分体现二者的优势，这样既能促进融资，又有利于初创企业的发展。

4.普惠体现

截至 2017 年 6 月 30 日，全国众筹行业共获取 37905 个项目，成功筹资项目 31552 个，筹资 110.16 亿元，与 2016 年同期的 79.76 亿元相比增长 38.11%，其中股权众筹吸引 3.36 万人次投资，债权众筹吸引 1111.14 万人次参与，产品众筹吸引 38.61 万人次参与，公益众筹吸引 1598.56 万人次参与①。众筹行业之所以有如此吸引力，是因为其充分体现了金融的普惠性。一方面，众筹融资普惠于发起人。项目发起人可以是任何一个个人、企业或者机构，但多为需要为项目融资的初创企业，而初创企业很难从传统金融机构中获得融资，众筹融资的低门槛能在一定程度上缓解融资困难的局面，给发起人一个实现创业梦想的机会。并且，发起人通过众筹平台可宣传项目产品，信息的披露可能会增加支持者的支付意愿，还有助于培养早期用户和粉丝，有助于发起人开拓市场。同时，通过民众的反应可判断项目的市场前景，有助于提升项目成功的概率。另外，通过与民众的交流和沟通可改进产品的功能，甚至将消费者需求直接植入生产中，这不仅能为企业奠定客户基础，还能增加客户黏性。

另一方面，众筹融资普惠于支持者。与风险投资（venture capital，VC）和私募投资（private equity，PE）不同的是，众筹项目中支持者投资门槛低，使得普通民众而非公司、企业或风险投资人，也能参与到众筹投资中。风险投资的额度通常在千万美元以上，投资对象多为处于发展期且有较好发展前景的企业，注资是为了帮助其更快发展。PE 投资的额度可能达上亿美元，多为即将上市或预期可近期上市的企业注资，希望通过上市获得高

① 数据来源：人创咨询. 2017. 中国众筹行业发展报告 2017（上）. http://www.sohu.com/a/161883089_427460，2017-8-3。

额利润。除了股权众筹中投资门槛多在 1 万元以上外，很多众筹项目投资门槛都低至 1 元，这让普通的社会公众也能投资众筹项目。

3.3 第三方支付

1.基本内涵

第三方支付是指非银行支付机构在获得央行支付牌照后对接中国网联系统的支付平台，作为独立第三方代收预付货款或直接支付货款，实现货币资金转移①(图 3-9)。第三方支付早期主要被应用于电子商务中，用于解决在网上购物中的信息不对称问题，后逐步演变成消费者线上和线下多种场景支付不可或缺的工具。第三方支付机构是支付平台的运营机构，是一种服务型中介机构，既独立于银行、商家和消费者，又是联通交易各方的节点。银行业金融机构和第三方支付机构是支付业务的提供者，接受人民银行等机构监管，为用户和商户提供支付服务及支付衍生服务，银行与第三方支付机构需要通过结算业务为客户提供支付服务，同时还需与软件提供商、手机厂商等机构合作，形成支付系统产业链(图 3-10)。

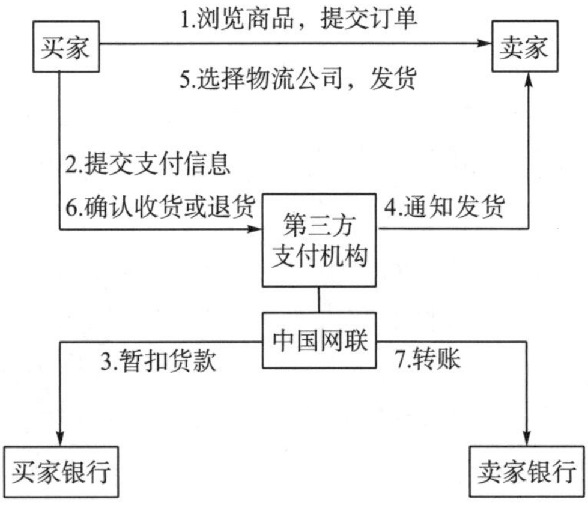

图 3-9 第三方支付业务流程

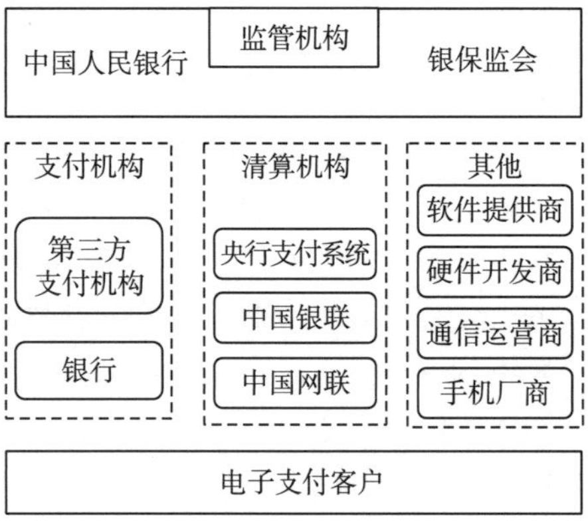

图 3-10 支付系统产业链

对于银行而言，它无须直接面对电商平台的用户，在较大程度减少服务成本的同时还提升了处理速度并增加了服务效率；对于卖家而言，由于网联提供了统一接口，卖家无须与多家银行连接，节省了时间成本和重复开发的经济成本；对于电子商务产业而言，第三方支付解决了电子商务发展过程中的信息不对称问题，有利于电子商务产业的发展。而第三方支付本身具有成本优势，因为直接与网联连接，降低了企业客户各自与银行连接的成本；存在竞争优势，因为第三方支付平台的利益中立避免其与被服务企业在业务上的竞争；具有创新优势，因为第三方支付平台的支付服务会紧跟企业客户发展需求，有针对性地创

① 2017 年 8 月央行正式出台文件规定第三方支付网联直连模式，之前第三方支付机构都是与银行系统对接。

新支付服务内容和服务方式。表 3-2 将第三方支付与银行支付进行了对比分析。

表 3-2　第三方支付与银行支付的业务比较

比较项目	第三方支付	银行支付
相互联系	第三方支付的源头是银行支付结算业务	
定位区别	第三方支付是横向定位。任何一家支付机构都能整合所有现存机构的支付结算业务，使用户只需有一个账号即可实现所有金融机构支付业务所能提供的基础功能，在定位上发挥互联网标准化、规模化的特点，也是互联网支付和移动支付发展优于线下收单的原因	银行支付业务纵向定位。银行是几乎所有社会单元资金最原始的出口，导致银行间存在激烈竞争，无法实现跨银行整合，并且长期的功能同质化使得客户需求同质化，因此银行支付的定位更倾向于对银行体系的支持，而非对外扩张
产品区别	第三方支付产品多为生活化产品，支付机构本身并不能提供金融服务，故无法纵向深入，只能通过不同行业渗透扩大支付场景和用户规模来横向发展，因此倾向于为用户提供最快、最便捷的支付服务。目前一些第三方支付产品已不局限于支付业务，已向便民生活的信息类业务拓展	银行支付业务多为金融化产品。用户资金分别在不同银行账户内，而银行支付产品无法实现跨行资金整合，便捷性又差，因此银行偏向于发展资产管理类的支付产品，并将银行服务全方位呈现在产品中
融合发展	第三方支付将以支付业务为基础，在数据和信息技术基础上向金融纵向渗透	银行等传统金融机构为了进行同质化整合，可能成立支付公司，将业务向支付行业分流

2.主要做法

根据业务模式的不同，第三方支付可分为四类。一是互联网支付，指的是通过台式电脑或者便携式电脑等设备，借助互联网发出支付指令，实现用户和商家、商家与商家之间的货币资金转移及支付的行为。互联网支付又包括账户支付和网关支付。二是移动支付，指的是通过手机、PAD、电子书等移动终端，借助蓝牙、红外、NFC(near field communication)、移动互联网、短信等无线通信技术，实现非语音方式的货币资金转移及支付的行为。三是预付卡支付，指的是发行机构为了营利，借助磁条、芯片等技术，通过卡片、密码等形式，发行可在指定范围内用于支付商品或服务费用的电子支付卡片。四是银行卡收单，指的是通过传统 POS 机或移动 POS 机等终端和 ATM 机、拉卡拉等自助支付服务终端，借助互联网、移动互联网或电话线为特约商户银行卡持卡人的商品或服务提供刷卡消费的授权、清算等服务。

3.创新表现

创新主要集中在支付模式创新和介质创新上。在支付模式方面，若是通过网络支付，可采用账户支付和网关支付两种方式；若借助手机支付，手机线上支付、NFC 近场支付、声波支付、扫码支付、光支付等新颖的支付方式不断以更强的参与感、更时尚的体验感颠覆人们对传统支付的看法；除此之外，还可用 POS 机刷单支付。在介质创新方面，扫码支付时，包括二维码和声波码等多种类型；支付时的生物识别技术有指纹、虹膜、人脸识别、指静脉等多种方式；支付时使用的物理介质有身份证、银行卡等；近场支付包括蓝牙、NFC 等。另外，第三方支付的创新还体现在信息技术和思维上，通过技术创新和颠覆式创新思维，为客户打造综合化电子支付解决方案，不断推出创新叠加产品和服务，帮助客户降低金融服务门槛，提高金融服务效率，以吸引更多客户，提升企业核心竞争力。

4.普惠体现

①第三方支付产生的大数据为普惠金融供给侧提供保障条件。随着第三方支付的发展，越来越多的人群已经习惯以移动支付等第三方支付的形式付费购物，因此第三方支付已经逐渐成为众多客户的消费端口并产生大量消费数据。这些数据不仅包含时间、地点、金额、场景等多种维度，而且数据量多、质量高，通过分析这些大数据来控制互联网金融风险，为互联网金融的正常开展提供安全屏障，从供给侧保障了普惠金融实现的可能。②第三方支付的普及为普惠金融需求侧拓宽领域。第三方支付的普及，让普通民众早期习惯的现金支付方式逐步改变为使用第三方支付工具，普惠金融需求也逐步扩展到消费、投资、理财、融资等多个领域。③第三方支付的低成本性为普惠金融的实现创造条件。第三方支付平台与网联对接，网联将与各大银行对接，在支付时仅需要输入支付密码。对买卖双方而言，节约了买卖双方去不同银行开立账户、开通网银功能并设置各种登录密码和支付密码的时间成本。特别地，买方降低了购物的时间成本；卖方省去了银行卡收单业务中0.5%～4%不等的结算手续费，银行在降低了网关开发成本的同时提高了客户活跃度。第三方支付的低成本会吸引更多普通客群参与使用第三方支付。④第三方支付的便捷性为普惠金融持续发展提供原动力。第三方支付机构与网联直接对接，支付方式简单易处理，支付快捷便利。同时，第三方支付的线下布局也让消费者和商家感受到了它的便捷性，通过扫码即可轻松快速地完成支付。⑤第三方支付的广泛性让普惠金融成为现实。一方面，第三方支付应用场景广泛，众多领域都可能涉及，如支付宝有电商、零售、健康等多种服务场景。另一方面，第三方支付作用范围广泛，不仅有众多支付机构热衷的线上支付市场，同时还在不断抢滩线下支付市场，消费者扫码就可完成支付。因此，第三方支付客群越广泛，越能体现普惠金融。

3.4 虚拟货币

1.基本内涵

货币是从商品中分离出来固定地充当一般等价物的特殊商品。根据其发展阶段的不同，可分为商品货币阶段和信用货币阶段。商品货币阶段主要包括实物货币和金属货币，其作为货币的价值取决于自身的价值；信用货币阶段主要包括纸币、存款货币、电子货币等，其作为货币的价值取决于代表的金属或者商品的价值，虚拟货币也是信用货币阶段的产物。目前，虽然虚拟货币的概念被广泛运用，但其含义并未得到人们的统一认识。一种观点是虚拟货币是指为了保持一国汇率稳定而虚拟出来的不存在的货币，这一货币原型通常是由该国主要贸易伙伴国比重间的权重组成，如特别提款权(special drawing right，SDR)。之所以认为SDR是虚拟货币，是因为该货币不是国家发行，不具备货币职能。另一种观点将虚拟货币等同于电子货币。电子货币是以计算机或网络为基础的货币形式，具有流通手段和支付手段功能，如IC卡、信用卡、借记卡、电子钱包等，是现实货币的虚拟化。

但是，央行电子货币和网上虚拟货币区别很大。非真实的虚拟货币只能存在于网络游戏、网络社交、网络上的虚拟世界里，这些货币被用来购买应用程序、虚拟商品或服务等。在现代金融体系中，货币都是由各国央行统一发行，并由央行对货币进行监督管理。由于电子货币需要用央行发行的现金或存款兑换，最终发行人也是央行。虚拟货币的发行方是各网络公司或分布式的个体节点，不是央行发行，也没有政府信用担保，因此不能通过政府力量强制流通，不能充当一般等价物。虚拟货币只能在少数特定环境下使用，其流通还受到政府限制，所以虚拟货币只是特定环境下货币的替代物。如比特币，部分国家的法定货币可与比特币相互兑换，用于购买商品或服务，而其余国家比特币不能兑换成法定货币①。

2.主要做法

一般地，从表现形式来看，虚拟货币可分为网络游戏类、服务类和投资类。网络游戏类是指该虚拟货币只能在网络游戏的虚拟世界中流通，如盛大点券、边锋银子、侠义元宝、魔兽币等。网络游戏类虚拟货币既可能是游戏中使用的金币，也可能是某一种虚拟物品。如果从“是否值钱”的角度考虑，网络游戏中的金币具备金融属性，但只能用于特定游戏中，且货币单位各不相同，而这主要取决于游戏本身。但是，随着网络游戏的发展，游戏类虚拟货币的交易越发频繁，甚至部分玩家以此为生，逐渐地就出现了游戏类虚拟货币的交易平台。服务类虚拟货币是指门户网站或即时通信工具的服务商开发出来的货币，如百度币、新浪 U 币、Q 币和搜狐币等都是服务类虚拟货币。用户在官方网站上用现实货币购买了该平台上流通的服务类虚拟货币后，可用虚拟货币购买企业提供的某些服务，因此可以认为服务类虚拟货币是现实货币在虚拟平台的表现。腾讯的 Q 币是使用最为广泛的服务类虚拟货币，可以使用 Q 币来支付 QQ 上提供的所有服务，如购买会员资格，借助服饰、场景、化妆等美化账户，给游戏充值，还可享受腾讯推出的各种增值服务等。投资类虚拟货币是指为了投资而产生的货币，如比特币、莱特币、无限币和狗币等都属于这类货币。投资类虚拟货币产生的时间较晚，最早的比特币也产生于 2009 年。但是，所有的虚拟货币中，投资类虚拟货币的金融属性最强，也是流通范围最广的虚拟货币。

3.创新表现

首先是金融技术创新。虚拟货币中的重大技术突破是区块链技术的问世，目前区块链技术不仅被应用于比特币，而且还被银行联盟、各种大型科技公司等应用于银行交易结算、证券交易、数字货币与票据、保险风险管理等方面，进一步促进了金融的发展和创新。其次是商业模式的创新。游戏类虚拟货币的交易平台通过售卖游戏币等商品实现盈利，服务类虚拟货币平台为客户提供需要的账户服务、增值服务等，并要求客户购买平台上的服务类虚拟货币支付，借此实现盈利。

---

① 2017 年 9 月，央行等七部委一起出台《关于防范代币发行融资风险的公告》，规定防范投资风险，最大限度保障用户利益的原则，停止所有比特币交易业务。这是因为比特币等虚拟货币缺乏明确的价值基础，市场投机气氛浓厚，价格波动剧烈。如投资者盲目跟风炒作，易造成资金损失。同时，比特币等虚拟货币日益成为洗钱、贩毒、走私、非法集资等违法犯罪活动的工具。

4.普惠体现

区块链的去中心化特征有助于普惠金融的可持续性。去中心化是指没有任何中心化的机构对区块链进行集中管理，因为每个用户电脑是一个节点，节点连接节点形成节点网络(即 P2P 网络)，没有所谓的中心，这一特征体现出了区块链技术三个方面的优势。其一，区块链中每个节点都能存储数据，且权利均等，账本都是一模一样的，所以账本记录过程公开透明真实，有效地解决了由信息不对称等原因引起的金融排斥问题。其二，所有数据采取分布式存储，通过各个节点共同实现系统的维护、保证信息传递的真实性，摧毁或篡改部分节点对系统没有影响，不会影响整个网络的健康运作，有效地降低由交易成本或监管成本高等原因引起的金融排斥问题。其三，没有中心化机构存在，所有东西都是通过预先设定的程序自动运行，既降低了成本，还提高了效率，助力实现普惠金融。

区块链的去信任化特征有助于普惠金融的风险控制。在传统交易模式中，银行间清算系统、证券结算机构和各种金融机构的结算系统都是中心化的，即由一个中心服务器或中心机构来完成结算工作并记录数据形成中心机构数据库。银行建立的中心数据库会记录每个人的银行账户信息，并统一进行管理。当用户甲需要通过银行向用户乙转账时，中间会涉及一家中心机构丙，只有当中心机构验证并对账确认后才会进行资金的划拨(图 3-11)。但是，基于区块链技术的比特币的交易模式却大有不同(图 3-12)，货币结算系统是分散在节点网络上的，是一个去中心化的结算数据库。当比特币用户甲需要转账给比特币用户乙时，甲首先会向周围节点告知即将转账给乙这一信息。然后，甲给周围节点发布拥有比特币的信息，周边节点确认达一定数量后通过验证，交易成立。周边节点记录交易，并确认新持有人为乙，并向节点网络中其他节点扩散这一信息，直到所有节点都记录则交易结束。所以，区块链解决了中介信用问题，任意两个节点之间建立连接和数据交换时都不需要互相信任，网络中任何节点都可以扮演“监督者”，不用担心欺诈的问题，助力普惠金融的风险管控。

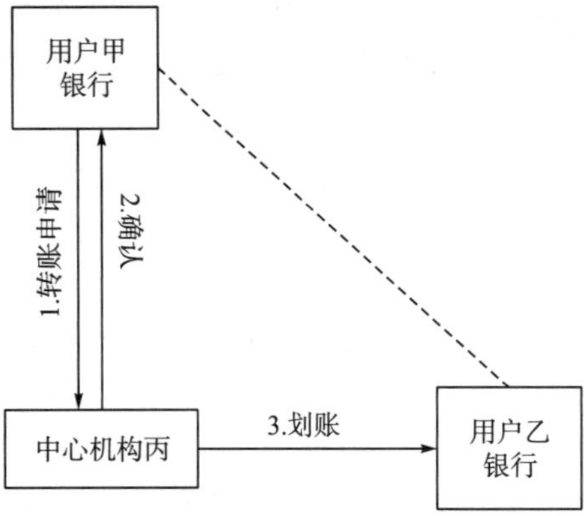

图 3-11 传统的交易模式

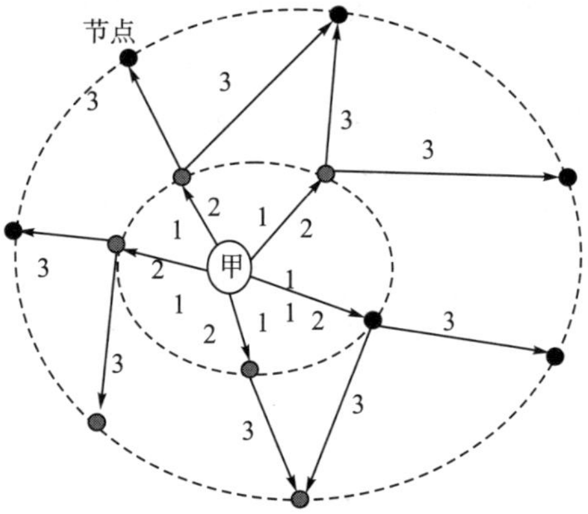

图 3-12 基于区块链的比特币交易模式

注：其中“1”是指广播转账信息，并发送比特币信息验证；
“2”是指周边节点确认甲持有该比特币，进行交易；
“3”是指周边节点扩散乙持有该比特币的信息。

区块链的可扩展、匿名化、安全可靠等特点也有助于普惠金融控制风险。可扩展是指区块链技术可实现各类扩展和去中心化、去信任化的应用，因为区块链是一种底层开源技术。匿名化是指网络节点无须知道彼此身份和信息即可交换数据。正是由于区块链的去中心化和去信任化，黑客无法伪装欺诈行为，也无法靠攻击某个节点而控制网络，因此安全可靠。

3.5　互联网金融门户

1.基本内涵

伴随着金融企业的互联网化发展和互联网企业对金融业务的开展，互联网金融呈现出爆发式增长。互联网金融克服了资金供需在地域上的限制，大量金融项目通过互联网直接呈现给投资者和融资者。但是，不断增多的金融信息除了让投资者有更多选择权决定自己的资金流向外，也让融资者有更多选择权决定从何处获取资金，但同时也增加了参与者甄别项目的难度，他们需要花费更多的时间、利用更多的金融专业知识去筛选投资项目，因此互联网金融门户应运而生。

互联网金融门户是指将各种金融产品和金融服务的相关信息汇总在一起，提供信息搜索、金融产品比较和产品销售等服务，以及为产品销售提供第三方服务的互联网平台。也就是说，互联网金融门户发挥着"整合+搜索+比较+销售"的功能，既会利用互联网平台整合并销售互联网金融产品，也会为产品的销售提供第三方的搜索和比价服务。互联网金融门户汇总大量金融产品后，会根据客户需求将产品分类以方便客户垂直比价，从而让客户挑选到适合自己的金融产品。需要注意的是，还有一类互联网金融门户是以提供互联网金融的资讯为主要业务，本身并不直接销售金融产品，如未央网、和讯网等。与一般的财经资讯网站不同的是，资讯类互联网金融门户网站具有明显的导向性，会在提供相关资讯和金融服务的时候引导客户购买与其合作的金融产品，既帮助客户确定了投资方向，又刺激了客户的投资意愿。

2.主要做法

从服务内容和服务方式来看，互联网金融门户网站可分为第三方资讯类、垂直搜索类和在线金融超市。第三方资讯类是指为用户提供权威的金融数据、金融资讯的互联网平台，如网贷之家、金融界、财经网等。第三方资讯门户会将海量的金融资讯整合、分类后呈现给用户。由于该类门户网站信息量大、面广、客观、权威，因此很容易获得金融消费者关注。垂直搜索门户是指提供金融产品垂直搜索服务的门户，如融 360、人人贷等。与信息量大、查询不准确、深度不够的通用搜索引擎相比，垂直搜索门户将金融产品信息进行了关联、细分和延伸，整合了某类专门的信息，搜索结果会更专注于某一特定行业，具有针对性。因此，搜索结果更专业、更精确、更深入。垂直搜索类门户提供了丰富的资金供需信息，能满足双向的自由选择，通过垂直搜索，用户可以对相似或者同类产品进行比较，从而有效降低了互联网金融交易的搜索成本和匹配成本。在线金融超市不仅有海量金融产品，还可提供在线导购和购买匹配服务，如 91 金融超市、点融网等。除了在线销售金融产品，在线金融超市还提供金融产品销售的第三方服务。该类门户具有明显的金融产品销售行为，即将金融产品上架到虚拟超市上，再提供产品导购和销售服务。

3.创新表现

从领域细分角度看，互联网金融门户已经涉及很多领域，有针对某一具体领域提供产品或服务的 P2P 网贷类门户、信贷类门户、保险类门户、理财类门户，也有聚集不同种类产品和服务的综合类门户，充分挖掘客户需求，提供定制化的金融产品和服务(表 3-3)。

表 3-3 互联网金融门户创新

名称	含义	创新
P2P 网贷类门户	依托网贷平台而创建的第三方资讯平台，呈现最新网贷资讯及行业动态，对网贷平台评级，投资者可在平台上交流，典型代表是网贷之家	商业模式创新，通过广告联盟获取利润，向会员收取会员费和咨询服务费，向网贷平台收取展示费和增信评级服务费；经营理念创新，为客户提供无时间限制、无地域限制的全天候网贷服务
信贷类门户	主要采用“信贷信息汇总+垂直搜索+比价”的服务方式，在整理并汇总各信贷机构的信贷产品后，将信贷信息呈现在信贷平台上供用户选择，典型代表是融 360 等	服务领域创新，包括个人住房贷款、购车贷款、信用消费贷款、经营贷款、助学贷款、商用房贷款、家用消费贷款、留学贷款、企业并购贷款等各种领域。商业模式创新，利用业务过程中产生的大数据给用户画像，既可获得客户贷款偏好，又可提供给信贷机构获取服务费
保险类门户	通过“垂直搜索+比价”等多种形式为用户提供保险产品服务，用户在搜索产品后门户网站呈现出符合条件的保险产品，投资者比价选择合适的产品，典型代表是慧择保险网	产品创新，包括汽车险、旅游险、意外险、财产险等多种类型的保险产品；服务创新，可实现保险产品销售、保费续缴、保险理赔等多种服务，以及综合性强的保障服务和专业性强的保险服务；用户体验创新，提供更多更好更全的增值服务
理财类门户	以“理财信息汇总+垂直搜索+比价”为主要业务形式，分析用户理财需求，推荐对应理财产品和综合性理财规划，典型代表是钱大掌柜	用户体验创新，部分门户网站集理财、融资、购物于一体，增强了客户黏性；商业模式创新，通过为合作的金融机构带来用户量和交易量获得推荐费，通过广告联盟获取广告费，通过量身定制理财规划服务获取服务费
综合类门户	提供金融数据和金融资讯的最新动态、国家政策的变化等资讯，也可通过“搜索+比价”呈现基金、信托或投资组合等多种类型金融产品，典型代表是和讯网	金融产品创新，即提供股票、基金、私募、信托等专栏的产品和行业动态、专家观点等具体信息；服务创新，即提供各种财经类时事新闻、名家评论等；用户体验创新，即通过为客户提供全面、权威的最新资讯和行业数据来提高用户体验，增强客户黏性

4.普惠体现

①互联网金融门户提高了金融服务的可获得性，这是因为互联网金融门户既减少了信息不对称问题又降低了服务门槛。一方面，在传统金融中，社会公众想要获取金融产品和服务的信息，必须到各金融机构实地获取，互联网金融门户不仅将相应的产品和服务信息直接公布在门户网站上，还提供搜索、比价、购买等服务，同时很多互联网金融门户网站还将新闻资讯、行业动态等相关新闻呈现出来，便于社会公众做出决策判断，改善信息不对称问题。另一方面，中小微企业很难通过商业银行等传统金融机构获得融资，因为商业银行等金融机构的融资门槛较高；而社会公众通过银行存款投资只能获取较低收益，银行理财产品又有较高投资门槛。互联网金融门户将各种投融资信息汇总到门户网站后，通过

搜索和比价较为轻松地获取各种投融资信息，丰富了中小微企业和社会公众的选择空间，降低了服务门槛。②互联网金融门户提高了金融服务的可持续性。互联网金融门户提供的各种新闻资讯和行业动态有助于行业健康发展，如 P2P 类门户网贷之家，会曝光已经停业、提现困难、跑路、经侦介入等问题平台名单，会根据自身量化技术计算网贷平台发展指数以对网贷平台排名，这对引导借贷双方选择优质平台起到一定的风险预警和风险揭示作用，有助于监管网贷行业的日常运作以促使行业自律并推动行业健康发展。

3.6　大数据金融

1.基本内涵

大数据(big data，mega data)，或称巨量资料，指的是数据量非常庞大，无法通过传统流程或工具分析处理，而采用新手段、新技术处理后能及时识别和获取其中信息价值的数据。一般而言，大数据具有 4V 特征，即 volume(大量)、velocity(高速)、variety(多样)、value(价值)。volume 说明数据规模大，通常会以 TB、PB 甚至 EB 作为大数据存储单位；velocity 体现数据的时效性，既指数据的产生速度快，又指数据的处理速度快；variety 是指数据类型多样(涵盖文本、音频、视频、各种信号等)，来源多样(企业自有网站数据、内部 POS 系统数据、官方微博微信数据、客服中心数据、线下零售网点数据等)，种类多样(包括客户姓名、电话等基本信息，性别、婚姻状况等人口统计信息和收入、教育、职业等社会信息，购买渠道、商品偏好等行为信息)；value 是指利用大数据特有的专业技术处理有意义的大数据并发现数据中的价值，是大数据的战略意义所在。具体看来，从获得大数据到分析出大数据的价值，大致需要经历三个环节，如图 3-13 所示。

大数据金融是指将汇集的大量非结构化数据实时分析并深度挖掘，可以为金融机构和金融服务平台提供客户的全方位信息，从而根据客户的金融需求进行金融产品设计和金融产品创新，以及根据客户信息进行风险控制(图 3-14)。将大数据应用于金融行业，可使那些原本由于信息不对称而存在的金融业态、金融模式、金融产品等发生改变。传统金融机构在提供金融服务的时候，也会通过信用评级机构得到借款人的信息和数据，并且金融监管部门、金融统计部门都会整合金融行业数据，然后进行统计并发布结果。但是，这些数据的应用都是以传统的统计方法为基础，不是大数据金融的体现。大数据金融是将与金融参与者相关的信息尽量多地采集并形成数据库，不仅局限于传统金融机构的交易数据，还包括支付信息、电商平台交易信息、政府机构的公共信息等。并且，由于数据量大，对数据的处理并非传统统计方法能够驾驭的，而是采用以云计算为基础的大数据处理，分析相关关系而不是因果关系。大数据改变了传统金融数据存在的数据来源单一、数量有限、数据滞后等缺点，能为金融机构和金融服务机构提供决策依据。金融行业作为金融供给方，为客户提供金融需求服务，这些交易信息会在金融机构或金融服务平台上留下数据痕迹，该交易数据连同产业链数据、社交类数据、电商类数据等，一起形成大数据并上浮为云。一方面，大数据挖掘和分析处理后可以丰富并完善征信体系，金融机构或金融服务机构会根据征信系统自动对用户客观评价并防范风险；另一方面，利用大数据可以进行客户行为分析，金融机构或金融服务机构也会根据分析结果对用户画像，主动精准地定位客户，并根据客户需求进行市场预测和精准营销。

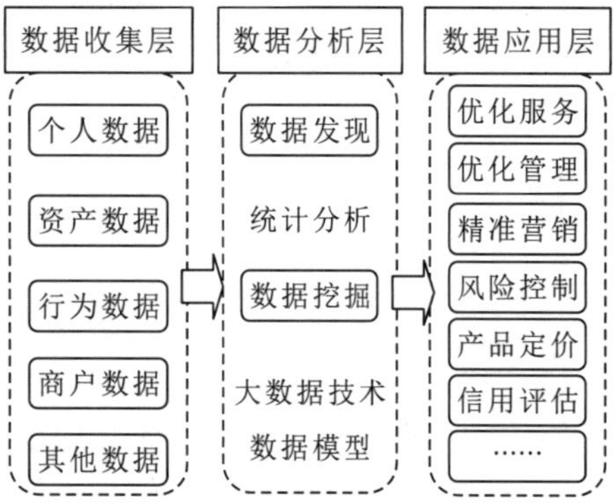

图 3-13 从数据到价值的简化环节

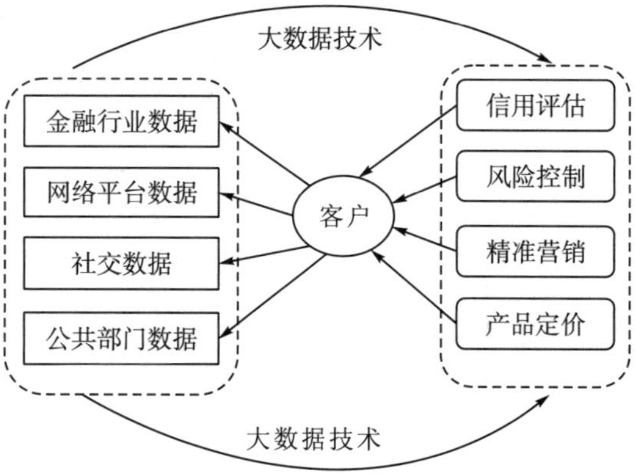

图 3-14 大数据金融运用

大数据金融不是一种金融产品，而是提供金融产品或金融服务的一种方法，越来越多的传统金融机构利用大数据金融进行金融产品和服务的升级，越来越多的互联网企业依托数据优势进入金融行业取得金融服务的突破。与传统金融中信用调查和风险识别相比，大数据金融具有如下优势。第一，节省成本。在传统金融中，为消除金融机构和金融参与者之间的信息不对称问题，在金融产品设计和提供金融服务之前都要先通过尽职调查进行风险审核，掌握市场需求，但人员使用效率较低导致投入的边际收益率也很低，风控效果不佳，反而成了制约金融机构发展的重要因素。将大数据应用于金融产品设计和风险控制上，可实现边际成本递减，即大数据应用的数据越多，则效率越高、应用成本越低。第二，信息完整。传统金融统计中，数据主要来自金融机构的交易数据，数据量少，无法覆盖与金融机构无业务往来的大量中小微企业和个人。大数据金融收集的信息不仅来源于金融交易，也来自互联网、客户互动和物联网等多种渠道。第三，信息真实。在传统金融中，借款人为了获得融资，可能会进行信息粉饰或信息造假，低成本高收益可能会导致虚假信息的存在，信贷风险难以控制。大数据金融关注的并不是某一次的调查，而是长期数据的累积，长期进行信息粉饰或信息造假会造成成本过高，而且很容易被录入征信系统成为长久的不良信用记录，所以信息更加真实。

2.主要应用

网络征信是大数据最主要的应用。征信是体现互联网金融普惠特性非常重要的基础设施。信息不对称会带来金融风险，让投资者在贷前很难识别借款人的风险类型，贷后出现道德风险，而传统的担保、抵押物、风险保证金等方法对低收入人群和中小微企业等普惠金融对象不太适合，因为他们缺乏信用记录和抵押物，而人工调查成本太高。征信可减少信息不对称，信用分和信用报告反映借款人的还款能力和还款意愿，贷前就可掌握借款人的信用状况，信用分和信用报告又类似于一种隐性抵押物，为贷后还款提供一定保障。因此，征信的存在极大地扩大了互联网金融服务的覆盖人群，充分体现了金融普惠性。

对于授信机构而言，征信是其利用内部信息管理风险的过程；对于征信机构而言，征信为授信机构提供外部信息以帮助其管理风险，是依法设立的、独立于信用交易双方的第三方。从征信对象看，征信包括企业征信和个人征信，分别收集企业和个人的信用信息，生成企业和个人的信用产品。从服务对象看，包括信贷征信、商业征信、雇佣征信和其他征信。信贷征信是指为金融机构或互金企业等提供信贷业务的部门提供决策服务，商业征信是指为批发商或零售商的产品销售提供决策服务，雇佣征信是指为雇主提供用人时的决策服务，除此之外还包括市场调查、不动产鉴定等其他征信。从征信用途看，可分为公共征信、非公共征信和准公共征信。公共征信是指征信结果被直接公布于社会，供政府职能部门、行业协会、各种商会或联盟等无偿使用。非公共征信是指征信过程不公开，征信结果仅用于自身业务，如商业银行为授信业务做的征信，企业的信用销售等，其目的都是为了自身风险管理。准公共征信是指独立的第三方机构开展的征信服务，征信报告能帮助客户判断和控制信用风险。大数据征信与传统征信相比较，区别主要体现在四个方面(表 3-4)。具体而言，在个人信用风险方面，传统征信与大数据征信在数据维度方面还是存在很大差别(图 3-15)。

表 3-4　传统征信与大数据征信的比较

类型	传统征信	大数据征信
数据来源	主要对以财务数据为核心的小数据做定向征信，且数据主要来源于授信机构、供应链和交易对手	从全网中非定向获取，因此数据来源更广，种类更丰富，时效性更强，涵盖面更宽
产品特征	产品种类少，及时性较差，且获取不够便利	产品丰富且即时有效，获取便利
技术方法	以单维度收集整理后人工处理为主，以财务数据风控分析为核心	基于互联网大数据的多维度分析
应用场景	应用场景少，个人应用更少	应用场景广泛，用户多元且需求多元

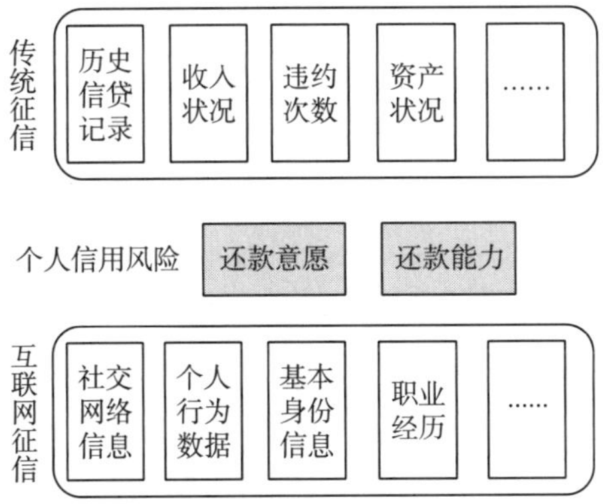

图 3-15　个人信贷中征信维度比较

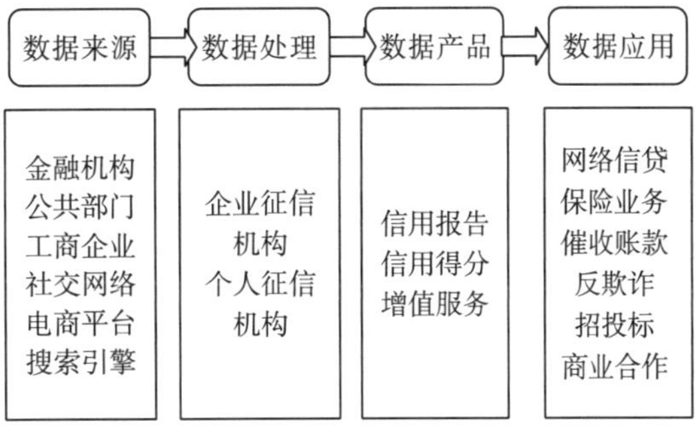

图 3-16　大数据征信业务流程

大数据征信产业的业务流程基本包括：数据收集、数据处理、数据产品、数据应用(图 3-16)。大数据征信的第一步是数据收集，主要指收集不同来源的数据，如来自银行等金融机构、政府部门、工商企业、社交网络、电商平台、搜索引擎等；然后，企业征信机构或个人征信机构对采集的数据进行集中处理，并通过构建应用模型提供信用报告、信用分、增值服务等产品服务；最后，将产品服务应用于具体的场景中去，金融场景应用包括银行信贷、互联网融资、供应链赊销、催收、反欺诈等，商务应用场景包括客户往来、招投标、商务合作、人才管理等，应用后的数据又会回流作为数据源被收集起来。在这一过程中，数据处理和产品服务能充分体现征信机构的核心竞争力。

中国征信体系采用的是政府主导模式，包括公共征信中心和社会征信机构。提供公共征信的央行，包括个人征信系统和企业征信系统，社会征信机构也是如此。央行征信系统覆盖广，是中国征信体系的基础，社会第三方征信机构起着补充、辅助的作用，主要服务于中下游，是对央行征信系统的完善。图 3-17 给出了中国大数据征信的产业链。

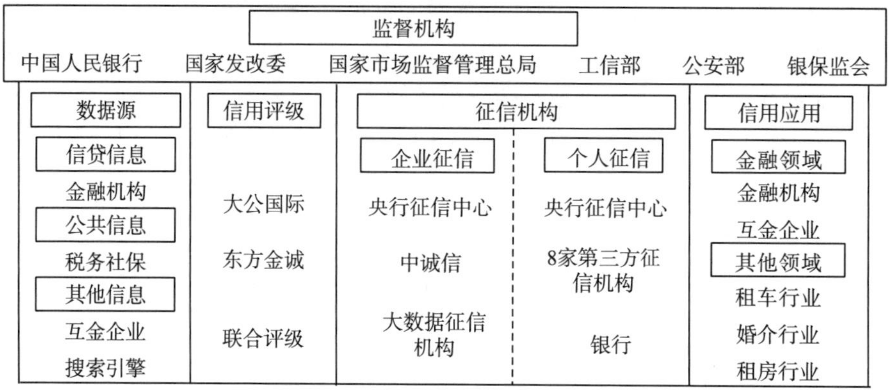

图 3-17　中国大数据征信产业链

互联网征信公司 Zest Finance 认为，信贷记录是一种强变量，假如这种强变量缺失，就可以利用弱变量进行辅助判断，这些弱变量，包括但不限于个人在互联网上的行为记录。在互联网征信中，多维度的非结构化行为数据极大拓宽了征信的应用范围，而非仅限于金融领域。对个人征信而言，征信机构通常有个人信用分、信用报告和反欺诈产品等类型的产品。信用分能直观有效地反映个人信用，如芝麻信用分、考拉信用分等；信用报告更加全面具体，而我国人民银行的个人信用报告最具权威性；反欺诈产品可验证个人身份，还可测评潜在的欺诈风险，如腾讯旗下就有人脸识别核实身份系统，还能测评欺诈风险。

3.创新表现

大数据金融创新主要在其应用上。①精准营销。随着大数据技术的深入研究，企业日渐聚焦于如何利用大数据精准营销，进而深度挖掘潜在商业价值。通过大数据分析客户行为，得到客户偏好后精准推送和销售商品。精准营销包括实时营销、交叉营销、个性化推荐和客户生命周期管理，实时营销是根据客户所在地、最近消费状况等信息有针对性地营销产品；交叉营销是交叉推荐不同业务或产品；个性化推荐是根据客户偏好对客户需求精准定位，挖掘潜在需求后精准推送相关产品；客户生命周期管理是考虑客户流失、获客等，并根据客户生命周期获取新客户，挽回流失客户。但是，无论是哪种类型的精准营销都需要准确分析客户需求，而用户画像(persona)可实现消费者一切行为的“可视化”，帮助企业根据客户的需求画像准确投放广告和实现产品精准推送；企业还可将客户需求植入产品研发中，增强产品的用户体验，提升企业核心竞争力。②产品定价。产品定价直接决定销售利润，是互金企业普惠发展的关键因素，所以企业都应该发现每一种最优价格，但是产品定价的影响因素有很多，且影响因素还经常动态变化，合理定价变得困难，大数据正好可以解决这一问题。利用大数据对产品定价的关键是通过大数据分析客户的支付意愿，并以支付意愿为基础实行差异化定价。数据源来自与客户互动的可利用的大量交易数据，不同交易的相关影响因素会发生变化，而大数据分析能够在产品定价时将相关影响因素都纳入考虑，同时大数据是随着这些影响因素的变化而变化的，影响因素的动态变化也纳入了考虑，所以基于大数据的产品定价更为合理，企业可以得到相应回报。在产品定价时，只要充分了解公司的现有数据，放大而不是缩小数据的作用，动态定价系统就可能及时找到最优价格。③运营优化。大数据对互金企业的运营有很大的推动作用，一是市场优化和渠道分析。企业可以借助大数据监测出不同市场的推广渠道质量情况，尤其是网络渠道的质量状况，并进行渠道的优化和调整；借助大数据分析每种渠道更适合的产品或服务，并优化渠道推广策略。二是优化产品和服务。互金企业可以将客户行为转化为信息流，分析客户的风险偏好、用户习惯、客户个性特征等，从而智能化预测客户需求，然后据此创新并推送产品。三是舆情分析。借助爬虫技术，从各种社交论坛、微博、微信上抓取与互金企业自身相关的信息，并通过自然语言处理后进行正负面判断；面对负面信息，在充分掌握问题后及时处理；面对正面信息，自我总结后继续强化。并且，互金企业还可掌握同行的正负面信息，充分借鉴后改进自身的产品和服务。

4.普惠体现

金融实质是借助金融机构实现资金从投资端向融资端的转移。由于我国金融业长期存在利率管制问题和极为严格的金融监管政策，已经形成了以大型商业银行为核心的“金融高墙”的封闭生态圈(图 3-18)。从投资端看，个人投资渠道非常狭窄，大部分的个人资金仍然以银行存款或银行理财的方式进入了银行系统，而收益率甚至低于 CPI(consumer price index，消费者物价指数)，居民财富无法实现应有的增值。从融资端看，由于我国征信体系不够健全，长期存在利率管制的问题，导致银行资金一般只会流入金融围墙内的大型企业，而围墙外的中小微企业却只能通过民间借贷等方式获取资金，资金使用成本非常高。

发展普惠金融的关键是要打破金融高墙，在融资端，使能够解决就业且对 GDP 贡献大的中小微企业能以合理的成本获得融资，从而实现融资的普惠性；在投资端，使具有投资需求的社会公众能有更多投资渠道获得优质金融服务实现财富增值，从而实现投资的普惠性(图 3-19)。互联网金融的出现解决了投资渠道单一的问题，通过化整为零的方式也能获得较高收益率，并在一定程度上缓解中小微企业的融资难问题。这是一个很好的开局，但目前互联网金融发展不足，力量弱小，只有在普惠金融的大环境下才能使互联网金融真正壮大起来。大数据助力普惠金融发展，需考虑几个问题。第一，大数据资源的获取。要实现金融的普惠，首先要实现数据的普惠。当今之计，相关部门可专门成立一个金融领域的大数据中心，并采取激励机制吸引金融机构、互金企业、大数据技术机构共享自己的数据。除此之外，政府也可借助行政手段解决数据隐私等问题。第二，大数据的管理。助力普惠金融发展的数据，来源和应用主要在金融行业，不仅多样性、规模巨大等4V特征表现明显，而且对数据的合规性和准确性都有很高要求，因此如何科学管理大数据成了另一难题，既要对数据整合接入进行管理，初步形成一个数据库，也需要统一管理数据标签，逐步实现以较低成本达到较高效率的数据管理。第三，大数据的应用建模。大数据金融可应用在很多方面，大数据风控、大数据征信、大数据精准营销、大数据反欺诈等，无论哪种应用都会涉及大量的量化分析模型。在具体某一方面的应用时，哪一种量化模型更有效、更稳健成了大数据应用必须要面对的问题。第四，大数据的应用场景构建。通过场景化应用，可以以适合的方式将互联网金融融入广大投资者和消费者的日常生活中。在金融的应用场景发现方面，互金企业嗅觉敏锐并能快速占领应用场景，金融机构反应稍显缓慢，但未来金融领域的争夺必然出现在应用场景上。

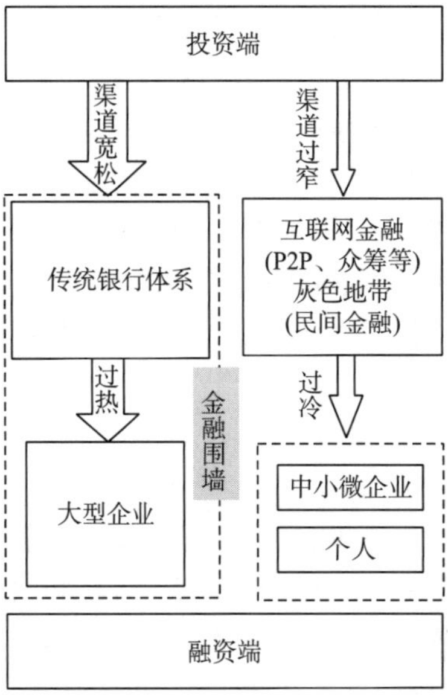

图3-18 我国传统的金融生态圈

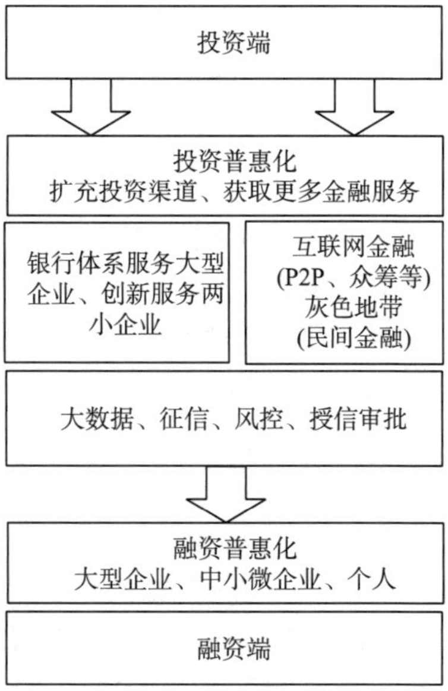

图3-19 大数据下的普惠金融生态圈

3.7 “互联网+银行”

1.基本内涵

互联网金融发展至今，商业银行面临着很多新的形势。首先，人们已经逐渐习惯通过互联网获取各种金融资讯，通过互联网购买理财产品甚至办理银行业务，所以客户呈现网络化特征；其次，P2P网络借贷、众筹融资等互联网金融模式的出现在一定程度上解决了资金供求双方的信息不对称问题，弱化了银行的“中介”功能，第三方支付加速了金融脱媒，所以资本去中介化特征越发明显；然后，互联网金融进一步加速了利率市场化改革，商业银行存贷利差空间被进一步压缩；最后，商业银行面临的竞争越发激烈，不仅存在于商业银行之间，还有来自互联网企业、电商平台、支付企业等多方竞争，竞争多元化。“互联网+银行”是商业银行与互联网的融合，是通过互联网技术开展商业银行业务的模式。这种模式是商业银行面对互联网金融冲击时采取的渠道创新、产品创新、理念创新等应对举措，既契合了 2015 年 3 月政府工作报告的“互联网+”行动计划，也是传统商业银行通过互联网转型升级的体现。在“互联网+银行”过程中，商业银行的业务模式更简单化、标准化，让金融也能惠及普通民众。比如中国工商银行，从渠道角度看，其电子银行客户数已突破 5 亿户，以互联网业务为主的电子银行业务占全部业务量的比例超过 90%[①]。

2.主要做法

目前，“互联网+银行”主要有网上银行、手机银行、直销银行等多种电子银行类型，还有部分银行发展银行商城，或是开展 P2P 网贷平台等业务(表 3-5)。

表 3-5　“互联网+银行”类型

类型	含义	特点	主要功能
网上银行	网上银行是指通过电子渠道为用户提供零售和小额金融产品及服务的银行，其中金融产品和服务是指存款贷款业务、账户管理、金融顾问、用户账户的支付，以及其他一些与电子支付相关的产品和服务	运营成本低；业务流程标准化和程序化；业务处理全能化，具有 3A 特征；用户群体广泛化；网络安全复杂化	账户管理；存贷款服务；转账汇款；自助缴费；信用卡业务；投资理财；网上支付；资金归集
手机银行	手机银行是商业银行为拥有智能手机或移动终端的用户定制移动金融服务平台，为客户提供银行的金融产品和服务，如账户查询、缴费、转账、支付等	最方便；更安全；潜力巨大	查询服务；缴费支付；资金归集；转账汇款；投资理财
直销银行	直销银行是一种完全依托互联网和移动互联网为客户提供金融产品和服务的银行模式。直销银行不通过传统银行线下实体网点来拓展业务，通过简单快捷的操作就能随时随地获取多种银行服务	组织结构扁平化；个人金融产品标准化；营销方式多样化；渠道整合虚实融合化；客户体验简单、便捷	货币基金；存款；银行理财；开设银行账户；在线投资
纯互联网银行	纯互联网银行指的是无实体的银行网点，只通过互联网渠道开展银行业务的模式。大数据、征信及以此为基础的授信是纯互联网银行的核心竞争力	通过互联网渠道拓展客户，具有客户群定位清晰、金融产品简单、网络渠道服务便捷的优点	贷款业务；转账结算；投资理财
数字银行	数字银行指的是通过在移动手机上安装的 App 来实现银行的金融服务。数字银行是由金融科技公司与传统银行合作成立的线上机构，通过合作实现优势互补	普遍没有获得独立的银行牌照，而是通过与传统银行合作来开展业务；通过移动手机获取服务	开户销户业务；存取款；转账；支付业务
微信银行	银行与腾讯集团合作，利用微信的社交平台为客户提供银行的金融产品和服务，客户只需要在微信客户端关注某家银行的微信公众号，就可获取该银行的多种金融服务	随时随地可以应用，交互能力强，方便客户的同时又减轻了物理网点的压力，提高金融服务水平的同时又增加了市场竞争力	信息查询；信用卡还款交易提醒；推送各种创新产品的促销信息
自助银行	通过银行的自动柜员机、自动存取款机、自助查询终端等设备，自行办理多种业务	所有业务都需要客户在自助终端设备自行办理	存贷款、缴费、转账、修改密码等业务

① 资料来源：零壹财经《工行新董事长易会满：我们已经是最大的互联网银行》，http://www.01caijing.com/article/4017.htm，2016-6-8。

续表

类型	含义	特点	主要功能
银行系电商	商业银行自建自营电商平台，并在电商平台上销售家电、食品等商品，提供金融理财产品和融资服务	有信誉优势，品质有保障；客户引流容易；较易获取银行的庞大客群	商品销售；理财融资服务
银行系P2P	部分商业银行与第三方平台合作开展 P2P 网贷业务，银行负责资产和风控，第三方机构负责平台运营的模式	比银行理财收益率略高；投资期限灵活，无时间地域限制	P2P 网贷投资；P2P 网贷融资

资料来源：根据银行相关资料整理所得。

3.创新表现

借助互联网技术，“互联网+银行”实现了商业模式、金融产品、业务逻辑等多层次的颠覆性创新。①商业模式创新。受互联网金融和利率市场化等冲击，商业银行存贷差的利润空间逐渐狭窄，通过电商平台增加银行收入是商业银行的路径选择。银行系电商的收入主要为提供的金融服务收费，如支付通道的收入，为中小微企业和个人提供信贷服务的收入，还有部分是产品销售的手续费等。其次是用户体验创新。“互联网+银行”注重用户体验，基于用户追求高效的考虑，所有业务流程都简单快捷，页面设计舒适流畅，与传统银行充斥的合约条文和晦涩的专业词汇有很大差别。并且，银行系电商平台集购物、投资、融资于一体，具有操作便捷、交互性强、社交参与度高等特点，方便快捷地为用户多样化的金融需求提供一揽子金融服务。②产品创新。目前，几乎所有的金融产品都可呈现在网上，要使自己的金融产品能在众多产品中脱颖而出，必须进行金融产品创新，这是提升银行竞争力的关键。与以往相比，产品创新主要体现在产品设计上，商业银行推出的产品越发个性化、特色化。比如，我国直销银行的主要金融产品是货币基金，其同质化现象非常严重，众多直销银行进行产品创新，通过差异化产品吸引客户。③业务逻辑创新。传统银行与互联网银行都是流量导入在先，经过数据分析后完成征信并授信，但是传统银行在线下完成这一过程，而“互联网+银行”在线上完成这一过程（表 3-6）。“互联网+银行”专注于大数据的应用，通过大数据实现中小微企业和民众的征信和授信。大数据来自银行自身根据客户需求所创设的各种应用场景，用户在各应用场景上的行为将被留存下来形成大数据。对大数据进行关于个人和企业的用户画像，即可获取个人或企业的信用状况，这是“互联网+银行”与传统银行最为关键的差别，也是互联网银行最大的挑战。掌握了个人或企业的征信状况，就可以快速、批量地放贷了，并且能够将坏账率控制在较低水平内。互联网时代，拥有大数据，并且具备了大数据的处理能力来完成征信，对“互联网+银行”有至关重要的作用。

表 3-6 各种银行业务逻辑比较

银行类型	创设场景	导入流量	大数据	征信
大型银行	开拓客户	账户服务	账户数据为主	传统征信为主
中小型银行	主动开拓客户	免费账户服务	账户数据为主	传统征信为主，结合小微客户非结构化数据
互联网+银行	互联网应用场景	积累客户总量和流量	各种大数据	大数据征信

4.普惠体现

“互联网＋银行”充分体现了经营模式商业化、服务对象长尾化、金融产品多样化、服务方式便捷化等特点，是促进普惠金融发展的有效尝试，有助于金融包容性增长。①经营模式商业化。互联网渠道使银行很多传统柜面业务直接在网上办理，减少了从业人员的数量和营业点的面积，节省了营业网点的场地租赁成本，极大降低了商业银行的运营成本。并且，互联网银行较低的运营成本、标准化和程序化的业务流程，节省了传统银行处理业务需要的大量人力，既提高了服务效率，又避免了错误性的服务给银行带来的损失。经营模式商业化有助于普惠金融的可持续化发展。②服务对象长尾化。较低的运营成本和较高的运营效率使得商业银行有空间让惠于民，既可以降低金融服务门槛，又可以提供更多的增值服务，从而吸引更多客户参与进入“互联网＋银行”，通过规模经济效应实现盈利。另外，注重用户体验，简短、便捷、高效的操作能吸引更多客户。因此，直销银行、纯互联网银行等“互联网＋银行”模式为现有银行体系没有完全覆盖的中小微企业、大众消费者、农村经营者等长尾客群服务，其经营方向是普惠金融，是现代银行体系在业务范围上的有效补充。③金融产品多样化。互联网上银行提供的金融产品种类繁多，更加注重个性化产品的设计，更注重被边缘化的长尾客群。同时，凡是银行提供的金融产品几乎都会在互联网上呈现出来，便于长尾客群选择。④服务方式便捷化。“互联网+银行”业务处理全能化，具有 3A 特征(anytime、anywhere、anyhow)，即“互联网+银行”可以在任何时间、任何地点以任何方式为用户提供金融服务，充分体现了网络服务给用户带来的便捷性，从而吸引更多长尾客群参与。

3.8　“互联网+证券”

1.基本内涵

“互联网+证券”是指借助互联网技术，通过互联网平台开展证券交易、定价及衍生活动等证券业务的模式。一般说来，基金本属于证券，但由于证券公司与基金公司在广义上属于两种不同的机构类型，因此互联网证券中的业务对象不包括基金，只包括股票、债券和衍生金融产品等。传统的证券业务主要包括经纪业务、自营业务和投行业务，佣金收入是其主要的收入来源，业务模式相对单一。虽然证券行业的牌照管理严格，但随着互联网元素在证券行业的逐渐融入，随着互联网金融对证券行业的逐步催化，证券业务由单一化走向多元化(图 3-20)。证券行业试水互联网金融，一方面证券公司充分利用互联网方便、快捷、低成本的优势将传统业务互联网化，另一方面证券公司充分依托大数据、云计算和互联网技术等为业务创新后提供差异化服务，并且利用互联网实现投资方与融资方的网上对接。随着开户方式的转变，“互联网+证券”的竞争越发激烈，竞争已经逐渐从地域便捷性过渡到服务的专业性和高效性上，促使券商拓宽服务渠道和边界，加剧的行业竞争使券商加速转型。从业务类型看，“互联网+证券”可从事很多传统证券业务，如经纪、自营、投行、资管等业务，既有传统业务的互联网化，又存在一定形式的创新。在中国证券行业产业链中，证券公司位于产业链中端，互联网企业、炒股工具类和社交类等服务商位于产业链前端，系统开发公司作为产业链的末端参与进来(图 3-21)。证券公司具有证券牌照优势，可以提供全产业链服务，有时还需借助互联网企业的流量优势导入客户；炒股工具类和社区类服务商具有流量优势、数据优势和技术优势，利用流量优势可占据客户、争夺先机，利用数据优势可精准产品设计和营销，利用技术优势可提高用户体验、增强竞争力。系统开发商拥有系统开发技术优势，能为券商提供优质开放的服务平台。

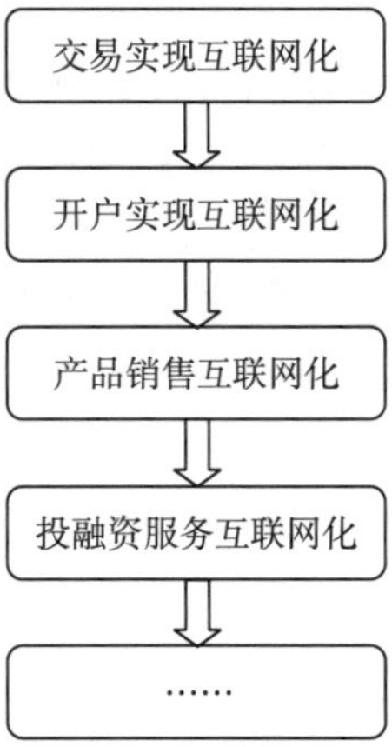

图 3-20 “互联网+证券”发展历程

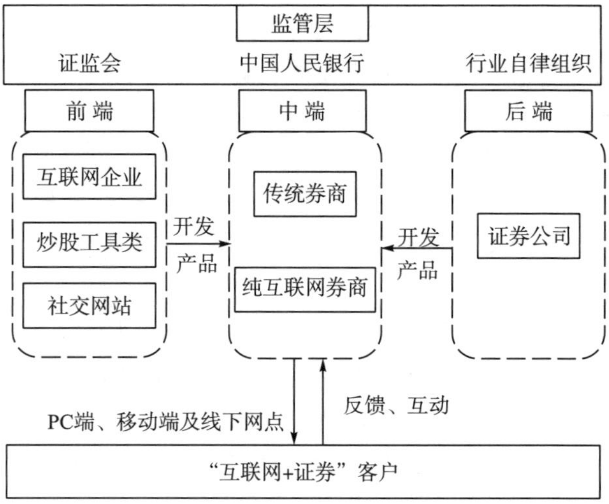

图 3-21 “互联网+证券”产业链

2.主要做法

从“互联网+证券”服务的提供者来看，主要包括三种。①传统券商模式。传统券商模式是指传统证券公司在获得互联网券商牌照后开展证券业务，这是“互联网+证券”中最重要的组成部分。传统券商会以网站、App 或微信平台等方式为客户提供证券服务，而券商网站和 App 流量相对较少且获客较难，因此越来越多的券商借助微信平台开展服务。通过互联网渠道提供账户开户、业务介绍、打新、理财、交易、行情信息、投资建立、财经资讯等证券服务，这不是简单地将传统证券业务互联网化，而是希望能通过互联网渠道为客户提供财富管理等综合服务和立体化服务，因此券商注重用户体验，精简烦琐的业务流程。②纯互联网券商模式。纯互联网券商模式是指没有实际运营性质的分支机构，只依托互联网平台开展证券业务的模式，如美美证券、老虎证券、交易大亨等，都是新兴的互联网券商。纯互联网券商的商业模式主要是通过网络与境外的券商网络对接，给国内投资者提供境外股市开户、股票交易等证券服务。纯互联网券商要想发展下去，必须在借鉴欧美经验的基础上充分根据中国投资者习惯来进行功能设置以提升用户体验。同时，还需技术先行，充分利用技术建立成熟的柜台系统，完善交易功能。③炒股工具类与社区类应用。这类平台能为客户提供证券行情、证券资讯、热门板块等服务，投资者也能通过平台沟通交流。具体而言，炒股工具类与社区类应用的商业模式有三类，行情资讯类专注于提供股市行情、新闻资讯和交易等，如百度股市通、京东股票等；投资顾问类，专注于将专业的投资顾问和炒股高手等引入平台，通过打造炒股方面的网络红人来吸引用户跟随投资；投资社区类，专注于给投资者提供一个社交网络，让投资者可以查询相关市场行情，获取互动交流的机会。

3.创新表现

①思维创新。传统证券采取价值链思维方式，证券公司处于价值链上端，客户处于价值链下端，而产品研发设计位于价值链中端，所以证券公司与客户距离遥远，造成产品无法正确及时反映客户需求，且同质化现象严重。互联网改变了这种价值链格局，客户的产品需求可以通过互联网企业大数据精准分析出来，也可以通过社交网站互动呈现出来，还可以通过证券公司互动表达出来。②服务模式创新。互联网+证券已经通过互联网呈现出一种证券公司与客户间的非线性网状结构，并由此形成证券公司与客户互动的生态圈，证券公司的服务模式也从线下的传统证券模式逐步向线上的智能证券服务模式倾斜，同质化的产品和服务也逐渐走向差异化的竞争(表 3-7)。③运营模式创新。传统的证券服务通常是客户到柜台后提出要求，证券公司再受理相关业务，而互联网+证券却是由客户通过网上的自助服务功能自行办理，或通过网络提出申请再由证券公司统一集中受理。这种运营模式改变了传统服务的获客方式，由线下揽客变为了线上主动获客；也改变了传统证券服务时间和地域上的限制，并能够全天候地在网上提供服务。④盈利模式创新。传统证券公司的竞争方式比较类似，通常以利润点来展开竞争，而互联网时代证券公司更多采用互联网思维，通过优惠价格或补贴方式来获客并增加客户黏性，从而使越来越多客户进入自己的业务生态圈。⑤经营理念创新。互联网时代客户拥有更多的信息、更少的成本对证券公司进行选择，对证券服务的专业性、体验感、附属服务等越发挑剔，而客户黏性变得越发不稳定。因此，证券公司需要转变客户服务理念，以互联网思维去提升并改善服务，提高证券服务的质量。

表 3-7　“互联网+证券”的服务模式创新

名称	内容
经纪业务服务	指证券开户和代理买卖证券的服务，这是互联网证券最主要的一种业务形态。经纪业务可能是券商与互联网平台合作，借助互联网平台的流量优势导入流量积累客户，可能是利用微信庞大客户群优势借助微信平台积累客户，可能是通过微信、微博等媒介转发推广，也可能是优惠价格或补贴积累客户
理财销售服务	互联网证券公司会通过 PC 端、移动终端或第三方的互联网平台提供银行理财、公募基金、私募资产管理产品、收益凭证等理财产品的销售或代销服务。互联网的流量优势可节省获客成本，也可节省销售和代销产品过程中的成本，实现快速销售；部分券商在原证券账户体系外搭建理财账户体系实现了证券账户和互联网理财的互通；券商代销部分中小商业银行的理财产品弥补了中小型商业银行无法跨区销售产品的缺陷；券商与其他金融机构、有代销资格的互联网平台等合作代销券商的理财产品
新股申购与融资	券商通过 PC 端和移动端及微信平台推出一站式打新服务，既提高了用户体验，又降低了申购行为的交易费用。融资服务包括融资融券服务和股票质押式小额融资服务，由于融资融券业务开户有一定门槛要求，因此很多券商都在互联网化的过程中极力推出股票质押式小额融资，这种融资门槛较低、资金到账快且限制少，很受客户欢迎，券商主要通过在授信体验环节和资金到账效率方面争夺客户

4.普惠体现

比较而言，证券投资分析需要投资者具备较强的专业知识和分析技能，需要投资者对投资过程中的风险和收益有较为深刻的认识，需要投资者具备一定的抗风险能力和风险承受能力，因此证券投资在一定程度上并不适合较大比例的普惠金融目标人群。但是，随着经济的不断发展和居民收入水平的不断提高，越来越多的普惠金融目标人群有资金实力参与到证券投资中去，并且互联网证券业务处理全能化 3A 特征及缓解的信息不对称让更多普惠金融目标人群有机会接触并认知证券投资，从而他们的证券投资需求被进一步释放。让更多的普惠金融目标人群参与到证券市场中，一起分享金融市场发展带来的成果，是体现社会公平性的必然要求，也是普惠金融向更高层次发展的必然结果。虽然互联网证券给普惠金融目标人群开户和证券投资带来了极大便利，但同时也存在部分投资者依然缺乏专业知识和抗风险能力，却盲目跟风进行投资的问题。所以，证券公司应加强投资者教育，做好风险提示工作，提供交互式的线上板块及时解答投资者疑问，在挖掘潜在客户时要逐步提升客户的投资能力和风险识别能力。并且，监管机构需要做好投资者教育和保护工作，采用适合普惠金融目标人群的方式进行金融知识的普及和宣传，同时需要加强金融市场监管，完善信息披露制度，让普惠金融目标人群在公平、公正、公开的市场环境中享受金融发展成果。

3.9 “互联网+保险”

1.基本内涵

“互联网+保险”是指依托互联网技术和移动通信技术等，通过保险公司自建的网络平台，或是通过与互联网企业等第三方网络平台签订保险合同，为客户提供保险服务的业务模式。互联网+保险服务包括如下内容：数据收集分析，即收集消费者行为数据和消费数据，利用保险精算技术分析后有针对性地设计开发保险产品及精准营销；分析保险需求，即评估投保人的风险偏好、消费能力等；产品购买服务，即开发网上购买网站，提供购买入口，做好购买对接服务；在线交流服务，即提供售前咨询服务，产品售后服务、理赔服务，消除客户顾虑；在线核保理赔，即提供线上的核保和理赔流程，提供理赔单证和出险联系信息等，分别为客户办理业务。借助互联网信息技术和大数据技术，“互联网+保险”以传统保险为基础，很多环节都比传统保险有较大提升(表 3-8)。

表 3-8 传统保险与“互联网+保险”三大环节比较

比较项目	传统保险	互联网+保险
营销推广	投入大量人力获客但效率低	利用大数据精准分析客户需求，实现精准的场景营销
运营模式	线下提供服务，服务效率低下，客户体验不好	网上销售保险产品，并可利用移动设备实现网上报案、网上勘察和网上理赔，客户体验好，运营机制灵活高效
产品特性	大量同质化产品，产品优势不易体现	多为标准化保险产品；拥有维度丰富的海量数据，借助大数据技术精准定价并提供符合个性化需求的差异化保险产品

资料来源：根据相关资料整理所得。

在互联网保险产业链中，有传统保险公司、互联网企业保险公司、纯互联网保险公司等保险产品供应商，有保险公司电商平台、互联网企业保险专栏、中介机构网络平台等为供应商提供服务，监管部门是中国人民银行、银保监会和协同监管的中国保险行业协会(图 3-22)。与传统保险不同，互联网保险还需要与互联网相关的企业合作，并且需要保险公估机构为客户办理勘验定损服务。

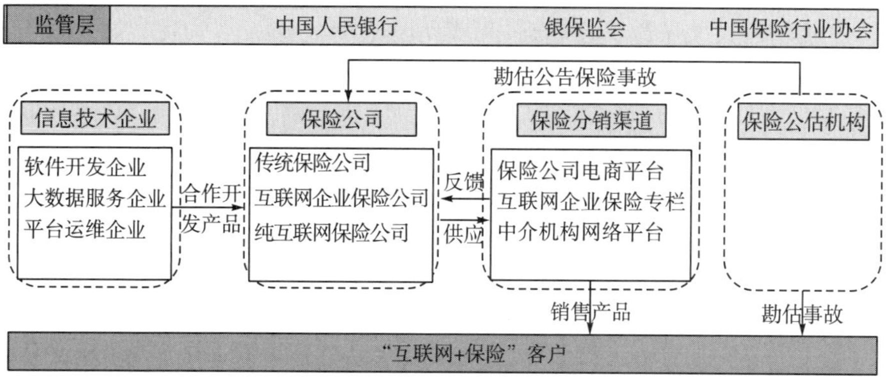

图 3-22　"互联网+保险"产业链

2.主要做法

"互联网+保险"是互联网技术与保险服务相互融合的产品。只要在互联网行业或是传统保险行业拥有足够资源，都有可能在互联网保险行业占据发展先机。互联网保险行业服务的提供者主要有传统保险公司、互联网公司、纯互联网保险公司、互联网保险中介机构，除此之外还有各种科技公司以及一些上市公司。①传统保险公司模式是指传统保险公司自建网站，通过 PC 端或移动端为客户提供保险服务。传统保险公司一般经营多年，经验丰富，所以在产品研发、风险控制等方面优势明显，且产品丰富可满足客户各种需求，线上服务还能与线下服务结合并产生协同效应。传统保险公司互联网化的商业模式主要有三种：与互联网公司合作获取流量、模仿或推出创新产品、部分产品仅线下推出。②互联网企业模式主要指互联网巨头通过参与(或成立)保险公司或保险代理公司来布局保险行业。互联网企业布局保险行业都是依据自身优势来确定商业逻辑的，而互联网企业的优势在于创新能力和竞争能力，快速高效的创新能力来自互联网企业强大的大数据、云计算、移动互联网等技术优势和专业人才优势，竞争能力来自互联网企业巨大的流量优势及场景资源优势。据此，互联网企业模式的商业逻辑在于凭借互联网企业的信息技术优势、专业人才优势、流量优势、场景优势等，使保费快速规模化增长，并将布局的保险公司变为流量变现的通道。③纯互联网保险公司是指不设实体物理网点，只依托互联网平台开展保险业务的模式。与传统保险牌照相比，持互联网保险牌照的机构无须开设分支机构就可在全国范围经营规定险种的保险产品。有传统保险牌照的分公司可跨省经营，分支机构却不能，并且新成立保险公司两年内不能跨省经营。从商业逻辑看，纯互联网保险公司主要是基于碎片化的应用场景，频繁推出创新的保险产品，因此其保险产品具有碎片化、场景化、高频化的特征，同时比传统保险产品更简单明了，希望其能在较短时间内吸引客户眼球。④互联网保险销售与服务模式是指通过互联网提供互联网保险产品的销售与业务咨询等服务并从中收取佣金或手续费的业务模式。第三方中介机构多由保险经纪公司、代理公司组成，需要具备资本金、系统安全性等多方要求，还需获得网络销售保险执照，主要的商业模式是吸引庞大的现金流和客户群，建立算法模型并利用大数据技术分析其保险客户数据增加产品优势和价格优势，并据此与保险公司深度合作获取流量收益和保费收益等，但这需要中介机构做大做强到一定程度才可实现。

3.创新表现

①场景创新。场景创新是指将各种互联网保险产品嵌入到各种碎片化的具体场景中，是互联网保险行业保费增长的关键驱动力。互联网保险的应用场景丰富，覆盖了供应链金融、消费金融、支付、征信、融资、理财等各种业务，在电商保险和账户保险领域居多，同时还创新出很多传统保险领域没有的险种，如针对投资风险的投资信用保障险，针对违约风险的消费贷款信用保证险，针对信用风险的贷款信用保险等。场景创新能让保险公司输出更多保险服务，助推品牌感知，同时业务规模也能明显提升；场景创新能让客户满足各种海量客户碎片化的保险需求，实现产品与服务的无缝对接；场景创新能让纠纷更少，增加信任度，并有效提升场景活跃度。②产品创新。产品创新一方面是指新型保险产品的出现，另一方面是指互助保险。保险产品的创新主要基于两个方面，一是场景创新推动的产品创新，由此产生的很多新兴险种，对客户吸引力显著提升，如中秋赏月险、手机碎屏险、退货险、熊孩子险等；另一方面是基于大数据的产品创新，客户的 CRM 数据、行为数据，或是与风险关联的数据被收集后利用大数据技术分析，可精准捕捉客户需求，有针对性地提供差异化的创新产品，这不仅能提升客户体验，还能提升产品竞争力和市场影响力。③服务创新。服务创新是指与传统保险相比，互联网保险在服务理念、服务方式、服务途径、服务内容等方面的创新，服务更加丰富。保险公司服务理念的关键是以业务为中心向以客户为中心转变，从产品设计到销售到售后服务都能反映客户需求和偏好，注重客户体验。从服务方式看，互联网保险改变了保险销售人员跑腿促销的状况，使其成为专业的保险顾问，而全面互联网化的服务方式更便捷，规模效应更强，还可利用客户数据提供有针对性的保险服务。从服务途径看，保险公司自建平台通过 PC 端和移动端为客户提供服务，很多保险公司还开通了微信服务平台。从服务内容看，保险公司可在移动终端提供一键查询、购买等服务，还可借助互联网技术和移动互联网技术为客户提供全新的线上直赔和远程定损服务。④渠道创新。渠道创新是指与传统保险相比，互联网保险的服务提供渠道发生了变化，保险公司可借助电商平台等第三方来进行产品销售，也可借助慧择网等第三方进行产品比价，或寻找如京东等兼业代理商，部分保险公司还借助微信等新渠道销售保险产品。销售渠道的创新简单且直接，既能降低销售成本又能提高公司利润，还能获得与大量保险客户接触的机会，便于保险公司更及时更深入地了解客户需求，利于保险公司产品设计。

4.普惠体现

①销售渠道的普惠体现。与传统的保险销售渠道相比，互联网渠道突破了时间和地域的局限，让社会公众能够便捷地购买保险产品，既节约了社会公众的时间成本又提高了效率，这有助于吸引更多普惠金融目标人群参与到互联网保险中。并且，场景类平台和电商平台在向普惠金融目标人群推介保险产品时起到非常重要的作用，有助于目标人群释放保险需求。②保险产品的普惠体现。“互联网+保险”创新了保险产品，这种创新主要从客户需求的角度出发，拆解了传统保险产品的各种风险，形成单一风险保险产品，期限更加灵活，这些改变使消费者能较准确地做出产品购买决策，灵活高效地选择切近实际需求的保险产品，这对普惠金融目标人群释放保险需求有很大的促进作用。③保险定价的普惠体现。保险定价主要依赖大数据和保险精算模型。“互联网+保险”具有数据优势，以较低成本就能轻松获得全方位多维度的数据，便于保险公司识别保险风险，减少信息不对称，保险公司因此能更精准地定价，这既能降低逆向选择和道德风险对保险公司的不利影响，又能让普惠金融目标人群真正为适合的保险产品买单，而不用支付额外的溢价。

3.10　“互联网+理财”

1.基本内涵

“互联网+理财”是指借助互联网技术，将互联网业务思维融入传统金融理财业务的一种创新型的理财服务模式。投资者通过互联网可获取各商家提供的理财服务，并能根据各种外界因素的不断变化来调整自身的投资组合，借此实现自身收益的最大化。因此，互联网理财是传统理财与互联网系统互相之间有机结合的产物，既体现了平等、开放、分享和协作的互联网特征，又将互联网与资金融通、融合在一起。“互联网+理财”有广义和狭义之分。从广义上讲，一切通过互联网渠道为客户提供理财服务的模式都可以被看作是互联网理财；从狭义上看，只能通过互联网购买的理财服务才是互联网理财，如早期很多的“宝宝类”货币基金以及 P2P 产品。随着货币基金收益率的不断下降，这一现金管理工具的吸引力也在不断下降，人们逐渐着眼于互联网上其他的理财产品，因此本书指的是广义“互联网+理财”。

与传统理财相比，“互联网+理财”并不仅仅是线下到线上的转移和销售渠道的创新。“互联网+理财”具有强大的互联网基因，注重用户体验，因此会持续创新金融产品和服务；互联网理财具有信息优势，通过互联网，信息来源更加广泛，信息量更大，信息传播速度更快，投资者上网即可轻松获取全国甚至全球的各种理财信息；具有时空优势，业务范围可覆盖全球，时间上能实现全天候营业，真正做到每周 7 天每天 24 小时营业，极大地方便了客户；具有成本优势，互联网渠道省去了设立庞大经营网点的费用，节约了大量运营成本，并最终受惠客户；具有服务优势，能为投资者提供个性化的服务，投资者只需根据自身特征选择合适产品即可获得相关服务。

2.主要做法

①P2P类是指以P2P网络借贷平台作为信息中介，通过连接借贷双方，实现资金需求方的融资需求和资金供给方的收益需求，比如人人贷的平台上展示的U计划和薪计划。②银行类是指银行在互联网平台上推出的理财产品。与其他理财产品不同的是，银行理财产品具有很强大的信誉背景，因此在国内各大资管行业中始终能一枝独秀，稳坐第一。从收益类型看，可分为保本浮动收益类、保本保证收益类和非保本浮动收益类产品；从投资标的看，有股票、债券、指数、信贷资产、大宗商品、汇率、混合类等。所有这些投资标的里，银行主要通过购买债券、非标资产和权益类资产向实体经济投入理财资金。③互联网企业类是指电商企业、门户网站企业等互联网企业利用自己的互联网平台发行的理财产品，不包括代售他人的理财产品。这些互联网企业中，若持有第三方支付牌照则将理财产品植入自身支付系统，使理财产品同时具备理财、价值增值和支付的功能，可用于消费、生活缴费和还款转账，因此账户的使用价值高，客户体验非常好；若无第三方支付牌照则直接通过互联网平台推出理财产品。④基金公司类是指由基金公司直接发行的或由基金代销公司发行的理财产品。投资者通过基金公司推广平台申购基金，不仅能获得优惠申购费率，还可获得收益。通常情况下，直销平台上会罗列各种货币型基金、债券型基金、混合型基金、股票型基金等，各类基金的风险依次增加，投资者可根据自身风险偏好做出选择。⑤其他互联网理财产品。互联网证券类是指充分利用证券公司线下各级网点的服务优势、系统开发商的技术优势和互联网公司的流量优势，通过证券公司、系统开发商和互联网公司对产品进行合作开发，整合后通过互联网证券平台在移动端和PC端为客户提供的证券理财服务。互联网保险类是保险公司或者互联网保险公司通过第三方平台代销，或者通过其官方网站和专业中介代理平台分销，或者通过网络兼业代理机构代理的方式销售的保险类理财产品。与之不同的是，电信运营商的理财产品基本都会与实际业务相关，比如送手机或者送流量。

3.创新表现

①理财产品创新。比较热门的金融产品，如P2P网贷产品、债券、保险、银行理财等都可以通过互联网方式购买，并且这众多的理财产品可组成多样化的投资组合供投资者选择。②理财服务渠道创新。购买互联网理财产品，可通过互联网平台或移动端完成。传播渠道不再仅限于产品的相关网站，客户可以通过手机下载的App，或者微信账户，甚至有时候还可通过线下的柜台、用户自助服务、机器人投资顾问服务、人工顾问服务等渠道获取理财服务。③客户体验创新。互联网时代的核心是客户体验，客户体验是每个企业所独具且难以模仿的，是凸显企业竞争优势的关键。除了营利性、流动性和安全性的考虑，产品设计都应从客户角度出发，注重产品和服务的用户交互设计，充分了解客户需求；产品介绍简单易懂，而不是罗列大篇晦涩的专业术语；购买过程快速且容易操作；理财服务的同时还可以提供一些增值服务。④客户服务维度创新。客户服务不仅包括客户本身，还可能打通客户的朋友圈、亲友圈等，服务维度不断拓宽。

4.普惠体现

①参与门槛的降低体现了金融公平性。由于传统理财的投资门槛高，低净值客户的产品选择有限，并且低净值客户只能享受低收益理财产品，所以表现出金融的不公平性。“互联网+理财”模式中，互联网突破了时间和地域的限制，降低了运营成本，从而可以降低投资门槛，让更多普惠金融目标人群有机会参与到理财中来。②多用途、多场景的应用能更好地服务普惠金融人群。互联网技术让客户能够更灵活地选择理财产品，且部分理财产品存在多种用途，既可用于网上购物、手机充值、水电费缴纳等多种生活场景，又能获得收益，让客户享受更好的金融服务。因此，“互联网+理财”能吸引更多普惠金融目标人群参与到理财服务中，释放理财需求。

第 4 章　互联网金融风控：发展普惠金融的前置条件

互联网是一把双刃剑，一方面它让互联网金融以比传统金融更加亲民的姿态服务长尾客群，另一方面它让互联网金融在传统金融的基础上叠加了网络风险，但它同时又通过大数据等金融科技丰富了金融风险控制手段，使互联网金融服务低风险、低成本和高效率普惠大众成为可能。基于此，本章在分析互联网金融风险形成机理的基础上，重点研究互联网金融的风险识别、风险度量和风险控制方法，为互联网普惠金融可持续健康发展提供解决方案。

4.1　互联网金融风控的理论分析

4.1.1　互联网金融风险的生成机理

第一，混业经营。当前，互联网金融的混业经营特点已非常明显。比如，很多第三方支付机构已经逐步演变成综合金融服务平台，提供货币基金、信托、保险等多项业务。再如，蚂蚁金融旗下有网上银行、支付宝、余额宝、众安在线、网商贷、花呗、借呗等多种金融产品和服务。混业经营可能加剧互联网金融风险的脆弱性，加大互联网金融风险发生的可能性，还可能增加互联网金融风险的隐秘性。

第二，风控能力。一方面，很多互联网金融从业机构是互联网公司转型而来的，而互联网公司在风险控制方面的经验与能力均存在不足，且部分公司内部高管是技术背景出生，缺乏金融风控的专业知识，因此无法与发展数十年的传统金融相提并论。另一方面，我国互联网金融主要为长尾客群服务，部分长尾客群缺乏信用记录，很多传统的风控方法不太适合直接照搬。虽然美国较我国早发展十来年，但美国居民的征信系统非常完善，违约成本高，其风控手段和措施并不能完全适应我国的互联网金融。因此，我国的互联网金融风控手段和方法只能在摸索中前行，不断创新、不断发展、不断完善，而这一过程也可能生成新的风险。

第三，监管变化。风险控制处于摸索中，同样互联网金融监管也处于摸索过程。早期我国互联网金融处于“三无”状态，无监管部门、无准入门槛、无行业规则，因此跑路、诈骗等现象层出不穷。后来逐步出台相关政策，落实监管部门，制定行业准则，互联网金融走向有序发展。但是，摸索前行过程中的监管也存在一些法律政策相对滞后、部分学者质疑目前“分业监管”对“混业经营”的有效性的问题，同时如何在监管趋严以减少问题的出现和监管宽松以鼓励创新和发展中把握合适的度也是难题。因此，监管政策不断变化，互联网金融从业机构等相关权益主体不断自我调整以适应政策变化，势必引发互联网金融风险。

第四，风险传递。随着互联网金融的发展，很多传统金融逐渐互联网化，互联网金融也逐渐向更多的传统金融业务拓展，因此传统金融与互联网金融的融合对接逐渐加深。这一过程中，风险会相互传递，相互影响。比如余额宝，截至 2017 年 6 月 30 日，余额宝的期末净资产已经达到 1.43 万亿元，占据货币基金市场份额的 28%①。与银行存款不同的是，客户可以随时赎回余额宝这一货币基金，而货币基金只能通过资产变现或新申购的资金补充其流动性。当金融市场发生较大波动，或是余额宝出现负面新闻时，很容易引发三亿用户的集中赎回，不仅余额宝会遭遇流动性风险，甚至可能给整个金融系统带来风险。

4.1.2　互联网普惠金融与金融风险

普惠金融是在机会均等和商业可持续性的前提下，金融服务的供给主体能够以可负担的成本为有金融服务需求的社会各阶层和群体提供适当及有效的金融服务。互联网金融降低交易成本的同时提高了金融服务效率，践行普惠金融，也增大了金融风险(表 4-1)。

表 4-1　互联网金融践行普惠金融增大金融风险

内容	具体原因
更广覆盖人群增大风险	与传统金融主要为高净值客户服务所不同的是，互联网金融主要为中小微企业、农民、城镇低收入群体等普惠金融的重点对象提供金融服务，扩大了服务覆盖范围的同时，势必增大推广普惠金融的风控压力。①因为普惠金融的服务对象普遍存在信用记录缺失的问题，导致互联网金融从业机构难以控制信用风险，由此容易出现道德风险、欺诈风险等；②因为普惠金融的服务对象普遍存在金融素养相对较低、风险意识不强、风控能力较差等特点，导致他们对互联网金融从业机构的资产情况、经营状况等认识不充分，互联网金融的长尾客群风险增大。③因为互联网金融主要服务于人口中 80%的长尾客群，远远高于传统金融主要服务于人口中 20%的高净值客户，受众面更广，不仅容易出现非理性事件，而且也容易出现互联网金融从业机构因地域分布较广无法准确把握其风险的状况，从而其负外部性较大，风险更大
更低服务门槛增大风险	普惠金融服务的供给主体和主要的需求门槛较低。因为互联网金融的多种业务模式，如 P2P 网络借贷、众筹等，供给主体的进入门槛相对传统金融机构而言较低。另一方面，金融需求主体的进入门槛较低，以较少资金就可投资理财。因此，互联网金融行业早期出现鱼龙混杂的现象，他们或者缺乏金融专业素养而风控能力较差，或者本身的风控意识相对淡薄，风控难度增大
互联网渠道增大风险	互联网金融要践行普惠金融服务，必须在降低交易成本的同时提高金融服务效率，以实现规模经济。要达到这一目的，必须改变传统金融借助实体网点提供金融服务的特点，借助互联网为客户提供服务。而互联网的使用势必会出现网络安全风险、客户信息泄露等问题，因此金融风险增大。并且，出现任何风险都容易通过互联网快速传播，加大风险扩散力度，还可能引发声誉风险。另外，若成本下沉不够低，则互金企业无法实现成本与收益之间的对称性，又会出现经营风险

① 资料来源：财经头条《厉害了，余额宝！超越招行，直逼四大行》。https://cj.sina.com.cn/article/detail/2594233032/306558. 2017-7-3.

4.1.3 互联网金融创新与金融风险

1.互联网金融创新更需管控金融风险

首先，从道德风险的角度看，推出创新产品的金融机构可能会借助自身专业优势和信息优势，利用投资者对创新产品认识不足的特点进行寻租行为，即故意模糊化创新的金融产品并销售给投资者，因而金融创新可能带来金融风险(Henderson and Pearson，2011)；同时，金融创新相当于给予投资者一定的保险，从而减少了投资者主动规避风险的动机(Piazza，2015)。因此，金融创新容易导致投资者将极小风险看作无风险而积极参与，引发创新金融产品的过度发行(Gennaioli et al.，2012)。而若创新产品过度发行，则容易将小概率的金融风险扩大，增加产生金融风险的概率(Rajan，2006)。其次，从金融创新的动机看，互联网金融创新的主要目的是降低交易成本、提高金融服务效率、解决信息不对称问题，规避风险只是互联网金融创新的目的之一，并非所有的创新都能规避风险。再次，从风险类型看，互联网金融不仅具有创新前传统金融的常规性风险，还具有创新后导致的特殊性金融风险，风险种类繁杂使处理更加困难。最后，从风险累积看，金融风险本身相对隐蔽，不易表现出来，经过长期累积后容易爆发系统性金融风险。互联网金融本身是一种金融创新，同时又存在组织载体创新、基础设施创新、网络平台创新、渠道整合创新等各种具体的创新形式，所以与传统金融相比，互联网金融创新会增大金融风险(表 4-2)。

表 4-2 互联网金融创新增大金融风险

内容	具体原因
创新加快风险传播速度	借助于现代信息技术，互联网金融的各种数据信息能够快速传递并远程处理。一方面看，这种快速传播能有效提高效率，使得支付结算等各种互联网金融业务能够在较短时间内完成，客户体验好。但是另一方面，这种快速传播也可能导致风险的快速扩散，使得非常小的风险因管控不当而迅速扩散成为系统性风险，不仅错过了控制风险的最佳时机，风险危害还会蔓延
创新扩大风险危害范围	由于互联网金融具有金融普惠性，服务了大量未被传统金融所覆盖的人群，即为掌握 20%财富但占据 80%数量的长尾客群服务，所以比传统金融的受众面更广泛。当长尾客群作为资金供给方时，由于其金融知识的欠缺，风险识别能力和抗风险能力都较差，一旦遇上风险可能使大量人群遭受损失；当长尾客群作为资金需求方时，可通过互联网金融获得信用贷款，而信用贷款本身风险就很大，长尾客群在出现状况时极易因违约而导致较高的坏账率。互联网金融风险对社会的负外部性很大，数量庞大的长尾客群出现状况很容易引发系统性风险，危害容易被快速扩散甚至影响整个社会，造成更大面积的人群受害
创新增大风险交叉感染	由于互联网金融的各个网络节点相互关联，相互融合，所以不能像传统金融那样，通过分离、分业经营的风险源头来遏制风险。在互联网金融行业，很多互金企业是跨界混业经营，提供跨地区甚至跨国的金融服务，并与传统金融机构深度合作互联互通，关联性与交叉性越强，则二者相互之间风险的传导性越强，网络平台安全风险的敏感性越高，互联网金融风险交叉感染的概率越大。任何网络节点上的金融风险都可能通过互联网传至互联网金融领域甚至整个金融领域，最终可能危害国家金融系统稳定
创新加大风险监管难度	第一，互联网金融交易的虚拟性导致交易对象的不确定性，使得监管者与交易对象之间存在信息不对称的问题，很难掌握交易对象的真实情况；第二，互联网金融交易不受时间和地域的限制，交易频率快，这给金融交易者带来便捷体验的同时，也增加了监管者信息梳理和数据分析的难度；三是互联网金融已经呈现出混业经营的特征，而目前是采取分业监管来分配监管任务的，两者之间的矛盾也增加了监管难度

2.互联网金融创新更易管控金融风险

风险管理是金融的根本，也是金融的核心，风险管理既是互联网金融的核心要素，更是立身之本。现有研究普遍认为，金融创新更易于管控金融风险，究其原因主要有三个方面。一是金融创新可分散风险。Allen 和 Gale(1994)系统研究了金融创新与金融风险的关系，认为不完全市场中，受政府和企业一定条件约束限制的金融创新能够分散投资者风险。二是金融创新能更好地再分配风险。Enrique 和 Rios-Rull(2009)认为国际金融体系的融合会易于定价金融风险，更易于金融风险的跨国再分配，金融创新可提高金融效率，还可再分配金融风险。三是金融创新更利于识别金融风险。Laeven 等(2015)在借鉴 Schumpeter(1980)的基础建立模型分析后认为，金融创新者需要挖掘会发明新产品来获利的企业，而这一挖掘过程本身就包含了识别投资风险；Tufano(1997)认为金融创新有助于解决信息不对称问题，从而便于识别金融风险。四是金融创新能增加金融主体规避风险的能力。高山(2009)认为，金融主体可利用金融创新规避直接的金融风险，因此必然也会减少间接金融风险带来的损失。与传统金融相比，互联网金融创新更易管控金融风险。具体而言，主要体现在四个方面(表 4-3)。

表 4-3　互联网金融创新更易控制金融风险

内容	具体原因
选择多样易分散风险	①从投资者角度看，互联网金融能创新很多新的产品，这众多的创新金融产品给投资者更多选择，有助于分散金融风险。比如，除了传统的投资方式外，互联网金融创新的 P2P 网络借贷、众筹等模式，均可为投资者提供投资服务。②从融资者角度看，资金需求者，特别是众多的中小微企业，不用仅仅求助于银行获取融资，互联网供应链金融、电商金融、P2P 网络融资、众筹融资等多种形式均可以为其提供融资服务
方法多样易管控风险	互联网金融本质是金融，因此可以借鉴部分传统金融的风控方法，用于控制互联网金融领域的金融风险。但是，这只是互联网金融风控方法的一部分，最主要是借助大数据、区块链技术、生物识别技术、加密技术等金融科技手段防范和化解金融风险
产品标准易规避风险	互联网金融的一个重要特征是产品标准化，而标准化产品不仅有助于互联网金融网络化运营实现盈利，还有助于降低操作风险等金融风险
信息透明易发现风险	互联网金融创新解决了信息不对称问题，让信息更加透明，更易挖掘问题从而控制逆向选择和道德风险。①因为互联网技术使金融机构共享信息，减少了金融机构与客户之间的信息不对称问题；②因为大数据等技术易于捕捉个人或群体的各种信息，用于分析个人或企业的信用状况，防范道德风险和欺诈风险。③P2P 网络借贷平台、众筹融资平台等多种互联网金融平台都提供信息中介服务，有助于解决借贷双方的信息不对称问题，易于管控风险

4.2　互联网金融的风险识别

4.2.1　风险类型

根据有效监管原则，巴塞尔银行监管委员会在《巴塞尔新资本协议》(*The New Basel Capital Accord*，2012)中将金融风险分为信用风险、市场风险和操作风险三类，此外还包括流动性风险、利率风险、国家风险、法律风险等。根据风险成因，雍灏(2008)将金融创新风险分成5类，包括产品特性类风险(信用风险、技术风险和技术保护风险等)，开发过程类风险(包括创新模型风险、项目管理风险等)，营销支持类风险(包括营销网络风险和营销方法风险等)，组织环境类风险(包括风险管理环境、人力资源风险、风险管理部门、创新战略风险、信息沟通风险等)和管理类风险(包括风险管理方法、风险管理技术和风险评估方法等)。

就互联网金融风险类别而言，目前我国也已经有很多相应研究。谢平等(2014)认为互联网金融风险不仅包括信用风险、市场风险、操作风险、流动性风险、声誉风险、法律合规风险等六种传统金融风险，还包括信息技术风险和长尾风险两种互联网金融特有的风险。而长尾风险源于 Anderson(2004)，他认为互联网金融中的长尾客群的风险识别能力较差，风险承受能力较弱，并且具备分散、额度小、非理性和负外部性等特点，容易引发金融风险。范文仲(2014)将互联网金融风险分为信用风险、委托代理风险、道德风险。苗文龙(2015)将互联网金融风险分为战略风险、技术风险、信息风险、道德风险、信用风险、操作风险、流动性风险和法律风险。李慧和宋良荣(2016)将互联网金融风险分为信用风险、市场风险、流动性风险、操作风险、声誉风险、法律风险和网络技术风险。周剑平(2017)认为互联网金融风险包括信用风险、市场分析、泄密风险和政策风险。由上可知，现有文献对互联网金融风险的具体类别分法各不相同，但从风险来源看基本都可分为两类。一方面，互联网金融本质是金融，在开展业务过程中会遭遇传统金融所面临的市场价格变动、流动性不足、借款者不履约等问题，因此具有传统金融所具备的金融属性风险，如市场风险、流动性风险、信用风险等。另一方面，互联网金融是以互联网为载体开展业务，互联网本身呈现出虚拟化等特点，同时需要依托大数据、云计算、人工智能等各种技术，在开展业务的过程中会面临系统遭受黑客攻击、技术研发时性能不稳定、信息泄露等问题，因此具有互联网属性风险，如技术风险等。另外，互联网与金融的融合本身是一种创新，同时又创新出很多新模式、新业务，而创新的过程又可能导致新的风险。基于此，本书认为互联网金融风险主要包括信用风险、市场风险、操作风险、流动性风险、技术风险、声誉风险等[①]。

(1)信用风险。信用风险是指互联网金融交易中的资金使用方出于主观故意或客观被迫的原因，不愿或者不能履行约定，从而给资金提供方造成损失的可能性。根据资金使用方不履约是否主观故意，信用风险可分为客观违约风险和道德风险[②]。①客观违约风险。资金使用方，如互联网金融交易中的借款人、债务人或使用资金的互联网金融平台，可能完全不知自己的某种行为会给资金提供方造成危害，或者知道自己的某种行为会给资金提供方造成危害而主动采取力所能及的措施来减少这种危害，即客观违约风险。一是我国征信体系的原因。我国征信体系尚不健全，互联网金融平台在撮合交易时，主要根据借款人提供的信息来判断其信用状况，如客户的身份证明、财产状况等，有限的信用评价使得信用风险很高，很容易出现资金使用方违约的现象。虽然也有部分平台能通过大数据对资金

① 从风险的类别属性看，战略风险、市场风险和流动性风险可归入经营风险范畴；道德风险可从委托代理角度进行解释，因此将委托代理风险归为道德风险；由于长尾风险主要是依据互联网金融特殊的长尾客群而存在的风险，具体看来可能表现为信用风险、操作风险等，因此未单独罗列；泄密风险主要指信息泄露带来的风险，因此可归为技术风险；之所以将信用风险与道德风险放一起，是因为两者都与信息不对称有关。

② 目前，也有一些文献将道德风险归为操作风险(黄卫东，2015)，但是本书认为，道德风险更多与借款人还款意愿相关，归为信用风险更为合适。

使用方精准画像来自动考察其信用状况，降低了交易成本但同时也面临着信用评价模型选择等难题，导致资金使用方的信用状况估计出现偏差，后期无法还款。二是因为客观因素导致。当资金使用方遭遇某些变故，如失去工资收入、投资失败等，都可能导致其出现客观违约风险。②道德风险。第二种是资金使用方明知自己的某种行为会给资金提供方造成损害却故意为之，或者明知后果不利资金提供方还采取放任态度而非采取行动减轻资金提供方危害，即道德风险。具体而言，道德风险主要表现为三种形式，一是改变资金用途。比如，P2P 网贷平台上资金用途写的是用于某种创业，但因无法监管，后期可能被借款人用于某种高风险投资活动，从而使投资者遭受道德风险。二是有还款能力但刻意不还款。虽然互联网金融依靠各种现代的技术手段开展业务，极大降低了信息不对称问题，但仍然不能完全克服虚假信息和虚假信用，不能完全消除信息不对称，交易双方的身份识别、信用状况、财务状况等信息的判定仍是难题，并且当前我国征信体系不完善，较低的违约成本让一些人主观不还款。三是由借款人获取资金后不关心资金的使用效率导致。当借款人对资金的使用效率漠不关心后，可能出现资金收益无法达到预期而无法还款，从而带来道德风险。一些互联网金融平台提供虚假标的，还有一些互联网金融平台利用互联网非法吸收存款或非法集资，都可能给资金提供方带来损失。四是超范围借款。由于很多互联网平台的信息并没实现完全共享，同一借款人同时在多个平台借款的现象时有发生，超出其实际的借款额度而无法还款或不愿还款。比如，互联网消费金融、互联网供应链金融、P2P 网络借贷等多种互联网金融模式，大多是依靠大数据分析客户的还款能力和还款意愿，实现了快速放款也推动了普惠金融的发展，但是借款者在其他平台的借款情况无从查询。目前，部分客户因征信体系的不完善而在各种体系和各种平台之间套利，损害他人利益，道德风险已经成为影响互联网金融发展的重要因素。

(2) 市场风险。市场风险是指互联网金融市场中产品价格、利率价格、汇率价格等因素的变动对互联网金融市场参与者带来损失的可能性，主要包括利率风险、汇率风险、股票风险等。①利率风险是市场风险中最主要的一种类型，对 P2P 网络借贷、众筹、互联网理财、网上银行等多种业态都有影响。比如，当市场利率上升时，互联网理财产品价值就会缩水，投资者可能选择其他渠道理财，而借款人只有承诺更高的收益率才可能通过 P2P 或者众筹获得资金，但会增加借款人筹资成本，反而增加投资者风险。②汇率风险。越来越多互联网金融从业机构的业务范围跨越国界，而跨国业务必然会受到汇率的影响，既可能出现因不同国家和地区跨境结算时汇率不确定而引发的外汇资产价格遭受损失的现象，也可能出现外汇结构性产品利率变动引发不确定性导致其他外汇结构性产品收益遭受损失的现象。③股票风险。股票价格的变动会直接影响互联网理财中股票型基金产品的收益，也会影响投资者投资渠道的选择。

(3) 操作风险。根据巴塞尔监管协议，操作风险是指因互联网金融从业机构的内部控制制度不健全、人员操作不当或外部事件等原因而出现损失的可能性。从风险来源角度看，操作风险可分为内部操作风险、客户操作风险、法律风险和欺诈风险[①]。①内部操作风险。

---

① 需要强调的是，2012 年《巴塞尔新资本协议》(*The New Basel Capital Accord*) 明确提出，由外部事件而导致直接或间接损失的风险都归为操作风险，包括法律风险，但不包括策略性风险和声誉风险，这一观点与 2007 年我国银监会发布的《商业银行操作风险管理指引》完全一致。

内部操作风险可能来源于三个方面。第一，由操作人员或者投资者在交易过程中的不当操作造成的，即业务操作风险。第二，由互联网金融服务或金融产品过度注重客户体验而简化流程引发的，即流程操作风险。在互联网金融领域，客户总是觉得越简单越好，购物时喜欢一键下单，结账时喜欢一键支付，注册时喜欢用手机号码快速注册。但是，金融本身的严谨性决定互联网金融也必须要完成完整的操作流程，要在客户体验和风险管理间寻找到一个合适的平衡点。第三，由互联网金融团队缺乏有效管理造成的，即管理风险。如果互联网金融从业机构拥有专业的管理团队，能对企业进行有效管理，则互联网金融从业人员在实际的业务操作过程中就能及时、准确地传达相关信息，并能正确领会上司意图。②客户操作风险。客户操作风险是指由互联网金融客户的不当操作引起的风险，如消费者操作风险等。互联网时代，客户操作风险比较突出，这是因为互联网金融主要服务于长尾客群，而长尾客群的金融专业知识相对欠缺，风险识别能力和风险防范能力相对薄弱，容易出现因不熟悉操作流程和要求而错误操作或被误导等产生损失的现象。比如，很多互联网金融业务需要线上操作获取互联网金融账户，若缺乏专业人士指导可能出现账户密码输入错误、账户无法登录等现象。同时，由于长尾客群数量庞大，一旦出现风险，事件极易在短时间内膨胀发酵，出现严重的负外部性。③法律风险。由于互联网金融风险比传统金融风险更加复杂，更具有虚拟性特征，因此互联网金融监管的难度更大。近年来，互联网金融的相关监管政策也陆续出台，如 2015 年 7 月出台《关于促进互联网金融健康发展的指导意见》，2017 年 7 月央行联合十七部门发布《关于进一步做好互联网金融风险专项整治清理整顿工作的通知》等。各种监管政策从市场准入、参与者身份认证、资金监管、业务范围等方面进行了明确的规定，给部分互联网金融市场参与者带来损失，但也有助于互联网金融市场的合规和健康发展。④欺诈风险[①]。根据风险来源的不同，欺诈风险包括内部欺诈风险和外部欺诈风险。内部欺诈风险是指内部人员违反规定，或者故意盗取他人财产，或者故意骗取他人财产等行为而给社会或其他主体带来损失的可能性，如 P2P 网贷平台的自融、自保项目、虚假标的项目等现象。外部欺诈风险主要是指互联网金融市场的参与者提供虚假信息骗取或盗用他人资金的行为。比如在个人信贷领域，可能存在信息欺诈、身份欺诈和用途欺诈等。2016 年共有 1068 家问题平台，其中 272 家问题出现平台跑路或提现困难[②]的现象；校园“裸条”事件中，一些放款人对超前消费的大学生投放校园高利贷，部分借贷学生裸照被当作色情图片打包贩卖，甚至有学生因不堪高利贷重负和恐吓而选择轻生。当前外部欺诈风险尤为突出，很多互联网金融从业机构主要的风险防控就是反欺诈。

(4)流动性风险。流动性风险是指互联网金融从业机构的流动性资产或流动性负债的保有能力、非流动性资产和非流动性负债转化为流动性资产和负债的能力存在不确定性，出现流动性不足或流动性过剩，从而导致损失的可能性，其中流动性不足是指持有的流动性金融资产或负债余额因资产负债结构不合理而无法满足政策经营需要，流动性过剩是指

① 有文献将欺诈风险归为道德风险，本书认为二者之间有本质差别。就发生的时间节点看，道德风险发生在交易之后的信息不对称(宋清华和李志辉，2003)，但部分欺诈风险发生在交易前的信息不对称。同时，并非所有采取欺诈手段获取贷款的借款人都无还款意愿，并且无还款意愿的借款人并非都采取欺诈手段获取贷款。不可否认的是，二者存在交集。

② 资料来源：网贷天眼. 一年退出 1068 家 P2P 平台 这 272 家跑路和提现困难. 2017-8-27。

持有的流动性资产或负债因资产负债结构不合理而超过政策经营需求。很多从事互联网金融业务的互联网企业虽然已经具备部分金融属性，但资质较弱，在出现短期负债或预期外的资金外流等突发事件时缺乏应对经验。并且，互联网金融交易的虚拟性、金融产品的复杂性、过剩信息的精准性、从业机构的低端性和市场主体的大众性都会极大提升投资的错配率，加大互联网金融流动性风险。具体而言，互联网金融流动性风险包括资产类流动性风险和负债类流动性风险。①资产类流动性风险。资产类流动性风险主要是指金融资产交易在到期时不能按照约定获取相应的本金和收益，从而导致金融资产交易中的一方无法偿还到期负债和追加新资本而遭受损失。比如，在 2017 年 1 月央行正式出台政策集中存管第三方支付备付金之前，很多第三方支付机构将大众游资汇于货币市场，使客户资金具有理财功能，但第三方支付机构存在投资后到期时仍无法获取本金和收益的危险，若资金链断裂还会引发支付危机。再如，蚂蚁微贷等网络小贷主要通过大数据为长尾客群授信，若一定数量的客户不能履约，则网络小贷可能因此遭遇资产类流动性风险。②负债类流动性风险。负债类流动性风险又指资金类流动性风险，是指互联网金融从业机构可用于偿还负债或再融资的流动性资金受各种不确定性因素影响而遭受损失的可能性。P2P 网贷没有商业银行的贷款风险拨备机制，P2P 网贷平台禁止有资金池，又没有金融杠杆，在出现流动性问题时只能动用资本金垫付，但若资本金也不足则问题极易恶化，出现更大量的借款人违约的现象；股权众筹借长贷短，不排除存在不合理的错配现象，所以仍有可能引发流动性风险；基金网销发展比较成熟，其基础资产主要是同业存款和流动性较强的金融产品，风险不高但基金网销的规模庞大，资金数量越大流动性风险就越多，因为基金网销容易在节假日出现集中支付而遭遇短期内大量赎回的现象，并且竞争导致基金产品更新频率快，容易形成不合理匹配。总之，缺乏备付金制度，存在期限错配资金挪用等问题，不能参与同业拆解，也没有央行“最后借款人”的支持，互联网金融容易引发流动性风险。

(5)技术风险。技术风险是指互金企业在开展业务时因信息技术原因出现系统故障、信息泄露和滥用等状况，从而给互联网金融市场参与者带来损失的可能性。按照技术的作用领域，技术风险主要包括系统安全风险、技术研发风险和信息安全风险等。①系统安全风险。金融业务要求系统具有高度的安全性和稳定性，但是 TCP/IP 协议自身不安全，密钥管理与加密技术不完善，而互联网金融从业机构置身于开放式的网络通信系统之中，容易遭受计算机病毒入侵以及网络黑客攻击。一旦出现问题，可能造成资金安全风险、信息泄露和业务中断等问题。具体而言，资金安全出现问题会造成客户的重大损失，可能是由系统漏洞被黑客入侵、网络钓鱼欺诈、客户端遭受攻击、业务漏洞被利用和交易欺诈导致的；业务中断可能是系统故障、恶意攻击、数据丢失、性能故障等原因造成的，会使很大一部分客户因担忧互联网金融账户被盗会损害自身利益，拒绝参与到互联网金融中。正是因为系统安全风险破坏性大、影响面广、隐蔽性强、专业性强，其风险管控的难度更大，因此被很多互联网金融从业机构作为重点进行防控。②技术研发风险。互联网金融业务的开展必须依赖于大数据、云计算、区块链等各种技术，并与科技的发展息息相关，科技既是加速器也是催化剂。但是在研发过程中可能存在信息技术本身不稳定、功能缺失、遭遇人为破坏等可能，这些技术因素会导致互联网平台或信息处理系统存在不完备性，从而存在损失的可能性。③信息安全风险。出于客户信用状况和各方利益的考虑，互金客户在获取服务前需提供个人的身份信息、财产信息和信用记录等多种信息，在获取服务时会产生大量的交易数据和浏览数据等。但是，没有任何机构能够绝对保障信息的安全，存在信息泄露和滥用的可能，从而破坏数据的隐私性和安全性。究其原因，可能是泄露了敏感信息、配置或管理不当、大数据环境、移动终端等所致。

(6) 声誉风险。声誉风险是指社会负面舆论给互金企业或行业的声誉带来影响，从而导致客户流失、经济受损等的可能性。一方面，互联网金融的其他风险可能导致声誉风险，如互联网金融的信用风险、技术风险、操作风险等风险暴露后，容易通过媒体、人群等传播负面内容，从而形成声誉风险。另一方面，微博、微信、论坛等新媒体容易加大互联网金融的声誉风险，人们可以利用手机随时随地转发评论互联网金融的某个话题，造成负面影响更大而加剧声誉风险。所以，如果有任何的负面舆论和影响，互联网金融从业机构一定要尽快处理，否则只会造成更大的负面影响，P2P 网贷就是一个典型例子。P2P 网贷投资门槛低，收益高，在一定程度上解决了中小微企业的融资问题，但是由于早期处于“无准入门槛、无行业标准、无机构监管”的状态，一些平台就是为圈钱而成立，一些平台经营不善而倒闭，社会公众对网贷行业的质疑越来越大，严重影响行业发展，一些正规平台也深受其害，因此声誉风险对互金企业影响很大。

4.2.2 风险评估

通过定性分析可知，目前我国互联网金融的主要风险包括信用风险、市场风险、操作风险、流动性风险、技术风险、声誉风险等 6 个一级风险，而一级风险又可分为 14 个二级风险指标，但是各种风险指标在互联网金融风险体系中孰大孰小，还需通过量化分析确定各指标的权重。由于互联网金融风险量化分析需要各个领域的数据，数据不齐全且不易量化，因此采用 AHP 评价法。AHP 方法由 Saaty(1980，1990)提出，并被深入运用于研究参数的相对重要性(Chwolka and Raith，2001；Dyer and Forman，1992)。AHP 评价法需要将与评价相关的各种元素分解，并通过定性和定量风险来最终确定分解后各元素的重要性，主要包括如下步骤。

第一，构建递进式层次分析结构。通过层层递进，将影响总目标的各元素分解(一级风险指标)，并找出分解元素的影响因素(二级风险指标)。由 4.2.1 节可知，互联网金融风险的层次结构可表示为图 4-1 的形式。

第二，构造判定矩阵。首先，按照风险相互之间的重要性，从数字 1～9 或其倒数给予各种关于风险评分并形成模糊判断风险的关系矩阵。比如，关系矩阵中任意元素 a_{ij} 表示风险 i 与风险 j 的重要性比对，按照 Saaty 取值法，其含义见表 4-4。

以表 4-4 为评分依据，发放问卷 43 份给誉存科技、笨熊金融、马上消费金融等互金企业人员和互联网金融科研人员，收回有效问卷 39 份[①]。分析关系矩阵后，得到如表 4-5 的一级风险关系矩阵。

① 为减少 AHP 方法中人为因素带来的偏差，对受访专家给出了严格限制，如从事互联网金融相关工作或研究在 3 年以上，具有硕士及以上学历，年龄在 30～40 岁。

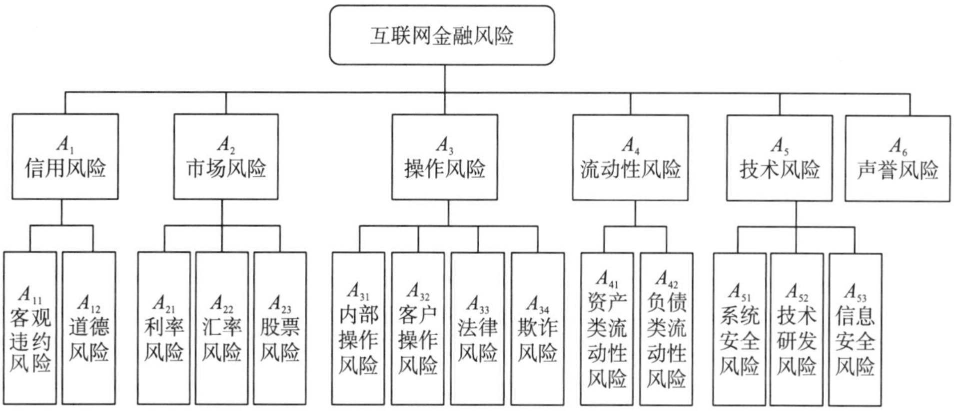

图 4-1　互联网金融风险层次分析结构

表 4-4　Saaty 评分取值含义

元素 a_{ij}	含义	元素 a_{ij}	含义
1	风险 i 与风险 j 的影响一样重要	2、4、6、8	风险影响介于 1、3、5、7、9 之间
3	风险 i 比风险 j 的影响稍微重要	倒数	$a_{ij}=1/a_{ji}$
5	风险 i 比风险 j 的影响明显重要		
7	风险 i 比风险 j 的影响强烈重要		
9	风险 i 比风险 j 的影响绝对重要		

表 4-5　一级风险关系矩阵 A

$\boldsymbol{A}$	A_1	A_2	A_3	A_4	A_5	A_6
A_1	1	3	4	2	1/2	4
A_2	1/3	1	1/6	1/2	1/5	2
A_3	4	6	1	5	3	7
A_4	1/2	2	1/5	1	1/4	3
A_5	2	5	1/3	4	1	6
A_6	2/4	1/2	1/7	1/3	1/6	1

第三，权重计算及一致性检验。通过权重考察各种一级风险指标的影响能力大小，并将各权重组成一个权重向量 $\boldsymbol{W}=(w_1,w_2,w_3,w_4,w_5,w_6)$，借助特征根法计算可得各权重值，即单位化所有列向量可得

$$\tilde{w}_{ij}=a_{ij}/(a_{1j}+a_{2j}+a_{3j}+a_{4j}+a_{5j}+a_{6j})\qquad(i=1,2,\cdots,6)$$

对每行求和，

$$\tilde{w}_i=\tilde{w}_{i1}+\tilde{w}_{i2}+\tilde{w}_{i3}+\tilde{w}_{i4}+\tilde{w}_{i5}+\tilde{w}_{i6}$$

单位化 $\tilde{w}_{ij}$ 即可得权重

$$w_i=\tilde{w}_i/(\tilde{w}_1+\tilde{w}_2+\tilde{w}_3+\tilde{w}_4+\tilde{w}_5+\tilde{w}_6)$$

而各一级风险指标的权重是否合理与正确，须进行一致性检验，只有当检验通过时才可将特征向量视为权重向量，否则需要重新确定关系矩阵。检验公式为

$$CR=\frac{CI}{RI}=\frac{\lambda_{\max}-n}{(n-1)RI}$$

其中，$\lambda_{\max}$ 是关系矩阵的最大特征根；n 是关系矩阵的维数；CI 为一致性指标；RI 为修正系数，且随 n 的变化而变化(表 4-6)。

表 4-6　修正系数 *RI* 取值

维数	1	2	3	4	5	6
RI	0	0	0.58	0.90	1.12	1.24

通过上述方法进行计算，可以得到互联网金融风险的一级风险指标，权重向量为 $\boldsymbol{W}$=(0.1404，0.0572，0.4326，0.0882，0.2434，0.0383)。通过 MATLAB 计算可得 $\lambda_{\max}=6.1912$，所以 CR=0.0016<0.1，通过一致性检验[①]。

同理，经过从业人员和专家评定，计算可得到各二级指标风险权重(表 4-7)。

表 4-7　二级风险指标权重计算

信用风险	A_{11}	A_{12}			$\lambda_{\max}$	CR	权重
A_{11}	1	4			2	0	0.8
A_{12}	1/4	1					0.2
市场风险	A_{21}	A_{22}	A_{23}				
A_{21}	1	3	5		3.0037	0.0032	0.6479
A_{22}	1/3	1	2				0.2299
A_{23}	1/5	1/2	1				0.1222
操作风险	A_{31}	A_{32}	A_{33}	A_{34}			
A_{31}	1	1/3	1/3	1/6	4.0813	0.0301	0.0717
A_{32}	3	1	2	1/3			0.2251
A_{33}	3	1/2	1	1/4			0.1533
A_{34}	6	3	4	1			0.5498
流动性风险	A_{41}	A_{42}					
A_{41}	1	1/3			2	0	0.25
A_{42}	3	1					0.75
技术风险	A_{51}	A_{52}	A_{53}				
A_{51}	1	2	3		3.0092	0.0079	0.539
A_{52}	1/2	1	2				0.2973
A_{53}	1/3	1/2	1				0.1637

① 需要说明的是，若关系矩阵无法通过一致性检验，需要重新发放问卷，而表 4-5 的关系矩阵是在发放问卷 7 次后才得到的。

4.2.3　风险体系

根据各一级风险指标在互联网金融风险中的权重及各二级风险指标在相应一级风险指标中的权重，可以得到各二级风险指标的相对风险权重(表 4-8)。

表 4-8　互联网金融风险评价体系

	一级风险	二级风险	相对风险权重
互联网金融风险	信用风险(0.1404)	客观违约风险(0.8000)	0.1152
		道德风险(0.2000)	0.0252
	市场风险(0.0573)	利率风险(0.6480)	0.0371
		汇率风险(0.2299)	0.0132
		股票风险(0.1222)	0.0070
	操作风险(0.4326)	内部操作风险(0.0717)	0.0310
		客户操作风险(0.2252)	0.0965
		法律风险(0.1533)	0.0673
		欺诈风险(0.5498)	0.2378
	流动性风险(0.0881)	资产类流动性风险(0.2500)	0.0266
		负债类流动性风险(0.7500)	0.0615
	技术风险(0.2434)	系统安全风险(0.5390)	0.1312
		技术研发风险(0.2973)	0.0724
		信息安全风险(0.1638)	0.0398
	声誉风险(0.0383)		0.0383

由各一级风险指标的权重可知，我国互联网金融风险的影响依次是操作风险、技术风险、信用风险、流动性风险、市场风险和声誉风险。操作风险的影响最大，可能是因为操作风险包含三种影响较大的二级风险指标：法律风险、欺诈风险、客户操作风险。法律风险对互金企业影响较大，牌照、资本金等各种规定直接决定互金企业是否能继续开展业务。网络欺诈较难监控，不仅可能让客户遭受损失，也会殃及网络平台，甚至引发较大的声誉风险。客户操作风险影响也较大，因为互联网金融主要为长尾客群服务，长尾客群数量众多，在操作过程中容易出现风险。

技术风险影响次之。互联网金融风险与传统金融风险最主要的差别在于技术风险，因为互金企业需要借助互联网技术开展金融服务，并且还需在开展业务的过程中考虑各种软件技术和硬件技术是否过硬，是否能抵抗黑客攻击、信息泄露的问题，还需考虑各种技术本身的创新和发展。智能化是互联网金融的最终趋势，技术水平决定成败。在调研中发现，互联网金融客户最关心的就是安全问题，担心资金被盗、担心交易无故中断、担心信息泄露等问题。

信用风险再次之。这可能是因为互联网金融中的很多业务，如 P2P 网贷、众筹、互联网消费金融、互联网供应链金融等，能为客户提供融资服务，故与信用风险关系密切。互联网大数据改变传统的线下审核模式，贷前通过大数据实现快速放贷，但本身数据维度、各种维度的权重等都处于不断摸索中，贷中和贷后都难以监管道德风险。同时目前我国客户的违约成本较低，因此信用风险较大。

由各种二级风险指标来看，权重较大的是欺诈风险、系统安全风险和客观违约风险。虚拟的网络交易让欺诈事件在2015年、2016年频繁发生，平台跑路、虚假标的等各种负面新闻频发，一些客户甚至直接将网络欺诈等同于互联网金融。因此很多互金企业不断修整各种反欺诈措施，部分企业还结成反欺诈联盟。系统安全风险影响也较大，因为极易出现黑客入侵系统漏洞、各种网络钓鱼欺骗、客户端遭受攻击、业务漏洞被利用等事件，可能引发系统安全风险。道德风险既可能源于网络交易的虚拟性，让部分人因为低违约成本而不履约，也可能源于网络交易的额度小、数量多的特性，如P2P网贷中一项借款标可能涉及几百投资者，众筹融资中一个众筹项目数千甚至上万人支持，一旦发生道德风险，不仅遭受损失者众多，而且损失的额度在个人资产中所占比例可能很大，因此影响较大。

4.3 互联网金融的风险度量①

4.3.1 模型构建

要准确而有效地管理互联网金融风险，一个重要前提是风险度量。目前，存在很多金融风险的度量方法，而在险价值VaR能够通过一个明确的数值来表示类型各异且复杂的风险，已经得到了普遍认可，被称为风险判断的基准。虽然VaR方法简单且容易操作，却存在高置信水平下的精确性和稳健性的挑战。早期的VaR计算存在一个正态分布的假设，而不少研究认为金融时间序列数据不满足正态分布(Mandelbrot，1963；Fama，1965)，人们开始分析非正态现象(Hansen，1994)，但互联网金融市场变化快，因此实际的资产收益状况通过一些理论上的参数分布来刻画会导致较大偏差。

早期的风险分析中，常将金融资产波动率设定为固定常数，但后来研究发现风险波动率会随着时间的变化而变化，因此传统度量方法中独立同分布假设不再适用于金融资产变化规律(Mandelbrot，1963；Fama，1965)。人们开始关注时变波动的VaR建模分析，较有影响力的是ARCH模型(Engle，1982)和GARCH模型(Bollerslev，1986)，特别是基于ARCH模型参数的VaR模型分析(Kuester et al.，2006)，这类模型分析容易解释。但是，由于仅有少量参数为未知量，需要明确模型结构的具体形式，不仅模型的函数形式难以确定，还会导致模型设定存在误差，甚至出现错误的结论。因此，一些学者从VaR含义出发，通过非参数核估计(Scaillet，2010)、非参数VaR方法(赵晓玲 等，2012)、样本分位数技术(Dowd，2009)，估计出VaR的平均现值，但不能描述风险变化的动态特征，并且受样本分布影响导致稳健性不足，而稳健性也是现有文献常忽略的一方面。并且，由于不

① 课题组成员. 稳健非参数VaR建模及风险量化研究. 中国管理科学，2015年第8期。

同样本常采用相同模型来度量风险，方法单一且缺乏理论支撑，导致参数 VaR 估计存在灵活性不足的问题。基于此，有必要克服参数 VaR 估计的不足，并提高风险度量的灵活度、准确性和稳健性来研究风险度量。

首先构建 SQ-ARCH 模型：

$$y_t = m(\boldsymbol{x}_t) + u_t \tag{4-1}$$

其中，$y_t \in \mathbb{R}^1$ 和 $\boldsymbol{x}_t = (x_{1t}, x_{2t}, \cdots, x_{dt})^{\mathrm{T}} \in \mathbb{R}^d$ 分别是被解释变量和解释变量，T 表示对矩阵转置；$m(\cdot)$ 表示未知 d 元光滑函数；u_t 为误差项，满足

$$u_t = (\gamma_0 + \gamma_1 |u_{t-1}| + \cdots + \gamma_q |u_{t-q}|)\varepsilon_t \tag{4-2}$$

其中，$\gamma_0 > 0$，$(\gamma_1, \gamma_2, \cdots, \gamma_q)^{\mathrm{T}} \in \mathbb{R}^q$ 是待估参数；ε_t 为具有有限方差且均值为 0 的独立同分布随机变量。由式(4-1)和式(4-2)可知，方程组包括参数部分和非参数部分，即整体是一个半参数回归模型，记为 SQ-ARCH 模型。

然后构建 Nop-Quantile 模型：

$$y_t = m(\boldsymbol{x}_t) + \varepsilon_t \tag{4-3}$$

其中，ε_t 为随机误差项。

该模型为 Nop-Quantile 模型，是对 VaR 进行的非参数建模。非参数模型结构简单明了，不同样本也可使用相同函数进行模拟，在实际应用中易于理解，故基于非参数函数的 VaR 模型具有明显的现实意义。也就是说，根据风险测量需求，无须重新设定模型结构即可直接计算在险价值，灵活性和有效性均极强。

4.3.2　模型分析

1.模型推导

分别考虑两种模型，先推导各种模型的 VaR 表达式，再分别设计 VaR 的具体估算步骤。

模型 1：SQ-ARCH 模型。设 $\mathfrak{I}_{t-1}$ 为 $t-1$ 时刻的信息集，且 $\boldsymbol{x}_t \in \mathfrak{I}_{t-1}$。在半参数 SQ-ARCH 模型中，$\boldsymbol{x}_t$ 通常包含 y_t 滞后值和其他外生变量，如 $\boldsymbol{x}_t$ 可表示为 $\boldsymbol{x}_t = (1, y_{t-1}, \cdots, y_{t-p}, z_{1t}, \cdots, z_{it})^{\mathrm{T}}$，其中 $1 + p + l = d$，z_{it} 是外生解释变量。

给定信息集 $\mathfrak{I}_{t-1}$，式(4-1)和式(4-2)中 y_t 的第 τ 个条件分位数为

$$Q_\tau(y_t \mid \mathfrak{I}_{t-1}) = m(\boldsymbol{x}_t) + Q_\tau(u_t \mid \mathfrak{I}_{t-1}) \tag{4-4}$$

其中，$Q_\tau(y_t \mid \mathfrak{I}_{t-1})$ 和 $Q_\tau(u_t \mid \mathfrak{I}_{t-1})$ 分别是 y_t 和 u_t 的第 τ 个条件分位点。记 $\boldsymbol{W}_t = (1, |u_{t-1}|, \cdots, |u_{t-q}|)^{\mathrm{T}}$，则

$$Q_\tau(y_t \mid \mathfrak{I}_{t-1}) = \gamma^{\mathrm{T}}(\tau)\boldsymbol{W}_t = \left[\gamma_0 Q_\tau(\varepsilon_t), \gamma_1 Q_\tau(\varepsilon_t), \cdots, \gamma_q Q_\tau(\varepsilon_t)\right]\boldsymbol{W}_t \tag{4-5}$$

其中，$Q_\tau(\varepsilon_t) = F_\varepsilon^{-1}(\tau)$ 是 ε 的第 τ 个分位点。由 VaR 定义可知，$\mathfrak{I}_{t-1}$ 上 y_t 的 VaR 值为

$$\mathrm{prob}(y_t < -\mathrm{VaR}_t \mid \mathfrak{I}_{t-1}) = \tau \tag{4-6}$$

其中，$\mathrm{prob}(\cdot)$ 表示概率运算。式(4-6)表示 y_t 的 VaR 与其 τ 分位点正好相反。所以，由式(4-4)～式(4-6)可得置信水平 $1-\tau$ 上 y_t 的 VaR 值为

$$\mathrm{VaR}_t(\tau) = -m(\boldsymbol{x}_t) - \boldsymbol{\gamma}^{\mathrm{T}}(\tau)\boldsymbol{W}_t \tag{4-7}$$

由此可知，要得到在险价值，需要先估算 $m(\cdot)$ 和 $\gamma(\tau)$。因 W_t 包含误差滞后项，故无法直接回归估算出 $m(\cdot)$ 和 $\gamma(\tau)$。因此，需建立两阶段程序估算式。

步骤Ⅰ：在 $\boldsymbol{x}_t$ 临域内的任意点 x_0，由泰勒展开式，未知函数 $m(x_t)$ 存在

$$m(\boldsymbol{x}_t) \approx \beta_0 + \beta_1(x_t - x_0) \tag{4-8}$$

其中，$\beta_0 = m(x_0)$，$\beta_1 = m^{(1)}(x_0)$，则通过式(4-7)的一阶展开式即可满足理论条件。并且，任意给定观测样本 $(Y_t, X_t) \in (\boldsymbol{y}_t, \boldsymbol{x}_t)$，利用局部线性最小二乘法估计，可得

$$\min_{\beta_0,\beta_1} \sum_{t=1}^{n} \left[Y_t - \beta_0 - \beta_1(X_t - x_0)\right]^2 K_h(X_t - x_0) \tag{4-9}$$

其中，$K_h(\cdot) = K_h(\cdot / h)/h$ 且 $K_h(\cdot)$ 是核函数，h 为窗口宽度。对式(4-9)求解即得 $\beta_0 = m(x_0)$ 的估计值 $\hat{\beta}_0 = \hat{m}(x_0)$。并且，令 $x_0 = X_t$ 即可得 $m(\cdot)$ 在 X_t 处的估计值 $\hat{m}(X_t)$。最后，计算残差 $\hat{u} = Y_t - \hat{m}(X_t)$，滞后值估计 $\hat{u}_{t-k}$，$k = 1,2,\cdots,q$。

步骤Ⅱ：在 $\boldsymbol{W}_t$ 中使用 $\hat{u}_{t-k}$ 替代 u_{t-k}，得 $\boldsymbol{W}_t = (1,|\hat{u}_{t-1}|,\cdots,|\hat{u}_{t-q}|)^{\mathrm{T}}$。然后用 $\hat{u}_t$ 替换 u_t，应用线性分位数技术回归 $\boldsymbol{W}_t$，可得

$$\hat{\gamma}(\tau) = \arg\min \frac{1}{n} \sum_{t=1}^{n} \rho_\tau(\hat{u}_t - \gamma^{\mathrm{T}}(\tau) W_t) \tag{4-10}$$

因此，可得 $1-\tau$ 置信水平下 VaR 估计值为

$$\hat{\mathrm{VaR}}_t(\tau) = -\hat{m}(x_t) - \hat{\gamma}^{\mathrm{T}}(\tau) W_t \tag{4-11}$$

模型 2：Nop-Quantile 模型。信息集 $\mathfrak{I}_{t-1}$ 上 y_t 的 τ 分位数为

$$Q_\tau(y_t \mid \mathfrak{I}_{t-1}) = m(x_t) + Q_\tau(e_t) \tag{4-12}$$

其中，$Q_\tau(e_t) = F_e^{-1}(\tau)$ 是 e 的 τ 分位点。由于 y_t 的 VaR 正好与其 τ 分位值相反，故 $1-\tau$ 置信水平下 y_t 的 VaR 估计为

$$\mathrm{VaR}_t(\tau) = -m(x_t) - Q_\tau(e_t) \tag{4-13}$$

因此，需要先估计出 $m(x_t)$ 和 $Q_\tau(e_t)$ 才能得到 VaR 估计值。

步骤Ⅰ：与式(4-8)一样，借助一阶泰勒展开式可估算出函数 $m(\cdot)$ 的估计值，其中 $\beta_0 = m(x_0)$，$\beta_1 = m^{(1)}(x_0)$。若 $\beta_0(\tau) = \beta_0 + Q_\tau(e_t)$，$\beta_1(\tau) = \beta_1 = m^{(1)}(x_0)$，采用局部线性非参分位数回归方法，得到极小化目标函数

$$\min_{\beta_0(\tau),\beta_1(\tau)} \sum_{t=1}^{n} \left[\rho_\tau Y_t - \beta_0(\tau) - \beta_1(\tau)(X_t - x_0)\right] K_h(X_t - x_0) \tag{4-14}$$

其中，$\rho_\tau(t) = t\left[t - I(t<0)\right]$ 为处罚函数；$I(\cdot)$ 为示性函数；$K_h(\cdot) = K_h(\cdot / h)/h$ 且 $K_h(\cdot)$ 是核函数，h 为窗口宽度。如果取 x_0 为时刻 t 的设计值 X_t，则通过式(4-14)可得 $\beta_0(\tau) = m(X) + Q_\tau(e_t)$ 的估计值 $\hat{\beta}_0(\tau) = \hat{m}(X) + \hat{Q}_\tau(e_t)$。

步骤Ⅱ：将 $\beta_0(\tau)$ 的估计值 $\hat{\beta}_0(\tau)$ 代入式(4-13)，可得 $1-\tau$ 置信水平下 VaR 估计值：

$$\hat{\mathrm{VaR}}_t(\tau) = -\hat{\beta}_0(\tau) = -\hat{m}(X_t) - \hat{Q}_\tau(e_t) \tag{4-15}$$

可以看出，使用局部线性非参分位数方法估计 VaR，既无须指定函数 $m(\cdot)$ 的具体形式，又无须对误差项做出任何具体分布形态的规定。该模型不仅能更好地拟合出样本分布，刻

画出互联网金融数据的“尖峰厚尾”和“波动聚集”的特征，还能够避免模型的错误设定问题，有效地提高了 VaR 的估计精度。

在非参 VaR 估计中，需要选择核函数 $K(\cdot)$ 及窗宽参数 h。采用 Epanechnikov 核函数 $K(u)=0.75(1-u^2)I(|u|\leqslant 1)$，其中 $I(\cdot)$ 为示性函数(Fan and Gijbels，1995)。在估计 SQ-ARCH 模型时，使用 Fan 和 Gijbels 的数据驱动窗宽选择方法(Fan and Gijbels，1995)。在计算 Nop-Quantile 模型时采用“Plug In”窗宽选择方法(Keming and Jones，1998)。

2.模拟分析

非参数 VaR 模型的稳健性，需要通过 Monte Carlo 模拟进行检验。考察两个模型的数据生成过程 DGP。

模型 1：

$$r_t = 0.5r_{t-1}+\varepsilon_t\text{；}\quad \varepsilon_t=\sigma_t u_t\text{；}\quad \sigma_t^2=1+0.5\varepsilon_{t-1}^2+\gamma\sigma_{t-1}^2$$

模型 2：

$$r_t=\cos(1.2r_{t-1})/(0.9+r_{t-1}^2)+\varepsilon_t\text{；}\quad \varepsilon_t=\sigma_t u_t\text{；}\quad \sigma_t^2=1+0.5\varepsilon_{t-1}^2+\gamma\sigma_{t-1}^2$$

在上述数据生成过程中，模型 1 和模型 2 分别来自线性和非线性的 ARCH 类模型，其中两个模型中的参数 γ 控制着生成样本的 ARCH 效应。进一步，构造如下的 6 个 DGP：

(1) DGP1：$u_t \sim N(0,1)$ 且 $\gamma=0$；

(2) DGP2：$u_t \sim t(4)$ 且 $\gamma=0$；

(3) DGP3：$u_t \sim \chi^2(2)-\Gamma(2,1)$ 且 $\gamma=0$；

(4) DGP4：$u_t \sim N(0,1)$ 且 $\gamma=0.5$；

(5) DGP5：$u_t \sim t(4)$ 且 $\gamma=0.5$；

(6) DGP6：$u_t \sim \chi^2(2)-\Gamma(2,1)$ 且 $\gamma=0.5$。

在 DGP1～DGP3 中，$\gamma=0$ 使样本获得 ARCH 效应；在 DGP4～DGP6 中，$\gamma=0.5$ 使样本产生 GARCH 效应。同时，DGP1 和 DGP4 中 u_t 服从标准正态分布；DGP2 和 DGP5 的 u_t 是自由度为 4 的 t 分布，它比标准正态分布拥有更厚重的尾部；DGP3 和 DGP6 表示自由度为 2 的卡方分布与形状参数(shape)等于 2 和尺度参数(scale)为 1 的 Gamma 分布差的分布，该分布是非对称的。

考虑 6 个 VaR 模型。

VaR1：RiskMetrics

$$\begin{cases} r_t=\mu_t+\varepsilon_t \\ \varepsilon_t=u_t\sigma_t \\ \sigma_t^2=(1-\lambda)\varepsilon_t^2+\lambda\sigma_{t-1}^2 \end{cases}$$

其中，μ_t 为均值；σ_t 为标准差；r_t 为收益率；ε_t 为随机误差项；u_t 为随机变量且服从标准正态分布；λ 是值为 0.94 的衰减因子。

VaR2：t-GARCH (1, 1)

$$\begin{cases} r_t = \mu_t + r_{t-1} + \varepsilon_t \\ \varepsilon_t = u_t \sigma_t \\ \sigma_t^2 = \omega + \beta_1 \sigma_{t-1}^2 + \alpha_1 \varepsilon_{t-1}^2 \end{cases}$$

其中，μ_t 为均值；σ_t 为标准差；r_t 为收益率；ε_t 为随机误差项；u_t 为随机变量且服从 t 正态分布；ω 、α_1 和 β_1 为待估参数。

VaR3：Skewed-t-APARCH (1, 1)

$$\begin{cases} r_t = \mu_t + r_{t-1} + \varepsilon_t \\ \varepsilon_t = u_t \sigma_t \\ \sigma_t^\delta = \omega + \beta_1 \sigma_{t-1}^\delta + \alpha_1 (|\varepsilon_{t-1}| - \gamma_1 \varepsilon_{t-1})\delta \end{cases}$$

其中，μ_t 为均值；σ_t 为标准差；r_t 为其收益率；ε_t 为随机误差项；u_t 为随机变量且服从 Skewed-t 正态分布；ω 、α_1 、β_1 、γ_1 和 $\delta(\delta > 0)$ 为待估参数。

VaR4：Quantile-ARCH (1)

$$\begin{cases} r_t = \mu_t + r_{t-1} + u_t \\ u_t = (\gamma_0 + \gamma_1 |u_{t-1}|)\varepsilon_t \end{cases}$$

其中，μ_t 为均值；σ_t 为标准差；r_t 为其收益率；ε_t 为均值为 0 的独立同分布随机变量，且其具有有限方差；γ_0 和 γ_1 为待估参数。

VaR5：Nop-Quantile

$$r_t = m(r_{t-1}) + u_t$$

其中，r_t 为收益率；$m(\cdot)$ 是存在一阶导数的未知光滑函数；u_t 为随机误差。

VaR6：SQ-ARCH (1)

$$\begin{cases} r_t = m(r_{t-1}) + u_t \\ u_t = (\gamma_0 + \gamma_1 |u_{t-1}|)\varepsilon_t \end{cases}$$

其中，r_t 为收益率；$m(\cdot)$ 是存在一阶导数的未知光滑函数；ε_t 为均值为 0 的独立同分布随机变量，且其具有有限方差；γ_0 和 γ_1 为待估参数。

在进行 Monte Carlo 模拟时，样本容量为 1250 个观测值，仿真达 1000 次。并且，采用移动视窗(moving window)方法，以 250 个观测值为一个历史资料视窗，连续做移动以预测样本外各期的风险价值。之所以使用 250 个样本作为视窗，是因为这个容量在实际中非常近似互金企业一年的资产交易次数，又包含了模型估计的足够样本量，而且每一个模型在每次实验中都会得到 1001 个预测的风险价值。在计算 VaR 时，出于现实应用的目的，这里把置信水平取定为 99%。

为考察每个模型预测的优劣性，将采用例外值(violations)作为评价准则。例外值的计算需要比较最后 1000 个观测值与前 1000 个 VaR 预测值的大小，并把其中样本实际损失大于 VaR 值的次数记为一次模拟实验例外值的大小。由于要模拟 1000 次，所以将会得到每一个 DGP 的 1000 个例外值，而最理想的例外值数目为 10。表 4-9 和表 4-10 分别给出了使用 VaR1～VaR6 计算模型 1 和模型 2 例外值的误偏绝对值(模拟例外值的均值减去 10 后的绝对值)。不言而喻，误偏绝对值越小，实际计算的例外值越接近理想值，模型预测的精度也就越准确。从表 4-9 可以看出，线性模型 1 中 VaR1 的误偏绝对值最大而 VaR2 的误偏绝对值最小；VaR3 与 VaR2 比较接近，并且当误差服从非对称分布时 VaR3 略好于 VaR2；VaR4～VaR6 的误偏绝对值波动较小且相对稳定，它们很少受到误差分布的影响，且误偏绝对值相差不是很大。由于模型 1 是线性模型，所以 VaR4 计算的 VaR 准确度稍好于 VaR5 和 VaR6。

表 4-9　模型 1 的误偏绝对值统计

DGP	VaR1	VaR2	VaR3	VaR4	VaR5	VaR6
DGP1	8.9	2.4	2.6	2.9	3.9	3.6
DGP2	9.4	3.1	3.5	3.2	3.4	3.8
DGP3	10.1	3.4	3.3	3.4	4.0	4.1
DGP4	9.2	2.6	2.9	3.3	3.8	4.0
DGP5	9.6	3.2	3.8	3.6	4.2	4.3
DGP6	10.1	3.6	3.4	3.7	4.4	4.5

对于非线性模型 2，表 4-10 表明非参数稳健 VaR 模型的误偏绝对值要显著小于参数 VaR 模型的误偏绝对值。在上述 6 个 VaR 模型中，VaR6 误偏绝对值最小，其次是 VaR5，两者误偏绝对值比较接近且与线性模型 1 的计算结果相差不是很大，非常稳定；由于存在模型设定误差，所以 VaR4 的模型 2 误偏绝对值明显超过模型 1 的结果，但是对于相同的模型来说，无论误差分布如何，它所得到的误偏绝对值都比较稳定。这些结论再次证实基于分位数回归的 VaR 更稳健。同样，因为模型存在设定误差，VaR2 和 VaR3 计算的误偏绝对值比不存在模型设定误差时的情况增大了很多，预测结果不是很理想；最后，VaR1 的误偏绝对值依旧是最大的，它的预测效果最差。

表 4-10　模型 2 的误偏绝对值统计

DGP	VaR1	VaR2	VaR3	VaR4	VaR5	VaR6
DGP1	10.1	7.2	7.6	7.8	4.5	4.0
DGP2	12.6	6.7	7.1	7.4	4.7	4.2
DGP3	11.3	6.2	7.7	7.9	4.7	4.5
DGP4	10.8	5.4	6.8	7.0	4.6	4.6
DGP5	13.4	6.9	7.3	7.9	4.8	4.8
DGP6	12.7	7.6	7.9	8.4	4.9	5.1

4.3.3　结论建议

针对参数 VaR 模型的结构设定错误缺陷，提出了对资产收益波动率建模的两个非参数模型——SQ-ARCH 模型和 Nop-Quantile 模型，从而可以测度互联网金融市场的动态 VaR。SQ-ARCH 模型不仅保留了 ARCH 类模型对收益率波动聚集以及厚尾分布等性质刻画的优势，而且具有自由灵活的模型结构；Nop-Quantile 模型设定简单且容易理解，它所拥有的隐式模型结构能有效地描绘出收益率分布所蕴含的联动性、非对称性和非线性特征。因而，从理论上讲，采用这两个模型来估计风险价值都是有效的。

为了推导出基于 SQ-ARCH 和 Nop-Quantile 模型的 VaR 表达式，本书给出了非参分位数回归方法估计这两个模型的具体步骤以及所涉及的变量选择技术。这些新计量方法的使用，不但避免了参数 VaR 模型需要设定收益分布的缺陷，而且解决了传统非参数 VaR 模型没有明确解析式的弊端。通过 Monte Carlo 模拟实验结果发现，通过参数 ARCH 类模型估计 VaR 的稳健性要比 SQ-ARCH 和 Nop-Quantile 模型差。因此，本书中提出的方法在一定程度上能改善参数 ARCH 类模型在拟合厚尾分布时的不足。

4.4 互联网金融的风险控制

4.4.1 借鉴传统的策略

互联网金融是通过互联网渠道提供金融服务的，本质上还是金融，因此风险控制仍是重中之重，历年来，在传统金融领域积累下的风控经验仍适用于互联网金融领域，很多传统金融的风险控制策略仍可用于互联网金融风控。风控策略主要包括预防性策略，如银行对贷款业务做好贷前检查和审核、贷中监测等措施，一旦发现问题及时补救；规避策略，如互联网金融市场的长尾客群尽量选择风险较小的项目投资；分散策略，如通过投资组合理论或分散化投资原则来分散风险；转嫁策略，如通过投保保险产品进行风险转嫁；对冲策略，如通过金融衍生工具的创新来对冲风险；补偿策略，如在损失发生之前进行价格补偿，或在损失发生后通过抵押等方式获得补偿。并且，与传统金融相同的是，互联网金融控制风险时，也需要指定明确的风险管理措施，并在措施实施后及时检查、反馈和调整。互金企业的风控部门要定期或不定期对目标业务进行全面或专项检查，及时发现问题并进行补救或措施调整，还需评估风控方案的实施效果，调整风控方案以达到更优。

比如企业信贷风险，在信贷业务融合互联网基因之前，传统金融机构都是通过各种途径收集借款企业的信息来减少信息不对称以控制信贷风险，这些信息在互联网金融领域仍然有助于降低风险，因此互金企业仍可借鉴(表 4-11)。

表 4-11 借款企业信息获取

信息类别	基本信息	财务信息	借款用途
信息内容	工商注册资料、企业发展历程、高管状况、经营业绩、销量	经营数据、财务报表、股权情况、专利信息、债务关系、知识产权	行业信息、产业链情况、企业产品及服务的公允价值
获取途径	企业提交、研究报告、金融机构已有资料，借助行业信息了解中小微企业状况	企业提交、金融机构已有信息	金融机构同行业贷款经验、尽职调查，通过产业链了解
验证途径	实地考察、销售合同、设备运行	实地调查，访问供应商和客户，水电单据，必要时需参考中小微企业邻里意见	产业链上下游企业信息对接
获取目的	确认企业经营状况、行业地位	掌握企业盈利能力、资产变现能力、财务实力，以此判断企业偿还能力	确认资金用途、贷款风险

无论是贷前、贷中还是贷后，借款企业的财务信息都非常关键，这是考察其还款能力

的重要体现，一切脱离企业财务状况的企业风险分析都是空谈。因此，必须通过考察企业的偿付能力、运营能力和盈利能力等硬性指标来衡量借款企业的借贷风险。

4.4.2　大数据技术风控

互联网金融行业中，大数据的突出价值反映在风控上。大数据风控带来了传统风控思想和风控体系的变革，对控制风险大有裨益，是金融风控的重要组成部分。目前央行征信系统的数据来源于商业银行和其他社会机构，只限于银行系统查询客户信用和个人查询自身信用报告，并且只覆盖了 8 亿人群，其中只有 3 亿人有信贷记录，数量庞大的无信用记录人群让大数据风控成为蓝海市场。大数据维度广，既包括客户社会属性数据，又包括行为数据，能全面识别客户并准确判断客户的信用状况。截至 2017 年 6 月，中国网民达 7.51 亿人，大量互联网用户在网络上的行为痕迹被轻松记录，为大数据分析提供足够大的数量①。

目前互联网金融在大数据风控上有两类，一类是蚂蚁金服、京东金融等依靠集团中的网络平台数据，自己构建信用模型并据此销售金融产品；另一类是大量中小型互联网金融公司将自身平台数据贡献给第三方征信机构，由此获得该第三方机构征信产品的使用权(图 4-2)。征信机构通过互金企业获得客户的线上数据信息，通过小贷公司、担保公司等获得客户的线下数据信息进行信用评级，并将评级信息提供给互金企业。

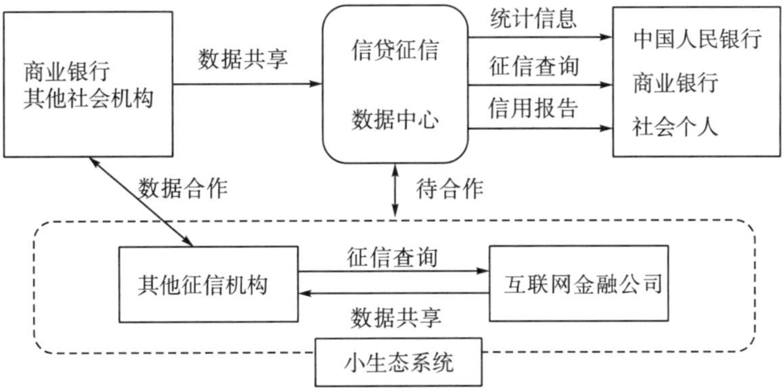

图 4-2　个人征信系统生态

互联网时代，大数据海量、庞杂且充满噪声，互联网海量大数据中只有部分数据与风控有关(表 4-12)。银行等金融机构数据仍是大数据风控中重要的组成部分；电商平台类数据对互联网金融风控有很大价值，既有大量交易支付信息基本数据，又有销售数据、银行流水、水电缴纳等补充数据，将这些数值输入行为评分模型就可进行信用评级；信用卡平台大数据包括申请信用卡年份、授信额度、卡片种类、信用卡还款状况等，是信用评级的重要参考；社交平台大数据是借助社交网络关系聚集人气，如 Lending Club；网贷平台主要是线上信贷大数据，包括信贷额度、违约记录等，部分小贷网站平台采用线下+线上的

① 数据来源：中国互联网信息中心. 第 40 次中国互联网络发展状况统计报告，2017-8-4。

方式完善信用数据；第三方支付平台上客户的支付明细、消费商品等消费数据是信用评级的重要参考数据；生活服务平台大数据指生活中有线电视、水、电、电话、物业等费用的缴费明细，由此反映个人生活的基本状况。

表 4-12 与金融风控相关的大数据类型

大数据类型	数据来源	大数据类型	数据来源
政府部门	公安、法院、工商、税务等	社交平台	各微博、微信
金融机构	银行、小贷公司、担保公司	网贷平台	人人贷、拍拍贷
电商平台	阿里巴巴、京东、亚马逊	支付平台	支付宝、财付通
信用卡平台	银率网	生活服务平台	平安一账通

获取大数据之后，就可对大数据进行加工处理(图 4-3)。首先，深刻理解业务和数据，甄别哪些数据原料可以进行数据挖掘，甄别动态大数据并保证数据的时效性。其次，数据挖掘，以多渠道获取的大数据原料为支撑，通过构建反欺诈模型、身份识别模型、预付能力模型、还款能力模型、还款意愿模型、稳定性模型等多种模型得出借款人的身份验证、信用状况等数据产品，并通过多角度学习确定借款人的信用评分[①]。由于大数据风控要求的历史数据比较庞大，因此风控模型比较复杂，而且模型的开发、检验对计算能力的要求也越来越高。最后，产品应用，是将数据产品作为互金企业风险控制的依据，如评估中小微企业贷款风险，识别欺诈交易和反洗钱风险等。

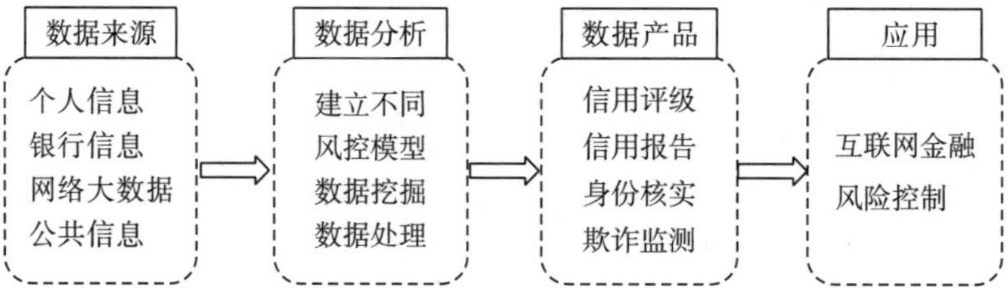

图 4-3 大数据风控过程

以网络借贷为例，通过大数据分析，可以在贷前、贷中和贷后三个环节控制风险(图 4-4)。在贷前环节，首先利用数据库中的黑名单和白名单对客户进行初步筛选，再辅以交叉验证算法筛选出优质借款人；然后通过各大角度交叉分析验证，对用户进行精准画像，获取借款人的信用状况并据此授信。阿里巴巴的芝麻信用就是利用阿里集团的交易支付数据及自主研发的信贷模型确定客户信用分，信贷模型需要人工智能技术辅助，需要通过机器学习不断完善和纠正模型。在贷中监测环节，需要结合具体的用户和使用的具体场景，利用多个细分维度进行风险定价；并且，若使用人工智能机器学习，可自动获取客户的共性，还可在发现风险后及时发出警报，并沉淀到决策系统里，很好地践行“智能金

① 在大数据风控中，风险类型不同则模型选择不同。比如信用风险，包括但不限于初滤模型、审批模型、行为模型、催收模型、违约概率模型、破产概率模型、偿债能力模型、财务诚信度模型等。并且，在实际操作中还要进行算法的选择及变量的转换以提升模型判断的准确性。

融”。如果客户在贷款期间有异样的行为数据，将被大数据风控系统及时发现并做出报警提示。在贷后监控环节，需要在深刻理解业务场景的基础上采用强关联变量构建稳定性数据模型，对借款人进行动态跟踪；还需根据贷款期客户的行为数据对客户的信用状况进行补充，提高或降低其信用分以备后期使用。

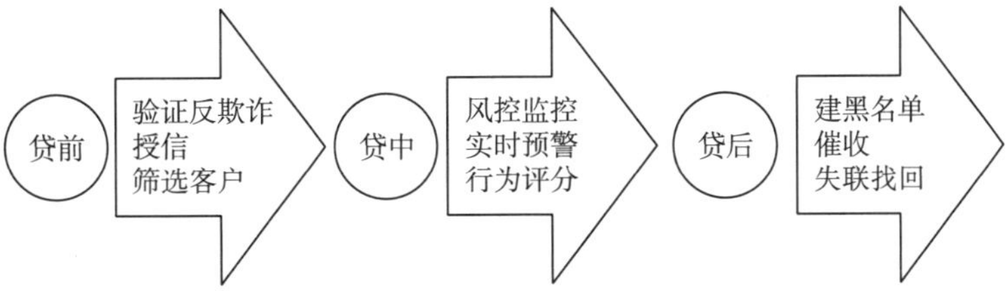

图 4-4　网络借贷中的大数据风控

4.4.3　其他的金融科技

金融科技是金融与信息技术融合的产物，将区块链、人工智能等新兴的前沿科技手段应用于金融行业，不仅能变革传统的金融产品和服务，提升金融服务效率，还能控制互联网金融风险，拓宽互联网金融风险管控的手段①。

1.人工智能技术风控

人工智能(artificial intelligence，AI)是计算机学科的一个分支，试图通过了解智能的实质而生产出与人体智能做出相似反应的智能机器，不仅能处理图像，还能处理和控制语音、社交和运动等。首先，由于计算机具有强大的计算能力，所以可以利用人工智能提前分析未来可能出现的各种情况，一旦发现问题就可第一时间做出应对，防止系统性风险真正发生后遭受重大损失。其次，人工智能技术还可用于互联网金融的多个环节，对金融风险控制作用重大。比如，摩根大通利用 AI 技术研发出一个金融合同解析软件，几秒钟就可完成贷款人员 36 万小时以上的放贷审核工作，并且机器签单也可在几秒钟内完成。这不仅是速度的提升，更规避了放贷审核中因人为因素出现的错误，极大地提升了放款的准确性，降低了放贷业务中的金融风险。最后，将大数据汇集起来，利用人工智能构建反欺诈模型和算法，而这些模型就能指导用户更好地管理风控，从而更好地发挥大数据的功能。比如，利用人工智能反欺诈模型提前将有欺诈嫌疑的人群拒之门外。但是，人工智能并不能完全取代人在风控领域的工作，仍需人的指导和判断，需要人和人工智能结合。

① 除书中所列之外，一些新设备也可用于控制互联网金融风险。比如智能可穿戴设备、智能眼镜、智能手表、手环，甚至衣服等，加入了“可穿戴+支付”的概念，通过应用这些设备，不仅可以增加支付的便捷性，还能在交易发生时更精准地识别用户身份，防止资金风险和欺诈行为，为移动支付注入科技和时尚的元素，也让 NFC 等技术发挥着更大作用。另外，智能手机集合银行卡、公交卡、购物卡等功能，可提供电子钱包、IC 卡脱机交易等业务，依托于 NFC、红外、蓝牙等技术也可识别客户身份完成支付。

2.区块链技术风控

由于区块链技术具有高透明度、不可更改、安全可控等特性，将区块链技术应用于贷款项目，可解决互联网金融网络借贷领域存在的贷前虚假信息、重复担保、重复质押和贷后风控难度大等风险。区块链分布式存储特征决定了存储的数据信息完备且公开透明，不能被篡改或虚构，解决了互联网金融中黑客攻击计算机网络系统破坏数据信息的风险，提升了网络安全性，有效地控制技术风险。并且，区块链技术能有效增强互联网金融的信息匹配，降低信息不对称问题。在使用区块链技术之前，很多的互联网金融平台，如 P2P 网络借贷，本应充当信息中介功能，但在实际业务中却垄断借贷双方信息，成了直接撮合借贷双方的信用中介，从而出现跑路、诈骗等一系列问题。采用银行存管可解决网贷平台的信用中介问题，而区块链技术下信息公开且真实，从而能有效降低资金的风险溢价成本，降低隐性成本，提高资金定价水平，还能有效控制因信息不对称出现的道德风险和逆向选择等问题，减少欺诈风险的发生。

3.生物识别技术风控

生物识别技术的发展有利于控制互联网金融风险。生物识别技术是指通过计算机将声学、光学、生物感应、生物统计学等高科技手段结合，利用指纹、人脸、虹膜、指静脉等人体固有的生理特性，以及笔迹、声纹、步态等行为特征，对用户身份进行识别，防止出现他人冒用或取代身份等欺诈风险。与传统的身份识别技术相比，生物识别技术安全方便，不易伪造或破坏。各种生物识别技术相比，各有所长(表 4-13)。

表 4-13 各种生物识别技术性能比较

识别方法	认知性	易接受性	难复制性	非接触性	便捷性	安全性	涉隐性
人脸	好	好	好	好	好	好	
指静脉					好	好	好
掌纹			好			好	好
虹膜				好	好	好	好
声纹	好	好		好	好		
指纹					好		好

4.加密技术风控

在传统的技术条件下，高度一体化的全球金融市场是封闭的，市场参与者只有通过专用终端在专用线路上使用专有协议才能接入交易中心。互联网的普及使互联网金融交易远远超出了传统金融专用网络的承载范围，逐步发展成大众化的网络。比传统专用系统成本更低、更方便、效率更高。然而，互联网金融的各种数据信息有极大的敏感性，且都是通过网络传播，存在信息容易被篡改和重组、网络被黑客入侵或病毒感染等问题，因此有必要保障网络安全。网络安全包括信息的安全性和信息的认证性，前者确保信息在传输过程中不会被泄露给不确定的第三方，后者确保验证信息的发送者是真正的交易者且验证信息没有被篡改或重组。

采用信息加密技术可以解决信息的安全性问题。信息加密技术是指使用数学或物理手段对数据信息的传输和存储进行保护，以防信息泄露。加密技术会对文件或数据信息进行加密处理，当输入的密钥错误时解密失败，文件或数据信息不可读取，从而防止信息被盗窃，防范网络攻击。按照收发的密钥是否相同可分为两种，一种是私钥加密算法(或常规算法)，其关键特征是收信方和发信方的密钥相同；另一种是公钥加密算法(或非对称加密算法)，其收信方和发信方的密钥不同，无法从加密密钥推导出解密密钥。比较而言，从管理角度看，私钥加密算法不适合广域网使用，不支持数字签名；从安全角度看，公钥加密算法几乎不能破解，因此更安全。目前，数据加密技术广泛运用于互联网金融中。最大的运用在于互联网金融业务中身份的认证，通过采用非对称加密技术可辨别数字签名的真伪，防止身份的假冒；电子商务需要消费者在网上进行消费，将加密技术运用于电子商务中可保障银行卡消费的安全性，也可使交易双方的信息安全地交换；将数据加密技术运用于各公司自己的局域网中，通过路由器加密和解密，可以防止信息被别人盗取；将数据加密技术运用于数据传输中，如果运用数据加密技术的对方使用的是同一个解密钥匙且对方不泄密，则可保证信息的完整性和传输的安全性。

5.电子签名技术风控

采用电子签名可确保信息的认证性问题。电子签名是指在互联网的虚拟世界中，所有的合同和文件都是通过电子文件形式传递的，依靠技术手段使用电子签名方式代替传统的手写签名或盖章，起到与手写签名或盖章同等作用的签名。电子签名让电子文件中的双方都能识别出双方交易者的真实身份，确保交易的安全性和真实性，一旦签名成功则具有法律效力。电子签名可帮助互联网金融、商业地产、在线旅游、电商等诸多行业解决远程缔约的问题，且具备效率高、成本低的特点。电子签名的关键是要排除网络信任问题，可从身份可信、时间可信、行为可信、内容可信四个方面解决。身份可信即要通过身份验证，可先识别客户的有效证件，再对客户身份信息进行远程核查，最后通过人脸比对识别客户的真实身份；要判断时间是否可信，可对记录行为或内容发生的时间进行核实；行为可信是指见证用户的操作行为，如签约、权威机构行为记录电子保全等，可通过将身份证件、电子协议文本、时间地点、手写签名等通过第三方认证，让其成为具有法律效力的电子协议，并作为电子证据保存下来；内容可信是指确保电子合同、凭证等内容真实完整，具备法律要求的原件形式、书面形式、保存形式和证据效力。

第 5 章　互联网金融监管：让金融在阳光下普惠大众

互联网金融的本质是金融，借助金融科技做杠杆，运用互联网借别人的钱去放贷或投资，因此必须接受监管以保护投资者的合法利益。没有一定清晰的规则和边界，鼓励互联网金融野蛮生长，结果是“好人给坏人买单”，最终葬送整个互联网金融产业。基于此，本章明确提出我国互联网金融必须接受监管的意见，在此基础上分析互联网金融创新与监管的博弈，并在借鉴英美两国互联网金融监管体系的基础上构建我国互联网金融监管的思路、格局、体系、宗旨和方法。

5.1　互联网金融监管的理论分析

5.1.1　市场与监管

如果一个市场处于完全有效状态，则这个市场完全可以通过市场的自我调节机制健康发展，自我实现帕累托最优，无须政府监管，或者政府可以少监管。而有效市场的很多核心条件中，如信息对称、自由竞争、参与人理性等，互联网金融市场均不具备，处于市场失灵状态，因此需要监管。

1.不完全竞争市场

“不完全竞争(imperfect competition)”一词最早由 Clark(1943)提出，用于形容完全竞争条件不具备的另一种状态。Sosnick(1958)在评述文献后，将有效竞争标准分为结构标准、行为标准、绩效标准等，认为这些标准可作为政府制定政策的依据。Stiglitz 和 Hoff(1990)认为，发展中国家的金融市场是不完全竞争市场，需要政府适当干预以弥补市场的不足，提高市场效率。我国互联网金融市场也是一个不完全竞争市场，存在市场垄断，因此马太效应越发明显。比如，2016 年第三方支付交易规模接近 100 万亿元，获批第三方支付牌照的公司多达 270 家，而 90%左右的市场份额被支付宝和微信支付占据[①]。最终占据市场的或具备海量流量优势，或有良好的应用场景优势，或前期就已积累大量用户占据先发优势，而这类互金企业只在少数，其余的倒闭破产或者被兼并收购。比如，东方财

---

① 数据来源：2017 年中国第三方支付用户规模、交易规模及交易规模市场份额分析预测. 中国产业信息网，http：//www.chyxx.com/industry/201704/513065.html，2017-4-5。

富在经纪业务、财富管理等方面具有先发优势，自身又有流量优势，先后收购宝华世纪证券获得香港证券牌照，入股易真网络科技获得第三方支付牌照，收购西藏同信证券获得券商牌照，经历了 2015 年基金网销爆发式的增长，已经成为行业巨头。市场发展需要竞争驱动，企业创新也需要竞争驱动，而互联网金融行业中部分领域已经形成一家独大的寡头垄断状态，垄断企业几乎已经占领了其领域内的全部市场。这样，一些中小企业虽然很有潜力，却在市场中刚出现时就被扼杀，各种不正当竞争和恶性竞争出现。并且，处于垄断地位的互金企业还容易通过价格垄断、价格欺诈等获取自身最大化收益。另外，处于垄断地位的互金企业交易量大，受众面广，一旦出现问题则后果严重，影响巨大。因此，存在马太效应的互联网金融市场需要政府监管。

2.市场主体非理性

很多经济学分析都有一个重要假设，即人是理性的，但事实上人的行为更多时候表现出非理性，甚至是极端的。若没有任何有效措施约束人的非理性行为，则会造成市场紊乱，甚至可能出现金融危机。在互联网金融市场里，既存在参与者的非理性行为，也存在互金企业的非理性行为。一方面，参与者存在非理性行为。与传统金融服务占据人群数量 20%的高净值客户不同的是，互联网金融主要服务于剩余 80%的长尾人群，这类人群数量更多，同时专业知识更欠缺，抗风险能力较差。比如，早期的 P2P 网贷行业因其高收益率吸引了很多投资者，但是部分投资者只关注投资收益而忽略投资背后的风险，出现网贷企业倒闭跑路现象，给投资者造成损失又无法承受损失，还有部分借款人利用网贷平台存在相互信息不互通的问题在多个网贷平台恶意借贷而不偿还。再比如，互联网消费金融中部分消费者只考虑贷款消费后商品的获取，并不考虑自己的还款能力和存在的风险，所以出现“裸条”等恶性事件。另一方面，互金企业也存在非理性行为，如由于监管空白，早期部分 P2P 网贷平台成立的目的就是圈钱，所以跑路现象频繁发生。

5.1.2 普惠与监管

互联网金融需要通过金融监管来改变由信息不对称问题造成的市场失灵，更好践行普惠金融。Akerlof(1970)阐述了著名的柠檬市场理论，Grossman 和 Stiglitz(1976)也论证了信息不完全和不对称是造成市场失灵的主要原因。从理论角度看，由于价格中包含了市场决策需要的所有信息，所以市场就能优化配置资源；从实践角度看，若存在信息不对称，则会出现交易活动的非市场化，因为信息不对称会造成信息优势一方获得“信息寻租”，利益分配失衡，无法充分反映市场交易中收益与成本的关系，造成市场不公。互联网金融市场存在信息不对称，一是因为互联网金融具有的互联网“开放、平等、协作、分享”等特质提高了金融业务的透明度，但只是降低而非完全消除金融业务中的信息不对称问题；二是因为互联网金融本身同时具备互联网和金融的属性，而两个领域都比较复杂且专业性很强，两者融合后领域边界变得模糊，部分互联网金融产品再度模糊边界，从而产生新的信息不对称问题；三是因为互联网金融市场时时刻刻产生的各种数据信息被各种互金企业掌握着，而数据信息种类、来源、大小等各方面均有很大差异，必然存在信息不对称问题。虽然与传统金融相比，互联网金融通过信息中介服务，通过大数据分析与挖掘技术极大地改善了信息不对称问题，但不可能从根本上消除信息不对称问题。当存在信息不对称问题时，若缺乏政府监管，则可能出现资金供需不足，资源配置效率下降，甚至出现价格传导失灵。因此，互联网金融在践行普惠金融时，需要政府监管，给互联网金融市场的需求方与供给方提供必要的信息帮助，使价格传统机制能通过政策运作，提高资源配置效率，加速发展普惠金融下的互联网金融。

5.1.3 风险与监管

互联网金融的本质是金融，只是很多金融产品和服务通过互联网渠道销售，但是金融风险，如信用风险、市场风险、操作风险等依然存在，因此金融业务与金融风险并行。这些风险因互联网渠道而呈现出与传统金融风险不同的特征和形式，并且比传统金融风险的传染性更强更快，风险发生的受众面更广。同时，互联网的复杂性使得互联网金融风险更复杂，表现出传统金融所不具备的新风险，如技术风险、信息安全风险等。并且，互联网金融由互联网企业和传统金融机构承担，在从事业务时都存在风险防范不足的问题。传统金融机构长期从事金融业务已经形成一套严谨的风控措施，但是这些风控措施却仅限于在传统金融业务上的实施，而互联网金融在融入互联网特性后风险更加复杂，传统风控措施有待改善。互联网企业长期从事互联网业务，很多企业对互联网金融风控意识不强，也没有明确具体的风控措施。因此，需要政府借助国家权力对金融市场参与者的风险行为进行约束和限制。

5.2 我国互联网金融监管的问题

5.2.1 监管现状

互联网金融是一种金融创新，过早的政府监管会扼杀金融创新。而且，与传统金融业务相比，互联网金融虚拟化、跨界跨国、高技术等特征使得互联网金融风险监管非常复杂，难度很大。所以早期的互联网金融长期处于无准入门槛、无行业规则、无监管机构的“三无”状态，经历了“野蛮生长”的阶段，爆发出一系列如跑路、提现困难等现象。随着监管主体的明确，监管政策的逐渐出台，自律组织也逐渐发挥着作用，行业洗牌现象明显，互联网金融迎来了合规发展阶段，部分监管举措见表 5-1。

表 5-1 中国互联网金融部分监管举措

时间	监管部门	监管法规	主要内容
2011.08	银监会 (现银保监会)	《关于人人贷有关风险提示的通知》	提示人人贷业务中存在的潜在风险并进行风险提示

续表

时间	监管部门	监管法规	主要内容
2015.07	十部委	《关于促进互联网金融健康发展的指导意见》	明确 P2P 信息中介性质，提出互联网金融总的要求，明确各种业态的职责边界
2015.07	银监会（现银保监会）	《互联网保险业务监管暂行办法》	明确基本思想、经营规则，明确互联网保险业务主体定位
2015.08	证监会	《证监会致函各地方政府　规范通过互联网开展股权融资活动》	明确股权众筹含义、监管范围、业务定位等
2016.04	央行	《互联网金融风险专项整治工作实施方案》	制定了接下来一年里互联网金融风险专项整治工作的具体时间安排
2016.10	国务院	《国务院办公厅关于印发互联网金融风险专项整治工作实施方案的通知》	集中力量对 P2P 网络借贷、股权众筹、互联网保险、第三方支付、通过互联网开展资产管理及跨界从事金融业务、互联网金融领域广告等重点领域进行整治；建立健全互联网金融监管长效机制
2017.01	央行	《中国人民银行办公厅关于实施支付机构客户备付金集中存管有关事项的通知》	支付机构将客户备付金按一定比例交存指定机构专用存款账户，且不计付利息
2017.02	银监会（现银保监会）	《网络借贷资金存管业务指引》	网贷资金存管业务的定义和原则；委托人和存管人应具备的条件；存管业务中各方的职责义务；存管业务的具体操作；业务的保障措施
2017.07	互联网金融风险专项整治工作领导小组办公室	《关于落实清理整顿下一阶段工作要求的通知》	分类处置重点对象；新发现的互联网金融业态或相关互金企业，及时纳入清理整顿档案库；加强非现场监测、督察的整顿工作

我国目前的互联网金融监管体系是沿用传统金融监管体系而形成的，而传统金融监管体系由中央监管层、地方监管层和行业自律层组成（图 5-1）。中央监管层主要包括央行、银保监会和证监会，其中央行主要负责防范和化解金融风险以维护金融稳定，制定执行货币政策，银保监会监管银行、信托投资公司、保险公司、资产管理公司和其他存款类金融机构，证监会监管证券市场和从事证券业务的金融机构以维护其市场秩序稳定。也就是说，我国金融业实行的是分业经营、分业监管，沿着这一思路，互联网金融监管体系逐渐形成。据 2015 年十部委《关于促进互联网金融健康发展的指导意见》，目前我国对互联网金融采取的是分类监管的方法，传统金融机构的互联网金融业务仍由原来金融机构的监管部门监管，其他的业务模式如 P2P 网络借贷、众筹、互联网基金、互联网保险、第三方支付分别由银保监会、证监会、央行监管。

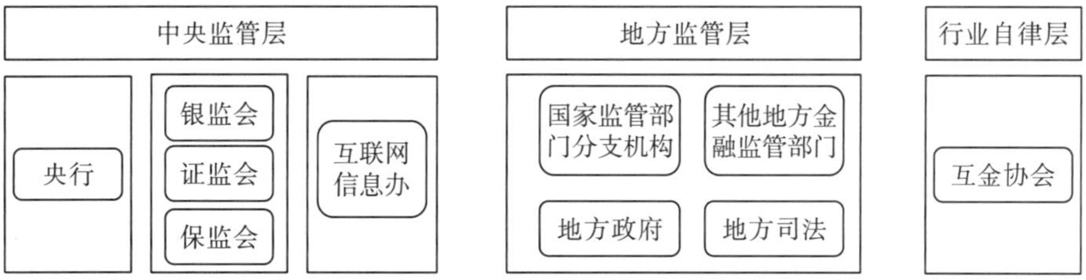

图 5-1　中国互联网金融监管体系

5.2.2 监管问题

我国互联网金融兴起的时间较短，互联网金融监管也处于摸索阶段。早期整个互联网金融行业处于监管空白状态，既无明确的监管机构，又无明确的法律法规政策，所以行业杂草丛生、野蛮生长，各种问题层出不穷。虽然随着互联网金融的发展，各监管主体也逐渐明确，监管规章也逐渐出台，但是该行业中很多旧问题尚未完全解决的同时又出现很多新问题，仍然需要监管。

1.行业准入与退出问题

互联网加剧了互联网金融的道德风险与逆向选择，遵守规则的公司发展缓慢，而不遵守规则的公司却快速成长，因此行业准入可规避“劣币驱逐良币”的现象。若没有准入门槛，无须备案，随便几个人花点钱建个网站就可以做互联网金融了，这类平台本身没有任何风控能力，从业人员也缺乏专业素养，容易出现资金链断裂导致倒闭破产，而且部分平台就是诈骗，给市场参与者造成损失，也给整个行业带来负面影响。比如网贷平台“恒元-创投”，上线运营仅1天，平台老板就携投资人30万元潜逃。有了准入门槛，可将部分如以诈骗等为经营目的不良企业限制在外，也可以将那些不具备专业的风控能力和金融运营能力的人尽早排除在外，从源头遏制互联网金融行业乱象。而准入门槛的设置，可以包括如注册资本等的硬性约束指标，也可以包括如风险控制能力和从业人员专业素养等软性约束指标，取得牌照或资格证明后方可从事相关业务。同时，还需要建立一定的退出机制，让部分无法继续运营下去的互联网金融平台在解散或破产时能平稳有序地退出，保护市场参与者的合法权益。

2.集资诈骗问题

虽然植入了互联网金融的外壳，但集资诈骗的非法本性仍不可改变，比如e租宝案件中涉案11人涉嫌集资诈骗罪，融信宝以投资理财为名骗取400多人的8223万元。集资诈骗通过诈骗的方法获取投资者资金，甚至成立互联网金融平台的目的就是占有投资者资金。目前主要有几种类型的集资诈骗，一是假冒的P2P网贷平台非法集资，二是设计具体的项目以众筹的形式吸引人们投资，三是许诺高收益的互联网理财诈骗，四是充当证券和期货的经纪商诈骗。比如证券类诈骗，不法分子先以各种优惠条件吸引投资者开户，然后所谓的分析师会给投资者分析行情并模拟操作，同时会通过人工操作的交易软件虚构交易，人为操纵涨跌，让投资者在开始赚钱并大量投入后再制造亏损假象套取投资者资金。随着时间的推移，不法分子的诈骗手段层出不穷，因此需要监管部门介入控制。

3.消费者保护问题

在互联网金融生态里，消费者理应处于核心地位，互金企业需要充分听取消费者的意见，并围绕消费者的需求提供互联网金融服务。但实际上，互联网金融消费者遭受损害的事件却屡禁不止，因此需要政府监管。一方面，互金企业的违法和投机行为会给消费者造成损失，需要政府通过制度构建有效地打击违法犯罪活动和投机行为，约束不规范行为；另一方面，当互联网金融消费者遭受损失后维权意识不强，即使维权，过程中也有很多环节，维权成本高且举证困难，需要政府为互联网金融消费者建立并完善权益保护的投诉机制、调解纠纷的仲裁机制。当然，对于互联网金融消费者的非理性行为，需要对投资者进行教育，让投资者自担风险。

4.信息泄露问题

2015 年 12 月，铜掌柜被批打包泄露 60 多万用户的姓名、手机号、银行卡及密码。中国互联网协会 2016 年披露，超过半数网民的身份信息和网上活动信息被泄露。信息一旦泄露，垃圾短信、诈骗电话接踵而来，如 2016 年 8 月徐玉玉被骗 9000 元抑郁而死。信息泄露可能是由互金企业网络平台在系统安全方面投入不够而存在安全漏洞造成的，可能是由平台遭到黑客的恶意攻击造成的，可能是由部分平台为了谋利随意变卖用户信息造成的，也可能是由互联网金融客户自身的不当行为造成的。针对这些情形，政府有必要加强监管，防止或减少信息泄露事件的发生。比如，政府可以立法明确互金企业的平台安全指标，明确平台在客户信息泄露后应该承担的责任，以帮助信息泄露的个人在维权时有法可依，也可促进互金企业对系统安全的重视，更可减少信息交易事件的发生。

5.监管套利问题

相对于传统金融行业的从严监管，互联网金融行业的准入门槛较低，监管政策相对宽松，因此一些不良互金企业混迹其中，钻监管空子、打传统监管与互联网金融监管的擦边球，并以此套利。比如 P2P 网贷监管条款出台前，一些 P2P 网贷平台在实际的资金融通中起着类似银行的信用中介作用，却脱离了银行的注册资本金、信息披露、风险准备金等监管约束，而当 2016 年 8 月 P2P 网贷的监管细则出台后，部分平台又变身为金融科技公司，或是将业务包装成 P2B 或 P2G，企图躲过监管。为避免监管套利，互联网金融行业也需要监管，且相同的金融业务应采取统一的监管标准。比如，针对前述 P2P 网贷平台变身金融科技公司的现象，可明确规定金融科技公司不能直接从事金融业务，只能与接受监管的持牌平台合作。

5.2.3　问题根源

目前的互联网金融监管存在的一系列问题和难点，其根源是分类监管与混业经营存在不可调和的矛盾。第一，业务较差机构属性难定。互联网金融的创新加快了金融业务的交叉与融合，不同性质的金融机构已经逐渐开始从事相同性质的金融业务，互联网金融已经逐渐步入混业经营，如属于互联网行业的腾讯集团获得金融牌照后建立了微众银行这一金融机构，也有属于金融行业的工商银行利用互联网平台开展融 e 购、融 e 联等互联网金融业务，互联网机构蚂蚁金服收购金融机构德邦证券后由互联网机构控股，也有金融机构中信银行与互联网机构百度合作后由金融机构控股，互联网金融的行业交叉性、业务混合性比传统金融机构复杂很多。分类监管会存在重复监管、监管缺失和监管套利的状况，也会导致各监管部门间沟通不畅时出现政策冲突或信息传递迟缓等问题，这都会影响监管效果，引发监管风险。第二，存在多方的不协调问题。网络银行等银行主导的网络融资监管较多而 P2P 等非银行主导机构的网络融资监管过少，《关于促进互联网金融健康发展的指导意见》下发一年多仍存在信息中介定位、资金银行存管、披露资金流向等要求并未落到实处的现象，因为现行的监管制度在监管主体、互联网金融模式、金融功能和互联网金融风险之间存在不协调问题。第三，监管力度难以把握。无论是传统金融还是互联网金融，通过规则、制度都能约束互金企业行为使金融市场更加稳定健康地运行，政府监管发挥着重要作用。但是，究竟应该采取多大的监管力度，应该给互联网金融多大的发展空间，如何把握监管与创新的力度，如何权衡市场健康运行与交易机制高效之间的尺度，如何找到鼓励发展与金融风险之间的平衡点是互联网金融监管的难题。监管过度，必然会压抑创新，从而发展受阻，又必然会反作用于经济发展。第四，监管难以跟上创新的步伐。互联网金融的业务范围、业务种类不断发生着动态变化，导致监管部门的监管范围刚被界定，又不得不在出现了新业务后马上修改更新现有法律规章，否则容易因法律更新与互联网金融创新发展的步伐差距太大而阻碍发展和创新，甚至会影响互联网金融体系的稳定性和安全性。并且，要监管互联网金融业务是否合规，需要搜集并审核大量交易数据，但是数据难以收集且部分数据存在被篡改的现象，而有效的审核方法有待进一步思考。

5.2.4 监管借鉴

由于互联网金融在世界范围都属于发展阶段，所以其监管水平还处于探索阶段，仍然缺乏充分的法律监管实践。但是，比较而言，无论从互联网金融的发展程度看，还是从互联网金融的监管举措看，英美两国的互联网金融监管体系和互联网金融法律体系较为完善，值得借鉴。

1.美国监管模式

在美国，虽然互联网技术被广泛运用于金融领域，但并无“互联网金融”的说法，而是被称作 technology finance/fintech，实行的是双重多头的“伞状”监管模式，并与行业自律相结合。“双重”是指联邦政府和州政府两级分权监管。“多头”是指两级政府的银行监管者、证券监管者以及州保险委员分别负责银行业务、证券业务和保险业务；金融稳定监督委员会(Financial Stability Oversight Council，FSOC)负责监控系统性风险，识别系统重要性金融机构；美联储监管系统重要性金融机构，并制定严格的监管标准，还与联邦存款保险公司一起处置系统性风险；美联邦通信委员会(Federal Communications Commission，FCC)和贸易委员会(Federal Trade Commission，FTC)监管非金融机构的金融业务。互联网金融的监管体系呈现出纵横交错的格局，联邦政府和州政府都会对各种互联网金融业务进行联合监管，并发挥行业自律协会的作用；监管重点在监管互金企业和从业人员，充分保护消费者权益；网络银行会受到美联储、货币监管署、联邦存款保险公司等多个机构的严格监管，又会在对消费者开展金融业务时受到消费者金融保护局的监管；证券交易委员会注重投资者保护，会出台反欺诈条款等(表 5-2)。

表 5-2　美国互联网金融监管

业务类型	监管主体	监管思路及内容	备注
网络银行	美联储、货币监理署和联邦存款保险公司、消费者金融保护局	宽松审慎；保证安全，但不过分干预网络银行发展；依据传统银行监管法律法规加上补充法律	—
第三方支付	联邦以及州监管层面、联邦存款保险公司	功能监管；重点监管交易过程而非交易机构；联邦政府监管第三方支付的托管资金，规范第三方支付中消费者信用，反洗钱监管；州政府监管第三方支付机构，要求其具备支付牌照和经营许可证，要求其业务合规	第三方支付被定性为非银行机构，只从事货币转移
P2P 网贷	SEC（Securities and Exchange Commission，证券交易委员会）为主，州一级证券监管部门、FTC、FDIC（Federal Deposit Insurance Corporation，联邦存款保险公司）、CFPB（Consumer financial Protection Bureau，消费者金融保护局）等	主要从投资者保护角度监管；网贷平台发行和出售收益凭证属证券行为；州政府监管网贷平台准入，确保其登记注册并凭证发行，监管其业务准入与信息披露；FTC 监管网贷平台行为；FDIC 监管信息披露及消费者信息保护；CFPB 监管 P2P 借贷市场和借贷行为，保护消费者	主要参考《证券法》和《证券交易法》
众筹	SEC	规定众筹平台需有豁免权，并取得 SEC 牌照；众筹发行人的限制；众筹融资平台的限制；明确平台禁止行为	主要参考《JOBS 法案》
服务平台	联邦政府和州政府	注重消费者保护；制定准入门槛，监管行业运行和信用评级体系等	指互联网理财服务、互金服务门户网站等，无专门监管法律

2.英国监管模式

英格兰银行在英国的金融监管中处于核心地位，负责全面监管并制定货币政策；英国央行下设金融政策委员会负责宏观审慎监管，监控系统性风险以维护金融系统的稳定；英国央行下设的审慎监管局和财政部旗下的金融行为监管局共同负责微观审慎监管，前者监督管理银行、保险公司、证券公司、信托公司等金融机构，后者监管审慎监管局管理企业以外的金融机构、批发市场和零售市场，以维护市场公平竞争并保护消费者权益。英国的“一行双峰”金融监管既满足宏观审慎监管要求，又实现功能监管与综合监管的相互渗透（图 5-2）。英国将互联网金融称为 alternative finance，主要由政府和行业自律协会合作监

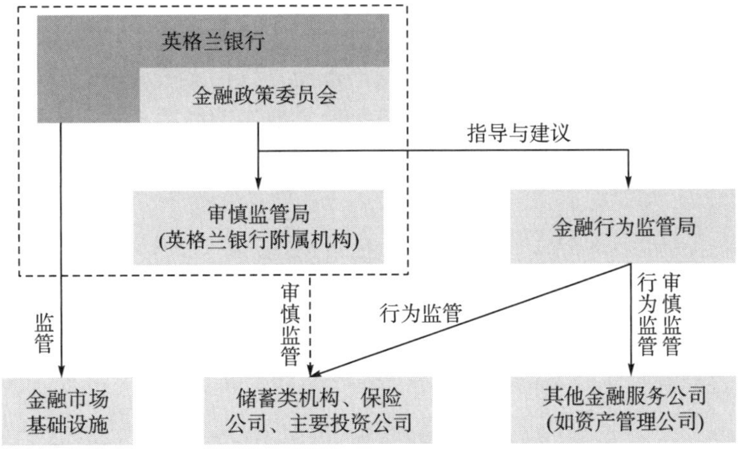

图 5-2　英国金融监管体系

资料来源：根据相关资料整理所得。

管。英国的行业自律性非常强，监督管理效果非常好，一般在行业自律组织发挥作用后再由政府进行监管，P2P 行业协会和众筹协会两个自律组织会制定一些行业规则和标准，引导行业规范发展。金融行为监管局也发布了《关于网络众筹和通过其他方式发行不易变现证券的监管规则》，明确了最低资本金、客户资金、信息披露等 P2P 网贷平台的监管要求，还在金融行为监管局关于投资型众筹的监管规定基础上补充了投资者投资条件和投资额度的规定。

3.对我国的启示

最值得借鉴的是美国的功能监管。因为功能监管的重点是金融业务的类型而不是金融机构的类型，所以不同金融机构在开展同一类型金融业务时会受到同样的监管。但是，随着金融科技和金融创新的发展，金融中介机构和金融交易机构逐渐融合，容易出现某一金融机构同时开展了银行、证券、保险等各种类型的业务的现象，所以业务边界逐渐模糊，功能监管容易出现监管漏洞，无法监控系统性风险，所以 2008 年金融危机之后美国政府实行了以目标监管为主的金融监管体制改革。为实现稳定市场、审慎监管和规范金融市场商业行为三大监管目标，分别由美联储、新设立审慎金融监管局和商业行为监管局执行监管职能。除此之外，还有其他几个方面值得借鉴。①监管宽松审慎。美国对互联网金融的监管相对比较宽松，在安全范围内不干涉互联网金融相应机构的发展。②注重立法监管。美国的法律体系非常庞杂，联邦政府和州政府都可以立法监管，且每次改革都先立法，所以互联网金融的监管有法可依。当传统金融的监管政策不能满足时，相关部门会以传统金融政策为基础，制定新的监管制度。比如，第三方支付、众筹和 P2P，都有明确的准入条件。③注重消费者保护。美联储下独立的消费者金融保护局，有强制收购和强制执行等权利，专门维护消费者和投资者权益。④政府监管与行业自律结合。美国在政府监管的同时，充分发挥行业自律组织在金融监管当局与被监管者之间的中介作用、交流沟通作用，是互联网金融的有效补充。

与美国的“伞状”监管框架相比，英国的“一行双峰”监管框架非常简单，这有助于提高监管效率，监管政策能被快速传达。同时，英国的这种统一监管模式，避免了美国多头监管中可能出现的因监管标准不一而造成的被监管机构无所适从的问题，也减少了可能出现的因各监管部门的沟通协调而产生的大额监管成本的问题。从长远来看，金融具有混业经营的发展趋势，因此这种统一监管模式会更适合。

5.3 互联网金融创新与监管研究

5.3.1 问题提出

金融监管可能会导致金融寻求创新突破旧的监管约束(Tufano，2002)，而金融创新又进一步推动金融监管(Finnerty，1992)，因此创新与监管之间存在各种博弈(Kane，1978)，由此形成一个“监管—创新—监管”的动态闭环循环过程(Kane，1981)。金融机构进行创新，可能是为了减轻施加于自身的内部约束，或是减轻政府等外部约束(Silber，1983)，也可能是为规避税收(Miller and Toulouse，1986)。虽然金融创新对货币融通、金融发展安全等有积极作用，但同时也可能会导致金融脆弱性、危机传染性和系统性的风险增大，增大监管难度(石睿，2011)。创新是互联网金融的一大特点，这主要源于互联网“自由”的特性。正如第一章所述，从金融压抑、技术进步、客户改变等角度来看，互联网金融具备创新的驱动力。互联网金融创新需要监管，原因有三点。一是互金企业可能创新出了新业务、新产品或新服务，需要监管部门跟上创新的步伐，及时提出有效的监管措施，避免出现监管套利。二是部分互联网金融平台以创新为幌子从事违法行为，使投资者遭受损失，需要监管部门仔细辨别、及早发现，并进一步约束限制违法行为，避免造成更大的不良影响。三是部分互联网金融平台以创新为名突破监管底线，扰乱互联网金融市场秩序，需要监管部门进行必要的引导，并以底线思维提出警示。

互联网金融的创新与监管之间的关系，犹如烈马与缰绳的关系。一方面，互联网金融创新时的行业监管既能为互联网金融创新提供良好的环境秩序，又能促进互联网金融建立良好的创新秩序；另一方面，过度监管或监管不足必然会抑制创新。因此，犹如开车只有在恰当的时候以恰当的力度踩油门或踩刹车才能自由驾驶好汽车，监管部门需要权衡创新与监管之间的尺度(图 5-3)。在互联网金融创新与互联网金融监管之间寻找平衡点，是有效监管的关键所在。互联网金融不断在创新中发展，互联网金融监管一直在摸索中前行。虽然现有文献普遍认为金融创新与金融监管间存在动态博弈，但鲜有学者对博弈过程进行分析，而从博弈角度研究互联网金融创新与监管的文献更少。基于此，本节将应用演化博弈方法，分析两者之间的博弈过程，并试图为互联网金融监管提供一定的政策建议。

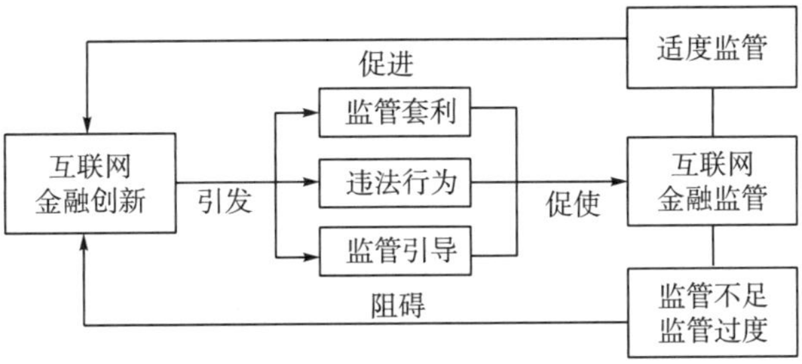

图 5-3　互联网金融创新与互联网金融监管

5.3.2　模型构建

在博弈过程中，互金企业需要考虑是否进行金融创新，互联网金融监管部门需要对互金企业进行常规监管，还需考虑是否对互金企业的创新进行监管，且相互之间均不知道对方如何抉择，因此做出如下假设。

一方面，若互金企业不采取金融创新举措，则无论监管部门是否监管，互金企业均可通过开展非创新业务获得收益 U_N(其中 N 代表互金企业 network corporate)，监管部门不监管可获得收益 U_S(其中 S 代表监管部门，supervision department)，而若监管部门监管则

需耗费监管成本 C_S，并从中获取额外收益 U_3。另一方面，若互金企业创新需要消耗创新成本 C_N，但可能因创新给自身带来额外收益 U_1，也可能因创新给监管部门带来额外社会收益 U_2。在此情况下，若监管部门采取监管措施仍需要耗费监管成本 C_S，并获取继 U_S 和 U_2 之外的额外收益 U_4，还可能在监管中发现互金企业的违规行为而对其处予罚金 F。另外，由于 U_3 是监管部门对互金企业的非创新业务进行监管获得的额外收益，而那些非创新业务经过长时间发展已经形成了较为完善的法律制度和监管措施，因此假设 $U_3>C_S$，即监管额外收益必定超过监管成本，从而激励监管部门监管以促进互联网金融业务健康有序地发展。记监管部门进行金融监管的概率为 x，互金企业进行金融创新的概率为 y，可得互金企业和监管部门之间博弈的收益矩阵(表 5-3)。需要说明的是，与监管部门相关的收益 U_S、U_3、U_2 和 U_4 可能是金融脆弱等带来的公共利益(Meltzer，1967)，也可能是政府掠夺(Peltzman，1976)、管制寻租(Kruger，1974)、监管供求(Peltzman，1976)等私人利益。

表 5-3　互联网金融监管部门和互金企业博弈矩阵

		互联网金融监管部门	
		不监管 $1-x$	监管 x
互金企业	不创新 $1-y$	(U_N,U_S)	$(U_N,U_S+U_3-C_S)$
	创新 y	$(U_N+U_1-C_N,U_S+U_2)$	$(U_N+U_1-C_N-F,U_S+U_2+U_4-C_S+F)$

5.3.3　模型分析

1.博弈解推导

首先，对互联网金融监管部门而言，当不进行监管时，期望收益为

$$E_{S1}=(1-y)U_S+y(U_S+U_2) \tag{5-1}$$

而采取监管措施的期望收益为

$$E_{S2}=(1-y)(U_S+U_3-C_S)+y(U_S+U_2+U_4-C_S+F) \tag{5-2}$$

故监管部门的平均期望收益为

$$\bar{E}_S=xE_{S2}+(1-x)E_{S1} \tag{5-3}$$

联立式(5-1)～式(5-3)，可得监管部门的复制动态方程

$$F(x)=\mathrm{d}x/\mathrm{d}t=x(E_{S2}-\bar{E}_S)=x(1-x)[U_3-C_S+y(F+U_4-U_3)] \tag{5-4}$$

令 $F(x)=0$，其解为

$$x^*=0，\quad x^*=1，\quad y^*=\frac{U_3-C_S}{U_3-U_4-F} \tag{5-5}$$

同理，互金企业在不创新和进行金融创新时的期望收益各不同，分别为

$$E_{N1}=(1-x)U_N+xU_N，\quad E_{N2}=(1-x)(U_N+U_1-C_N)+x(U_N+U_1-C_N-F) \tag{5-6}$$

因此，互金企业的复制动态方程为

$$F(y)=x[E_{N2}-(yE_{N2}+(1-y)E_{N1})]=y(1-y)(U_1-C_N-xF) \tag{5-7}$$

对 $F(y)=0$ 求解可得

$$y^*=0\,,\quad y^*=1\,,\quad x^*=(U_1-C_N)/F \tag{5-8}$$

2.演化稳定策略

由于互金企业与监管部门之间存在动态博弈的过程，因此需要将二者组合成一个复制动态系统，即联立式(5-4)和式(5-6)可形成一个二维自治系统，找出该动态系统的初始奇点并判断其稳定性。显然，由 Jacobian 矩阵的局部稳定性条件，令 $F(x)=0$，$F(y)=0$，则存在 5 个初始奇点，分别为 $(x^*,y^*)=\left[(U_1-C_N)/F,(U_3-C_S)/(U_3-U_4-F)\right]$、$(0,0)$、$(0,1)$、$(1,0)$ 及 $(1,1)$。而复制动态系统初始奇点的稳定性如何，需要同时借助 Jacobian 矩阵的行列式符号和迹符号来判定。根据常微分方程理论，二维自治系统的奇点类型判断依据为：若奇点处 Jacobian 矩阵的行列式符号为正且该奇点处的迹符号为正的奇点不稳定，若行列式符号为正且迹符号为负的奇点稳定；其余情况均为鞍点。

分别对复制动态方程 $F(x)$ 和 $F(y)$ 求出关于 x 和 y 的导数，得到 Jacobian 矩阵

$$\boldsymbol{J}=\begin{pmatrix}(1-2x)[U_3-C_S+y(F+U_4-U_3)] & x(1-x)(F+U_4-U_3)\\ -Fy(1-y) & (1-2y)(U_1-C_N-xF)\end{pmatrix} \tag{5-9}$$

$$\mathrm{tr}\boldsymbol{J}=(1-2x)[U_3-C_S+y(F+U_4-U_3)]+(1-2y)(U_1-C_N-xF) \tag{5-10}$$

因此，根据式(5-9)和式(5-10)，可得上述 5 个初始奇点的 Jacobian 矩阵的行列式值和迹，如表 5-4。

表 5-4　复制动态系统中各奇点的 Jacobian 矩阵行列式值和迹

初始奇点	det($\boldsymbol{J}$)	tr($\boldsymbol{J}$)
$(0,0)$	$(U_3-C_S)(U_1-C_N)$	$U_3-C_S+U_1-C_N$
$(0,1)$	$-(F+U_4-C_S)(U_1-C_N)$	$F+U_4-C_S-U_1+C_N$
$(1,0)$	$-(U_3-C_S)(U_1-C_N-F)$	$U_1-C_N-F-U_3+C_S$
$(1,1)$	$(F+U_4-C_S)(U_1-C_N-F)$	$-(U_4-C_S)-(U_1-C_N)$
(x^*,y^*)	$\dfrac{(U_3-C_S)(U_4-C_S+F)(U_1-C_N)(F-U_1+C_N)}{F(U_3-C_4-F)}$	0

由于在点 (x^*,y^*) 处有 tr($\boldsymbol{J}$)=0，所以该点必为鞍点，因此复制动态系统的演化稳定策略必定出现在其余 4 个奇点上。由于 $U_1>C_N$ 必成立，因此各奇点是否稳定主要取决于 $U_1-C_N-C_S$ 和 $F-C_S$ 的正负，从而确定 Jacobian 矩阵的行列式值和迹的符号。

定理 1：当 $U_4+F>C_S$ 且 $U_1>C_N+F$ 时，系统的演化稳定策略(evolutionary stable strategy，ESS)为(监管，创新)。

证明：在条件 $U_4+F>C_S$ 和 $U_1>C_N+F$ 满足时，各奇点的稳定性可通过 Jacobian 矩阵的行列式值和迹的符号来判定(表 5-5)。

表 5-5　$U_4+F>C_S$ 且 $U_1>C_N+F$ 时奇点类型判定

初始奇点	det(**J**)符号	tr(**J**)符号	稳定性
(0,0)	正	正	不稳定点
(0,1)	负	无须计算	鞍点
(1,0)	负	无须计算	鞍点
(1,1)	正	负	稳定点 ESS
(x^*,y^*)	无须计算	0	鞍点

其相位图如图 5-4 所示。

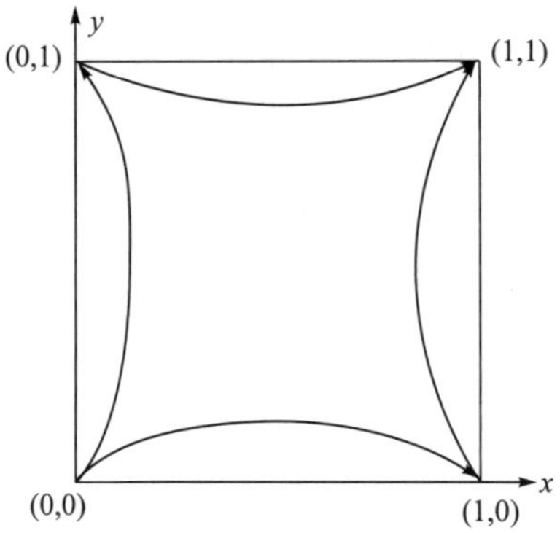

图 5-4　$U_4+F>C_S$ 且 $U_1>C_N+F$ 时复制动态系统相位图

所以此时复制动态系统的演化稳定策略为(监管，创新)。证毕。

监管机构若对互金企业的创新业务监管，需要监管的净收益超过监管成本；互金企业若要创新，需要创新收益超过创新花费的成本和可能因监管而遭受的罚款。

定理 2： 当 $U_4+F>C_S$ 且 $U_1<C_N+F$ 时，系统的演化稳定策略 ESS 为(监管，不创新)。

证明：在条件 $U_4+F>C_S$ 和 $U_1<C_N+F$ 满足时，各奇点的稳定性可通过 Jacobian 矩阵的行列式值和迹的符号来判定(表 5-6)。

表 5-6　$U_4+F>C_S$ 且 $U_1<C_N+F$ 时奇点类型判定

初始奇点	det(**J**)符号	tr(**J**)符号	稳定性
(0,0)	正	正	不稳定点
(0,1)	负	无须计算	鞍点
(1,0)	正	负	稳定点 ESS
(1,1)	负	无须计算	鞍点
(x^*,y^*)	无须计算	0	鞍点

其相位图也表明(1,0)是稳定点(图 5-5)，因此复制动态系统的演化稳定策略为(监管，不创新)。证毕。

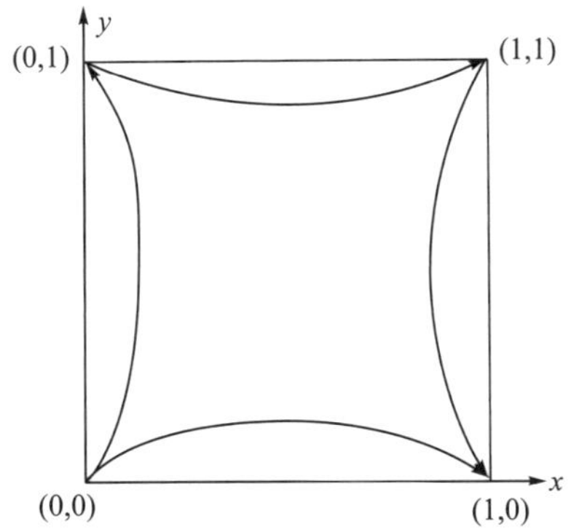

图 5-5　$U_4+F>C_S$ 且 $U_1<C_N+F$ 时复制动态系统相位图

显然，若创新风险过大，即创新成本与可能的罚金超过创新收益时，互金企业就不愿创新。若监管收益较大，即监管带来的额外收益和可能的罚金超过监管成本，必定会激励监管部门进行监管，则监管部门必定会进行监管。

定理 3：当 $U_4+F<C_S$ 且 $U_1>C_N+F$ 时，系统的演化稳定策略 ESS 为(不监管，创新)。

证明：在条件 $U_4+F<C_S$ 和 $U_1>C_N+F$ 满足时，各奇点的稳定性可通过 Jacobian 矩阵的行列式值和迹的符号来判定(表 5-7)。

表 5-7　$U_4+F<C_S$ 且 $U_1>C_N+F$ 时奇点类型判定

初始奇点	det(**J**) 符号	tr(**J**) 符号	稳定性
(0,0)	正	正	不稳定点
(0,1)	正	负	稳定点 ESS
(1,0)	负	无须计算	鞍点
(1,1)	负	无须计算	鞍点
(x^*,y^*)	无须计算	0	鞍点

其相位图如图 5-6 所示。

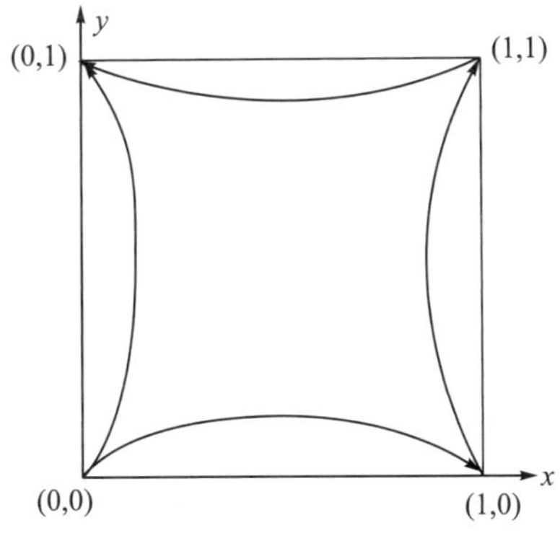

图 5-6　$U_4+F<C_S$ 且 $U_1>C_N+F$ 时复制动态系统相位图

因此复制动态系统的演化稳定策略为(不监管，创新)。证毕。

显然，若监管成本太高，超过监管的额外收益，则监管部门不会监管。若互金企业创新收益较大，超过金融创新消耗的成本和可能因创新遭受的罚款，则从业机构会进行金融创新。

推论 1：监管部门选择监管的概率，与互金企业缴纳的罚金 F 呈正相关关系，与监管带来的额外收益 U_4 呈正相关关系，与监管成本 C_S 呈负相关关系。

从定理 1 和定理 2 可以看出，若监管机构选择监管，必定需要满足条件 $U_4+F>C_S$，而该式正好满足激励机制。因为罚金越高，监管成本越低，监管的额外收益越高，监管部门因监管带来的收益越多，越容易激励监管机构监管，从而监管的概率会增大。

推论 2：互金企业选择创新的概率，与其创新成本 C_N 和因创新处予的罚金 F 均呈负相关关系，与创新收益呈相关关系。

从定理 1 和定理 3 可以看出，若要互金企业创新，只有较低的创新成本、较低的罚金和较高的创新收益才可能让互金企业在创新中获得正的净收益，即满足 $U_1>C_N+F$，从而增大互金企业创新的概率。

推论 3：当罚金较低时，(不监管，创新)的演化策略概率较大；当罚金较高时，(监管，不创新)的演化策略概率更大。

从推论 1 和推论 2 可知，罚金对监管部门和互金企业的策略影响重大。一方面，互联网金融的各种创新给客户带来了低成本、高效率的金融服务，也为互金企业带来了可观盈利，如余额宝这一货币基金创新实现了客户的快速累积，基于大数据的互联网金融产品创新实现了产品的精准定位和快速销售。另一方面，目前确实有些互金企业打着创新的旗号以逃离法律监管，或是以创新为名行使金融诈骗之实。比如，有公司自称是金融科技公司来逃脱互联网金融的监管，有互金企业创新出的金融产品就是为了圈钱。因此，与传统金融一样，互联网金融需要监管，互联网金融创新也需要监管。监管的主要目的是遏制互联网金融乱象，促进互联网金融的健康发展，并非为了获得高额的罚金。因此，对于互联网金融中各种以创新为名而行非法集资、金融诈骗之实等乱象，可处予较高罚金，逼迫其最终采取不创新的演化策略；对于互联网金融的其他创新，监管部门可对其违规行为处予较少罚金以示惩戒，因此互金企业会选择创新策略，而合理合规的创新也最终会使监管部门选择不监管的策略。

3.仿真模拟

为检验前述系统动态演化策略分析的正确性，可使用 MATLAB 软件对结果进行仿真模拟。假设仿真的时间范围为[0,10]。

(1)考虑定理 1 的情况，假设监管部门的初始状态值为 0.4，互金企业的初始状态值为 0.7。当 $U_N=5$，$U_S=4$，$U_1=3.5$，$U_2=2$，$U_3=3$，$U_4=1$，$C_N=1$，$C_S=1$，$F=2$ 时，监管部门和互金企业最终都会选择(监管，创新)(图 5-7)。①总体来看，图 5-7 表明只要参数条件 $U_4+F>C_S$ 和 $U_1>C_N+F$ 同时满足，监管部门和互金企业必定都会选择(监管，创新)策略。②从互金企业创新收益看，创新收益的减少对监管部门的监管策略毫无影响，却降低了互金企业的创新概率。显然，创新收益是创新的主要动力，必然会提高互金企业创新的概率。③从罚金来看，罚金的减少会降低监管部门监管的概率，但增加了互金企业创新的概率。对监管部门而言，罚金较低或许意味着监管的资金收益较低而监管动力不足，也可能表明从业机构本身在创新中的违法违规现象较少而无须监管；对互金企业而言，罚金较低意味着创新后的损失较少，因此会增加创新的可能。④从创新成本看，创新成本的减少对监管部门策略无影响，却会增加互金企业创新概率，这是因为较低的创新成本意味着互金企业可能存在较高净收益和较低的创新风险，从而促使互金企业创新。⑤监管成本与监管策略的概率负相关，与互金企业创新策略的概率正相关，因为监管成本高意味着监管净收益低，从而监管的可能性更小，因而会促使互金企业创新。

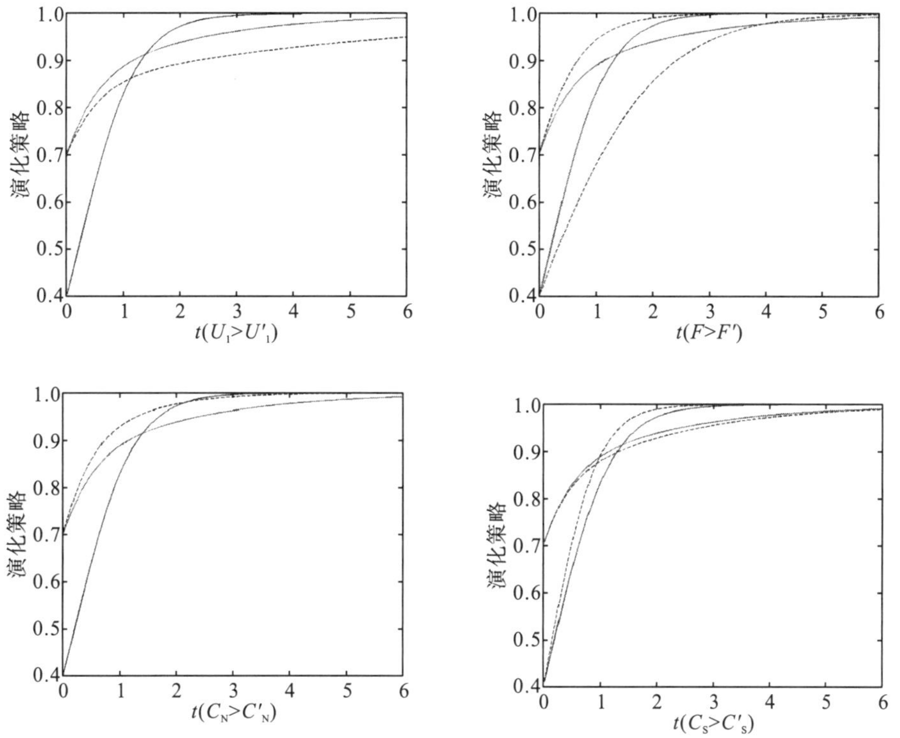

图 5-7　$U_4+F>C_S$ 且 $U_1>C_N+F$ 时演化策略

注：其中各实线表示参数取原值，比如 $U_1=3.5$，$F=2$，$C_N=1$，$C_S=1$ 时监管部门和互金企业的策略演化路径，虚线表示分别降低参数值为 $U_1'=3.2$、$F'=1$、$C_N'=0.5$ 和 $C_S'=0.5$ 后两者的策略演化路径。

(2) 考虑定理 2。当 $U_1-2.5$，$U_4=1.5$，$C_N=2$，$C_S=2.3$，$F=1$，且其余变量取值与图 5-7 相同时，监管部门和互金企业的演化博弈可表示为(监管，不创新)(图 5-8)。①当参数同时满足条件 $U_4+F>C_S$ 且 $U_1<C_N+F$ 时，无论参数如何变化互金企业都不会创新，监管部门会采取监管的演化策略。②创新收益与监管部门监管策略的概率负相关，与互金企业最终不创新策略的概率正相关。互金企业不愿创新，可能是由于创新收益本身偏小，而监管部门的监管行为可能导致创新净收益存在更大的不确定性，因此监管部门可降低监管的概率来刺激互金企业创新以使整个互金行业发展。同时，创新收益与互金企业不创新策略的概率负相关，因为可能的创新收益会动摇互金企业不创新的决定。③罚金与监

管部门监管的概率正相关，与互金企业不创新策略的概率负相关，这是因为罚金越高说明创新中的问题越多，越需要监管，若互金企业意识到自身存在的问题并采取整改措施，则互金企业不创新的概率会弱化。④与图 5-7 不同的是，在该(监管、不创新)策略中，创新成本并非对监管策略毫无影响，而是与监管的概率呈正相关关系，这可能是因为监管部门本身希望通过互金企业创新促进行业发展，而互金企业不创新的概率较大时，创新成本越大，监管部门越希望通过监管促进互金企业健康创新，防患于未然。对互金企业而言，较高的创新成本反而意味着较低的不创新策略的概率，这可能是由于创新成本越高，意味着互金企业在业务规划过程中对创新问题思考越发成熟，不创新的策略越发弱化。由于创新成本与互金企业息息相关，所以其对互金企业策略的影响幅度远远超过对监管部门策略的影响幅度。⑤监管成本越高，则监管部门的监管策略的概率越低，因为监管成本会对监管净收益产生负相关的影响。同时，监管成本与互金企业不创新策略的概率正相关，这可能是因为监管成本越高，表明监管部门投入的力度越大，监管越严，互金企业因此可能遭受较为严重的监管风险而更不愿创新。

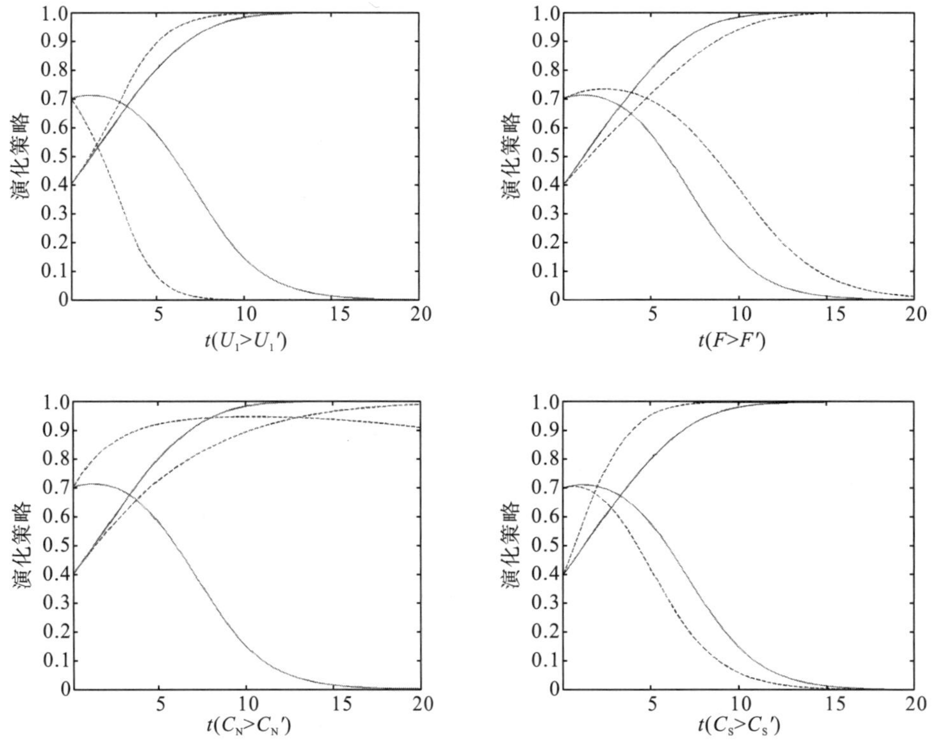

图 5-8　$U_4+F>C_S$ 且 $U_1<C_N+F$ 时的演化策略

注：其中各实线表示参数取原值，比如 $U_1=2.5$、$F=1$、$C_N=2$、$C_S=2.3$ 时监管部门和互金企业的策略演化路径，虚线表示分别降低参数值为 $U_1'=2$、$F'=0.9$、$C_N'=1.6$ 和 $C_S'=2$ 后两者的策略演化路径。

结合图 5-7 和图 5-8 可发现，当互金企业倾向于不创新时，创新意愿会随着创新成本和罚金的增加而增大，而当互金企业倾向于创新策略时，创新意愿却会随着创新成本和罚金的增加而减少，即创新意愿与创新成本和罚金之间呈现出类似于正态分布的曲线形式。

(3)考虑定理 3 的情况。当$U_1=3.5$，$C_N=2$，$C_S=2.3$，$F=1$，且其余变量取值与图 5-6 相同时，监管部门和互金企业的演化博弈可表示为(不监管，创新)(图 5-9)。

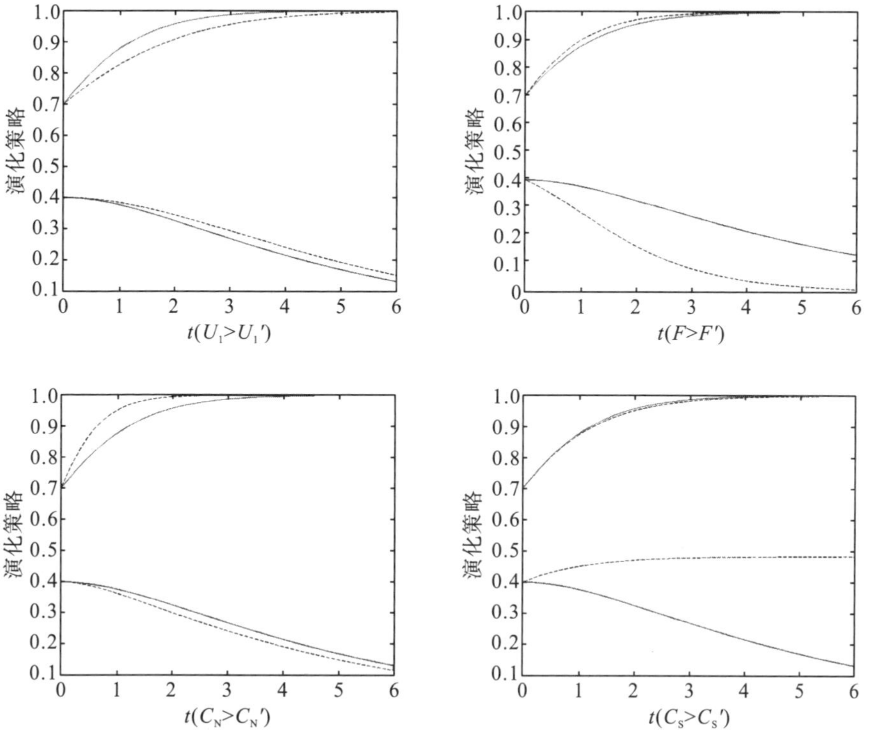

图 5-9　$U_4+F<C_S$ 且 $U_1>C_N+F$ 时的演化策略

注：其中各实线表示参数取原值，比如 $U_1=3.5$、$F=1$、$C_N=2$ 和 $C_S=2.3$ 时监管部门和互金企业的策略演化路径，虚线表示分别降低参数值，比如 $U_1'=3.1$、$F'=0.5$、$C_N'=1$ 和 $C_S'=2$ 后两者的策略演化路径。

①只要参数满足条件$U_4+F<C_S$和$U_1>C_N+F$，监管部门和互金企业的最终策略均为(不监管，创新)。②创新收益与互金企业创新的概率正相关，与监管部门不监管的概率负相关，这显然是因为创新收益是互金企业创新的主要目的，但创新收益越高越容易引起监管部门的关注，越需要监督查看创新是否合法合规。③一方面，罚金与监管部门不监管的概率呈正相关，这可能与监管部门最终都不监管有关。不监管的可能原因为互金企业创新过程中违规问题较少，即使监管，罚金也会较少，甚至可能不敌耗费的监管成本，要想获得更多的罚金，需要投入更大的监管成本以深挖创新中的违规行为，致使监管亏空更大，故更不愿意监管。另一方面，罚金与创新的概率负相关，这是因为罚金越高，互金企业的损失越大，致使其降低创新可能。④创新成本与监管部门不监管策略的概率正相关，同样与监管部门最终不监管策略有关。不监管可能是因为金融创新本身合规合法，而监管部门本身希望金融行业通过金融创新促进行业发展，而互金企业耗费的创新成本越高，监管部门就越要支持，越不会监管。同时，创新成本与互金企业创新策略的概率负相关，这是因为创新成本越低，产业机构通过创新能获取越多的收益。⑤监管成本与监管部门的不监管策略的概率负相关，这是因为监管部门最终会选择不监管策略，而监管可能投入的成本越

多意味着监管部门对创新监管问题的认识逐步清晰，因此不监管的意愿会变弱。同时，监管成本与互金企业创新策略的概率正相关。一般情况下，互联网金融创新在前，监管在后，监管成本较高可能是因为监管部门对互联网金融的认识不足，也可能是由于监管部门仍采取很多传统方式监管，而无论哪种原因，都可能刺激从业机构创新，因为其可能从中获取监管套利等好处。另外，由于监管成本与监管部门息息相关，所以其对监管部门策略的影响程度远远超过对互金企业策略的影响程度。

结合图 5-7 和图 5-9 发现，当监管部门倾向于选择不监管时，监管成本越高则监管的可能性更大，而当监管部门倾向于选择监管策略时，监管成本越高则监管的可能性越小，即监管成本与监管意愿之间呈现一种类似于正态分布曲线的规律。

5.3.4 政策启示

互联网金融创新能充分体现金融的普惠性，也能更好地服务实体经济。但是，互联网金融在创新发展过程中会出现一些问题，需要监管来减少或遏制问题的发生，并推动互联网金融行业的发展。然而，过度监管或监管不足都会阻碍互联网金融的发展，因此互联网金融创新与互联网金融监管之间展开了一场动态博弈。

(1) 监管策略。在互联网金融创新与互联网金融监管的动态博弈中，监管策略主要受监管成本和罚金影响。当监管成本较低时，监管部门倾向于选择监管，而监管成本较低可能源于互金企业创新活动的配合，可能源于大数据等互联网金融技术的创新应用。当罚金较高时，监管部门进行监管的概率较大，因为罚金较高意味着互联网金融在创新过程中出现的问题较多或较严重，有监管的必要性。

(2) 创新策略。在互联网金融创新与互联网金融监管的动态博弈中，创新策略主要受创新收益、创新成本和罚金影响。当创新收益较大，或创新成本较低时，互金企业可选择互联网金融创新策略，因为营利性是互金企业的经营原则之一。当罚金较大时，互金企业选择不进行互联网金融创新，因为罚金较大意味着创新过程中可能遭受的资金损失大，导致净收益较低，也可能意味着监管部门的监管力度较大、较严格，导致整个行业政策风险较大。

(3) 创新与监管。互联网金融创新可能带动整个行业的快速发展，而监管的目的是促使整个行业稳定健康运行，因此互联网金融监管可朝着促进创新的角度监管。若互金企业不想进行创新，则监管部门可通过一系列措施提高其创新策略概率，刺激或鼓励互联网金融创新。由于创新收益与互金企业创新策略的概率正相关，而创新成本与互金企业创新策略的概率负相关，所以监管部门可多组织相关行业举行相关的行业探讨、交流和学习等活动，以提高互金企业的创新收益，降低创新成本；由于罚金与互金企业创新策略的概率负相关，监管部门可多采取教育、窗口指导等措施对互联网金融创新进行监管。但是，即使监管成本与互金企业创新策略的概率正相关，监管部门也不能因此而增加自身的监管成本，而是应该跟上互联网金融的发展脚步，优化互联网金融创新的监管业务，采用大数据等创新监管方式降低互联网金融的监管成本。

5.4　我国互联网金融监管措施

5.4.1　思路：宏观审慎+功能监管+行为监管

宏观上的审慎监管可以有效减缓互联网金融系统性风险的积累，以维护金融体系的稳定和安全；微观上的功能监管是依据业务功能来划分监管范围的，与互联网金融中金融业务交叉融合的混业经营特点符合，避免了监管套利等问题。但是，如果只依靠政府行政监管，则监管成本过大。为了能充分发挥市场的约束机制，将每个消费者和投资者变成金融市场的监督者，可引入行为监管理念。因此，互联网金融监管的监管理念包括传统的宏观审慎监管、功能监管以及行为监管。

(1)宏观审慎。“宏观审慎监管(macro-prudential supervision)”一词是 1986 年由国际清算银行提出来的，指的是以维护金融系统的稳定和安全为目的，通过比率监管的模式，内部控制的方法，以风险水平高低为评估标准的一种监管理念。之前的金融监管思路是微观审慎，认为只要单个金融机构能够审慎经营防范风险，则系统性风险就不会发生。但是，金融风险具有内生性，机构共同风险暴露的相关性非常重要，因此提出宏观审慎监管的概念。互联网金融仍属于金融，仍需要宏观上采取审慎监管的理念。宏观审慎监管从宏观视角出发，通过定性分析和定量分析，可探知互联网金融中的不稳定性因素，及时发出系统性风险和风险敞口的预警，监管部门采取相应的金融稳定政策，可提高金融体系的抗风险能力，抑制系统性风险的发生，降低金融系统不稳定时造成的损失。①监管目标。如何减缓互联网金融体系中系统性风险的积累，如何有效防护系统性金融风险在金融体系内外传染以保障金融系统的稳定是宏观审慎监管的目标。②监管必要性。互联网金融既有因金融属性导致的一般性风险，又有因互联网因素导致的特殊性风险，因此风险种类繁多。互金企业庞杂，监管更复杂，更容易产生系统性风险，借助宏观审慎监管理念可很好地控制系统性风险。③监管维度。其一是时间维度，考虑系统性风险随着时间推移的累积过程，即系统性风险是如何在金融体系和实体经济之间被逐步放大形成的；另一维度是跨行业维度，考虑系统性风险在特定金融体系中是如何分布的。由于风险暴露既可能是直接风险暴露，即由金融机构间相同或相似资产类别导致，也可能是间接风险暴露，即由金融机构间业务交叉导致，跨行业维度使得监管机构能够对引起系统性风险的行为采取更加严格的监管措施。④监管工具。由于互联网金融具有金融属性，因此传统的宏观审慎监管的预警指标和避险指标基本都能适用于互联网金融监管，比如预警指标、宏观审慎指标、压力测试和早期预警指标等，压力测试可评估互金企业在遭遇系统性风险时的抵抗能力。

(2)功能监管。功能监管(functional of financial regulation)是由 Merton(1995)等提出的，其建立在两个假设上：一是金融功能的变化比金融机构的变化要小，因此金融功能更加稳定；二是金融机构的功能非常重要，可根据功能确定制度，找出金融功能更有效率的实现方式是金融体系变化的动力。与传统的机构监管相比，功能监管更适合金融创新不断打破金融业务界限、金融业务相互交叉融合的当今金融体系，因此混业经营特点显著的互联网金融在微观上需要功能监管。①含义。功能监管是指针对互联网金融的业务功能进行监管，监管权限划分的依据是金融体系的功能。通过功能监管，不同的互金企业提供同样功能的金融服务时，应该受到标准统一的金融监管，能有效避免监管套利。比如 P2P 网络借贷，无论是银行系 P2P，电商系 P2P，还是上市系 P2P，或民营系 P2P，既然都从事了相同的网络借贷业务，就会产生一样的风险，因此受到的监管也一样。若某一互金企业提供多种类型的金融服务时，则需要不同的监管部门对其进行监管。并且，由于互联网金融风险对系统性风险的影响不大，因此可将传统的机构监管转向功能监管。②优势。监管一致性，因为监管标准是统一的，减少了监管套利的可能性；监管灵活性，因为它是能预测到未来是否能实现某种功能的组织结构，并能根据预测灵活设置监管政策和监管方案；监管稳定性，因为金融功能相对稳定，虽然业务界限被打破后各种金融产品的种类繁多，但是只需根据稳定的功能执行相对稳定的监管。③劣势。一是产品功能的划分存在难度，因为金融工程及互联网金融的金融创新创造出大量边缘化的金融产品，很难准确划分类别；二是难以实现审慎监管的目标，因为功能监管主要关注金融产品和金融业务，而忽视对金融机构风险的监管，没有从整体上考虑金融机构的整体风险状况和抗风险能力。因此在实际监管中，还需要与宏观审慎监管相结合。④措施。首先，要以立法监管为主，法律明确各个监管部门的职责，各个监管部门依据法律执行监管任务。虽然立法监管能明确权限，但缺乏监管弹性，因此有必要与行业自律组织和金融机构内部控制相结合。其次，可按“双峰”模式分配监管权责，确定监管机构，一是成立宏观审慎监管部门防御系统性风险，二是成立功能监管部门进行专业化监管，相互之间协调沟通。最后，做好协调工作。一是协调各监管部门，采取共享机制，避免出现因信息不对称问题而导致的不当监管；二是协调金融产品和业务，以避免出现功能相似但划分归属不一的金融产品和服务面临的监管标准差距太大的现象。

(3) 行为监管。行为监管最早在 20 世纪 70 年代由美国国家保险协会提出的“市场行为监管(market conduct regulation)”一词而来，指的是金融消费者保护部门为保障消费者的各种合法权益而制定出各种规则制度，并要求互金企业遵循的监管制度。①必要性。互联网金融的出现拓宽了民众的投资渠道，越来越多的民众愿意参与到互联网消费金融、P2P 网贷、众筹等互联网金融业态中并进行消费和投资，也逐渐习惯了利用支付宝等第三方支付工具支付商品，但是互联网金融领域存在跑路、非法集资等问题，严重损害了金融消费者的合法权益；并且，互联网金融主要为长尾客户服务，容易出现“长尾”风险，甚至引发系统性风险，因此有必要从行为监管的角度建立消费者保护机制。自 2008 年金融危机之后，各国都进行了较大的金融监管改革，而金融消费者保护是金融监管改革的重要组成部分。②适用性。由于互联网金融市场的参与者广泛，主要是传统金融没有服务到的长尾客群，其金融知识的掌握和金融风险的承受状况都参差不齐，而行为监管是既要保护金融消费者，又要根据金融消费者的利益对互金企业进行监管，这种监管正好契合互联网金融市场长尾客群的特点。目前已经出台的各种规章制度中对互金企业的监管，如网贷平台资金的银行存管、风险准备金等要求，都属于从金融消费者保护角度出发的行为监管。③措施。一是通过立法来建立金融消费者保护的法律框架，既可分散在各互联网金融的各种法律法规中，也可直接单独立法。二是借助合适的监管工具实施监管，如现场调查，监测互金企业的网站或公告，或是通过互金企业获取金融消费者的投诉数据，也可设置投诉电话，或通过约谈、暗访等形式监督互金企业的产品和服务。三是协同功能监管与审慎监管。根据 Taylor(1995) 的“双峰”理论，系统稳定和消费者权益保障是金融监管的两大目标，正好可以通过审慎监管与功能监管实现。审慎监管主要关注金融体系的稳定和金融机构的稳健经营，行为监管关注的是金融市场的有序竞争和公平竞争，是从金融消费者保护的角度进行监管，考虑信息披露的质量，两者协同更有利于金融市场的健康运行。

5.4.2　格局：中央银行+审慎部门+行为部门

根据宏观审慎、功能监管和行为监管的互联网金融监管理念，互联网金融的监管格局可由中央银行、审慎部门和行为部门组成，其中中央银行负责承担货币市场等部分的金融监管工作，审慎部门负责宏观审慎监管以防系统性风险的发生，行为部门负责从微观上对金融机构的产品和服务进行行为监管。这种监管格局既符合 Taylor(1995) 的“双峰”理论，又符合功能监管理念中监管权限在“双峰”监管部门的分配。这种监管格局既避免了传统的机构监管中出现的监管套利的现象，又避免了美国“伞状”监管中出现的重复监管的问题。

(1) 中央银行。作为一国的中央银行，其主要任务仍然是制定和执行货币政策，并对宏观经济进行调控。除此之外，中央银行还需担任部分金融监管职能，如负责重要性金融机构、重要性金融基础设施和金融控股公司的监管，还需负责金融行业的综合统计，负责货币市场、外汇市场等的监管。

(2) 审慎部门。审慎部门主要是负责宏观审慎监管，因此会从宏观上对互联网金融进行监督管理，一旦发现可能对金融系统的安全和稳定造成危害的系统性风险，将有权要求互金企业报送相关数据，审慎部门再利用大数据技术分析挖掘获取的大数据，及早发现系统性风险，提出风险预警，并制定相应的防范措施。

(3) 行为部门。由于审慎监管与行为监管要分离开来，因此行为监管部门是独立的，这与英国监管模式比较类似。行为部门主要负责从金融消费者保护的角度出发，对互联网金融市场行为进行监管，并对互金企业的产品和服务行为进行监管，以实现互联网金融市场有序、公平的竞争，同时实现对金融消费者合法权益的保护。

5.4.3　体系：政府监管+行业自律+中介辅助

互联网金融风险需要政府部门和行业自律组织共同监管，中介机构辅助监管，以实现两个监管目的，一是为了金融体系能够稳定健康地运行，防止出现系统性危机和市场崩溃的局面；二是为了维护社会公众的利益，保护他们的合法权益。政府监管，主要由官方机构承担，即中央政府和地方政府，通过制定法律制度对互联网金融领域进行直接制度约束，强制实施，对保证行业健康发展起着根本性作用。行业自律组织是互联网金融管理的民间组织，通过制定一些行为规范让组织成员自我约束、自我规范、自我监督，以维护行业的稳定和良好的声誉，是沟通政府、市场和企业的桥梁和纽带，也是实现行业自律、规范行业行为、开展行业服务、保障公平竞争的关键。行业自律与政府监管各行其志，但是一旦潜在风险过度累积爆发，监管部门就需要采取更加严格的监管理念和措施来控制风险，行业自律组织也应加强企业自律。中介机构起着辅助监督的作用，由会计师事务所等构成。互联网金融监管客体是互联网金融的互金企业，如银行机构、证券机构、保险机构、P2P网贷平台、众筹平台、第三方支付机构、互联网基金网销公司、互联网分期消费平台、互联网金融服务机构等，通过不断创新推动整个行业不断向前发展，是行业增长的主要动力。互联网金融行业正在形成政府监管加行业引导的互联网金融风险监管框架和格局，合力走向规范发展。

(1)政府监管。政府监管是互联网金融行业防范风险、规范市场的重要组成部分，特别是在我国行业自律意识不强的情况下，政府监管在互联网金融监管中居于主导地位。①作用。一方面，政府监管能减少互联网金融风险产生的危害。如前所述，互联网金融除了包含传统金融所具有的信用风险、市场分析、操作风险等，还具有自身领域内如技术风险、信息安全风险等，一旦风险发生，存在局部的风险发展成整体的系统性风险的可能，不仅危及互联网金融市场的参与者，甚至可能引发行业恐慌，造成巨大损失。因此，若政府加大监管力度，在宏观上采取审慎监管态度，微观上对互联网金融市场和参与者的行为进行有效监管，可防范风险的发生，降低风险损失。另一方面，政府适度的有效监管是实现互联网金融市场稳定的基础和前提。当互联网金融处于“三无”状态时，互联网金融野蛮生长，平台跑路、参与者信息泄露、账户资金被盗等一系列问题出现，严重影响了互联网金融的发展和参与者对市场的信心。若政府对互金企业的违规行为进行严格管控，同时又对其日常行为进行合规性监督，将极大地提高互联网金融市场的稳定性和安全性。②措施。第一，加快互联网金融监管体系改革。要改变当前机构监管与混业经营不相适应的局面，必须要改革目前的监管格局。可由中央银行统筹监管，审慎监管局从宏观上对系统性风险进行审慎监管，行为监管局从微观上对互联网金融市场和互金企业进行行为监管。明确各监管部门的监管权限，立法后依据法律监督、管控互联网金融市场。第二，完善征信体系，增强信息透明度。英美两国的征信系统非常完善，这对互联网金融的发展有很大的促进作用。而我国征信体系不够完善，频繁出现跑路等现象。我国征信体系要采取以政府为主、市场为辅的发展模式，中国人民银行监管征信体系，金融机构提交与征信相关的信息，并由中国征信中心和各种征信机构共同收集和处理，促使我国征信体系逐步完善。第三，引入适度的准入制度，完善退出机制。互联网金融提供金融服务，因此必须设置一定的准入门槛。不同的互联网金融模式有不同的运营特征，可采取差异化措施，有针对性地制定准入制度，如设立审批制或注册制，加入资本金和从业者资格等限制条件，或者考察其风险控制能力等，必要时可发放金融牌照。同时，对于不合格的互金企业，应该建立负面清单，并引入退出机制。第四，注重金融消费者保护。互联网金融服务几乎已经渗透到金融消费的各方各面，为消费者带来极大的便利，但是大大集团、e 租宝等事件的发生却给消费者的合法权益带来了较大损失。虽然 2016 年 8 月国家工商行政管理总局(现国家市场监督管理总局)公布了《消费者权益保护法实施条例(征求意见稿)》，对消费者权利和经营者义务等方面做了明确规定，也针对性地规范了消费者反映的个人信息保护、缺陷产品召回、预付卡、网络购物无理由退货等问题，但是对金融消费者，特别是互联网金融领域的金融消费者的权益问题关系不大，针对性不强。政府监管时应从金融消费者保护的角度出发，约束和规范互金企业行为。第五，加大互联网金融对供给侧结构性改革的推动力度。互联网金融连接资产端和负债端，唤醒了两端沉睡的资金，所以无论是实体经济，还是中央提出的供给侧结构性改革，互联网金融都起到了非常重要的推动作用。监管部门可加大供给侧结构性改革的力度，为互联网金融提供发展机遇并规范发展行为。

⑵行业自律。互联网金融协会等行业自律组织也会对互联网金融进行自律监管，是互联网金融监管的重要组成部分。自律组织是一种行业性的自我管理组织，由互金企业主动申请加入，但是需要符合自律组织的加入条件才能成功，而一旦加入则必须自觉遵守自律组织制定的公约和准则，否则仍可能被踢出自律组织。①作用。一是制定多方面的行业规则和准则，如互联网金融行业的信息披露制度、行业竞争规则、金融业务的运行规范、从业人员的职业道德规范等，形成互联网金融从业的底线思维，坚决不触碰非法集资、资金池、自融自保等业务红线，从外部指导和监督互金企业的风险控制，也有利于互金企业从自身角度提高风险管理意识；二是监测互联网金融自律组织成员的个体风险和行业风险，一旦发现及时采取应对措施；三是帮助互金企业提高风险防范能力，通过为其培养风控人才和为其引入先进的风控方法和工具来实现；四是派出成员代表与政府监管部门交流沟通，对政府部门不宜实施的监管代为执行，并根据行业实际状况对政府监管部门提出监管建议、上报重大问题、反映行业合理诉求等。因此，互联网金融行业自律组织不仅能降低行业整体发生系统性风险的概率，还能充分发挥引导示范作用，让行业规范发展，所以对整个互联网金融行业未来的发展起着非常重要的作用。②国际借鉴。在英美国家，行业自律组织有助于互联网金融行业良性竞争和规范运营，对消费者权益保护和诚信生态环境建设有很好的促进作用。英国的互联网金融起步较早，其行业自律组织的自律性很强，能有效监督和管理行业中的互金企业，是国家金融监管的有效补充。英国有 P2P 行业协会和众筹协会，负责制定行业统一的规则和标准，引导行业发展。美国的行业自律组织是介于美国监管当局和被监管者之间的中介组织，通过该组织实现监管当局与被监管者之间的交流沟通，消除双方的信息不对称问题，从而监管者能及时获取被监管者的心声、诉求，被监管者也能正确理解监管者的意图，避免出现监管当局出台政策文件被行业互金企业曲解而造成损失的局面。③示例。中国互联网金融协会是 2016 年 3 月成立的全国性自律组织，由中国人民银行会同银保监会和证监会等部门共同组建。主要从信息披露、互联网金融统计方面展开工作，并于 7 月连发《中国互联网金融协会章程》等五项文件，推出互联网金融行业的经验管理规则和行业标准，明确要求各会员单位防范资金账户安全的风险，防范洗钱和恐怖融资的风险，并会对违规会员给予 7 种惩罚机制以提高标准和规则的约束力。④总结。互联网金融协会的“软性立法”是政府监管“硬性约束”的有效补充，有助于约束会员机构诚实守信合法经营，有助于帮助行业树立正面形象营造诚信经营的良好氛围，有助于推动从业的会员机构之间交流业务和共享信息，有助于降低监管成本提高监管效率，有助于协调金融监管与金融创新的关系。但是与英美等国相比，我国的行业自律意识较弱，自律组织地位较低，导致很多本可通过自律组织解决的企业问题只能交给政府处理。因此互联网金融自律组织，无论是地方性的还是全国性的，无论是互联网金融行业的还是某一特定领域的，从机构建设、制度建设，到真正产生影响力和号召力，依然任重道远。

(3) 中介辅助。中介机构，如会计师事务所、律师事务所、审计事务所和外部评级机构都能对互金企业起到一定的监督作用，因此可以辅助互联网金融监管。①监管内容。一是信息鉴定证明，互联网金融行业的开业申请人需要先向审计事务所或会计师事务所提供相关信息，并由其鉴定真伪后出具信息真实性报告；二是法定审计，互金企业需要将财务报表交由审计事务所审计，然后再递交给金融监管部门，否则可能受到处罚；三是监管审计，审计事务所会根据金融监管部门的要求对金融机构进行审计检查，并出具报告，而检查对象及检查范围等都由金融监管部门确定。②监管作用。中介机构的审计工作能有效避免作假现象，提高金融监管的公正客观性，还能减轻政府监管部门的工作量使其能有针对性地监管。外部评级机构对互金企业的评级结果被监管部门直接利用后可快速获知机构的状况。③监管资质。中介机构要想辅助互联网金融监管部门监管，需要得到监管部门的资格认可，而该资格认可需要具备一定的条件，如是注册会计师，并具备金融业务知识，参与过金融审计，声誉良好，并与监管部门积极配合等。

5.4.4 宗旨：助力普惠+鼓励创新+适度监管

(1) 助力普惠。就相互关系而言，普惠金融的业务模式和成本结构是一枚硬币的两面。从需求侧看，客户体验直接决定业务模式的形成、演化和扩散，从而成为影响普惠金融业务做大做强的直接驱动力。互联网金融具有成本低、智能化、纯信用、受理快、随借随还等突出特点，带给客户极致体验感并能满足普通民众的金融需求。从供给侧看，成本结构是技术进步和客户驱动下的自然结果，其根本是利用更低的成本投入带来更好的使用体验，提升普惠金融服务的附加值。互联网金融成本结构突出体现在物理网点少、线上获客多、海量数据源、重金融科技、固定成本占比高，通过低运营成本为海量客户带来极致体验的处理系统并提供坚定支撑。因此，互联网金融监管也必须以助力普惠为监管宗旨。从需求侧看，需极大提高客户体验，因此需要对互联网金融中的集资诈骗、信息泄露等问题严格监管，切实做好消费者保护的工作。从供给侧看，需极大提升互金企业金融服务的积极性和主动性，对互金企业进行包容性监管，制定明确的行业准入和退出制度，避免监管套利行为的出现。

(2) 鼓励创新。互联网金融创新可带动整个行业的快速发展，更好地服务实体经济，更深程度地践行普惠金融，互联网金融监管是为了促使整个行业稳定地健康运行，因此互联网金融监管需要从鼓励创新的角度进行。当互金企业创新动力不足时，监管部门可多组织相关行业举行诸如互联网消费金融创新大会、互联网金融创新分享会等行业会议，增加互金企业经验分享、问题探讨等交流学习的机会，以提高互金企业的创新收益，降低创新成本，并刺激或鼓励互联网金融创新。当互金企业进行创新时，监管部门要做好严密的监管工作，通过教育劝说、窗口指导等方式缩小互联网金融创新中的不良影响范围，降低互金企业的监管惩罚力度，通过严格的监管制度消灭损害消费者权益的伪创新。另外，监管部门自身需要跟上互联网金融的发展步伐进行监管创新，优化互联网金融创新的监管业务，并通过大数据监控降低监管成本。

(3) 适度监管。无论何时，互联网金融监管都需坚持适度监管原则，因为过度监管必然会抑制互联网金融的创新发展，而监管不足可能导致互联网金融问题层出不穷地发生，容易引发系统性风险。一方面，互联网金融监管需要坚持底线原则，以防范风险为底线，以保护消费者为底线进行适度监管。另一方面，互联网金融监管坚持监管环境宽松的原则。互联网金融发展至今已有数年，诸多互金业务都还在摸索中前进，因此需要将互联网金融置于较为宽松的监管环境中，避免因为互联网金融在发展过程中出现的一系列问题和风险就将其“一棍打死”的现象发生，但仍然非常有必要制定严格的监管政策以防较大的系统性风险。

5.4.5　方式：传统监管+数据监管+创新监管

(1) 传统监管。传统的金融监管方法，如现场监管、非现场监管对互联网金融监管同样适用，其中非现场监管是互联网金融主要采用的监管方法。①方法比较。现场监管是指监管部门需要到互金企业现场去核查会计凭证、资料文件等来检查、鉴别互金企业的合规状况、运营能力等。非现场检查是指由互金企业报送相关检查资料给监管部门审查。比较而言，现场监管能掌握第一手真实资料，容易及时发现隐蔽性问题，但监管成本高，且受时间空间限制。②方法选择。需要通过互联网在线上开展金融业务，互金企业无须上交纸质材料给监管部门，直接通过网络传递信息即可，所以现场方式与非现场方式在材料获取方面区别不大，互联网金融监管以非现场监管为主。③独特优势。与传统监管的非现场监管不同的是，互联网金融的非现场监管几乎可实现实时监控，因为互联网信息的传播速度快、变化也快，互联网金融监管部门只要与互金企业进行网络对接，就可实时掌握互金企业动态，实时监督管制互金企业。

(2) 数据监管。借助大数据技术监管，互联网金融有三大优势，一是利用互联网技术和大数据技术，使监管平台 7×24 小时对监管部门开放，探索出适合日常监管的新方法，还可节约监管资源；二是可以使监管部门更主观、更准确、更全面、更高效地了解互联网金融的状况；三是便于各监管部门协同监管，实现社会共治(图 5-10)。首先，强化大数据监管的宏观效能。让监管部门全方位掌控互金企业的信息数据，及时准确把控互金企业的动向，实现宏观审慎监管的高效执行。并且，利用大数据量化系统性风险，提升互联网金融风险预警水平，有效防范和化解金融风险，维护金融稳定。其次，强化大数据监管微观动态。实时掌握互金企业动向并及早发现异常，利用综合指标体系直观审核互金企业的健康度，利用日常报告有针对性地查阅互金企业的运作情况，利用数据工具进行明细查询及检测核验。最后，建立社会信用体系。打破数据信息孤岛的局面，利用大数据建立多维度、全覆盖的大数据征信平台，为经济高效运行提供全面准确的基础信用信息服务。

(3) 创新监管。互联网金融在提升金融服务效率的同时也加剧了金融风险，挑战着监管机构的监管能力，因此监管机构只有进行监管创新才能跟上互联网金融发展的步伐。①监管内容创新。传统的金融监管主要检查被监管者的会计凭证、账簿、报表、文字资料等，以考察被监管者是否合规，希望及早发现问题。互联网时代获取的信息具有多样性，很多传统检查内容外的信息也能为监管者提供线索，如日交易量变化大，或参与者数量变化大，或资金转移频繁且额度较大等，则可能有异常情况出现，监管部门可利用大数

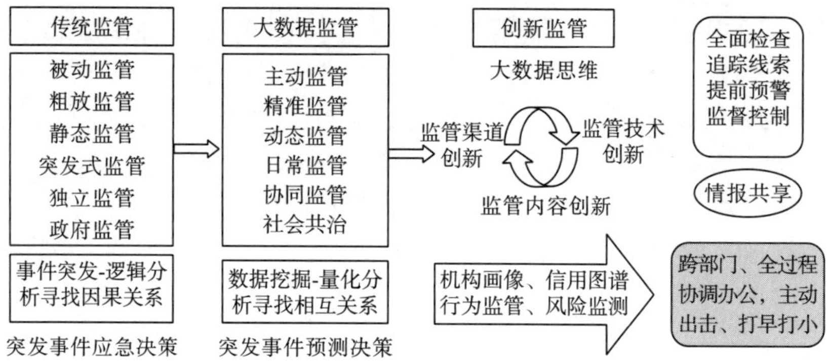

图 5-10 大数据技术监管互联网金融

据深度剖析，大数据监管已经成了互联网时代金融监管的重要内容。②监管渠道创新。传统金融信息获取主要来自被监管者主动上交材料和监管者亲临现场获取材料，监管信息的获取渠道相对单一。除此之外，互联网金融监管部门可通过互联网金融网站的运行状况、资讯网站的相关报道、互联网金融市场参与者的评论等多渠道获取信息，并根据异常状况及早发出预警。③监管技术创新。大数据技术、云计算技术、区块链技术、互联网技术等技术创新不仅带来了互联网金融业务的创新，还带来了互联网金融监管的创新。比如，监管部门在处理获取的大量信息时，可借助大数据技术进行欺诈检测，并将其运用于反洗钱、偷税漏税等具体的应用场景中。

第6章　互联网消费金融：对消费者的普惠金融服务

伴随着网络经济的快速发展，由互联网消费金融长尾效应引发的杠杆化网络消费逐渐发展壮大起来，在经济新常态的当下，表现尤为突出，已经逆袭为国民经济健康增长的重要支撑。互联网消费金融是指互联网金融为消费者的生活消费提供金融解决方案，是互联网金融的对私业务，也是互联网金融服务实体经济最直接的表现形式。为此，本章用前面几部分关于互联网金融创新、风控及监管的研究成果来考察互联网金融如何以更高的可控性、合规性和普惠性服务大众消费。

6.1　互联网消费金融的理论分析①

6.1.1　理论基础

消费、投资和出口是拉动一国经济增长的三驾马车，可见消费对一国经济增长至关重要。理论上，Willian Petty、Adam Smith 等西方古典经济学家早在 18 世纪就指出消费是生产的目的和动力，奠定了现代消费金融的理论基础，后来凯恩斯等西方现代经济学家进一步丰富和完善了消费金融理论。比如，凯恩斯绝对收入假说认为居民随着收入增加，边际消费倾向递减；相对收入假说认为居民前期收入和消费水平决定后期消费支出，但同时会受到身边其他人的消费行为的影响(Duesenberry，1949)；持久收入假说认为消费者当前消费的增加是基于未来收入增长的跨期行为(Friedman，1956)；生命周期假说认为，消费者基于效用最大化原则决定生命周期各个阶段的消费和储蓄额度(Modigliani，1949；Duesenberry，1949)。

实践上，美国、日本等发达经济体的国内消费对 GDP 的贡献都占六成以上，美国则稳定在八成以上。从拉动经济增长的有效性来看，消费具有投资和出口无法比拟的优势。20 世纪 90 年代以来，我国居民消费占 GDP 的比例不高，消费对国民经济增长拉动乏力的原因是多方面的。一是我国消费金融供给主体和产品结构单一。由于我国个人信用体系建设滞后，银行等传统金融机构以信用卡和小额消费贷款为主，无法充分满足个人消费信贷需求，并且真正与大众居民消费活动直接相关的产品规模相当有限。二是我国居民收入未能与经济同步增长，同时因社会保障体系不健全还要受住房贵、看病贵、上学贵等问题

① 邵腾伟，吕秀梅. 新常态下我国互联网消费金融的表现、作用与前景. 西部论坛，2017 年第 1 期。

所困扰。三是受勤俭节约等传统消费观念影响，保守消费和理性消费导致居民消费能力和消费意愿受限。但是，随着收入和社会保障水平的提高，我国居民消费对 GDP 增长的贡献率正逐步上升，从 2011 年起稳定维持在 50%到 2016 年的 64.6%①。同时，我国消费贷款余额也稳步增加，截至 2016 年 9 月已达 970.29 亿元，同比增长 110.9%②。这期间正是我国网络经济的高速发展时期，网络购物交易规模占社会消费品零售总额的比率从 2011 年的 4.3%增长到 2015 年的 12.6%，内嵌于网络购物场景的互联网消费金融更是呈现井喷式发展，交易规模从 2011 年的 6.8 亿元猛增到了 2015 年的 2356.4 亿元，5 年增长了 300 多倍③。网络消费和互联网消费金融最早只在年轻人中盛行，被誉为是"高大上"的消费行为，显著的羊群效应使一些消费观念保守之人也逐步开始网络消费和超前消费。因此，尽管当前互联网消费金融在居民消费信贷总额中的占比仍很低，但它激活社会消费潜能的示范效应不可小觑。特别是当前我国经济发展步入新常态，发展互联网消费金融对我国国民经济持续健康发展具有特别重要的意义。作为拉动经济增长的三驾马车之一，消费（尤其是网络消费）已成为培育新经济增长点的逻辑起点。

目前，也有不少学者对互联网消费金融进行了研究。赵大伟（2017）认为互联网消费金融是在大数据技术驱动下发展的，可从征信、风控、营销和场景化四个角度对互联网消费金融发展产生影响。黄小强（2015）界定了互联网消费金融的含义，并在分析现状的基础上提出了发展展望。尹一军（2016）认为我国消费金融存在消费观念未入人心、风险防范不足和征信体系不健全三大障碍，并提出相应的创新发展措施。李小龙（2017）细化了互联网消费金融风险，提出信用风险、市场风险、操作与技术风险、法律与监管风险等，并提出相应的风控措施。已有的研究定性刻画了互联网消费金融兴起的背景、生长环境、发展现状和未来趋势，对互联网金融研究有一定启示作用。但现有研究较宏观，因此有必要从微观角度分析互联网消费金融的一些基本力量，分析如何创新如何风控。

6.1.2 概念界定

由于消费金融涉及面广，国内外学术界并无统一定义。但普遍是从消费主体出发，采用"consumer finance"一词，即"消费者金融"，指与消费者相关的金融活动。Yohe（1979）从基本金融功能角度定义金融环境，认为消费金融可细分为支付、风险管理、信贷和储蓄与投资决策。我国消费金融通常仅指消费信贷（consumption credit），即金融机构向消费者提供借贷产品或服务以帮助其消费，并据此把消费金融分为广义消费金融和狭义消费金融。广义消费金融包括住房贷款、汽车贷款、信用卡和消费信贷；狭义消费金融是指消费金融公司向各阶层消费者提供的以消费信贷为目的的金融服务，不包括房贷和车贷，与我国银保监会在对消费金融公司的监管办法中提出的贷款范围一致。基于此，本章认为互联网消费金融是指借助互联网手段为消费者提供消费方面的金融服务，既包括传统消费金融的互联网化，也包括应用互联网技术进行的消费金融产品创新。应当指出的是，

① 资料来源：商务部新闻发布会. 2016 年消费对经济增长贡献率达 64.6%. 2017-2-21。
② 资料来源：产业网. 2017 年中国消费金融行业发展现状分析. http://www.chyxx.com/industry/201709/557046.html，2017-9-2。
③ 资料来源：艾瑞咨询. 2016 年中国网络购物行业监测报告-现状趋势篇[R]. 2016.

互联网消费金融是互联网化的消费金融，所以传统消费金融理论对互联网消费金融仍有很强的指导意义。与传统消费金融相比，互联网消费金融在产品、服务和风控等方面充分植入了互联网技术手段，从而使消费金融的产品具有小额、分散、无担保、无抵押等特性(谢平和邹传伟，2012)，消费信贷的审核和审批实现线上、实时、自动化和高效率，风险管理实现数据化、智能化和精准化(表 6-1)。由于借助了互联网、大数据、云计算等先进技术，互联网消费金融使得消费金融服务更具普惠性，能够覆盖更多的中低端群体，包括农民工以及大学生等。同时，消费金融服务也进一步向各类人群的生活消费场景延伸。在消费金融服务中，每笔消费贷款金额越小，越需要依靠风控系统将授信流程标准化，这既是用户体验的客观要求，也是金融机构降低人工成本的主观需要。互联网消费金融由于充分利用了互联网技术，从而大大降低了零售业务乃至消费金融业务的人工成本。相比于传统消费金融半个月左右的授信审批周期，互联网消费金融主要针对更小额信贷，并且一般遵循“额度越小，审批速度越快”的原则，很多小额的互联网消费信贷从申请到审批和放款往往只需几分钟的时间。同时，消费金融通过互联网手段开展业务还能沉淀数据，所以互联网消费金融的风控成本和获客成本均低于传统消费金融。

表 6-1　互联网消费金融与传统消费金融的比较

比较事项	传统消费金融	互联网消费金融
覆盖人群	有大额消费需求人群以及信用卡人群	以 80 后、90 后为主，其他年龄段网购人群逐年增多
覆盖商品	大额消费信贷、信用卡消费信贷	车贷、房贷等大额信贷，电商平台上所有消费信贷
客户黏度	随消费的商品数量的增加而增加	随消费的商品数量的增加而增加
用户互动	用户对服务的感受更多的是对整体的处理方式，更为模式化，用户参与感较少	用户对服务的感受随消费商品数量的增加而加深，方式更为灵活多样
服务渠道	依托对传统金融商品或线下消费场景中的营销能力	依托互联网平台及在年轻人群中高普及率的社交网络
服务形式	以延迟支付充分利用货币的时间价值，银行作为资金及资金信息的持有、管理方，是传统业态中资金流通的必经渠道	敲碎商品的价值和使用价值，使之高频率、低额度地进行交换，架空了银行渠道，让市场来影响作为消费品价值一部分的资金价值的定价

从本质上讲，互联网消费金融与传统消费金融一样，都是为消费者提供金融服务，旨在通过加杠杆帮助消费者突破收入约束。一方面假如杠杆倍数不变，随着居民收入的增长，消费金融市场也会同比例扩张；另一方面完善的信用体系可以做到在风险可控的前提下给居民加杠杆。因此，与传统消费金融一样，互联网消费金融也涉及金融服务的供给方和需求方、资金端和资产端，以及为互联网金融提供配套服务的衍生组织，只是由于有互联网技术的广泛应用，从而使互联网消费金融的生态更加和谐(图 6-1)。

从供给侧看，国内互联网消费金融主要由商业银行、电商平台、消费金融公司、网络分期平台、P2P 平台提供金融服务，以及提供配套服务的网络个人征信、数据提供、资产证券化等机构。从需求侧看，需求方不仅包括传统消费金融覆盖的中高端客群，还包括农民工等流动人口，大学生等中低端客体。互联网消费金融的资金端主要是供给方自有资金、同业借款、金融债券、资产证券化、同业拆借、小贷公司或者 P2P 对接，而传统商业银行从事互联网金融还可以利用自己吸收的存款进行消费放贷。互联网消费金融的资产端主要为消费贷款和小额现金贷款，并嵌入到居民吃饭、穿衣、住房、旅行、娱乐、教育、医疗、美容等丰富的生活场景之中，并及时切入跨境电商、智能穿戴、出境旅游、文化消费等新的消费热点。

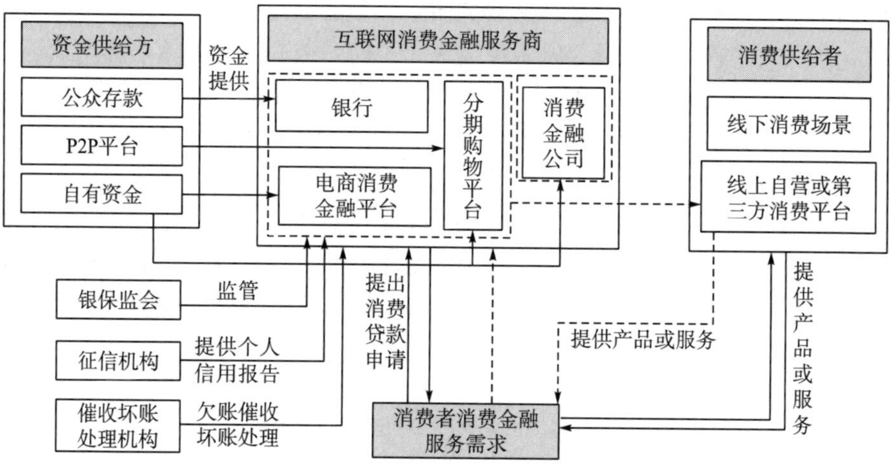

图 6-1 互联网消费金融生态系统

6.1.3 普惠体现

传统金融受成本和效率等因素的约束，坚守“二八定律”，即 20%的高净值客户手握 80%的财富，为这群高净值客户服务就可盈利，从而忽视了剩余 80%的普通客群。随着年轻客群消费习惯的改变，人们普遍接受超前消费。大学生群体收入来源少但消费需求旺盛，对消费信贷的接受程度高但可获取消费信贷的机会少；城镇化后大量农村劳动力进城务工，也具有较强的消费需求，但其消费需求常被忽略；年轻蓝领收入略低，没有储蓄习惯，日常收入难以满足日常消费需求，该类客群规模大但渗透率较低。与传统金融不同的是，互联网消费金融践行普惠金融，目标客群是剩余 80%的长尾客群，借助互联网、大数据、云计算等先进技术，让互联网消费金融能够覆盖更多的中低端客群，包括大学生、农民工及年轻蓝领等，使他们能享受真正的消费信贷服务，真正体现互联网消费金融的普惠特性。

中国经济进入新常态，国内基础设施建设需求减少，贸易出口受阻，消费上升为拉动中国经济增长的主要依赖力量。事实上，近些年居民财富快速增长，利率水平下行加上国家政策刺激消费，社会保障体系更加完善，因此居民的消费能力和消费意愿也逐年攀升。社会的消费理念已由勤俭节约和理性消费逐步变成提前消费和信用消费，越来越多的人愿意通过杠杆化消费追求物质享受和休闲娱乐，消费金融的发展迎来了历史性的机遇。数据显示，2016 年个人消费信贷约 22.6 万亿元，占 GDP 比例的 30%，预计未来几年有望保持

20%的年复合增长率①，而消费信贷规模到 2019 年时可能超过 40 万亿元(图 6-2)。假定未来几年国内消费增速保持 10%，消费升级和消费提升将带来超过 15%的年增速的消费信贷，那么到 2019 年还有五万亿元市场。长尾客群的消费能力正在提升，消费需求也在不断释放，拥有极高的价值，传统金融造成的缺口是互联网消费金融崛起的主要原因。

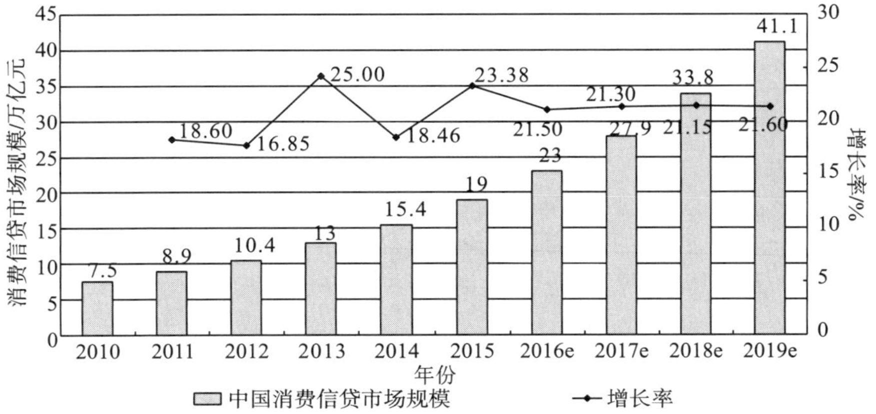

图 6-2　2010～2019 年中国消费信贷市场规模及增长状况

数据来源：艾瑞咨询《2016 年中国互联网消费金融市场研究报告》，2016-3-21。

注：年份后的 e 表示预测值

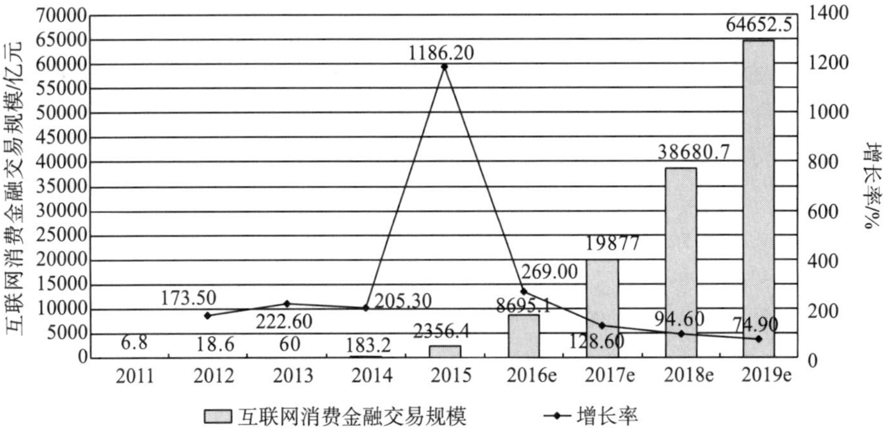

图 6-3　2011～2019 年我国互联网消费金融交易规模及增长状况

数据来源：艾瑞咨询《2016 年中国互联网消费金融市场研究报告》，2016-3-21。

我国互联网消费金融目前正处于市场启动阶段，但是随着国家对互联网消费金融政策的支持、消费者观念的更新以及行业服务商对这一蓝海市场的争夺，互联网消费金融在近些年呈现出爆发性增长态势。仅以传统消费金融难以覆盖的大学生、农民和中低收入的城

① 资料来源：中国产业信息网. 2017 年中国消费金融行业发展现状及市场规模预测. http：//www.chyxx.com/industry/201703/505447.html，2017-3-21。

市蓝白领人群为例，我国目前有大学生群体 3600 万人[①]，客单价为 3000～5000 元，目标渗透率按 40%计算，其信贷规模就有近 600 亿元。而城市中低收入的蓝白领人群的短期周转信贷需求的线上目标渗透率按 2/3 计算，客单价格为 700 元左右，其信贷规模可达 1800 亿元，线下消费渗透率按 1/3 计算，客单价为 3000～5000 元，其线下消费规模可达 5000 亿元，线上线下预计可产生信贷规模 7000 亿元。同时中国有 4 亿左右的农民，这一基数最大的消费群体渗透率只有 10%，客单价为 3000 元左右，预计可产生信贷规模 1200 亿元。另外，还有近 5 亿的信用卡持卡的中高收入人群，预计会产生 20000 多亿元的透支消费。考虑到未来的渗透率和客户产品单价的提升，潜在消费人群的上升空间可期。互联网时代，大数据有助于掌握用户信用状况，互联网使物流可控，因此互联网消费金融市场风险可控，加上客户对市场的接受程度逐渐提高，消费信贷在未来增长的潜力巨大。因此，各互联网巨头先后发力，瞄准消费金融市场，是普惠金融服务的重要提供方。该市场在短短几年时间里，已经历由开篇入场到逐步规范和完善，并进入不断优化、扩展、求新求变的阶段。

6.1.4 驱动力量

我国互联网消费金融在近些年呈爆发性增长，其驱动因素主要有以下几个方面。①互联网经济高速增长并向传统产业高速渗透。互联网技术的发展为互联网企业的快速发展提供了技术支撑和良好氛围，在加速业务模式创新的同时带来了经济的高速增长，渗入传统行业后也加速了传统模式的变革；互联网时代人们在消费、娱乐等多方面都有很大变化，为互联网企业探寻新的利益增长点提供庞大的用户基础。②电子商务成为中国消费的全新增长点。电商平台多样化的商品与服务能满足消费者各种消费需求，用户体验感强，因此容易带动中国消费的增长。一方面，电子商务及网络购物市场的快速增长，培养了用户在线消费、在线支付的行为习惯，降低了金融互联网化过程中对于用户习惯的培养成本；另一方面，电子商务使得信息、商品、资金形成完善的闭环，伴随着交易规模的快速增长，其所积累的数据量也在骤增，这为大数据、供应链在风险控制领域的发展提供了基础条件。③垂直场景深化拓宽了消费金融的覆盖范围。统计显示，我国目前的人口年龄分布中，20～49 岁的人口是社会的中坚力量，也是消费的主力人群，在网购消费者中，80 后、90 后也成了中坚力量。80 后逐渐成为社会的最大消费群体，90 后开始进入职场，未来的消费意愿将得到释放，在消费方式上他们更习惯网络购物、移动购物。在消费类别上，他们以科技产品和智能产品为潮流趋势诉求，以家居家装、母婴消费为刚需诉求，以医疗健康、娱乐旅游为生活品质诉求。④互联网消费金融服务的提供者日益丰富。从以前的传统商业银行为消费金融主要提供者逐步演变成电商平台、分期购物平台、新型消费金融公司等丰富多样的提供者，为互联网消费金融发展的百花齐放带来集聚效应。⑤个人征信体系的完善可提高居民杠杆消费比。在个人征信公司开始运营后，其下游消费金融对个人征信的应用将进入爆发期。虽然目前国家批准开展个人征信业务的 8 家公司仍在个人征信业务的准备

① 数据来源：2017 年中国统计年鉴。

工作中未正式获取牌照，但以芝麻信用为代表的个人征信已进入下游应用领域，包括消费金融、住宿、出行等，与商业银行、资质优良的消费金融公司合作。随着个人征信产业的成熟，居民负债消费比完全可以进一步提升。⑥互联网技术发展和大数据时代的到来为消费金融的兴起提供了新的工具和模式。面对巨大的消费金融服务市场，各种服务模式及技术的变革拥有了更强的动力。移动互联网的全面普及，推动了近场支付 NFC，二维码支付等支付手段的全面场景切入。大数据分析被广泛应用于银行、电商消费平台等消费金融服务机构，针对性、系统性地处理用户信用数据和进行信用消费风险管理。第三方支付与移动互联网的发展拓宽了互联网消费金融的端口，大数据技术的应用极大地降低了消费金融风险，共同促进了消费金融的发展。⑦国家政策大力支持互联网消费金融发展。近年来，国家先后出台了一系列文件和优惠政策鼓励电子商务发展、互联网经济发展、引导互联网金融合规化发展，支持互联网金融开展互联网消费金融业务。

6.2　互联网消费金融的创新方向

6.2.1　需求场景创新

1.场景对于互联网消费金融的意义

互联网金融服务常被设置于网上消费、社交等具体场景中，能诱导客户参与体验的应用形态叫入口场景，能触发用户通过互联网支付进行有偿消费的应用叫支付场景，入口场景和支付场景共同构成需求场景。与影视场景类似，互联网领域的场景也由时间、地点、人物、事件和连接方式构成，通过二维码等互联网方式把人与人、人与物连接起来（图 6-4）。场景是最真实的以人为中心的体验细节，是价值交换方式和新生活方式的表现形态。消费者对产品或服务的消费，最在意的是其需求在何种场景被满足。

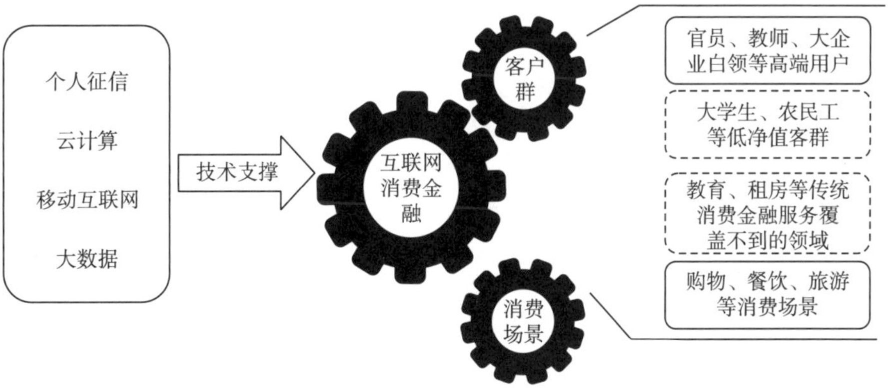

图 6-4　互联网消费金融的用户群体及消费场景

2.互联网消费金融的主要消费场景

近年来，互联网技术打开了垂直消费市场的各种应用场景，相应的互联网消费金融服务能够覆盖更广阔的用户群体，如农民工等流动人口、大学生等中低收入群体。在消费市场的结构方面，已从早期对工作生活中必需品的消费需求拓展成娱乐休闲类产品的消费需求，消费金融市场前景可观。从消费信贷结构上看，我国个人消费信贷与可支配收入的占比远远低于美国，因此国内互联网消费金融发展的空间大(表 6-2)。

表 6-2 互联网消费金融的主要场景

主要场景	需求描述
住房消费	根据相关估算，中国存量房总套数约为 2 亿套，存量房总价值约 200 万亿元，即便是当前我国经济进入增长放缓的新常态，但住房的信贷需求每年仍有 20%左右的增长。同时由于政策限制，消费金融公司不允许发放房贷，所以房贷市场主要由银行垄断。基于未来金融多元化的市场发展预期，随着房地产资产金融化率的提升，依托房产交易的消费场景，互联网消费金融如链家金融、世联行等将打开传统消费金融的存量市场
汽车消费	单纯从汽车零售金融产品渗透率来看，美国为 80%，英国为 70%，意大利为 65%，日本为 50%，而中国 2015 年仅为 35%，相比成熟的汽车市场未来仍有较大空间。在移动互联网的大背景下，新车电商和二手车电商分别从不同场景切入了汽车消费领域，同时，汽车后市场服务的移动端用户从 2014 年的 60 多万人上升至 2015 年的 400 万人，规模扩张和渗透率提升极大地拓展了汽车消费场景的空间
网上零售	2010 年网上零售仅占社会零售总额的 3.5%，但是到了 2015 年网上零售占社会零售总额的 12.3%。同时跨境电商的崛起，不仅把零售的消费场景从线下转移至线上，同时把消费场景拓展至全世界和地区。可预见，随着我国电商“买全球、卖全球”的加速推进，基于网购分期的互联网消费金融将迎来爆发式增长
母婴消费	随着三胎政策放开，新一波生育潮即将来临，同时考虑到中国居民消费观念的改善，可以预见中国母婴市场在政策放开后的 12 个月里将达到 156 亿元。围绕母婴消费场景展开的母婴社区分享、母婴服务医疗、母婴家政、亲子游乐等同样会拓展互联网消费金融空间
生活消费	移动网络平台把生活服务的碎片化订单和碎片化时间进行了点对点对接，并且结合 LBS(location based services，基于移动位置的服务)等技术，解决了区域性、时效性的问题，截至 2015 年，生活服务 O2O 市场规模超 4000 亿元。未来，各类互联网消费金融对垂直行业的深入挖掘，也将带来巨大的发展空间
大学生消费	现在校大学生大多是 90 后，追求享受和娱乐，熟悉互联网应用，喜欢网上购买品牌类、刚需类产品，是最容易接受互联网消费金融，进行杠杆化提前消费的互联网土著人群。目前我国有大学生群体 3600 万人，客单价在 3000～5000 元，目标渗透率按 40%计算，其信贷规模就有近 600 亿元。但是由于在校大学生普遍无稳定收入来源，消费信贷的风险较高，所以像锦城消费金融公司这样的消费金融提供商选择为毕业生和毕业一年内的大学生提供贷款，贷款门槛为每月收入 1500 元可最高贷款 10 万元
耐用品消费	耐用品通常指家电家具及 3C 产品等使用时间 1 年以上、价值 1000 元以上的耐用品。耐用品是刚走上工作岗位或刚搬新家人群的刚需，但由于这部分人群受收入约束较大，因而具有采取杠杆化信用消费的市场需求空间，所以往往也是互联网消费金融公司争取的主要业务场景。如海尔金融、马上消费等开展的家电分期、装修分期等，而捷信消费金融公司则采取差异化的竞争策略，主攻二三线城市外来务工人员对耐用品消费的需求

资料来源：根据相关资料整理所得。

3.互联网消费金融的消费场景延伸

随着消费金融的渗透，细分消费场景更多选择以金融的形式完成，如旅游、医疗、交通等，以校园通为代表的线下消费场景精准切入细分市场的消费金融模式(表 6-3)。例如去哪儿、驴妈妈、途牛、首付游等旅游平台推出了旅游金融分期消费，新焦点医疗消费金融成为医疗保险的一种补充，国内有少数医院都通过与银行合作，推出了分期付费。而针对校园这一细分市场，以校园通、分期乐、趣分期等为代表的注重线下场景的消费模式成为细分行业代表。由于校园学生收入来源少、并对手机电脑等数码 3C 产品和旅游娱乐等项目表现出旺盛的消费需求，这一消费结构及消费特征将为消费金融在校园市场中扩展提供巨大的机会。随着消费场景与消费者群体的划分越来越细致，必然对相应的金融产品提出更高的要求。

表 6-3　不同场景和人群的互联网消费金融细分

细分	大学生	白领	蓝领	农民	60 后	70 后	80 后	90 后	典型代表
衣	网购分期	网购分期				网购分期	网购分期	网购分期	蚂蚁金服 京东金融
食	O2O分期	O2O分期							饿了么 去哪儿
住		装修分期	装修分期						链家金融
行				农机分期	汽车金融	汽车金融	汽车金融		星时贷 易鑫资本
教育	学费分期	学费分期							分期学 蜡笔分期
旅游					旅游分期	旅游分期	旅游分期	旅游分期	首付游 途牛金融
娱乐	网游分期	网游分期	网游分期						乐视 优酷
健康		美容分期	医疗分期	医疗分期				整形分期	宜人贷 平安银行
耐用品	3C分期	家电分期	家电分期	家电分期					捷信金融 海尔金融

资料来源：根据相关资料整理所得。

场景对于互联网消费金融的最大好处在于获取客户和风险控制。随着金融准入政策不断松绑和技术门槛的降低，与衣、食、住、行、玩、教育、健康等相关的各类交易场景天然融合的金融需求将更加容易被满足。通过将金融流程和产品围绕交易进行重构，实现物流、信息流、资金流的交易场景化、动态化、可视化，将极大地提高效率，降低成本，并使得风险得到更好的控制。因此，场景将更有可能成为金融服务的入口，而通过与场景的融合，金融将更加有温度。由于消费者碎片化、分散化，基于无分支网点的纯线上互联网金融往往获客成本很高，有的互联网金融平台户均获客成本甚至高达 1000 元以上。场景是“商圈”，是互联网金融切入的最佳入口，碎片化分散的消费者因场景而聚集，有利于互联网消费金融低成本获得大量客户。场景的另一重要应用是对用户的信用把控，目前我国个人征信体系建设滞后，虽然部分电商平台可以借助大数据控制风险，但由于不同电商平台之间的信息孤岛以及消费者对电商平台的忠诚度低等原因，网络信贷消费的风险高，所以电商平台出于对风险的严格控制，倾向于让消费信贷成为一种购物体验。由于场景是以人为中心的体验细节，进而有助于消费金融的需求者与供给者进行信息沟通，降低信息不对称，既让消费者明明白白地消费信贷，也让消费金融供给者放放心心地消费放贷，最大限度地降低消费者信用风险。应当指出，场景对消费金融确有裨益，但不是关键所在。互联网消费金融在缺少需求场景的情况下，可以通过与征信企业合作降低信用风险，也可以与消费场景合作进行场景分享。

6.2.2 产品形态创新

互联网消费金融以互联网为主要媒介向借款人提供消费贷款，借款人或从互联网消费金融机构那里获得借款后消费，或由互联网消费金融机构为消费的借款人付款，但不管是哪种形式，借款人最终都要向互联网消费金融机构还本付息，只是前者的还款利率r_c往往要高于后者r_e。从还款的角度来看，不外乎一次性还本付息、分期还本付息和以偿债基金的形式还本付息等三种基本情形。

1.一次性还本付息

设借款人的借款金额为M元，借款的年化利率为r，借款期限为t年，到期的还款额N为

$$N = M(1+r)^t \tag{6-1}$$

如某人利用京东白条在京东商城购买了 1000 元的 3C 产品，年化利率为 6%，半年一次还本付息；同时又用京东白条借了 1000 元现金，年化利率为 18.0%，半年一次还本付息。则两笔消费信贷到期的还款金额分别为 1029.56 元和 1086.28 元，计算过程如下：

$$N_e = M(1+r_e)^t = 1000(1+6.0\%)^{0.5} = 1029.56\text{（元）}$$

$$N_c = M(1+r_c)^t = 1000(1+18.0\%)^{0.5} = 1086.28\text{（元）}$$

2.分期还本付息

设借款人的借款金额为M元，借款的年化利率为r，借款期限为t年，等额还款，每满一个月还款一次，则每期的还款额P为

$$P = \frac{Mr}{1-(1+r)^{-12t}} \tag{6-2}$$

假定上例中的还款条款改为每月等额还款一次，则两笔消费信贷每月的还款金额分别为 374.11 元和 459.92 元，计算过程如下：

$$P_e = \frac{Mr}{1-(1+r_e)^{-12t}} = \frac{1000\times 6.0\%}{1-(1+6.0\%)^{-6}} = 374.11\text{（元）}$$

$$P_c = \frac{Mr}{1-(1+r_c)^{-12t}} = \frac{1000\times 18.0\%}{1-(1+18.0\%)^{-6}} = 459.92\text{（元）}$$

应当指出的是，这里只列举了还款时间与计息时间相同的等额还款分期。事实上，分期还有很多种情况，如偿还频率与计息频率不同时的分期，均衡的分期后还有一个不规则的还款额，各期偿还额均不同的情况等。但总的都是利用货币的时间价值进行折现，这里就不一一枚举。

3.偿债基金模式

消费贷款偿还也可通过建立偿债基金进行。借款人的利息按期偿还，本金在各期分别

存入一定金额后到期时再一并偿还。这种情况在大额购买耐用品的消费信贷中较为常见。

设借款人的借款金额为 M 元，借款年利率为 r，借款期限为 t 年，假定借款人按偿债基金方式每年还款一次，偿债基金的年利率为 i，则借款人每年要还两笔款，一笔是存入偿债基金的款项 $D=\frac{Mi}{(1+i)^t-1}$，另一笔款为借款本金在该年的利息 $R=Mr$，于是可得借款人每年的还款总额 S 为

$$S=D+R=\frac{Mi}{(1+i)^t-1}+Mr \tag{6-3}$$

如某人乔迁新居时向海尔消费金融公司申请了 10 年期的 80000 元海尔智能家电组合，年利率为 5%，采用偿债基金法偿还，偿债基金年利率为 4%，则借款人每年存入偿债基金里的金额为 6663.27 元，还借款利息为 4000 元，每年还款总额为 10663.27 元。计算过程如下

$$D=\frac{Mi}{(1+i)^t-1}=\frac{80000\times 4.0\%}{(1+4.0\%)^{10}-1}=6663.27\text{（元）}$$

$$R=Mr=80000\times 5\%=4000\text{（元）},\quad S=D+R=10663.279\text{（元）}$$

应当指出的是，由于偿债基金还款与等额分期还款有些相似，所以实务中往往把偿债基金形式归入广义的消费分期业务中。

6.2.3　服务模式创新

我国互联网消费金融市场正处于发展的起步阶段，以阿里巴巴和京东为代表的电子商务企业、网络分销购物平台以及 P2P 小额消费金融、传统消费金融机构、互联网消费金融公司都在布局互联网消费金融，从而形成多元主体共存的局面，使互联网消费金融在模式创新中不断发展。除了这些互联网金融供给主体，互联网消费金融还衍生出大数据征信、数据提供、资产证券化等消费金融配套服务组织。

1.传统金融互联网化

由于拥有资金和客户优势，传统银行占据了我国消费金融的存量市场，产品主要是信用卡和消费信贷，其中消费金融产品以房贷、车贷、信用卡为主，用户通过一张卡就可以覆盖所有的消费场景。但近年来随着信用卡增速的下降和消费者网络消费的兴起，银行传统的主流客群的增长已触及天花板，一些传统用户甚至转向互联网消费金融，因此以中国工商银行、中国建设银行为代表的传统银行开始积极布局网络消费的全产业链，利用电商平台抢占消费金融市场。在银行系互联网消费金融模式中，消费者先申请消费贷款，银行审核后即可发放贷款给消费者，贷款用于在银行自建电商平台或其他电商平台网购产品或服务(图 6-5)。逸贷业务是中国工商银行为在“融 e 购”网上商城消费的用户提供的一种互联网信用消费信贷服务，用户可申请最低额度为 100 元的消费信贷，自选还款期限但最长不超过三年，该款互联网消费金融还支持借记卡和存折；中国建设银行信用卡用户在善融商务个人商城进行消费时使用，对于支持信用卡分期的商品，无须申请即可直接通过上

述方式支付，免息免手续费，手续比中国工商银行的逸贷业务更加简便，但还款期限都是固定的 12 个月。

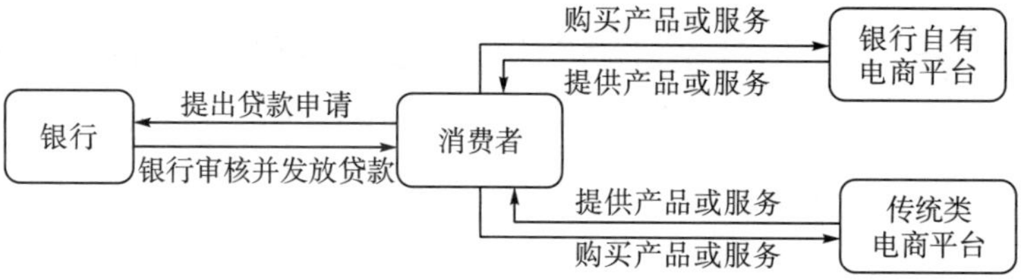

图 6-5 传统银行的消费金融互联网化

传统银行开展互联网消费金融的另一种途径是通过战略入股互联网企业的形式抢占互联网消费金融的需求场景，典型代表是招商银行战略入股滴滴打车。打车出行是当前移动互联网时代最为重要的支付场景之一。截至 2015 年末，成立仅 3 年的滴滴在出租车、专车、快车、顺风车、代驾、巴士等业务已有近 3 亿的注册乘客，1400 多万名注册司机，仅 2015 年全年就有订单 14.3 亿张[①]，2016 年 8 月合并优步后更成为国内规模最大的移动出行平台。招商银行战略入股滴滴以后，将与滴滴在资本、支付结算、金融、服务和市场营销方面展开全方位合作。滴滴的乘客不仅可以使用招商银行的信用卡支付打车费用，还可享受招商银行提供的餐饮、电影等优惠券。滴滴的司机可以在招行线下各分支网点注册进行分期贷款购车。

消费信托是“互联网+信托”的一款创新产品，该产品既可以理财，又可用于消费（图 6-6）。信托公司发行的信托+理财的产品一方面对接销售产品以满足客户的消费需求，

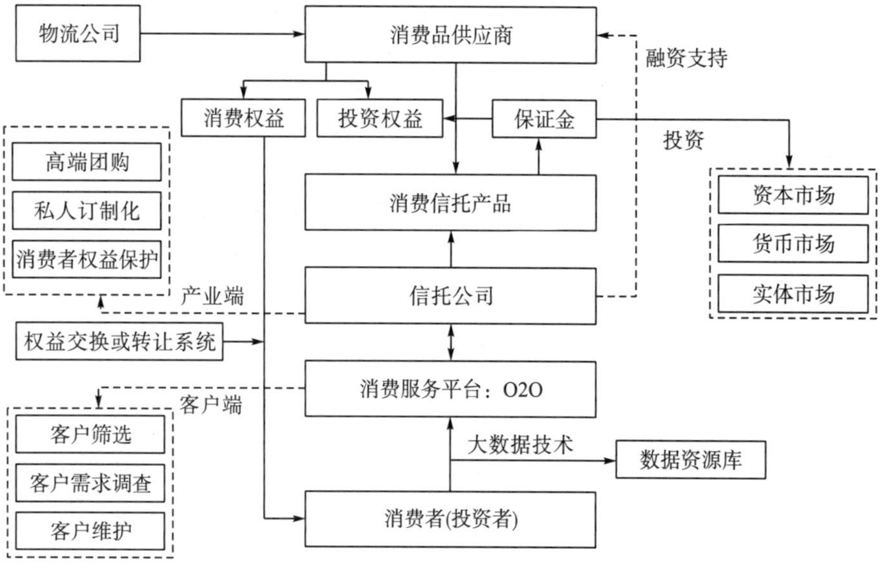

图 6-6 消费信托的业务流程

① 数据来源：滴滴出行官方网站。

另一方面又对接投资实现产品的保值增值。目前市场上的消费信托产品已经有数十款，涵盖医疗养生、酒店住宿、海岛旅游、手机家电等领域。云南嘉丽泽健康度假项目是国内较早推出的信托理财产品，由中信信托推出，五年期限，购买产品时交付资金中的大部分金额被视为保证金在到期时归还，剩余部分金额被视作服务消费费用，获得云南某公寓 14 天的居住权等消费权益。

2.专业消费金融公司

消费金融公司属于非银行金融机构，可为个人提供小额分散的消费信用贷款(图 6-7)。由于消费信贷是风险较高的信用贷款，因此银保监会对消费金融公司有不低于 3 亿元注册资本的要求，且年营业收入不低于 300 亿元。消费金融的资金端主要包括股东存款、同业借款(但不能高于资本净额的 100%)、金融债券、资产证券化、同业拆借等。由于初创期的消费金融公司不能进入同业拆借市场和发行金融债券，因此比较普遍的融资方式是同业借款、资产证券化和股东存款，而这三类的融资成本通常在 5%左右。

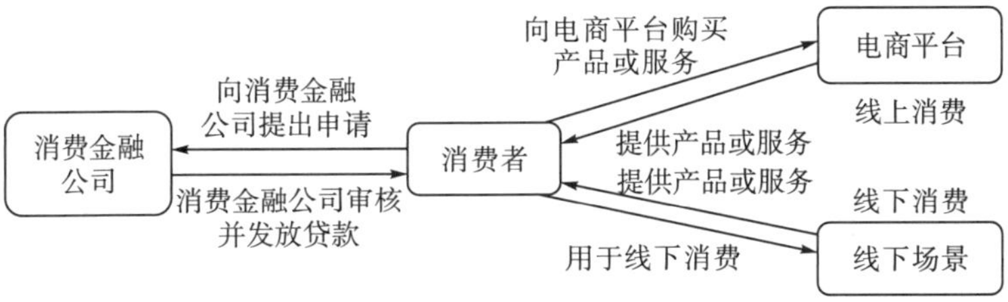

图 6-7　消费金融公司的互联网消费金融业务

消费金融公司的资产端主要是消费分期和小额现金贷款。消费金融公司主要出资人为商业银行或产业公司，主要出资人为商业银行的消费金融公司的贷款利率中值在 10%～18%，主要出资人为产业公司的消费金融公司依据产业公司意图不同而贷款利率略有差异，基于拉动产业消费需求的消费金融公司的贷款利率往往较低，基于延伸产业公司经营范围的消费金融公司的贷款利率比银行系消费金融公司略高，因此综合起来看各类消费金融公司的平均贷款利率在 14%。消费金融公司的资产业务基本是贷款，利差收益大约为 9%。当然，消费金融公司还可以做固定收益证券投资，但投资余额不得超过净资本的 20%，这部分资产收益在 7%左右。消费金融公司按照 10.5%的资本充足率要求和 75%的个人信贷信用权重，理论上杠杆可以放大到 12～13 倍。消费金融公司的互联网消费金融主要是指消费金融公司接入互联网技术，积极推进渐进式改革，寻找消费金融线上线下过渡的模式，实现消费信贷的电子化、网络化和信息化，为用户提供任意切换全渠道的服务场景。相对于传统银行在获客、审批、风控等各环节以互联网手段提升运营效率，消费则通过 App 或网址在金融消费公司业务界面即可进行消费信贷申请，消费金融公司根据用户提供的信息进行线上自动审核或人工审核，为消费者线上线下消费的移动支付提供信贷资金支持，过程快捷。

目前，消费信贷在传统商业银行的贷款业务中占比较低，而商业银行业务的互联网化因结构庞大而进展缓慢。鉴于消费已成为经济新常态下拉动国民经济增长的重要动力及金融互联网化的发展态势，商业银行纷纷出资，作为主发起人设立或者参股消费金融公司，抢占互联网消费金融市场，向白领和有固定收入阶层的日常消费及大额支出提供线上线下消费场景的信贷支持(表 6-4)。银行在提供消费金融服务上依然具有诸多优势，如强大的客户基础、专业的风险控制能力、充足的资本金以及负债端优势等都使银行在与其他类型机构的竞争中占据明显优势。具体而言，银行类消费金融公司占据银行客户资源，又有资金优势和风控优势，招联消费金融公司就是一个典型代表。招联消费金融公司是由招商银行和中国联通公司各出资 10 亿元组建的互联网消费金融公司。公司目前主推零零花、好期贷两款互联网消费金融产品，消费信贷业务全部通过线上申请，极速审批，闪电到账，信用在额度内循环。除了通过手机 App 招联金融渠道外，零零花入驻联通网上营业厅，消费者可直接通过该产品分期购买手机；好期贷入驻支付宝平台，芝麻信用分达到 700 分的用户，可以在线申请 1 万元人民币以内的消费贷款。

表 6-4 我国银行系消费金融公司的基本情况

银行	城市	注册资本	公司名称	成立时间	股权结构
中国银行	上海	最初为 5 亿元，现扩为 8.89 亿元	中银消费金融公司	2010 年 6 月	中国银行(40%)；百联集团(21%) 陆家嘴金融发展有限公司(13%) 中银信用卡(香港)(12%) 其他(14%)
北京银行	北京	最初为 3 亿元，现扩为 8.5 亿元	北银消费金融公司	2010 年 3 月	北京银行(29%)；利时集团(15%) 桑坦德消费金融有限公司(20%) 其他(36%)
成都银行	成都	3.2 亿元	锦程消费金融公司	2010 年 3 月	成都银行(51%) 马来西亚丰隆银行(49%)
PPF 集团	天津	3 亿元	捷信消费金融公司	2010 年 12 月	捷信集团(100%)
兴业银行	福州	3 亿元	兴业消费金融公司	2014 年 12 月	兴业银行(66%) 福州泉州市商业总公司(24%) 特步(中国)有限公司(5%) 福诚(中国)有限公司(5%)
招商银行	深圳	20 亿元	招联消费金融公司	2015 年 4 月	招商银行子公司永隆银行(50%) 中国联通(50%)
湖北银行	湖北	3 亿元	湖北消费金融公司	2015 年 4 月	湖北银行(50%)；TCL 集团(20%)； 武汉商联(15%)；武商集团(15%)
邮储银行	广州	10 亿元	中邮消费金融公司	2015 年 11 月	邮蓄银行(61.5%) 新加坡星展银行(12%) 其他(26.5%)

资料来源：根据网上资料整理所得。

经济新常态下，中国正处于经济的换挡期，行业产能过剩已经成为行业性趋势，核心企业亦未能幸免。当前，工业企业利润总额累计同比开始出现负增长，盈利能力持续下滑，传统零售业增速自 2010 年以来一直持续下滑。因此很多工商企业积极转型，涉足互联网消费金融成了战略选择。一是通过金融手段刺激消费减少企业库存压力，一是为企业寻找新的经济增长点，凭借渠道优势和信息优势参与并未饱和的消费金融市场。2013 年底中国银监会修订了消费金融公司的出资人限制，允许上一年营业收入超过 300 亿元的非金融企业设立消费金融公司，国内海尔、苏宁、重庆百货公司等工商企业积极响应，先后组建产业系消费金融公司(表 6-5)。工商企业作为主要出资人的产业系消费金融公司，其股东面临是让金融支持主业还是让主业培育金融的重心选择。前者的典型是海尔消费金融公司，海尔消费金融的重心不是利用产业培育金融，而是运用金融支持产业。虽然市场上几乎所有消费金融公司都可以提供家电分期服务，但海尔的消费金融服务利率优惠明显，甚至推出“0 元购”(无首付，无利息，无手续费)智能家电产品。国内消费金融目前在智能冰箱的市场渗透率只有 1%，智能空调和洗衣机只有 5%和 4%，海尔则试图通过消费金融来率先抢占这个市场。后者的代表是苏宁消费金融公司和马上消费金融公司，通过消费信贷扩大股东单位的百货、家电、超市和小商品的批发业务规模，同时进入消费领域为股东单位拓展新的经济增长点。产业系消费金融公司虽是传统企业参与出资，但公司组建恰逢我国互联网金融迅速发展时期，所以一开始就充分接入了互联技术手段。海尔消费金融推出的是线上个人消费信贷 App，用户无纸化申请，公司线上快速审批，用户最快一天可获得授信，可取现 50%，可在海尔线上商超和线下 3000 多家零售店使用。苏宁消费金融公司的互联网消费金融主要是苏宁会员用户在苏宁云商门店和苏宁易购上使用的“任性付”，包括线上直接贷款的“任性付-灵活用”和“任性付-分期”两款业务。马上消费金融全部采取手机 App 线上渠道获客，60%的业务审批依靠金融科技的 FICO 风控系统自动审核，另外 40%的业务由人工审核，从而实现风险与成本的平衡。

表 6-5　消费金融公司的互联网消费金融业务比较

类型	招联消费金融	海尔消费金融	苏宁消费金融	马上消费金融
简述	由招商银行和中国联通发起成立	由海尔作为大股东发起成立	由苏宁作为大股东发起成立	由重庆百货公司作为大股东发起成立
获客	以线上渠道为主，通过移动 App 获客。学生分期产品“零零花”通过联通网上营业厅获客。白领分期产品“好期贷”入驻支付宝平台获客	以移动 App 为主获客，无纸化申请，线上快速审批，用户一天可获得授信，可取现 50%，可在海尔线上商超和线下 3000 多家零售店使用	在苏宁云商门店和苏宁易购可用 App“任性付-灵活用”在线直接贷款，用“任性付-分期”进行消费分期	全部通过移动 App 获客，无线下网点
审批	引入支付宝芝麻信用分作为准入门槛，芝麻分超过 700 分可直接线上使用授信额度	根据消费数据主动授信，线上商城一键支付使用，同时开通线下零售门店申请	苏宁会员在线申请，然后基于风控技术授予申请人信用额度	60%业务依靠 FICO 风控系统自动审核，40%的业务由人工审核

资料来源：根据网上资料整理所得。

3.电商平台消费金融

电商是当今消费金融市场的重要参与者。电商天然与现金流、物流、数据流紧密相连，具有发展消费金融、建立“商业-金融”生态圈的有利条件。电商从事消费金融的优势明显：一是经过多年经营已经在自己生态圈积累了大量活跃用户，提供金融服务顺理成章，还可通过消费金融+商品零售的一站式服务提升黏性；二是电商拥有会员用户海量的交易数据，电商基于大数据风控模型能以较低成本、较高精度度量用户风险。大数据是电商类互联网消费金融可变现的重要资产，电商平台获客方式为线上站内营销，风控方式为基于大数据的纯线上模式，数据积累+模型分析可直接降低信用风险，为客户提供分期消费或小额消费贷款(图 6-8)，消费金融已成为电商企业建立“商业-金融”生态圈的重要环节。电商类互联网消费金融的资金端主要是电商平台自有资金、延期支付的供应商的货款、资产证券化、网络银行、小额贷款公司等。目前资产端的消费分期借款利率大多在 6%左右，现金贷款利率为 14%～18%[①]。高频交易的电商平台拥有最全面的客户消费和交易数据，因此在互联网消费金融市场有超强竞争力，带动着行业发展，其典型代表是京东白条和蚂蚁金服。

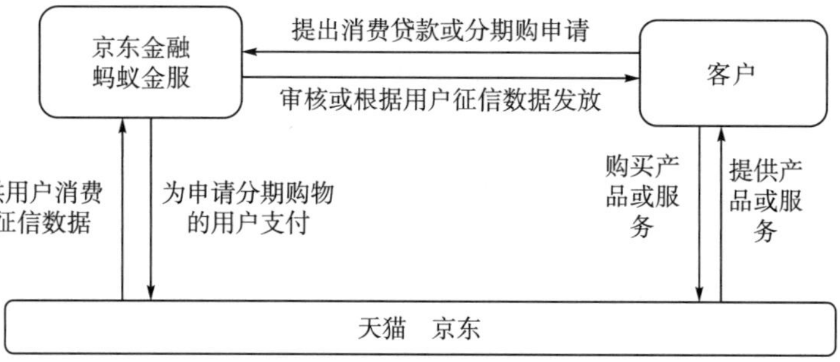

图 6-8 电商平台互联网消费金融业务流程

京东互联网消费金融主打京东白条。京东白条归属京东集团旗下的子集团京东金融，为用户提供信用赊购服务，功能与传统信用卡类似但有本质区别，是业内较早推出的互联网消费产品。京东白条在京东会计账户上记为应收账款，企业不垫付资金，授信额度最高 1.5 万元，可购买除黄金、首饰之外的所有自营商品；提供 3 期、6 期、12 期、24 期，分期服务费率均为每月 0.5%~1.2%。资金来源方面，京东金融自有资金垫资，同时延期支付货款给供应商。京东为获得流动性，选择打包应收账款进行资产证券化(图 6-9)。2015 年 9 月推出的“京东白条一期应收账款债权资产支持专项计划”是中国资本市场首支在深交所挂牌的互联网消费金融资产证券化产品。截至 2016 年 1 月，京东共投放了两笔应收账款资产支持证券，累计金额 20 亿元[②]，京东白条 ABS 发行已常态化，风控能力日益受到市场认可。任何京东会员都可主动申请京东白条，京东金融的大数据风控模型会根据交易数据库授予申请人一个额度，客户在京东商城分期购买产品。该交易数据库涵盖整个京

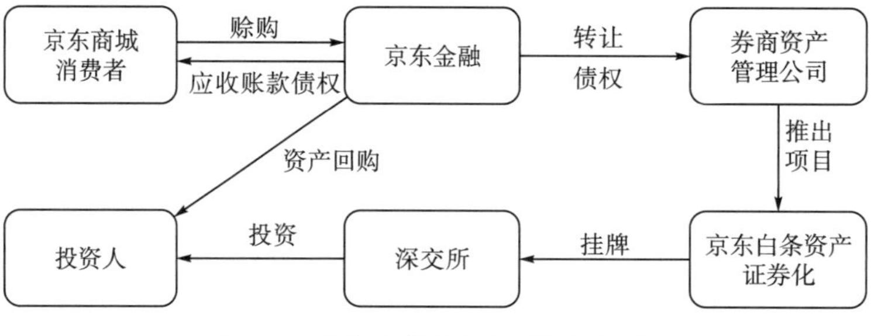

图 6-9 京东白条的资产证券化流程

① 数据来源：对各互联网消费金融平台进行分析所得。
② 资料来源：2016 年中国互联网消费金融市场研究报告，艾瑞咨询，2016-3-21。

东生态体系，不仅包括京东商城、京东金融、京东到家等交易数据，还包括京东参股或者合作的如途牛网、饿了么等企业数据。京东在 2017 年“618”大促销期间完成交易额 1199 亿元，京东白条前 6 小时的交易额超过去年“618”全天的额度①，可见白条对京东电商业务的促进效果十分显著。

2015 年以来，京东白条还推出了“白条＋”系列产品，全面打通线上消费场景的同时，走出京东与不同领域的消费企业深度合作，将自身的消费金融业务拓展到线下的场景(表 6-6)。旅游白条作为首款“白条+”产品，将旅游中的交通、住宿等场景融入消费金融，让部分人群可选择分期等方式解决旅游资金问题。京东金融与自如合作推出租房白条，将白条对接到租房这一消费金额较高(每月房租均在千元以上)、违约风险相对较低(用户不付房租即算作退租，房源重新进入租房市场)场景中。租房白条改变传统房租缴付模式，缓解了应届大学毕业生及青年白领的资金压力，解决了目标用户初入职场的经济拮据与大城市高额的房屋租赁价格之间的矛盾。用户选择京东白条租房子，在支付方式里选择白条分 12 期支付，首付仅为一个月的租金+服务费。根据每月短信提醒，通过绑定用户的银行卡按月还款即可。

表 6-6　京东金融“白条+”的主要应用场景

场景名称	内容
电商场景	在京东商城平台上为用户提供赊购服务，一次授信，额度循环使用
校园场景	作为校园生态的衍生，关注大学生创业，以及培训相关的消费金融服务等
旅游场景	与首付游合作，为用户提供消费信贷产品
房产场景	满足租房、装修等消费需求，一次授信，分期还款
教育场景	与教育机构合作，为消费者提供购买培训项目的消费贷款
购车场景	与第三方机构合作，提供二手车购车消费贷款

蚂蚁金服消费金融依托自身金融生态系统(图 6-10)。天猫分期购的额度与余额宝关联，用户购买分期商品后余额宝的等额资金会被冻结，冻结期限内余额宝产生的收益仍归用户，用户也可直接分期购买商品，资金由网商贷(原蚂蚁微贷)向商家全额垫付。用户向网商贷分期还款，授信额度由芝麻信用分确定，提供 3 期、6 期、9 期手续费分别为 0、4.5%和 9.0%的分期服务(图 6-11)。花呗开展分期赊购业务，商品资金由重庆市阿里巴巴小贷公司垫付，使用方式类似于京东白条。重庆阿里巴巴小贷公司的资金主要来源于自有资金、银行借款和资产证券化。每个支付宝用户都可以申请开通该业务，蚂蚁金服基于自身的风控模型和用户在阿里生态圈中的交易数据授予申请人花呗信用额度，分期购买的商品占用蚂蚁花呗额度，当月借下月还或分期还款。除了阿里电商平台，蚂蚁花呗还可在百度糯米、一号店、国美在线等线上平台以及线下签约的超市和便利店使用。蚂蚁借呗满足用户在线直接消费贷款的需求。拥有 600 分以上芝麻信用分的用户可开通支付宝借呗，依

① 资料来源：易观.《中国网上零售年中购物节专题盘点 2017》。https://www.analysys.cn/article/detail/1000801. 2017-6-23.

据信用分数的不同获得 1000～50000 元、最长期限为 12 期的消费贷款，资金主要来源于阿里旗下的网商银行。

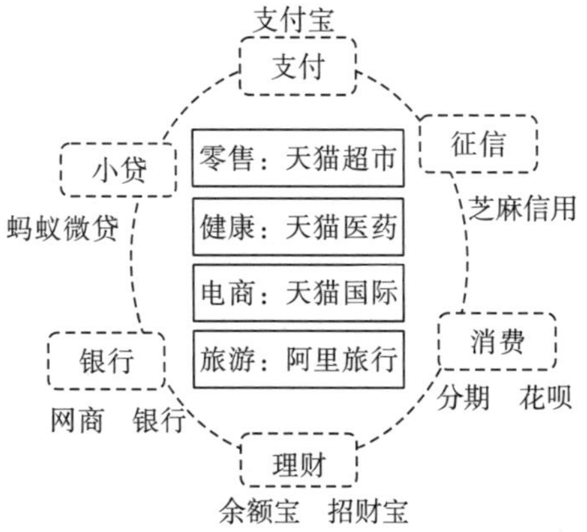

图 6-10 蚂蚁金融互联网消费金融生态
资料来源：根据蚂蚁金服网站资料整理所得。

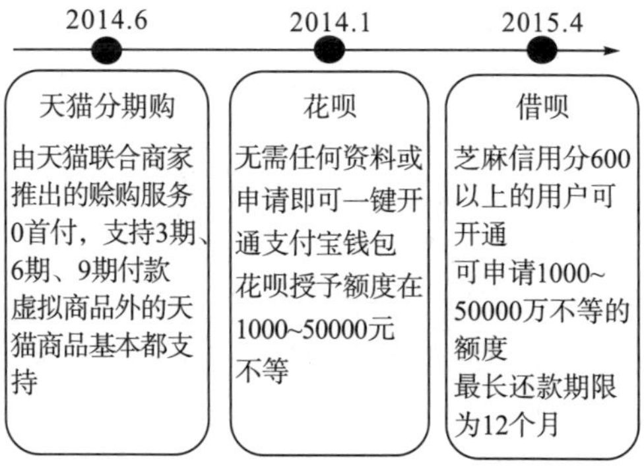

图 6-11 阿里互联网消费金融业务
资料来源：根据蚂蚁金服网站资料整理所得。

4.网络分期购物平台

网络分期购物平台是近些年才出现的一种消费金融模式，互联网公司通过对线上人群的细分推出适销对路的消费金融产品，是中国普惠金融的典型样本。分期购物平台覆盖的人群通常是传统金融机构没有触及的大学生、蓝领等无信用卡人群，通过用户线上交易行为的数据沉淀和新技术的运用提升金融服务效率，并与知名购物网站或线下购物中心合作，向消费者提供线上线下分期购物或小额取现消费。平台资金端为自有资金、P2P 资金、资产证券化等，营销方式侧重于地面团队，风控方式侧重于线下面签。平台资产端通常与理财端打通，形成产业闭环，典型代表是分期购物平台分期乐。

分期乐针对校园人群准确切入，核心品类为 3C、轻奢品及品牌产品。分期乐消费前端与京东合作，而京东成熟完备的采购供应链可以为分期乐的用户提供更多正品低价的商品，京东自建的仓储物流体系保障了快递业务的及时准确，所购商品可最长分期 24 个月，并提供行业首创的提前还款服务费全免以及限时惠、新人特权等特色服务，极大地提升了用户的购物体验，也让分期乐可以专注于拓展校园消费市场和消费金融服务、管控风险和信用体系建设等方面的研究，并保证自身消费业务的轻资产运营(图 6-12)。同时，得到京东战略投资后的分期乐有更多资金用于消费金融业务的创新，取现业务供年满 18 岁以上的大学生人群现金消费，现金直接打到银行卡，能快速满足小额现金的消费需求，支持 45 天内随意还和分期还并按天计算服务费。小额消费借款业务可提供 3000 元内的贷款，首次办理需要经理上门审核身份信息，审核通过后 48 小时内资金到账。后期整合分期购物与取现服务形成消费金融产品分期乐信用钱包，提供最高万元、最长 40 天免息的信用额度。

分期乐凭借强大的风控和金融服务能力，覆盖线上线下全消费场景，解决衣食住行的消费需求。分期乐还为高校学生提供校园一卡通充值服务，无须排队，省时省力还能享受最长 40 天的免息期；支持学生对三大运营商进行手机号码充值并提供按月还款服务。分期乐债权处置后端，通过桔子理财打通了从债权的获得到小型的资产证券化，再对接到互联网理财平台的资金闭环，既转移了消费金融服务的违约风险，也丰富了分期乐的资金来源渠道，形成一个自产自销的资金闭环(图 6-13)。

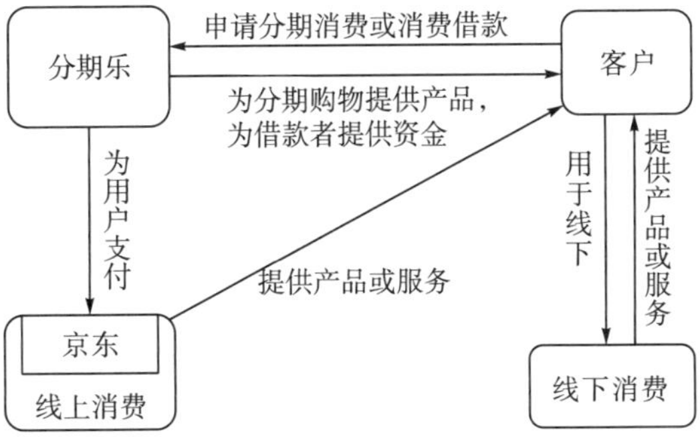

图 6-12 分期购物平台互联网消费金融业务流程

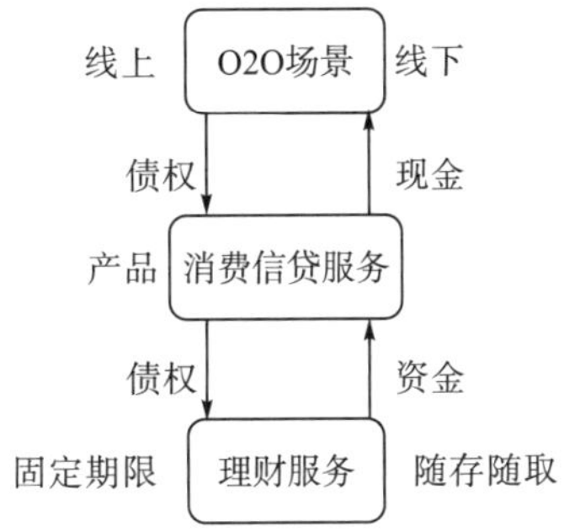

图 6-13 分期乐资产端与资金端联结

分期乐一端借助桔子理财连接理财，另一端借助自身购物平台或京东连接消费金融，为客户提供理财和消费金融服务。在消费金融方面，分期乐为消费者提供提现或分期购物服务，分期乐获得债权；在理财方面，桔子理财包揽所有债权，或者将债权转让给其他金融机构或网贷平台，或者资产证券化后销售给投资者，实现分期乐的资金回笼。在快速发展过程中，分期乐独创立体式、全流程双引擎的风险管控体系。消费金融市场面对的核心风险包括欺诈风险、信用风险等，一方面分期乐通过互联网技术手段形成了依托于自有数据和外部合作数据的风险控制体系，另一方面通过线下团队控制风险。第一，在用户的购物过程中，用户在分期乐平台上主动提供的个人信息及其在平台上(PC 端与移动端)留下的行为数据是前期风控的基础数据；第二，大量的外部合作数据是分期乐判断用户提交信息准确与否的支撑；第三，线下团队资料审核、送货或者用户上门取货过程是风控的重要环节；第四，伴随着用户与平台黏性的逐步增强，用户在平台上积累的消费、借款、还款等数据都是分期乐风险控制的重要数据资源；第五，伴随着信用钱包功能的上线，用户在平台上留下越来越丰富的消费数据，包括话费充值、校园一卡通充值以及移动端所特有的数据资源，也是分期乐新时期发展所依赖的重要风控资源。

5.垂直平台消费金融

随着技术进步和金融牌照门槛的降低，一些垂直行业的龙头企业或平台纷纷利用自己的交易优势和特定场景的获客优势试水互联网消费金融，成为近年来互联网消费金融逆袭的独特风景。团购、房产、汽车、旅游等垂直行业的大公司利用其对特定领域交易环节的把控和用户数据的积累，其涉足消费金融有天然的优势，如房地产中介行业的链家、在线旅游的途牛、汽车领域的易鑫等垂直平台(表 6-7)都植入互联网消费金融并取得良好效果。

表 6-7 垂直细分平台的互联网消费金融比较

细分领域	链家金融（房产中介）	途牛金服（旅游中介）	易鑫资本（汽车中介）
主要优势	做经纪业务时要对产权及其价值进行调查，掌握购房、租房者经济实力和收入能力，而房屋交易全部环节有一个规范的一站式服务流程也形成了一个控制信用风险的闭环	途牛在开展旅游业务时掌握旅客护照、签证、工作单位、收入证明等丰富而真实的信息，金融服务的获客和风控成本低	线上有易车、京东、腾讯的巨大流量优势；线下有 10000 多家合作经销商，近 2000 人的线下终端团队，在 300 多个城市布有服务网络点
产品设计	依托长期在房地产交易领域的沉淀，推出了租金贷、首付贷、过桥贷、装修贷、按揭匹配、抵押消费贷款、资金托管等一系列金融产品及服务，满足购（租）房者和业主在房产交易过程中的资金需求	针对旅客在旅游时一次性占用资金较大的问题推出了首付游、旅游分期、出境金融等诸多金融产品，使得旅游出行真正做到了“说走就走”	一方面利用自有资金开展汽车融资租赁业务，另一方面采取金融超市的轻资产模式，从网贷平台、银行等机构获取产品
发展势头	房屋中介业务已进入 24 个城市，覆盖 5000 家门店，有近 80000 经纪人的获客渠道，一、二手房年交易额近 5000 亿元，已累计发放信贷 350 多亿元，金融业务仍有很大成长空间	途牛消费金融从 2015 年上线以来发展较快，据途牛披露其主打的半年期旅游分期消费金融产品至今坏账率仍为零	平台上已有 1000 多种金融产品，对于 200 万元、10 年期内的购车融资可当天放款，在不到 1 年的时间里已有近 50 亿元的交易额，非常看好其发展前景

资料来源：根据三家平台网站资料整理所得。

6.P2P 小额消费金融

P2P 是国内最早开展的互联网消费金融业务模式，主要针对固定收入群体提供汽车、装修等大额支出的消费金融服务，获客及风控主要通过线上进行，而消费则线上线下均可，典型平台有宜人贷、拍拍贷、人人贷、众可贷。与电商金融相比，消费者可通过 P2P 小额消费金融获得住房、车、教育、耐用品等多方面的贷款消费，消费范围更广，惠人贷、拍拍贷、人人贷、宜人贷等都有数量众多的参与机构。以惠人贷为例，线下的消费分期业务和线上的理财业务使更多长尾客群获得金融服务，也加速了产品销售。在国内互联网信用数据体系尚未健全的情况下，惠人贷线上理财+线下消费的场景模式，通过与经销商及商户开展业务合作，使得借款目的更为明确，反欺诈审核更为精准。

6.3 互联网消费金融的风险控制

6.3.1 风险识别

消费金融业务已发展多年，从信用卡到贷款，从传统消费金融到互联网消费金融，其触角已经延伸到人们日常生活的衣、食、住、行、教育、娱乐等各方各面。加上消费意识增强，个人消费及资金需求不断增长，各类金融机构纷纷投入这个新兴的热门市场，客户信用随之快速膨胀，金融风险管理面临前所未有的挑战。互联网消费金融涉及面广，风险成因复杂，除了具备所有的传统金融风险外，还叠加了互联网的风险，归纳起来包括经济环境带来的股市大跌、房价大跌、经济危机、金融危机等系统性市场风险，需求侧产生的信用风险和欺诈风险，供给侧产生的财务风险和业务风险等。这里主要讨论互联网消费金融的需求侧风险和供给侧风险。从互联网消费金融服务商角度看，互联网消费金融风险防范重点是要提高来自互联网消费金融需求侧的风险识别能力。

互联网消费金融需求侧风险即客户端风险，表现为客户信用观念淡薄、失业或理财不当、失能或死亡、恶性欺诈，其中最主要的是信用风险和欺诈风险。①信用风险。是指借款人或交易对手不履行契约义务，如延滞缴款(delinquency)，导致消费金融服务提供方蒙受经济损失的风险，消费金融最重要的是对用户信息的把控。消费金融的产品授信主要建立在客户信用价值之上，因此由客户所产生的信用风险是影响产品损益的重要因素。由于信用体系建设滞后，个人信用贷款违约率通常较高。而今网络消费兴起，互联网消费金融服务商利用大数据分析，在信用评估方面获得巨大优势。消费金融服务商在向消费者放贷之前都要基于大数据或 O2O 或场景化信息对用户进行信用画像，但由于获取的数据的时序短、界面窄，以及市场风险和个人意外等因素使延滞缴款的现象时有发生。所以一些互联网消费金融服务商让互联网消费金融更趋于一种购物体验，并设置在线风险实时监控，以便尽早发现有逾期可能的客户并及早采取对策。②欺诈风险。欺诈风险是指消费金融需求方提交给供给方的信息与需求方的真实信息一开始就有出入，包括伪冒申请(application fraud)及欺诈交易(transaction fraud)。最常见的伪冒申请是编造消费信贷申请信息。伪冒申请的客户有部分是因为本身条件达不到消费金融机构的申请门槛，并非一开始就有意拖欠，故分期还款初期仍会正常还款，但因实际情况较一般客户差，所以容易发生逾期状况。通常此类案件潜伏期较长，在逾期发生之前不容易发现。有些则是预谋诈骗，一开始就毫无还款意愿，一旦获得信贷额度就会在最短时间内将其用完，因此此类案件出现逾期的速度较快。还有一种情况就是歹徒、黑客通过互联网手段截取用户信用信息进行骗贷，不过这种欺诈随着刷脸识别、虹膜识别、手指静脉识别等身份识别技术的应用逐渐让不法分子难以得逞。

互联网消费金融供给侧风险是资金端的风险，表现为互联网消费金融服务提供商的资金断链、内部业务流程有漏洞、触碰监管的法律法规底线等，可将这些风险归纳为财务风险和作业风险。①财务风险。开展消费金融的提供方需具备雄厚的资金实力。即便是消费金融公司，国家对发起人的资质也有严格要求，金融机构作为主发起人其最近一年年末总资产不能低于 600 亿元，非金融机构作为主发起人其最近一年营业收入不能低于 300 亿元。作为电商平台、分期购物平台、垂直细分平台、P2P 网贷平台布局消费金融，均需较强资金管控能力。京东金融中，将消费者贷款纳入应收账款，并与供应商的应付账款实现资金流通。假设京东给公测的 50 万名客户均提供 1 万元的额度贷款，则最终有 50 亿元的应收账款，这对于目前拥有现金、现金等价物和短期投资额只有 300 多亿元的京东来说无疑是一个不小的考验。京东尚且如此，一般的互联网消费金融平台的资金流动性财务风险就更应该引起重视。②业务风险。业务风险是指因国家的金融监管法律法规模糊、互联网消费金融平台的内部流程不规范或人员素质参差不齐，互联网消费金融提供商在业务过程中触碰国家法律法规底线，内部 IT 系统出现数据漏洞或人员操作出现拆借和漏洞等问题。2014 年阿里巴巴的虚拟信用卡被紧急叫停，主要是因为资金压力被传导到与之合作的银行终端，而后面陆续推出的京东白条、花呗均有赊销的含义，京东、阿里巴巴利用自有资金赊销才符合央行监管；教育部和中国银保监会《关于加强校园不良网络借贷风险防范和教育引导工作的通知》揭示部分不良网络信贷平台采取虚假宣传的方式和降低贷款门槛、隐瞒实际自费标准等手段，诱导学生过度消费，甚至陷入“高利贷”陷阱，侵犯学生合法权益。因此，随着互联网消费金融的快速发展，国家需要尽快出台监管政策，规范互联网消费金融行业发展。此外，由于金融是专业程度较高的业务，一些互联网消费金融公司的非专业人员在开展业务过程中可能暴露出的操作风险也不容忽视。

6.3.2 风险评估

互联网消费金融主要是互金企业为消费者个人提供小额的信用贷款。信用贷款的关键是控制风险，而消费者个人的小额信贷的关键是对个人进行信用管理，识别客户的信用风险并进行有效的风险控制。

1.模型选择

一般的回归是指因变量为定量变量的情况，而 Logistic 回归主要处理因变量只有 0 或者 1 两种取值的离散因变量。这种逻辑回归主要被广泛地用于分类问题，它不要求自变量和因变量是线性关系，却可以处理各种类型的关系，因为它对预测的相对风险指数 OR 使用了一个非线性的 log 转换。假设因变量 Y 是只取值 0 和 1 的随机变量(本书中 1 表示违约，其概率为 P；0 表示履约，其概率为 $1-P$)，自变量为 $X_1, X_2, \cdots, X_P$，则 Logistic 模型的回归形式为

$$\text{logit}\, P = \beta_0 + X_1\beta_1 + X_2\beta_2 + \cdots + X_P\beta_P \tag{6-4}$$

其中 $\text{logit}\, P = \ln[P/(1-P)]$ 被定义为 logit，即发生违约概率与履约概率的比值取自然对数(log odds)，该值越大，则违约概率越大。转化式(6-4)可得

$$P = \frac{e^{\beta_0 + X_1\beta_1 + X_2\beta_2 + \cdots + X_P\beta_P}}{1 + e^{\beta_0 + X_1\beta_1 + X_2\beta_2 + \cdots + X_P\beta_P}} \tag{6-5}$$

借助 Logistic 回归模型，可以估算出优势比 OR(odds ratio)，根据优势比，在控制相关影响因素后可量化分析互联网消费信贷风险。

另外，根据式(6-4)可以推导出其经济意义。比如 X_1 的系数 β_1，在其他控制变量条件不变的情况下，当 X_1 变化为 ΔX_1 时，对数优势比率可计算为

$$\ln(\text{OR}) = \ln\left[\frac{p_1(1-p_0)}{(1-p_1)p_0}\right] = \ln\left[\frac{p_1}{1-p_1}\right] - \ln\left[\frac{p_0}{1-p_0}\right] = \beta_1\Delta X_1 \tag{6-6}$$

因此，在控制相关影响因素后，X_1 变化为 ΔX_1，则对数优势比率变化为 $\beta_1\Delta X_1$。当 X_1 为等级变量或哑变量时，X_1 每增加一个类型，优势比率增加 e^{β_1}。因此，若 $\beta_1 > 0$，X_1 每增加一个等级会导致客户违约概率降低，反之亦然。

2.变量选取

Brockman 和 Cicon(2013)把借款人信息分为硬信息和软信息，前者指借款人的特征信息(如祖籍、种族等)，后者指借款的特征信息(如借款金额、借款期限等)，并认为两种信息的相互补充可提升信息质量并增加投资人对信息的信任程度。但是 Larrimore 等(2011)

发现软信息可以增强借款人与投资人之间的亲和度，从而提高借款成功率。Kumar(2007)考察了信用级别、借款人主动披露的账户认证信息、借款额度等变量对违约率的影响；利用 Prosper 数据，Herzenstein 等(2011)对网贷平台中借款人性别、婚姻状况、种族等因素进行了研究。国内学者主要将对小额信贷风险的研究集中在 P2P 网贷上。肖曼君等(2015)选取信用等级、借款金额、居住地区、受教育年限、借款期限、性别、年龄、婚姻状况、借款人所属职业、收入水平、还款利率等多项指标进行分析；缪莲英和陈金龙(2014)加入了推荐信任、小组关系以及朋友关系作为社会资本的替代变量；廖理等(2015)考虑了借款者学历对违约概率的影响。基于此，本节选取性别、年龄、受教育程度、婚姻状况、公司规模、城市发展度、工作时间、车产、车贷、房产、房贷等 12 个指标作为解释变量，对 P2P 网络借贷平台个人信用风险进行评估。

3.数据来源

(1)样本选取。本书样本数据通过人人贷官网爬虫所得，从该 P2P 网络借贷平台 2015 年信用标发布的客户中随机抽样 3000 个与消费用途相关的样本数据，从而获取性别、年龄、学历、婚姻状况、公司规模、城市发展度、工作时间、车产、车贷、房产、房贷等基本信息[①]。将这 12 个方面的数据转换成 20 个虚拟变量。客户准入的标准是其正常履约能力水平，客户是否能正常履约是模型的判断依据。本节将违约客户定义为逾期次数发生至少一次的客户，包括发生过严重逾期和项目目前进展为坏账的客户，履约客户定义为从未发生过违约的客户。通过数据整理，3000 个样本数据中正常履约的客户数和违约的客户数分别是 2932 和 68，并选取如表 6-8 所示的指标体系。

表 6-8　指标变量及其说明

代码	变量	分类个数
Y	履约情况	1：履约；2：违约
Sex	性别	1：男；2：女
Age	年龄	1：30 岁以下；2：31～45 岁；3：45 岁以上
Edu	受教育程度	1：硕士及硕士以上；2：本科及大专；3：高中、中专及以下
Marry	婚姻状况	1：未婚；2：已婚；3：离异或丧偶
Size	公司规模	1：10 人以下；2：10～100 人；3：100～500 人；4：500 人以上
Wt	工作时间	1：1～3 年；2：3～5 年；3：5 年以上
Wc	城市发展度	1：一线城市；2：二线城市；3：县、地级市
Srfw	月收入	1：5000 元以下；2：5000～10000 元；3：10000 元及以上
Fc	房产	1：有；2：无
Fd	房贷	1：有；2：无
Cc	车产	1：有；2：无
Cd	车贷	1：有；2：无

① 本书选取网贷平台数据分析互联网消费金融风险，一是因为抽样人人贷中与消费用途相关的数据，与互联网消费金融场景匹配；二是因为 Wind 资讯等众多数据库中并未呈现较详细数据用于实证分析互联网消费金融，该人人贷数据是主观抓取所得，且 2016 年后的数据信息抓取有难度。

(2)样本处理。由于选取的解释变量和被解释变量都属于离散变量，所以在进行建模回归之前，需要将其变成虚拟变量，如表 6-9 所示，其中 1 表示“是”，0 表示“否”。例如：性别(Sex)，Sex=1，表示为男性，Sex=0 表示不是男性(即为女性)。为避免多重共线性，在建立虚拟变量之前，虚拟变量的个数要比分类变量的个数小。例如：受教育程度有 3 个分类，但只能建立 2 个虚拟变量，当 $Edu_1=0$ 和 $Edu_2=0$ 表示高中、中专及以下学历，这样就可以避免多重共线性问题。具体处理如表 6-9 所示。

表 6-9 Granger 因果检验

代码	虚拟变量处理
Y	履约：Y=1，Y=0
Sex	男：Sex=1，Sex=0
Age	30 岁以下：$Age_1=1$，$Age_1=0$；30～45 岁：$Age_2=1$，$Age_2=0$
Edu	硕士及以上学历：$Edu_1=1$，$Edu_1=0$；本科、大专学历：$Edu_2=1$，$Edu_2=0$
Marry	未婚：$Marry_1=1$，$Marry_1=0$；已婚：$Marry_2=1$，$Marry_2=0$
Size	10 人以下：$Size_1=1$，$Size_1=0$；10～100 人：$Size_2=1$，$Size_2=0$；100～500 人：$Size_3=1$，$Size_3=0$
Wt	1 年以下：$Wt_1=1$，$Wt_1=0$；1～3 年：$Wt_2=1$，$Wt_2=0$；3～5 年：$Wt_3=1$，$Wt_3=0$
Wc	一线城市：$Wc_1=1$，$Wc_1=0$；二线城市：$Wc_2=1$，$Wc_2=0$
Srfw	5000 元以下：$Srfw_1=1$，$Srfw_1=0$；5000～10000 元：$Srfw_2=1$，$Srfw_2=0$
Fc	房产：Fc=1，Fc=0
Fd	房贷：Fd=1，Fd=0
Cc	车产：Cc=1，Cc=0
Cd	车贷：Cd=1，Cd=0

表 6-10 虚拟变量处理

原假设	Obs	F-Statistic	Prob.
Sex 不是 Y 的原因	2998	3.11827	0.0444
Y 不是 Sex 的原因		1.39060	0.2491
Age_1 不是 Y 的原因	2998	0.40864	0.6646
Y 不是 Age_1 的原因		0.64766	0.5233
Age_2 不是 Y 的原因	2998	1.90322	0.1493
Y 不是 Age_2 的原因		0.28294	0.7536
Edu_1 不是 Y 的原因	2995	0.27271	0.7613
Y 不是 Edu_1 的原因		0.25955	0.7714
Edu_2 不是 Y 的原因	2995	0.63478	0.5301
Y 不是 Edu_2 的原因		2.44905	0.0865
$Marry_1$ 不是 Y 的原因	2998	6.70403	0.0012
Y 不是 $Marry_1$ 的原因		7.46609	0.0006
$Marry_2$ 不是 Y 的原因	2998	2.68943	0.0681
Y 不是 $Marry_2$ 的原因		3.23689	0.0394

续表

原假设	Obs	F-Statistic	Prob.
$Size_1$ 不是 Y 的原因	2925	30.4970	8.E-14
Y 不是 $Size_1$ 的原因		10.6235	3.E-05
$Size_2$ 不是 Y 的原因	2925	2.53572	0.0794
Y 不是 $Size_2$ 的原因		3.98166	0.0188
$Size_3$ 不是 Y 的原因	2925	10.1780	4.E-05
Y 不是 $Size_3$ 的原因		16.3836	8.E-08
Wt_1 不是 Y 的原因	2998	41.8091	1.E-18
Y 不是 Wt_1 的原因		6.21039	0.0020
Wt_2 不是 Y 的原因	2998	40.3830	5.E-18
Y 不是 Wt_2 的原因		3.38546	0.0340
Wt_3 不是 Y 的原因	2998	10.6378	2.E-05
Y 不是 Wt_3 的原因		42.0692	1.E-18
Wc_1 不是 Y 的原因	2977	2.04171	0.1300
Y 不是 Wc_1 的原因		0.06996	0.9324
Wc_2 不是 Y 的原因	2977	4.20867	0.0150
Y 不是 Wc_2 的原因		3.07143	0.0465
$Srfw_1$ 不是 Y 的原因	2998	0.04868	0.9525
Y 不是 $Srfw_1$ 的原因		0.49268	0.6110
$Srfw_2$ 不是 Y 的原因	2998	0.57206	0.5644
Y 不是 $Srfw_2$ 的原因		0.72405	0.4849
Fc 不是 Y 的原因	2998	3.61520	0.0270
Y 不是 Fc 的原因		1.97958	0.1383
Fd 不是 Y 的原因	2998	2.36019	0.0946
Y 不是 Fd 的原因		1.13472	0.3217
Cc 不是 Y 的原因	2998	0.69342	0.4999
Y 不是 Cc 的原因		0.20789	0.8123
Cd 不是 Y 的原因	2998	0.65034	0.5219
Y 不是 Cd 的原因		0.29209	0.7467

(3) 因果检验。对上述所构建的虚拟变量和履约率做格兰杰因果分析，根据相关统计指标反复比较检验之后，选取的滞后阶数为 2，其检验结果最好，检验结果如表 6-10 所示。通过该表检验结果发现，如果在 5%的显著性水平下，只有 Sex、$Marry_1$、Wc_2、Fc 四个变量的概率 p 值小于 0.05，拒绝原假设；但在 10%的显著性水平下，除上述指标外，$Marry_2$、Sex_2、Fd 三个变量的检验 p 值也显著小于 0.1，在剔除掉工作时间、房贷、车产、车贷等变量后，其余变量在一定程度上都对履约率产生影响，因此剔除这些变量后，其他变量

都应加入模型中。

4.实证分析

使用 Eviews 6.0 软件，令上述虚拟变量为回归因子，根据前面的分析构建 Logistic 回归模型(Y=1 表违约，Y=0 表未违约)，模型表达式如下

$$\begin{aligned}\operatorname{logit}Y &= \alpha_0 + \alpha_1\text{Edu}_1 + \alpha_2\text{Edu}_2 + \alpha_3\text{Marry}_1 + \alpha_4\text{Marry}_2 + \alpha_5\text{Size}_1 + \alpha_6\text{Size}_2 \\ &\quad + \alpha_7\text{Size}_3 + \alpha_8\text{Wt}_1 + \alpha_9\text{Wt}_2 + \alpha_{10}\text{Wt}_3 + \alpha_{11}\text{Wc}_1 + \alpha_{12}\text{Wc}_2 + \alpha_{13}\text{Srfw}_1 \\ &\quad + \alpha_{14}\text{Srfw}_2 + \alpha_{15}\text{Fc} + \alpha_{16}\text{Fd} + \alpha_{17}\text{Cc} + \alpha_{18}\text{Cd}\end{aligned} \tag{6-7}$$

采取前述的二分类 Logistic 回归模型，并将处理后的数据代入模型，运行模型结果如表 6-11。

表 6-11　实证分析结果

变量	α	S.E.	Wals	df	Sig.	Exp(B)
Sex	0.709	0.351	4.077	1	0.043	2.031
Marry_1	1.488	0.269	30.589	1	0.000	4.429
Marry_2	−0.158	0.543	0.085	1	0.771	0.854
Size_2	1.143	0.262	19.029	1	0.000	3.136
Wc_2	−0.990	0.293	11.448	1	0.001	0.371
Fc	0.637	0.313	4.140	1	0.042	1.891
Fd	−0.846	0.364	5.396	1	0.020	0.429
常量	−4.730	0.596	62.928	1	0.000	0.009

根据表 6-11 的回归系数，可以得出以下结论。

首先，从各因素影响大小方面来看，婚姻状况、公司规模、城市发展度对违约率的影响较大，应纳入贷款考察的重点。通过模型可以看出，婚姻状况为未婚的客户违约率明显高于已婚状况的客户。从婚姻状况的 OR 来看，未婚客户的履约概率与离异或丧偶客户的违约概率的优势比为 4.429，而已婚客户的违约概率与离异或丧偶客户的违约概率的优势比为 0.854。其原因可能是未婚客户相较于已婚、离异或丧偶客户，其思想意识上责任感较弱，所以未婚的客户更容易违约，这与已有的研究文献结论一致。在客户职业方面，客户工作的公司规模是 10～100 人违约的发生比是公司规模是 500 人以上的 3.136 倍，其主要原因在于随着公司规模的扩大，其内部的管理制度更加完善，同时由于受到社会责任的道德约束，其违约率较低。

其次，从性别方面来看，男性的违约率明显高于女性，其原因可能是男性客户借贷的资金主要用于自主创业或者公司的扩张、周转等方面，由于面临着经济环境、行业、经营等因素的影响，发生资金链断裂而导致无法按时按期偿还贷款的违约概率增大。

再次，从地域方面来看，一线城市的客户履约概率更高。原因主要分为两方面：一方面，相较于二线城市或县级市、地级市，一线城市的工资水平更高，且客户受教育程度也较高，偿还贷款的能力更强；另一方面，二线城市或县级市、地级市的客户的资金用途大

多用于农业、工业建筑，受自然环境、行业环境、市场环境的影响较大，其投资风险较大。

最后，从客户拥有的房产、房贷方面来看，房产的估计系数为正值，而房贷的估计系数为负值，说明拥有房产的客户其违约概率更高而有房贷的客户违约率更低，这是因为拥有房贷的客户大部分收入较高也比较稳定，银行已经评估过其还款能力和还款意愿，通过评估的客户才得予放贷，因此有房贷的客户违约率更低。而一般拥有房产的客户，并未经历过类似于银行放贷的信用筛选，房产只能表明客户有还款能力，而还款意愿无从考证，因而无法反映出客户的信用状况，违约概率可能更高。

6.3.3　风险控制

1.大数据风控

大数据的使用为互联网消费金融增添了新的风险管控手段，实现与人行、公安、工商、大数据征信机构等的横向联网，自动抓取申请人信息，确保信息的真实性以及资料录入的快捷性。抓取用户的基础属性信息、购买行为与偏好、资金流、物流信息、历史浏览信息、社交网络信息等数据，并在不同维度进行相互校验，形成用以甄别金融风险的大数据集市(图 6-14)。基于数据集市，完善用户画像，建立全方位的智能评分模型，如申请评分模型、行为评分模型、催收评分模型、套现交易识别模型、经营账号识别模型、虚假交易识别模型等。从而，可形成基于数据模型的互联网消费金融风险控制体系，构建用户的底层信用生态。

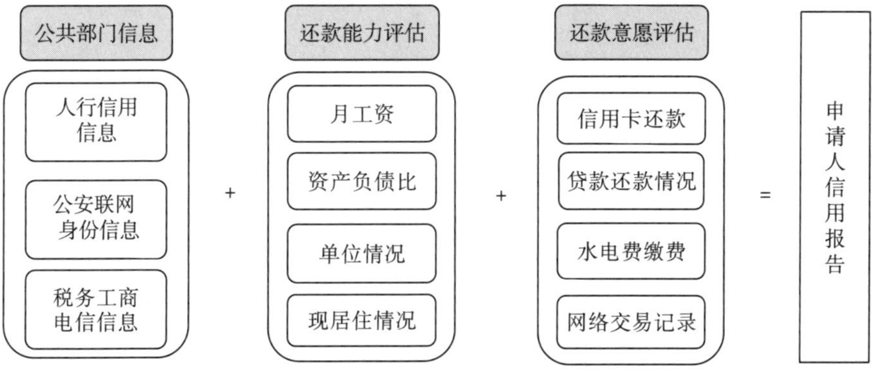

图 6-14　互联网消费金融大数据风控的业务流程

应当指出的是，互联网消费金融的大数据风控与传统消费金融的风控一样，都是挖掘借款人关联信息以辨别其还款能力和还款意愿。传统消费金融依托的是人民银行的征信系统，对工作收入证明、学历等其他数据进行审核。因为是以人行征信为基础，债性关联度高，所以风险低，只是对于在人行系统没有信用记录的借款人来说，人行的征信不能对其信用给出有效的评判，这正是大数据能够发挥作用的地方。由于线上主要人群的人行征信覆盖率不高，所以还要利用大量第三方非结构化数据作为信用评分的输出项，如电商购物记录、电话缴费账单、网络行为轨迹等，同时还需通过大量技术手段进行欺诈防范，如人脸识别、语音识别等生物识别技术。因此，互联网消费金融的风险管理应坚持传统金融风控的基本做法，做好消费前阶段、消费阶段、贷款阶段和贷后管理阶段的风险控制(表 6-12)。

表 6-12 互联网消费金融的全程风险管控

时间节点	风险控制办法
消费前阶段	完善线下实体店布局及团队，对客户相关信息进行严格审核。包括："面对面"核实客户身份、签署书面合同，并将客户信息与权威网站做比对等；对线上用户，要求实名注册，并提供收入证明、身份证扫描件等申请材料，考虑到用户的工作和经济情况有可能改变，要求用户定期更新个人相关信息
消费阶段	规范消费金融服务的使用范围，排除电话充值等数字虚拟产品及黄金等可套现产品；尚未还清一件商品一半以上费用的用户，不允许再进行同类商品的分期消费，防止用户无限制进行分期消费套现；对消费订单进行严格审核，包括自建的线上反欺诈系统和人工审核，并对绝大部分订单进行电话核实
贷款阶段	通过消费记录、配送信息、退货信息、购物评价等多维度大数据，建立信用评估模型，在线实时评估客户信用等级；在业务设计、团队构成、模型监控等多个方面，贯彻全流程的风险管理体制；根据用户过往的信用记录，实施差异化的利率政策，对信用好的用户给予优惠利率，降低用户违约风险
贷后管理阶段	对还款过程进行实时追踪监控，包括账户管理过程中的定期客户回访、客户行为预测等；对客户的逾期做原因调查，根据不同情况制定差异化的催收策略；对消费贷款进行债券打包，通过 P2P 融资平台及资产证券化的有关手段，将相关风险转移。与保险公司在消费贷款信用保证的保险服务方面开展合作

2.信用风险控制

传统金融的信用维度约 20 多个，直接反映信用状况的有 10 多个，除年龄职业等基本特征外，还包括收入、历史借贷记录、还款状况等，据此分析客户的还款能力和还款意愿。金融机构依据用户提交信息分别进行打分，并根据最终的信用分确定是否放贷及放贷多少。间接反映信用状况的还有理财、缴费、金融产品购买等的额度、时间等。传统消费金融的还款违约概率为

$$P(\text{Consumer} = \text{"Default"} \mid (X_1, X_2, \cdots, X_m)) = F(X_1, X_2, \cdots, X_m) \qquad (m<20) \qquad (6\text{-}8)$$

其中，$(X_1, X_2, \cdots, X_m)$ 为金融类结构化数据，当个别数据缺项或不准确时会显著影响还款违约概率；$\text{lonsumer} = \text{"Default"}$ 表明消费者违约。互联网金融信用建模使用的数据还涵盖消费、阅读、社交、旅游、娱乐等非金融类非结构化数据。传统金融过去依据借款人的收入判断其还款能力，但某些借款人在工资收入外还有劳务收入等额外收入，某些借款人从父母、配偶等处获得资金，拥有较高支付能力，所以其消费数据也能证明信用状况。常见的消费记录有银行卡、电商平台、大众商品等方面的消费，还有航空、手机充值等方面的消费，而电商平台、旅游等记录是反映长尾人群信用状况的主要依据。并且，一个人信用状况很大程度上与亲戚朋友的信用状况呈正相关，所以有些互金企业将借款人亲戚朋友的数据作为样本分析借款人的信用。另外，贷款违约率可以通过借款人的方方面面反映，如违约率低的人，可能是将贷款用于教育或家庭消费，可能贷款次数较多，可能经常参加公益活动，可能生活非常规律，可能借款时间短，可能个人信息内容填写丰富，可能收入稳定，可能工作较稳定，可能手机号码较固定，可能有车与房，可能无公共事业费用欠费记录，可能无违法违规记录等。挖掘这些大数据后，就可以计算用户的互联网消费金融还款违约概率，为

$$P(\text{Consumer}=\text{"Default"}\mid(x_1,x_2,\cdots,x_n))=f(x_1,x_2,\cdots,x_n)\qquad(n<5000)\tag{6-9}$$

其中，$(x_1,x_2,\cdots,x_n)$ 既包含金融类结构化数据，又包括非金融类非结构化数据，因此即使缺数百个数据也不影响对还款违约率的大致估算。

但是实际运用中不是计算还款违约概率，而是运用记分卡计算信用得分，包括事前的申请计算卡、事中和事后的行为记分卡及催收记分卡。以下以申请记分卡信用得分为例，用 Logistic 回归演示记分卡信用得分的算法

$$P(\text{Consumer}=\text{"faith"}\mid(x_1,x_2,\cdots,x_n))=\frac{1}{1+\mathrm{e}^{-(\beta_0+\beta_1[x_1]+\cdots+\beta_n[x_n])}}\tag{6-10}$$

其中 $[x_i],i=1,2,\cdots,n$ 表示变量 x_i 的证据权重值。则

$$[x_i]=\ln\frac{\text{Distr(faith)}}{\text{Distr(default)}}\tag{6-11}$$

不妨设 x_i 为用户的年龄变量，如表 6-13 所示，假定该客户的年龄为 32 岁，则其 $[x_i]=\ln\frac{18.77\%}{5.67\%}=119.71\%$。

表 6-13　$[x_i]$ 值的计算表

年龄/岁	客户数/人	各年龄段分布/%	守信客户数/人	守信客户分布 Distr(faith)/%	违约客户数/人	违约客户分布 Distr(default)/%	$[x_i]$/%
缺失	50	2.50	42	2.33	7	4.12	−57.27
17～22	200	10.00	152	7.42	47	24.74	−107.73
23～26	300	15.00	246	13.62	54	27.74	−71.47
27～29	450	22.50	405	22.43	45	23.20	−3.73
30～35	500	25.00	475	26.30	25	12.79	71.34
35～44	350	17.50	339	17.77	11	5.67	119.71
≥45	150	7.50	147	7.14	3	1.55	166.07
小计	2000	100	1706	100	194	100	—

对客户守信与否概率的比值取对数后进行模型重构，得

$$\log\left(\frac{P(\text{Consumer}=\text{"default"}\mid(x_1,x_2,\cdots,x_n))}{P(\text{Consumer}=\text{"faith"}\mid(x_1,x_2,\cdots,x_n))}\right)=\beta_0+\beta_1[x_1]+\cdots+\beta_n[x_n]\tag{6-12}$$

把对客户守信与否概率的比值取对数后的值作为记分卡的刻度尺，从而构建线性函数得客户的得分：

$$\text{Score}=\text{offset}+\text{factor}\times\log(\text{odds})\tag{6-13}$$

其中，$\text{odds}=\frac{P(\text{Consumer}=\text{"default"}\mid(x_1,x_2,\cdots,x_n))}{P(\text{Consumer}=\text{"faith"}\mid(x_1,x_2,\cdots,x_n))}$；factor 是特征变量 $(x_1,x_2,\cdots,x_n)$ 对客户信用得分的影响因子；offset 为偏移量。

取 odds = a 和 b 时分别对应的信用分数为 A 分和 B 分。于是有

$$\begin{cases}A=\text{offset}+\text{factor}\times\log(a)\\B=\text{offset}+\text{factor}\times\log(b)\end{cases}\tag{6-14}$$

计算上式，得

$$\begin{cases} \text{offset} = \dfrac{A\log(b) - B\log(a)}{\log(b) - \log(a)} \\ \text{factor} = \dfrac{B - A}{\log(b) - \log(a)} \end{cases} \tag{6-15}$$

于是得客户信用分数的计算式：

$$\begin{aligned} \text{Score} &= \text{offset} + \text{factor} \times (\beta_0 + \beta_1[x_1] + \cdots + \beta_n[x_n]) \\ &= \sum_{i=1}^{n} \left\{ \frac{\text{offset}}{n} + \text{factor} \times \left(\frac{\beta_0}{n} + \beta_i[x_i] \right) \right\} \\ &= \sum_{i=1}^{n} \left\{ \frac{A\log(b) - B\log(a)}{n(\log(b) - \log(a))} + \frac{B - A}{\log(b) - \log(a)} \times \left(\frac{\beta_0}{n} + \beta_i[x_i] \right) \right\} \end{aligned} \tag{6-16}$$

互联网消费金融公司将获得的客户信息（数据）代入式（6-16）就可以计算出该客户的信用得分，然后就可以将客户归位到提前预设的信用等级进行授信。比如，招联消费金融公司允许芝麻信用超过 700 分的客户直接线上使用授信额度。而蚂蚁金服对芝麻信用分在 600 分以上的用户就可以提供开通支付宝借呗的服务，依据信用分数的不同获得 1000～50000 元、最长期限为 12 期的消费直接贷款。而马上消费金融公司则采用的是美国费尔艾萨克公司推出的信用评分模型——FICO 进行在线自动授信。

行为计分卡是基于持卡客户当前的资产组合、借贷行为等，为客户的潜在违约行为进行评分，可用于信用额度的自动监控和调整、授权及坏账预测等多方面。因此，相比于申请信用计分模型，行为信用计分模型里面的信息量更大、数据质量更高，除了包含申请人特征属性、使用行为特征之外，还包括账户余额趋势、信用评分趋势、违约历史记录、信用额度增减记录、个人住址的变化等信息。行为计分模型可用于互联网消费金融产品向上、向下、交叉营销，也可以用于主动收债。当然，也可以建立单独的催收记分卡，作为申请记分卡和催收计分卡的补充，特别是针对逾期贷款和坏账的情况，用于预测和评估对某一笔坏账所采取措施的有效性。

有了申请计分卡和行为计分卡就可以计算客户的违约概率（default probability，PD）、违约损失率（loss given default，LGD）、违约风险暴露（exposure at default，EAD）。PD 的计算是先按分数高低将客户分为若干个等级，每个等级代表不同的风险程度，然后计算出各个等级客户的历史违约率，用历史违约率预测客户在未来一年的违约率。LGD 是用偿贷款总金额占比的形式来衡量经济损失的，常用线性回归方法或回归树方法进行估算。EAD=Drawn+CCF×（Limit−Drawn），其中 Drawn 表示已提取借款；Limit 表示信贷限额；信用转化系数（credit conversion facor，CCF）是一个介于 0～1 的参数估计，常使用业内公认的平均水平值，使用线性回归方法或回归树方法进行估算。当这些指标都计算出来后，就可以代入《巴塞尔协议》的资本需求计算公式计算出意外损失所需要的资本准备金。

3.欺诈风险控制

互联网金融易遭遇欺诈风险，欺诈已造成近 7 成的信贷损失，本金不能收回，近 3 成的逾期或违约贷款能收回。社会上的征信机构主要为客户识别灰名单，识别欺诈交易，评定客户信用等，而利用黑名单和灰名单可及时抓取互联网消费金融中的欺诈行为。识别欺诈交易的首要环节是借助黑名单。部分黑名单来自征信机构，从 P2P 网贷、民间借贷、信用卡机构、小贷公司等处长期积累下很多违约名单，一些机构甚至有 1000 多万条，有一定的参考意义。还有部分黑名单来自催收公司，因为只有部分违约贷款能催收成功，催收失败的借款人被列入黑名单。识别欺诈的第二环节是借助灰名单。灰名单是逾期少于 3 个月但并未违约的客户名单，可能存在借款人多个平台分别借款的行为。虽然黑名单和灰名单能降低欺诈风险，但毕竟数量有限，很多互金企业为控制风险需要同时对接多家征信机构，加重了风控成本。并且，部分进入黑名单或灰名单的客户不再借贷，所以实际价值有限。虽然央行同上海经信委欲建立统一的黑名单平台，但很多互金企业不愿将黑名单拱手让出，一是因为黑名单是用金钱换来的教训，二是不希望黑名单数量影响企业的声誉，被投资者怀疑其风控能力。

互联网金融可通过判断借款人身份识别欺诈交易。身份信息有姓名、住址、联系电话、身份证号、银行卡号等，其中运营商能识别其客户的前四个信息，银行可识别其客户的所有信息。但是，由于欺诈客户可买到身份信息，所以可让客户提供刷卡记录或学历证明，或是借助人脸、指静脉、指纹、声纹、虹膜等识别技术判断客户身份，或是根据借款人提交的信息或行为信息识别欺诈。欺诈用户通常会先准备好用户资料，在多家网络平台同时申请，希望获得更多贷款。互金企业可抓取用户在阅读条款、填写信息等各环节的时间，若有异于正常客户的时间，则可能存在欺诈。并且，在深夜申请贷款的客户欺诈比例和违约比例较高。

互联网金融可借助移动设备数据识别欺诈交易。移动设备的定位数据不仅可识别用户工作、生活地点的真实性，还能直接识别欺诈，因为欺诈用户容易将多个设备同时聚在某一区域用于申请贷款。并且，应用活跃度可识别借款人是否在多个网络平台借贷。另外，欺诈用户往往只安装与贷款相关的手机应用软件，或是安装密码破解软件，而不涉及生活或工具类软件；欺诈用户容易通过频繁更换手机或 SIM 卡来申请更多的贷款，因此可借助手机号码绑定时间的长短和频率来初步识别欺诈。

有监督学习、无监督学习和社交网络学习都可以用于消费信贷的欺诈检测建模。由于绝大多数互联网消费金融的借款行为都是在线上进行的，借款人的欺诈行为极易在网上留痕，这给采用社交网络学习进行欺诈检测提供了很好的条件，所以这里只对运用社交网络分析(SNA)技术进行欺诈检测建模做介绍。通常情况下，欺诈往往不是独立现象，而是一种精心策划、组织的犯罪，这些关系信息对揭示犯罪行为模式和活动非常有效。图 6-15 为一个欺诈行为网络的示例，其中圈中有数字的节点为欺诈节点，圈中有方形的节点为合法节点。由图可以看出，合法节点间的连接相对稀疏，欺诈节点间的连接则比较紧密，形成蜘蛛网结构(spider structure)。利用蜘蛛网结构就可以计算欺诈度(fraudulent degree)、三角形(triangle)和圈子(cliques)等指标。在欺诈检测中，第 1 度是指与欺诈节点直接相连的节点数，第 n 度是从观测节点到调查的欺诈可疑节点的最迟路径所包含的节点数。三角形是指网络中三个节点两两直接相连，在欺诈检测实践中，如果已确知有两个节点属于欺诈节点，则三角形中的第三个节点也为欺诈节点的可能性就比较大了。圈子则是三角形的扩大，指一个节点只与另两个节点直接相连的多个节点形成的闭环，如果在圈子上发现了一些欺诈节点，则其余节点是欺诈节点的概率就比较大。欺诈度、三角形和圈子不但是有效的潜在欺诈检测器，也可以转换为描述单个节点特征的衍生变量，丰富前面信用评分模型的大数据结构。

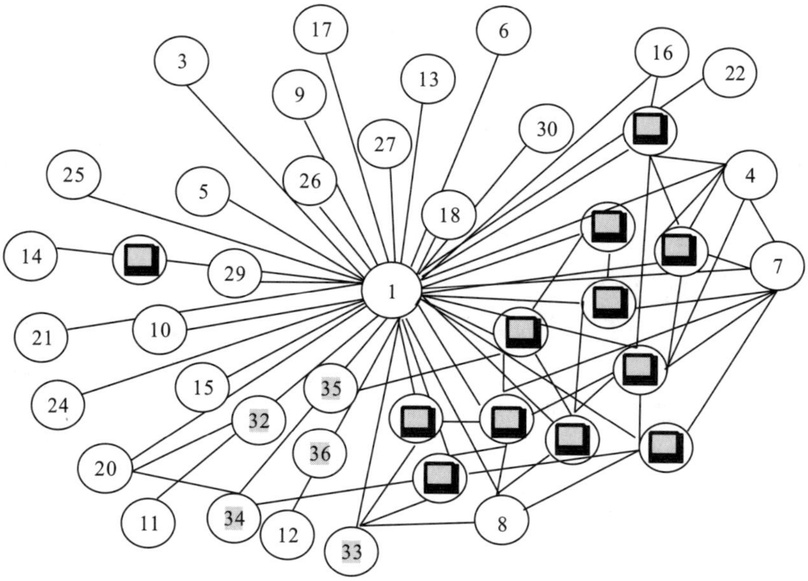

图 6-15 互联网消费金融借款人欺诈行为网络示例

4.征信体系建设

消费金融发展过程中直面个人客户，征信在风控过程中扮演着关键角色，完善的征信系统为互联网消费金融持续发展提供保障。若征信体系不够完善，互联网消费金融提供者很难识别客户风险，这不仅加大了提供者的经营难度，也推高了借款者的资金成本。目前，我国征信体系以央行金融信用信息基础数据库为主导、市场化征信机构的建设滞后，尤其是个人征信业务才刚刚起步，在商业模式、法律保障、统一数据接口、关键技术等方面，与欧美相比差距较大。个人征信体系是互联网金融的基础设施，其建设关系到法律体系、信用信息的共享、信息保护和披露等诸多问题，而目前我国征信数据碎片化、征信体系不完善的特点，对消费金融发展影响较大。消费金融公司可对接央行征信系统，但大量互金企业不能对接，导致部分人群到多个平台同时借款，造成平台与投资者资金的损失。若存在债权转让，则相关风险会被传导到信用链条下端，甚至引发系统性风险。

但是大数据技术的应用却为我国征信体系的建设带来了宝贵的机遇。互联网金融以传统金融风控为基础，并利用大数据拓宽数据维度，包括直接反映信用的金融数据，用于分析还款能力和还款意愿，还包括间接反映信用的行为数据，用于揭示可能导致风险的行为，这样，利用大数据就能比较客观地反映借款人的信用状况，从而控制风险。并且，随着高科技技术和大数据的开发和应用，越来越多的互联网消费金融企业开始考虑往智能风控转型，降低风险控制成本和提升工作效率。央行 2015 年颁布的《关于做好个人征信业务准备工作的通知》也向外界释放开放民间个人征信牌照的信号。一些网络平台也开始把自身积累的征信添加到央行征信中心，与互联网消费金融同业共享。可以预见，随着大数据技术在我国征信体系建设中的广泛运用和互联互通共享，我国互联网消费金融必会蓬勃发展。

6.4　互联网消费金融的发展趋势

随着互联网在 PC 端和移动端使用率的不断提高，互联网消费金融提供者对消费场景的不断拓展，消费者消费观念的不断开放，大数据风控技能的不断提升，互联网消费金融将在中国迅速发展。与传统消费金融相比，互联网消费金融通过互联网渠道为消费者提供消费金融服务，使传统消费金融网络化、电子化、信息化。长久以来，我国一直处于重投资轻消费的经济发展模式，导致与世界发达国家相比，我国消费占 GDP 比例较低。目前，我国消费信贷在信贷结构中仅占两成且人口众多，而美国市场却高于 6 成，因此我国消费金融市场前景好。

消费金融是一片新的蓝海，随着移动互联网的快速发展与普及，消费者偏好多样化的趋势明显，未来互联网消费金融存在各种可能。一是消费信贷利率可能会更低。互联网盛行各种价格竞争，随着市场的竞争加剧，利息(包括手续费等)会逐渐下降，甚至有免息的可能性。当利息为 0 时，营利方式也会发生转变，如消费金融平台可以引流、聚集用户，用户多了，可将其中资质好的用户引导去使用其他大额贷款产品，并收取佣金；或者不提供现金，而是购买商家的产品给用户，从商家那里赚取补贴。二是未来可能会出现网络抵押物。如果有抵押物，用户的借贷额可以大幅提升，坏账率也可以降低。但是传统金融要求的抵押物都是线下实物，无法符合线上平台全国展业、快速审核的要求。而互联网上有价值、可以充当抵押物的东西很多，如股票、游戏道具、各类会员积分等。三是未来的消费者还有可能跨境借款。商品贸易已实现跨境，互联网消费金融也可能实现。

第 7 章　互联网公司金融:对生产者的普惠金融服务

互联网公司金融是指互联网金融的对公业务，为工商企业的生产经营活动提供金融服务、金融解决方案。互联网金融在成功涉足居民消费金融服务的基础上，又势如破竹叩开了一直由传统金融垄断的公司金融业务的大门，以中小微企业融资为突破口向企业提供融资、投资、理财、支付等一站式综合化普惠金融服务。本章以中小微企业为重点研究对象，研究互联网公司金融的融资形式、普惠特性、战略选择及创新方向，同时理论与实证结合分析互联网公司金融的风险控制，并推演互联网公司金融普惠化创新发展的基本态势。

7.1　互联网公司金融的理论分析

7.1.1　理论基础

公司金融主要为工商企业提供金融服务，而中小微企业融资难是国内外普遍存在的难题。

首先分析中小微企业融资难的原因。最早研究中小微企业融资难问题的是 1931 年发表的《麦克米伦报告》，该报告认为市场失灵时金融机构很难贷款给小企业，即“麦克米伦缺陷”。Stiglitz 和 Weiss (1981) 首次提出以信息不对称和道德风险的问题来研究中小微企业融资，借助 S-W 模型为资金需求企业进行信贷配给，银行采用这一信贷配给理论能减少信息不对称带来的信贷风险，与刘维奇和高超 (2006) 博弈分析结论一致。Berger 等 (1998) 从生命周期理论角度出发，认为企业发展会经历信息不透明到透明的过程，而中小微企业正处于发展的早期，而当期的信息机制无法让其获取足够的外部融资。从成本角度考虑，李大鹏和曹彦栋 (2014) 认为信息不对称会造成银行对其融资的选择成本较高，容易出现事后的道德风险。Berger 和 Udell (2002) 认为中小微企业容易获取关系型贷款，而中小微企业并不能长期与银行保持业务往来，因而无法让银行知晓自身的还款能力。姜浩天 (1998) 认为银行不愿贷款给中小微企业的原因是后者管理体系落后、制度不健全、财务不明晰、业务多而杂等。周士元 (2017) 认为，现有的银行体制、中小微企业自身的融资渠道和自身较高的风险与成本是制约中小微企业融资的主要原因。

其次是对企业融资理论的研究。有代表性的企业融资理论是融资次序理论 (peeking order theory)、生命周期理论、MM 理论、代理理论等。融资次序理论是指企业在进行融资时，对于股权融资与债权融资、内源融资与外源融资这些融资方式的先后次序选择

(Myers，1984)。生命周期理论是指在一段连续时间内，根据一定的标准将动态变化发展的企业分成若干阶段，并根据不同阶段的特征归纳企业从产生到消亡的发展规律(艾迪斯，1997)。MM 理论最早由 Modigliani 和 Miller(1958)提出，指出在不考虑企业所得税的情况下，企业债务比率由 0 增加至 100%时，企业的资本总成本和总价值都不会变化，不存在最佳资本结构问题。这一理论在 Modigliani 和 Miller(1963)的文章中被修正，即考虑了企业所得税后会因为负债利息是免税支出而降低综合资本成本，同时增加了企业价值。在众多企业融资理论中，融资次序理论和生命周期理论对互联网公司金融有重要的启发意义。

最后是对中小微企业融资问题解决策略的研究。中小微企业主要通过股权融资与银行融资，渠道过于狭窄，因此需要拓宽融资渠道(赵岳和谭之博，2012)。当务之急是允许民营资本进入银行业，同时拓展其在资本市场的融资力度(周士元，2017)。引入惩罚机制的电商平台只要采取适当的激励相容约束条件，就能让各种风险类型的中小微企业得到小额信贷(赵岳和谭之博，2012)。中小金融机构能更好地满足中小微企业的融资需求，并且他们能借助较高的借贷利率弥补不良贷款造成的损失(刘畅　等，2017)。互联网金融能优化金融资源的配置，能解决中小微企业的融资问题(谢平和邹传伟，2012)，因为互联网金融能有效降低中小微企业的融资约束程度，从而降低企业投资对内容现金流的敏感度(吴俊霖，2017)。具体而言，以大数据为核心的金融科技创新，能有效减少中小微企业融资中的信息不对称问题，从而提高融资可能性(王丽辉，2017)；大数据征信能为资金供给者提供中小微企业的征信状况，从而得知其还款能力和还款意愿(麻文奇，2016)；从商业模式和组织结构看，回报型众筹形式能替代传统金融为中小微企业和初创企业融资(Borello et al.，2015)；P2P 网贷通过分散化投资可有效降低个人风险(胡波　等，2017)；电商平台作为资金供给方时，利用平台就能有效降低信息不对称程度，还能将信贷风险转移到商盟内部(禹亦歆，2016)。

综上可知，互联网公司金融是指借助互联网为工商企业提供金融服务，通过互联网金融、大数据技术等有效降低资金供给者与中小微企业之间的信息不对称程度，从而使交易信息更公开透明，让中小微企业更易获取贷款。然而，互联网公司金融如何创新才能更好为中小微企业提供服务，更好推动普惠金融的发展，仍有待研究。

7.1.2　融资理论

1.融资次序理论

Myers(1984)在信息不对称情况下研究了公司的新项目融资问题，提出根据资金来源将企业融资方式分为内源融资和外源融资两种(图 7-1)。内源融资是指企业通过自有资本或业务盈利融通资金，这种方式自主性较强，且风险较低，是众多企业在发展之初融资时的必要选择，但融资额度受自身盈利和红利股利分配制度的限制，可能无法跟上企业发展的资金需求。外源融资是指企业从外界通过股票市场、债券市场等金融市场或银行等中介机构获得资金，融资规模较大，效率较高，方式较灵活。融资次序理论认为，企业先进行内源融资再考虑外源融资，先进行债权融资再考虑股权融资(Myers，1984)。但是，企业成长过程中的资本结构会产生相应的动态变化，融资次序理论不能反映这一动态变化规律。

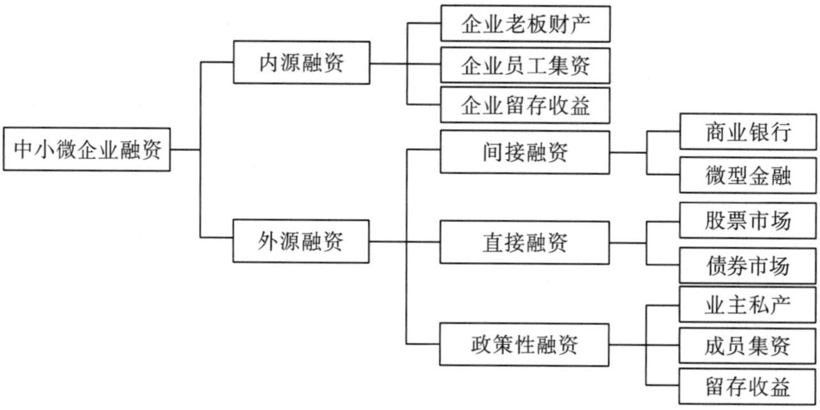

图 7-1 中小微企业融资的主要方式

2.生命周期理论

艾迪斯(1997)研究表明，企业处在不同的发展时期应该选择不同的融资方式，初期阶段应该更多选择内源融资，成熟阶段可选择如权益性融资等方式(表 7-1)。

表 7-1 企业融资方式选择

企业发展阶段	融资方式选择	原因
初创期	通过自有资本、盈余留存、出售应收账款、票据贴现、融资租赁和资产折现等内源融资方式获取资金	处于初创期的企业生产经营规模还未扩大，所需资金额度不会太大
成长期	盈利状况较好的企业可从银行获取贷款，盈利欠佳的企业很难通过银行冗余的抵押担保，只能借助民间借贷等方式支付高利率后获取资金	企业在经历初创期后，急需资金扩大规模，因此需求的资金额度较大，单靠自身很难满足，可通过间接融资这一外援融资方式获取资金
成熟期	直接从资金所有人那里获得融资，实现资金供需的直接对接，常见的是股票市场和债券市场	处于成熟期的企业资产实力雄厚，盈利能力和偿债能力都大幅提高，所需资金数额也进一步放大，直接融资方可满足

7.1.3 普惠体现

1.小微企业融资困难

据统计，目前我国有中小微企业 4000 多万家，中小微企业对 GDP 的贡献超过了 65%，税收贡献占到了 50%以上，出口超过了 68%，吸收了 75%以上的就业①，但中小微企业一直存在融资难的问题。

一是融资审核难。因为中小微企业的信息披露机制不健全，金融机构难以在短期内快

① 资料来源：凤凰财经. 中小微企业仍需减负：去年对 GDP 的贡献超过 65%. 2015-3-18。

速准确地辨别相关信息的真实性，只有通过抵押、质押、担保等方式降低信用风险，但却增加了中小微企业的贷款难度。并且，目前我国很多中小微企业存在管理混乱、资信状况差、信息不透明公开的现象，这会增加放贷机构审核难度和审核成本，降低贷款发放的概率。与之相比，大企业资讯状况好、信息公开透明，更易获得融资。所以我国近八成中小微企业选择内源融资，但内源融资却受自身生产经营状况、盈利能力等束缚，而中小微企业无论是经营状况还是盈利能力均欠佳，很难满足融资需要。

二是融资成本高。首先是银行的贷款利率高，即使只按 10%的贷款利率计算，若加上银行放贷的硬性条件成本，如购买银行理财产品，增加银行存款等，实际借贷成本可能达 15%，所以大部分中小微企业主认为银行不仅贷款难还贷款贵（图 7-2）。其次是民间借贷成本高，转战民间借贷的中小微企业需要承受超过 25%的利率，部分高利贷利率甚至达 40%，借款如饮鸩止渴，最终很多企业因无法承受高昂的融资成本而倒闭破产。

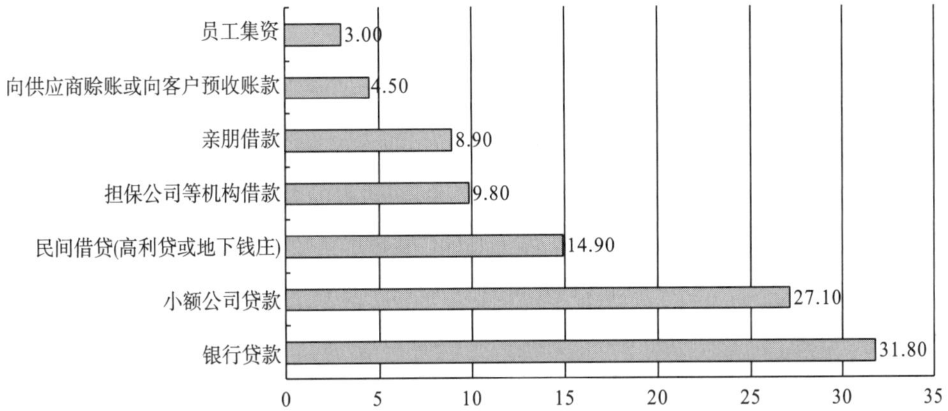

图 7-2　中小微企业的融资成本（%）

数据来源：根据调研资料整理所得。

三是融资渠道狭窄。虽然中小微企业融资渠道多样，但有效融资渠道却极少。直接融资渠道狭窄是我国中小微企业一直面临的问题，尽管近几年资本市场有一定发展，但并未实质性地解决我国中小微企业的直接融资问题。我国证券市场一直偏向于为大中型企业解决融资问题，因此融资条件非常高，只有极少中小微企业能在严苛竞争中获得上市融资资格。虽然近年国内中小企业板、创业板和新三板有所发展，但只有非常优质的中小微企业才能够挤入，与我国海量的中小微企业数量和资金缺口相比只是沧海一粟。在票据融资方面，《中华人民共和国公司法》设下了 3000 万元净资产的高门槛和近 3 年利润能支付 1 年的债券利息的盈利条件作为公开发行债券的条件，这一标准远远超过了大部分中小微企业的经营实力范围。

四是融资风险高。由于我国中小微企业的准入门槛较低，企业资金实力较差，在面对激烈的市场竞争时容易被淘汰，中小微企业平均存活 4～5 年，所以给中小微企业融资本身风险就非常高，还可能因为信息不对称问题存在逆向选择和道德风险。金融机构通过增加贷款抵押物、提高融资贷款利息以及采取第三方担保等方式避免或减少借款人贷前逆向选择，将风险厌恶的大部分中小微企业拒之门外的同时，剩下风险偏好者的投机型中小微企业却可能存在严重的贷后道德风险，违规将借贷资金投资于高收益但高风险的项目中。于是在实际状况中，金融机构通常采取拒绝中小微企业的贷款融资需求的方式避免与减少信贷的道德风险和逆向选择、损失。另外，我国中小微企业自身较差的抗风险能力也会导致融资风险高。

2.融资困难原因多样

第一，从需求侧看。首先是中小微企业各方面均体现出“小”，如运营规模、人员配备、资产数量、可抵押物、担保能力等都非常小，所以自身竞争实力不强，国家经济政策和走势会对其运营产生很大影响。其次是中小微企业高层的素质较低，观念上无法跟上社会发展的步伐，无法及时把握契机快速发展。最后是中小微企业存在财务制度不健全，经营状况不透明，信息披露不及时、不充分等问题，致使银行等金融机构惜贷，中小微企业很难获取贷款。

第二，从供给侧看。由于国内的银行信贷主要针对国有大中型企业，银行信贷资金占中小微企业资金来源的比例仍然非常低。现行的经营理念下，商业银行主要服务高净值客户和大中型企业，中小微企业很难获得同等待遇；银行现有的审核流程无法满足中小微企业短、频、快的融资需求。贷款用途方面，银行提供的信贷用于企业补充流动资金和固定资产更新等方面的贷款，而针对企业长期发展提供的融资非常少，国内也缺少专门定位于为中小微企业提供融资服务的金融机构。鉴于中小微企业在申请银行信贷时面临的种种障碍(图 7-3)，中小微企业只能转向融资成本更高的民间借贷。民间金融是传统正规金融的有效补充，但在现行的金融市场中多以非正规形式存在，各种民间金融组织良莠不齐，内部管理落后，金融监管乏力，所以作用有限。

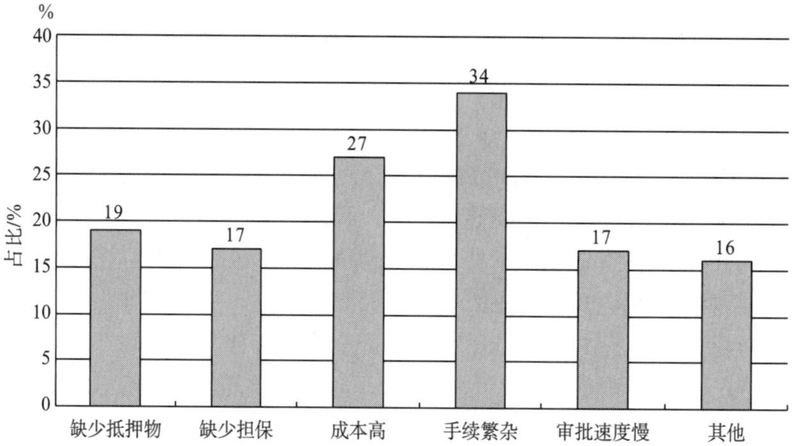

图 7-3 中小微企业不申请银行贷款的原因统计

数据来源：调研所得。

第三，从金融市场环境看。金融机构方面，目前征信主要依赖央行的征信系统，而很多中小微企业在该征信系统中信用记录缺失，由于信息不对称问题让众多传统金融机构很难对中小微企业融资，存在金融排斥。资本市场方面，准入门槛直接将很多中小微企业拒于股票市场门外，债券市场规模小且并未全面启动，难以及时满足中小微企业的融资需求。当前中小微企业融资难主要表现为抵押难和担保难。中小微企业可用抵押物少，抵押物的折扣率高，而且要面临评估登记部门高昂的收费和烦琐的手续的现状，资产评估中介服务不规范使得融资成本高昂。信贷过程中，中小微企业经常难以找到合适的担保人。效益好的企业希望保证企业后期发展具有足够的独立性和稳定性，既不愿意给别人做担保，也不需要请人为自己做担保；经营效益一般的中小微企业，银行又不承认其担保人资格。中小微企业因其风险抵抗能力不足，相互担保的小企业团体经常会因为其中的某一家企业出现问题而连累一批企业，所以这种担保机制只是单方面的，对于银行的资金安全比较有益。

3.互金优势助其融资

正如 Bodie 和 Merton(2000) 所述，金融的表现形式不同，但核心功能相同。互联网金融只是在组织形式和服务形式上与传统金融不同，但在时间和空间上的金融配置功能并未改变，仍需服务实体经济。从组织形式看，互联网金融在资金融通、金融资源转移、信息提供等方面优势明显，能有效解决中小微企业融资问题。从服务模式看，互联网金融因在贷款额度、贷款利率、审批依据、办理周期、业务流程、抵押担保、融资成本等方面有明显的改善(表 7-2)。因此，在为中小微企业提供融资服务方面有明显的比较优势，归纳起来主要包括以下五个方面。

表 7-2　互联网公司金融融资模式与传统金融融资模式比较

比较项目	互联网金融融资模式	传统金融融资模式
贷款额度	中小微企业自主设定，能否达成取决于市场上供给资金的分散投资者	金融机构决定，通常不能满足企业资金需求
贷款利率	市场竞价或协议利率	基准利率加风险溢价
调查手段	大数据、云计算进行自动审批	实地考察、企业财务报告人为判断
调查内容	通过数据挖掘得到真实的经营情况	抵押额资产、资产质量
办理周期	快速高效，最快几分钟就审批下来	时间较长，往往要几个月才审批下来
业务流程	企业在网上就能够详细了解到产品和信贷信息，流程顺畅，主要通过在线进行	企业要反复跑到银行咨询产品和信贷信息，流程烦琐，主要依靠人工线下操作
抵押担保	一般无抵押担保要求	要求抵押担保
融资成本	大大降低或消除了传统金融服务中的各种成本，融资成本低且在企业贷款前就可以明码实价计算得出	信息收集成本、交易成本、贷后管理成本，还有吃饭送礼等灰色成本，融资成本高
成功概率	只要企业在平台上留下的数据分析结果符合量化分析系统的审核要求即可获得贷款，获得贷款的成功率高	企业对贷款业务、贷款产品、政策法规不甚了解，以及公关不到位，都容易遭到拒绝贷款
贷后监管	系统自动化监管	贷后持续监管成本高，能力不足
还款方式	按日计息，随借随还	约定的固定时间还款

第一，大数据降低信息不对称程度。公司金融服务的信息不对称包括两个方面：一是企业对金融机构缺乏了解；二是金融机构不了解企业的资信状况和融资需求，导致传统金融机构在寻求中小微企业融资信息上成本高，因而不愿意大规模开展中小微企业金融服

务，而互联网公司金融利用大数据、云计算、云存储技术大大降低了金融机构在对中小微企业融资过程中的信息不对称程度。传统金融机构虽然长久发展累积了庞大的业务数据，但数据统计往往是经调查获取，零散而无时效性，且金融机构的分析能力有待提高。而互联网公司金融数据来源于客户网络行为留痕的采集，数据具有高连续性和高即时性，并且互金企业的数据分析能力很强，能根据需求快速筛选数据，多角度、全方位地掌握企业的生产情况、销售情况、盈利情况和信用状况，分析企业的贷款需求信息，如是否具备获取贷款的资格、何时需要贷款、需要多少贷款等，低成本让更多企业获得信贷机会。

第二，互联网降低金融服务成本。首先，互联网公司金融通过网上理财产品、保险、基金等销售金融产品并受理工商企业的信贷业务申请，获客成本低。其次，互联网融资平台一般没有包括传统融资模式包含的资料费、手续费、交通费，客户的信息收集和处理费用低，金融机构只要前期搭建好交易平台、客户信息收集模型及分析模型，后期收集和处理信息的边际成本将随着规模的增加逐渐趋于零，且交易成本更低(图 7-4)。再次，网络渠道的金融服务大幅降低了借贷双方的交易成本和时间成本。最后，在网络交易前，互金企业可通过大数据掌握客户信用状况，控制信用风险，在网络交易后，互金企业借助风控系统实时监控风险，减少了物理网点在交易前后投入的大量人力和物力成本、运营成本，降低交易前后的风险管理成本。

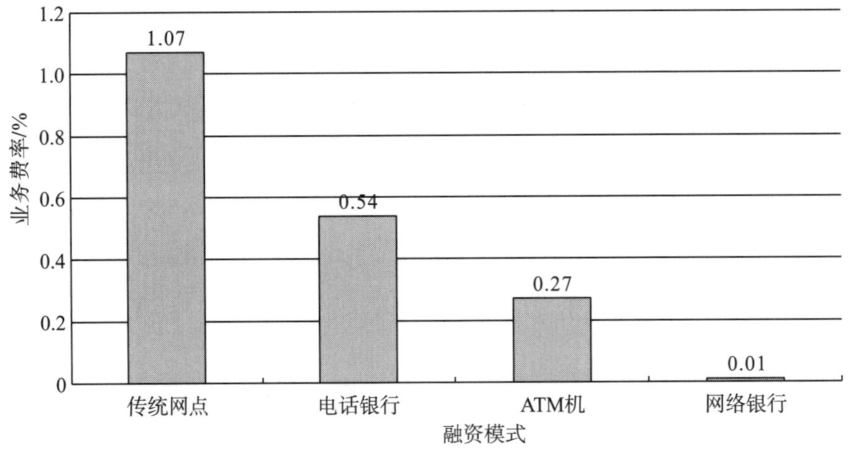

图 7-4 几种融资模式的业务费率比较

数据来源：参考搜狐财经《互联网+：银行网点经营转型的务实思考》等资料整理所得。

第三，互联网提高金融服务效率。在传统金融服务中，客户要经过贷前审核才能获取信息，不仅要提交身份证明、收入证明等一系列材料，还需经历实地考察、漫长审核的过程，无法解决中小微企业紧急频繁的资金需求。互联网金融借助互联网技术和大数据技术让金融服务不受时间地域限制，贷款手续简便，还能实现快速放贷，P2P 网贷等融资模式还能满足中小微企业的个性化资金需求，契合了中小微企业“短、小、急、频”的融资特点。此外，云计算技术有助于大数据的分类管理和访问，金融机构通过云存储技术可将大数据保存在网络存储器中，可随时从中获取数据用于分析和挖掘，极大地提高了数据的使用效率。

第四，互联网解决信贷配给问题。为控制风险，传统金融机构紧缩信贷供给或提高利率，这一信贷配给现象将众多中小微企业排除在外。当经济衰退，或利率上升投资减少，或存在道德风险和逆向选择时，都会加剧信贷配给现象。电商融资、众筹模式以及 P2P 模式等互联网融资平台的资金信息公开透明，他们依靠自身评价模型对客户经营与交易的大数据进行分析挖掘，并据此决定是否放款，人为因素只是在最后进行风险控制环节，排除极端情形引发信贷资金安全的问题，个人主观因素对信贷发放影响极小，金融机构很难对各个企业差异化对待。在开放的市场面前，所有借款人机会均等，不存在贷款配给问题。

第五，拓宽了企业直接融资渠道。传统金融为中小微企业提供的直接融资渠道非常有限，而互联网金融中众筹、P2P 等大大拓宽了中小微企业的直接融资渠道。通过 P2P 网贷平台审核的资金需求信息被发布在网贷平台上，投资者选择合适的项目后投资，实现资金在供需双方的融通。通过众筹平台审核的项目被发布在众筹平台上，投资者可查看资金额度、投资回报等项目的详细信息，然后依据自己的喜好将资金直接投入自己看好的项目。所以，P2P 和众筹都是直接融资模式，互联网金融平台在融资环节中充当信息中介的职能，因此又极力淡化中介在促使交易达成中所起的作用，只负责审核项目、公布信息。由于互联网金融提供了多种具有直接融资特点的模式，因而能解决直接融资市场不发达的部分问题。

4.互金服务践行普惠

一个企业的生命周期通常可分为初创期、导入期、成长期、成熟期和衰退期五个阶段，由于企业在各个阶段的发展水平、经营环境不同(表 7-3)，企业的金融需求也不同。我国传统金融机构易受国家政策影响，商业银行等机构主要为大型企业服务，发放大额贷款，虽然也会发放小额贷款，但需要抵押物或担保人，信用贷款量非常少，因此对中小微企业的金融服务几乎处于缺失状态。互联网金融能为中小微企业提供小额金融服务，既可获悉其信用状况，又能为其提供咨询服务，还能为其设计融资方案，让中小微企业根据实际状况弹性选择贷款金额和期限。互联网金融充分发挥自身的大数据等优势，高效审批、快速放贷，为缺乏抵押担保的中小微企业提供融资便利，既填补了商业银行的服务空白，又充分体现了互联网金融服务实体经济的普惠金融理念。

表 7-3　企业全生命周期的金融服务需求

生命周期	初创期	导入期	成长期	成熟期	衰退期
时间长度	1 年左右	1～3 年	3～10 年	10 年以上	—
经济指标	无收入或低收入；负营业利润	收入增加，利润低甚至为负数	收入高增长，利润高增长	收入增长放缓，营业利润增长	收入及营业利润急剧下滑
营业历史	无	很少	一些	可用于估值	充足营业历史
融资类型	起步创业	天使投资	经营融资	IPO 和再融资	退市并购
估值方法	天使或 VC 思维	多元化相对估值	PEG 或 P/S	P/E	
融资方法	众筹融资、P2P 借贷	众筹融资、P2P 借贷、天使投资	电商小贷、渠道融资、P2P 借贷、天使投资	传统股权融资或债权融资	企业并购重组
提供机构	互联网金融为主	互联网金融为主	互联网金融为主	证券公司、商业银行、基金公司、投资银行	证券公司、商业银行、基金公司、投资银行

注：PEG 表示市盈增长比率；P/S 表示股价与销售额比率；P/E 表示市盈率。

7.1.4 驱动力量

传统金融的优势在企业成熟期和衰退期，为企业提供传统的债权和股权融资，而在企业真正需要资金支持的初创期、导入期和成长期等起步阶段，传统金融出于风险控制的需要，业务较少覆盖这个阶段的企业，这反倒是互联网金融展示自身优势的地方。互联网公司金融发展宜采取利基战略，即规避与市场上的强劲对手直接竞争而遭受损失，又选择被强劲对手忽略的但仍有获利基础的小市场发展。小市场也能获利的前提条件是采取利基战略的互联网公司金融提供者对目标客户有充分了解，且能够充分满足借款公司的金融需求，若根据客户需求提供增值服务还可获得额外盈利。互联网技术使互联网公司金融具有低成本、高效率和便捷性等优势，大数据技术使互联网公司金融在征信和风险控制方面具有优势，因此互联网公司金融既会吸引更多借贷公司的参与，又能弥补传统金融机构在中小微企业融资服务领域的空白，有效缓解中小微企业融资难的问题，特别是初创期的中小微企业，支持“大众创业、万众创新”，在企业最需要资金的困难时期拉企业一把渡过难关。同时，它充分利用自身在利用“软信息”方面的比较优势，降低金融服务成本，实现自身的商业可持续性。

设 F 和 E 分别为公司金融服务的提供者和需求者，它们以各自利益的最大化进行理性决策，F 的选择策略为(贷款、拒贷)，E 的策略集为(还款、赖账)。在信息不完全对称的条件下，F 对 E 的信用调查费用为 S，单位贷款成本为 c，E 还款的统计概率为 P。F 向 E 提供的贷款金额为 D、利率为 i，E 用 F 提供的资金支持去进行投资或经营的预期回报率为 $r\,(r>i)$；设 L 为 E 拖欠本息时造成 E 的市场声誉损失、F 对 E 的逾期罚款或担保物被强制执行、担保公司对 E 进行罚款等经济损失。应当指出的是，如果 E 选择赖账，说明这时应该是 $r<i$，所以无须考虑借款企业的潜在收益或损失，借款企业的收益为 0，金融机构在对情况调查后便会做出拒绝的决策。由此可得表 7-4 所示的 F 和 E 的博弈支付矩阵。

表 7-4 金融机构与借款企业的博弈支付矩阵

		金融机构 F 的策略	
		放款	拒绝
企业 E 的策略	还款	$D(r-i)$，$D(i-c)-S$	$-D(r-i)$，$-[D(i-c)-S]$
	赖账	$Dr+D(1+i)-L$，$-D(1+i)-cD-S+L$	0，$-S$

不过，表 7-4 的支付矩阵只考虑了 r 和 i 之间数值的大小关系。实际上 F 和 E 之间的博弈关系是一种长期的动态博弈，F 和 E 都会根据历史信息修正自己的决策。结合信贷市场违约率往往在 1%以下的真实情况，因此可以认为，即便是 $D(r-i)<Dr+D(1+i)-L$，E 的最有效策略还是还款，这时 E 的期望收益为

$$\begin{aligned}E(E)&=P[D(r-i)]+(1-P)[Dr+D(1+i)-L]\\&=[Dr+D(1+i)-L]-P(2Di+D-L)\end{aligned}\tag{7-1}$$

在式(7-1)中令 $E(E)=0$，得

$$P^*(r,i,L)=\frac{D(1+i+r)-L}{D(2i+1)-L} \tag{7-2}$$

式(7-1)表明，借款企业的期望收益与还款概率 P 呈反向变动关系，借款企业还款概率越小则收益越大，只有当借款企业的实际还款概率 $P<P^*$时，即预期收益为正时借款企业会选择还款。

对式(7-2)分别关于 L、r 和 i 求一阶偏导，得

$$\begin{cases}\dfrac{\partial P^*}{\partial L}=\dfrac{D(r-i)}{[D(2i+1)-L]^2}>0\\ \dfrac{\partial P^*}{\partial r}=\dfrac{D}{D(2i+1)-L}>0\\ \dfrac{\partial P^*}{\partial i}=\dfrac{D\big(D(1+2r)-L\big)}{[D(2i+1)-L]^2}<0\end{cases} \tag{7-3}$$

式(7-3)表明，企业违约成本越高，企业项目投资收益越高，金融机构放贷利率越低，企业的还款意愿就越强，还款概率就越大；相反，如果企业借款的违约成本越低，企业借款从事投资或经营获得的报酬越低，金融机构放贷利率越高，借款企业的还款意愿就越低，还款概率也越低。

由表(7-4)可计算出金融机构的预期收益为

$$\begin{aligned}E(F)&=P[D(i-c)-S]+(1-P)[-D(1+i)-cD-S+L]\\&=P[D(1+2i)-L]-[D(1+i+c)+S-L]\end{aligned} \tag{7-4}$$

在式(7-4)中令 $E(F)=0$，得

$$P^{\#}(c,S)=\frac{D(1+i+c)+S-L}{D(2i+1)-L} \tag{7-5}$$

式(7-5)表明，金融机构的预期收益与借款企业的还款概率呈正向变动关系，借款企业的还款概率越大，金融机构的预期收益就越高。只要借款企业的还款概率 $P>P^{\#}$，金融机构的预期收益就会大于 0，金融机构就乐意放贷。

对式(7-5)分别关于 c 和 S 求一阶偏导，得

$$\begin{cases}\dfrac{\partial P^{\#}}{\partial c}=\dfrac{D}{D(2i+1)-L}>0\\ \dfrac{\partial P^{\#}}{\partial S}=\dfrac{1}{D(2i+1)-L}>0\end{cases} \tag{7-6}$$

由式(7-6)可以看出，若单位贷款成本越高，则金融机构对借款企业的调查成本越高，从而会要求更高的还款概率；反之，单位贷款成本和对借款企业的调查费用越低，则金融机构对借款企业的还款概率要求就越低，借款企业就越容易获得贷款。

综合 $P<P^*$和 $P>P^*$的要求，金融机构愿意向借款企业提供资金支持和借款企业能够顺利向金融机构还贷，实现(金融机构放贷，借款企业还款)的博弈均衡，这就要使借款企业的还款概率 P 满足：

$$P^{\#}=\frac{D(1+i+c)+S-L}{D(2i+1)-L}\leqslant P\leqslant\frac{D(1+i+r)+-L}{D(2i+1)-L}=P^{*} \tag{7-7}$$

式(7-7)成立的条件是 $cD+S<Dr$，并且 c 和 S 越小、r 越大，(金融机构放贷，借款企业还款)的博弈均衡越容易满足。这就揭示了为什么成长初期的企业很难从传统金融机构获得融资的原因，因为企业规模小，贷款金额 D 小，还款频率高，从而导致单位贷款成本 c 高；同时由于企业成长阶段财务政策还不够健全，缺乏专业的财务团队进行企业财务报表、资产管理等公司金融活动，金融机构对借款企业放贷前的调查成本 S 很高，所以只有极少数收益 r 比较高的企业才能满足式(7-7)的条件，从金融机构获得贷款并守约还款。但这种情况在互联网时代得到了很好的改变，大数据挖掘极大地降低了金融机构获取企业全方位信息的调查成本 S，而自动化的线上全程动态信用评分、欺诈监测和业务操作大大降低了金融机构单位贷款的成本 c，因而能够低成本、高精准地满足各类借款企业个性化的金融服务需求。

7.2 互联网公司金融的创新方向

7.2.1 P2P 网贷融资

P2P 网贷平台为资金所有者和中小微企业资金需求者匹配信息，真正实现金融脱媒。通过网贷平台，资金需求者提供有吸引力的借贷利率，资金所有者寻找借款人群，实现资金余缺调节。P2P 网贷额度小期限短，能降低借贷过程中的信息不对称程度，也能帮助中小微企业快速匹配投资者，已经成为国内发展最快的融资模式。中小微企业需要通过 P2P 网贷获得资金，首先需要其上传网贷平台要求的银行流水、运营能力等材料供网贷平台认证；其次，中小微企业在网贷平台上公布借款期限、资金用途、借贷利率等信息供投资者选择；最后，若筹资期到时所筹资金超过了筹资额度，则借款成功，通过平台审核，匹配的借贷双方签订电子合同，投资者的资金进入借款企业账户，后期再按照约定还款付息，否则借款失败。可以看出，P2P 网贷对于借贷双方均无额度限制，可借款几万元，也可投资几十元，而期限在 1 年内的居多。典型代表是作为简单信息中介的拍拍贷模式和作为理财中介的宜信模式。

拍拍贷是国内首家纯信用网贷平台，提供小额贷款的信息匹配服务，但自身并不参与借款。借款人需要将筹资额度、借款期限、利率、资金用途等事项公布在拍拍贷网站上，投资者自行选择合适的借款人进行投标。在拍拍贷的借款人中，8 成是中小微企业，普遍能获得 3000 元到 50 万元不等的短期借款，解决其资金周转的问题。拍拍贷信息透明、人人均可参与的机制，既降低了审查成本又控制了信贷风险(表 7-5)。风险控制上，首先拍拍贷会根据历史认证数据自动得出信用评分，而该评分对借款成功与否有很大影响；其次，拍拍贷还实行本金保障计划，即平台赔付收益与坏账之间的差额；最后，拍拍贷还采取黑名单、逾期收费等措施控制风险。拍拍贷的特点是小额，因此闲散资金可被充分利用，而大数据降低了审核成本和信贷风险，因此能低成本地为中小微企业提供信用贷款服务。但是，拍拍贷提供信用贷款，所以投资者风险很大，真正采取这种模式的平台数量非常少。

表 7-5　拍拍贷线上信用评分体系

序号	考核内容	评分标准	序号	考核内容	评分标准
1	身份认证	10 分	7	逾期 0～15 天还款	每次扣 1 分
2	手机实名认证	10 分	8	逾期 15～60 天还款	每次扣 2 分
3	视频认证	10 分	9	逾期 2～4 个月还款	每次扣 5 分
4	学历认证	学历高得分多，最高 5 分	10	逾期 4 个月以上还款	每次扣 10 分
5	资信报告认证	资信好得分高，满分 5 分	11	资料提供充分程度	给予 0～5 分
6	认证年限	年限长得分高，满分 5 分	12	其他要求提供的信息	给予 0～10 分

资料来源：拍拍贷网络资料整理。

相对于拍拍贷，宜信模式更复杂。宜信模式又被称为线上线下结合模式，线下利用其丰富的物理网点对借款人进行审核，获取债权，线上利用网贷平台将债权拆分成固定收益的理财产品后寻找投资者转让债权(图 7-5)。借款人需按照约定偿还贷款给宜信，而投资者可查看借款人、资金用途等详细信息，既确保了借款信息的真实可靠，减少骗贷的可能，又能降低贷款风险。只要信用状况好，中小微企业就可在宜信申请信用贷款，而期限灵活、额度小、审批时间短等特点与中小微企业融资需求正好一致。在风险控制方面，宜信有保障金制度，用来补偿投资者可能的坏账损失；并且，不仅借款者资金来源于多个投资者，而且投资者资金会被分散到多个借款项目中，有利于分散风险，据悉宜信的不良还款率不到 1.0%。

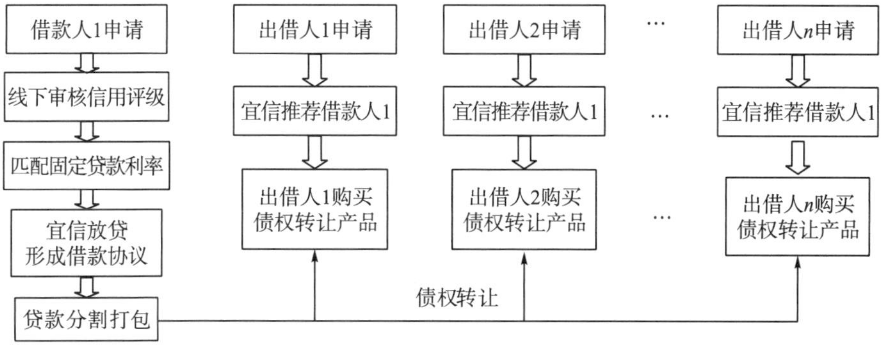

图 7-5　宜信债权投资的风险分散

资料来源：根据宜信资料整理所得。

7.2.2　电商平台融资

电商平台融资是指借助电商平台对商户在经营信息、销售业绩以及信用状况方面的详细记录，通过大数据分析后对商户的信用和风险进行评估，对企业贷款项目进行评价，据此来决定是否为该企业提供信贷支持。电子商务平台的企业信息本质上具有类似征信体系的作用，可以很大程度反映企业的信用和还贷能力，降低金融机构信贷审批时因信息不对称产生的风险，可使中小微企业利用电商平台积累的信用进行无抵押、无担保贷款，为中小微企业创造从生产、销售、融资到结算的“商业生态圈”，既满足中小微企业的融资需求，又有效提升整个电商平台的用户黏性，形成电商平台与商户互利共赢、良性发展的局面。目前的电商金融模式主要有三种形式：一是直接放贷，电商平台旗下的小额贷款公司通过电商平台直接向商户发放贷款，如网商贷；二是与银行合作放贷，电商平台为银行提供商户资源和平台数据，帮助银行确定企业信用额度，银行在电商平台的协助下执行贷款审核与贷款发放的流程，如京东供应链金融；三是由银行推出的电商平台，为企业提供包括小额贷款在内的对公业务。

蚂蚁金服主要依托B2C平台和B2B平台展开，B2C平台的中小微企业贷款是阿里对淘宝、天猫平台上的商户提供的订单贷款或信用贷款，B2B平台的中小微企业贷款是阿里为1688等B2B平台上的商户提供的网商贷或阿里贷款(表7-6)。首先，订单贷款是根据商户已发货但买家未确定的订单提出贷款申请，蚂蚁金服会自动计算授信额度，到期归还即可，商家在销售旺季时订单虽多但不能及时收回货款，而这款小额贷款产品正好能帮助商家通过订单缓解资金周转困难的压力。实质上，订单贷款属质押贷款，订单大小决定授信额度，同时未被买家确定的订单资金保证了还款来源，产品的信贷风险不大。其次，信用贷款是与商家信用信息绑定的贷款，不需要订单质押、抵押或担保，天猫或淘宝的商家依据自身信用记录申请授信，蚂蚁金服通过店铺的运营情况、商家信用状况、授信需求额度等综合考虑是否给予放贷。信用贷款可随借随还，也可按照等额本金偿还，信用额度不超过100万元，且利率与借贷期限和还款方式有关。再次，网商贷款是蚂蚁金服针对阿里B2B会员企业推出的无担保信用贷款，分半年期和一年期两种产品，额度仍不超过100万元，系统的风控体系会根据贷款企业递交的资料判断是否放款，而企业还款可据具体状况灵活选择按月付息或到期还本两种方式，若需提前还款则多付手续费即可。最后，阿里贷款分循环贷款和固定贷款两种。循环贷款就是在一定期限内，客户获得一定额度的备用金，借款人可以随借随还，贷款额度循环使用，客户使用备用金时按照约定支付以日计算的单利息，客户不使用备用金时就不计利息；固定贷款指一次性向客户发放贷款，到期一次性还本和按日利率计算的利息。

表7-6　蚂蚁金服产品介绍

产品名称	B2C电商平台		B2B电商平台	
	订单贷款	信用贷款	网商贷款	阿里贷款
产品设计	根据商家已发货但买家未确认的订单金额及店铺运营状况确定授信额度	根据店铺运营状况授予的无担保贷款，随借随还	基于企业经营情况，上传有关资料到后台，经信用控制体系和风控模型判断授信	分循环贷款和固定贷款。循环贷款在一定期限内获得额度备用金，随借随还，额度循环使用；固定贷当次授信
申请条件	卖家年满18周岁，具有完全民事行为能力，开店2个月以上，诚实守信，店铺信用记录良好	卖家年满18周岁，具有完全民事行为能力，开店6个月以上，诚实守信，店铺信用记录良好	阿里B2B电商平台会员企业	地理范围限制为江浙沪地区的付费会员

续表

产品名称	B2C 电商平台		B2B 电商平台	
	订单贷款	信用贷款	网商贷款	阿里贷款
贷款期限	30 天	3、6、12 个月	12 个月	12 个月
贷款额度	100 万元以内	100 万元以内	100 万元以内	5 万～100 万元
按日计息	0.05%	≥0.05%	利率灵活	循环贷 0.05%、固定贷 0.06%
还款方式	系统自动还款	按月付息，到期还本	按月等额本息还款	循环贷随借随还额度循环，固定贷月等额本息
资金流入	支付宝账号	支付宝账号	支付宝账号	支付宝账号

资料来源：根据蚂蚁金服网站资料整理。

蚂蚁金服小贷(原名为阿里小贷)具有贷款总额大、贷款利率低、到账速度快、风险管理好等显著特征。蚂蚁金服小贷每年的新增贷款在 1000 亿元以上，贷款余额从 2012 年底成立到 2014 年上半年已累计达到 2000 亿元。蚂蚁金服小贷的年名义利率虽然高达 18%，但由于贷款占用的时间短，中小微企业支付的实际利率只有 6%左右，明显低于商业银行 10%～15%、民间借贷 20%以上的利率。蚂蚁金服小贷通过电商平台的大数据积累，使金融服务全部通过线上量化交易成为可能，项目审核直接在网上进行，3 分钟就可实现支付宝放款(图 7-6)。大数据既有淘宝、天猫等平台的交易数据，如交易金额、交易时间、商品名称、交易对象等，又有认证信息及社交行为等数据，还有部分是与数据公司合作后获得的关于商家的税务、水电等数据。然后，量化处理非结构化数据，并建立风控模型对大数据进行分析，得到信用风险值——芝麻信用，赋予阿里生态用户一个信用分数，据此向客户授信。蚂蚁金服还自建金融风险监控系统，实时监控贷款中的商家的运营状况、买家数量等信息，一旦出现超出某指标范围的情况，预警系统将自动报警，蚂蚁金服人员介入，对故意欠款的卖家进行违约记录和曝光，及时对违约网店采取封店处罚。对非故意欠款卖家，阿里金融则通过其强大的电商平台运营能力帮助其恢复还款能力并早日还款。

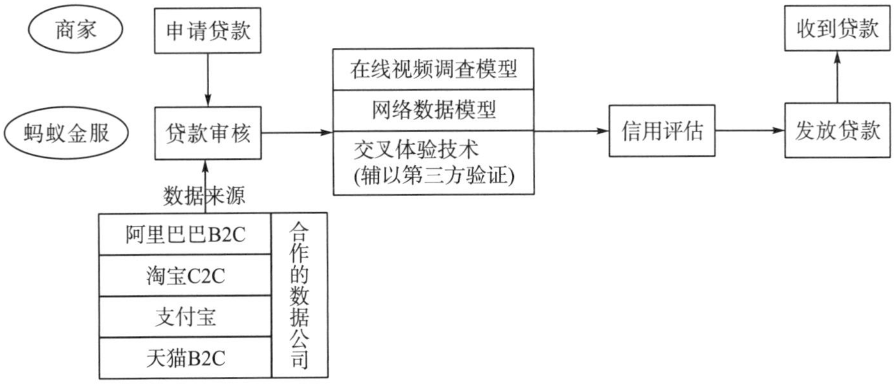

图 7-6　蚂蚁金服贷款流程

资料来源：蚂蚁金服网站资料整理。

京东电商金融相对开放，一是因为资金来源多样，银行、信托公司、京东及社会公众都可能提供资金；二是资金运用多样，平台上的供应商、第三方业务供应商及个人都可能获取贷款。京东电商金融也分为 B2B 和 B2C 两部分。B2B 主要针对供应商提供融资和投资服务，京东与中国银行合作，依据京东票据处理、结算支付等系统向供应商提供订单、入库单、应收账款和委托贷款四类融资产品。供应商有京东做变相担保，信用和应收账款作抵押，凭借与京东的销售合同和货物单据等投保后就能获得中国银行贷款，而贷款额度与采购数量、入库情况等相关。京东的 B2B 电商金融能减少供应商结算账期，因为从供应商为京东供货时开始到京东收货后支付货款前，京东会在这段时间占用供应商资金造成其资金紧张，但若供应商申请了京东的 B2B 电商金融，银行在 1 周内就会贷给供应商在京东商城应收账款额度内的资金，方便供应商资金周转，同时京东会在供应商还款期内支付货款。2015 年 6 月，京东电商金融还推出了“京东金采”，依托京东商城平台，面向平台上的集团公司、上市公司、中型企业、民营企业、中小微企业、城市渠道商、个体商户等有采购需求的企业提供定制化的信用赊购、分期付款、账期管理等服务，主要是针对有采购需求的企业客户。京东电商金融有较合理的风险管理措施，一是供应商与京东有 3 月以上的合作才能申请贷款；二是客户的大数据会验证客户的信用状况，系统自动审批客户贷款资格；三是京东电商金融平台的服务人员会在系统自动审批出现异常时切入人工审查审批程序，为金融风险再加一道保险。

7.2.3 众筹模式融资

众筹模式源于 P2P 模式，但又比 P2P 模式内涵丰富。P2P 模式更倾向于对银行信贷业务的颠覆，而众筹模式更类似于企业的股权融资，将社会上的闲散资金汇集起来后达到一定规模，满足中小微企业在初创时期、资金周转阶段等的资金需求。众筹平台不仅能为筹资项目提供展示的机会，还可以供投资者与发起人交流沟通，也能帮助各种投资者通过网络平台更快地接触有创意和投资潜力的产品和项目，借助集体智慧，做出更合理决策，使得中小微企业有投资潜力的产品和项目获得资金支持。因为中小微企业的创新创业平台无法通过大型投资公司或者银行及时得到贷款，现阶段，股权众筹平台可以为这些创新创业平台缓解燃眉之急，所以获得了国家对行业的认可与支持。随着“大众创业、万众创新”的提出，创新创业成为解决就业、提振经济的最好方式之一，众筹融资有望成为我国资本市场的“第五板”，加速“双创”红利的产生。因为众筹融资是合法规的，能够激发民间投资人的热情，未来中国会进入一个新的财富时代，不是靠富人投资 1000 万元以上，而是依靠民间投资人投 5 万元、10 万元以上，更能带动老百姓致富。况且，1000 万元以上的大额投资者可能不会关注很小的创新企业，也只有依靠众筹汇聚微小的力量为这些小微的创新创业企业输血。众筹融资在我国方兴未艾，在国家“大众创业、万众创新”的背景下发展前景十分可观。典型代表有天使汇、天使街等(表 7-7)。

表 7-7　国内几家主要众筹平台对比分析

平台名	平台定位	投资规则	业务流程
天使汇	平台选择的大部分是高科技项目，筛选的投资人主要侧重于专业性强的智慧资本	入住平台的各类投资机构和投资人都要经过严格考察，平台通过多种手段促成创业者和投资人双方约谈力求快速融资	项目发起人首先注册天使汇并创建项目，完善融资信息，平台进行快速合投，发起人选择并确定投资名单，设立银行托管账号完成线下流程，开启下一轮融资
天使街	帮助美食、小吃快餐、休闲娱乐、运动健身等大众消费和生活类微创企业融资	投资人为有一定投资经验及经济能力的机构或个人，领头人要有 3 年以上天使或 2 年以上创业或 5 年以上企业高管经历	创业者的融资过程为先注册成为创业者、提交商业计划书给平台审核、投资人认投、确定领投人、确定投资意向、签订投资协议、办理手续等环节
大家投	拒绝为兼职、自己不出资、同时有多个项目、项目基础差或无成熟规划的创业者融资	通过“领投人+跟投人”机制让专业投资者把更多有资金和投资意愿但无业务经验的投资者带动起来，汇成强大投资力量	创业者在平台注册并提交项目申请书给平台审核通过；投资人注册即具备跟投人资格，但要成为领头人则需提交资料，审核通过后才能成为领投人
人人投	投资人以草根为主，项目以身边的特色店铺为主，项目方有 2 个以上连锁实体店且自己投入 10%以上	专注于为已有成功的经营理念和经验的实体店面更快更好地多开分店，投资人无须参与经营管理，获得合伙协议约定比例的分红	融资项目先注册、审核后在平台上预热融资，预热融资完成后进入正式融资状态，然后平台组织线下预览，预览中确认投资的投资人提前拨款，若未融满融资额则开始 30 天的线上融资流程

资料来源：根据网络相关资料整理所得。

7.2.4　共享模式融资

单个中小微企业的信用额度低、担保能力弱，往往很难从金融机构获得融资。我国中小微企业融资难问题从外表上看是缺乏资金，实质上却是因为缺乏信息和信用。若能通过中小微企业之间的联合与合作提供信息共享和相互增信服务，形成一种“中小微企业联合与合作-分享经济模式增信-传统商业银行信贷风险降低”的新型融资机制，有助于解决中小微企业融资难问题。共享模式融资是指中小微企业之间通过抱团融资实现信用累加、信用共享和风险共担。中小微企业网络化的共享模式融资常见的有网络联保贷款、信用资金池贷款、网上股权交易和金融门户搜索等几种典型模式(表 7-8)。

表 7-8　几种中小微企业共享模式融资比较

共享模式	网络联保贷款	信用资金池贷款	网上股权交易	金融门户搜索
模式内涵	以互联网为基础，三家以上相互了解情况的中小微企业通过网络平台组成一个联保体，以联保体为单位向银行申请贷款，同时彼此之间承担连带责任进行风险共担	电商平台将平台上中小微企业的融资需求打包后向金融机构申请贷款，然后根据各中小微企业的融资需求按照信用等级由高到低的原则将所融资金分配给相应企业	以互联网金融平台为媒介尽职调查中小微企业，并评估资产和风险，形成并在线发布股权评估报告，供社会大众投资者认购股权	中小微企业借助金融门户网站，搜索后垂直比较各机构的金融产品，选中产品后由相应电子银行提供融资服务
主要特点	联保体成员相互了解，还能相互监督，因此可降低联保体的违约风险。但联保体成员只能局限于知根知底的小范围内，规模过大易造成相互间信息不对称问题，导致逆向选择和信用风险	按照交易数据等信息评估企业信用，确定信用等级，再根据融资额度和期限划分信用池，“打包”向金融机构融资并分配，信用等级越高，贷款成本越低，融资需求优先满足，有利于激励中小微企业重视信用积累	模式的本质是中小微企业通过互联网平台向普通投资者股权融资，普通投资者通过购买股份成为公司股东，并且可以获得未来收益。该模式实现了创业者与投资者的资金供需对接，有助于支持大众创新和万众创业	门户网站汇集了大量金融产品，便于中小微企业查询产品的期限、利率等详细信息，结合自身需求可快速获取合适的融资产品

续表

共享模式	网络联保贷款	信用资金池贷款	网上股权交易	金融门户搜索
业务流程	中小微企业通过网络平台申请，平台审核并批复后获得贷款。中小微企业可自主选择联保体，并根据自身需求选择联保小组成员	网络平台收集中小微企业交易信息等数据评定信用，将信用好的企业置于信用池；汇总融资需求后以平台名义向银行贷款；平台按照不同利率和额度放贷	中小微企业提出股权转让申请，网络平台核查，形成并公布股权评估报告；网络平台促成投资者购买中意的中小企业股权，并监督转让变更及资金划拨	中小微企业选择金融门户平台；在门户上输入贷款额度、期限等关键词，系统搜索，用户比价；中小微企业通过电子银行获取便捷、高效、可靠的贷款产品

7.2.5 传统金融网络融资

互联网金融迫使传统金融机构变革，商业银行、保险、基金等金融机构逐渐将业务互联网化，通过网络渠道为中小微企业提供融资服务。所谓传统融资互联网化是指在互联网时代，商业银行等传统融资服务机构利用互联网技术重塑传统融资服务，将融资业务网络化、电子化，中小微企业可通过网络申请并归还资金，传统融资机构的网络平台能评定或查阅中小微企业的信用记录以实现快速放贷。目前，传统融资互联网化有两种形式，一是银行转型搭建互联网金融平台，如中国工商银行、招商银行、交通银行等，以网上银行、手机银行等形式为中小微企业提供融资服务，二是与第三方平台合作成立互金企业，如众安在线，以网络平台为中小微企业提供融资便利。传统融资互联网化不仅扩大了客户的覆盖范围，还提高了传统融资机构对互联网时代的适应能力，服务质量与效率均有较大幅度的提高。对中小微企业而言，传统融资互联网化能帮助其通过搜索比价快速查询传统融资机构贷款产品的详细信息，从而快速锁定合适的产品；传统融资产品有品牌效应，融资服务便捷、实惠，能真正帮助中小微企业解决融资问题，真正服务实体经济。

表 7-9 几家商业银行的网络融资平台介绍

金融机构	网络融资平台	业务内容介绍
建设银行	善融商务	根据客户需求提供个性化产品，网络速贷通常是依据客户信用提供信贷业务。银行资金流、互联网企业信息流和物流公司物流，与供应链上的相关企业联系起来，加强企业之间的合作，通过上游供应商和下游客户，整合各方资源，有机组合国内代理业务和网络银行业务
平安银行	众安在线	通过在线平台开展企业贷款融资等金融服务
民生银行	小微金融	网上提供申请贷款、投资理财、支付结算等服务，还可归集跨行资金、批量预约转账等特色功能，实时为中小微企业提供贷款服务
中信银行	POS 商户贷	中信银行与银联商务联合推出的服务中小微企业的互联网大数据金融平台。中小微企业之所以偏爱该平台，主要原因是商户和投资者非常看好该银行的信用，认为投资的风险系数小
广发银行	大数据零售商智能决策	整合客户的存、贷款等银行信息和交易信息形成个人数据库，再根据客户的线上线下信息，分析数据挖掘客户需求，自动提供相关产品

7.3　互联网公司金融的风险控制

7.3.1　问题提出

由前所述，中小微企业融资难，既有自身运营规模、经营状况、高层素质等方面的原因，也有商业银行资金来源、审核流程以及金融市场环境等外部原因。与传统金融相比，互联网金融具有金融服务成本低、服务效率高、降低信息不对称程度、拓宽直接融资渠道和解决信贷配给问题等优势，因此能为中小微企业提供金融服务，并体现互联网金融的普惠特性。但是，互联网公司金融在为中小微企业提供服务时，风险控制仍是核心问题，而关键所在是如何控制中小微企业风险，如何规范化、标准化评估中小微企业信贷风险。

贷款企业的风险评估和企业排名能反映中小微企业偿还债务的可能性大小。风险评估值并非仅与信用状况有关，还与企业的运营状况、发展前景等因素有关，而且该值越高，贷款企业还款的可能性越大，互联网公司金融的信贷风险越小。同样地，企业排名越靠前，则为该企业贷款后发生损失的可能性越小。

目前，层次分析法(Yurdakul and Ic，2004)、数据包络分析法(Lee，2008)、机器学习法(Baesens，2003)等多种方法均有学者用于分析企业状况。层次分析(AHP)法将较为复杂的问题通过不同层次的递进拆解，通过两两比较得到两个影响因素的相对重要性，并最终对各因素的重要性进行排序，从而确定各因素的相对重要性(Chwolka and Raith，2001；Dyer and Forman，1992)。该方法可考虑尽可能多的因素，能对目标层做出全面且本质的综合分析。因此，在评估中小微企业的风险时可用 AHP 方法，将财务状况和非财务状况同时纳入考虑，全面评估中小微企业风险。但是，由于专家评分时具有明显的主观性，不同专家评分的不同而使互联网公司金融风险评估存在差异性的结果，因此还需要考虑借助其他方法。数据包络分析 DEA(data envelopment analysis)法由 Charnes 等提出，通过将影响因素分类，得到相对有效性，并根据相对有效性对企业排序(王秀贞　等，2017)。虽然 DEA 方法的结果不受主观因素影响，能够克服 AHP 方法的主观性缺陷，但却存在 DEA 值相同时无法对中小微企业排序的情况，即该方法有时区分度较差。AHP-DEA 方法能同时克服 AHP 方法和 DEA 方法的缺陷，其结果能为中小微企业服务的互联网公司金融提供决策参考。在实际操作中，可考虑先用 AHP 方法测算出中小微企业的信用值，再用 DEA 方法的排名判断 AHP 方法中的指标权重的判断是否正确，最后用 AHP-DEA 方法确定企业的最终排名。

7.3.2　理论分析

1.互联网公司金融风险评估指标选择

互联网公司金融的金融风险，主要在于对中小微企业提供贷款服务时存在的信贷风险。传统金融机构主要通过企业的财务状况、发展状况和企业的信用状况来评判(赵岳和谭之博，2012)，而很多大数据金融公司还结合了互联网的一些特点，将企业的互联网金融状况等纳入考虑(麻文奇，2016)。基于此，本节选择企业的财务状况、发展状况、信用状况、互联网金融状况这四个方面，共同分析企业的信贷风险状况。表 7-10 给出了互联网公司金融风险评估的四个方面及其具体影响因素。

表 7-10 互联网公司金融风险评估指标体系

	一级指标	二级指标	三级指标
互联网公司金融风险评估指标	财务状况	偿付能力	资产负债率
			流动比率
			速动比率
			现金比率
		运营能力	应收账款周转率
			存货周转率
		盈利能力	销售利润率
			总资产回报率
	发展状况	企业高管状况	高管工作经历
			高管资产状况
			高管信用状况
		行业发展前景	
		企业员工素质	
		负面信息	
	信用状况	债务偿还状况	
		纳税情况	
		产品或服务信誉	
		财务信誉	
		商业信誉	
	互联网金融状况	关联企业状况	
		客户评价	
		订单状况	

注：由于互联网公司金融主要对中小微企业提供金融服务，而中小微企业比较小，一般应收应付也较少，现金交易居多，同时小微企业涉及的科目都比较简单，因此该风险评估指标体系只涉及常用科目。

财务状况。根据《企业财务通则》，企业的财务指标包括三个方面：偿付能力指标、运营能力指标和盈利能力指标。①偿付能力指标主要考察企业利用自身资产偿还债务的能力，通常可通过资产负债率、流动比率、速动比率和现金比率反映(Khashman，2010)。资产负债率用于反映企业的长期偿债能力，等于总负债与总资产之比，通常该比值越小则企业偿债能力越强。流动比率用于反映企业短期的偿债能力，表示流动资产偿还流动负债的保证程度。对债权人而言，流动比率越高越好，而对融资企业来说流动比率越高意味着更高的机会成本。速动比率用于反映流动资产对流动负债偿还的保障程度，等于流动资产与存货净额之差除以流动负债。一般情况下，速动比率越大则企业的偿债能力越强。现金比率表示现金与现金等价物对流动负债偿还的保障程度，等于货币资金与短期投资之和除以流动负债，现金比率越大则企业短期偿债能力越强。偿债能力指标越大，则企业的偿付能力越强，负债经营的财务风险越小。②运营能力主要通过资产周转速度评判，具体而言，主要通过应收账款周转率和存货周转率衡量。应收账款周转率指的是一段时期内应收账款转化为现金的平均次数，等于销售收入与平均应收账款之比，通常该比值越高说明应收账款能越快收回。存货周转率用于反映存货的周转速度，是主营业收入与平均存货余额之比。通常情况下，存货周转率越高则企业存货资产的变现能力越强，存货及占用存货的资金周转速度越快。③盈利能力指的是企业资金增值的能力，主要通过销售利润率和总资产回报率来反映。销售利润率是利润总额与营业收入之比，总资产回报率是指企业在一定时期内获得的利润总额与资产总额的比值[①]，两个比值越高均表示企业盈利能力越强。

发展状况。要考虑企业高管人员状况、员工素质、企业所在行业前景等，并且裁员、法院强制执行等负面消息、负面新闻也可能影响企业发展，因此主要通过行业发展前景、企业员工素质和负面信息反映企业发展状况。企业高管人员状况主要考虑其高管工作经历、高管资产状况和高管信用状况。

信用状况。通过债务偿还情况、纳税情况、产品或服务信誉、财务信誉、商业信誉等反映。贷款偿还状况反映企业债务的偿还情况，主要通过已偿还债务与总债务之比衡量；纳税情况反映企业缴纳税金的状况，等于已纳税金额与税金总额之比。通常情况下，贷款偿还比率越高或纳税比率越高，则企业信用状况越好。产品或服务信誉反映企业的产品或服务的质量及客户对产品的认可程度；财务信誉主要指财务信息的披露和制造，是否存在财务丑闻等；商业信誉反映企业是否及时快速地与供应商结算货款。

互联网金融状况。通过关联企业状况、客户评价和订单状况反映。通过互联网可直接获取关联企业的财务、人事等各种变动，从而判断关联企业的状况。若关联企业与融资企业处于供应链条上，则前者的变动会对后者产生较大影响。通过互联网可获取客户评价，若客户点赞数量较多，则企业的信贷风险较少，因此可用点赞率反映客户评价。订单状况是指通过一定时期内的网络订单数量与客流量之比反映。

2.AHP 值计算

表 7-10 表明互联网公司金融风险评估体系的层次分析结构，其中目标层是互联网公司金融风险评估，准则层是企业财务状况、企业发展状况、企业信用状况和互联网金融状况，后面分别对应相应的方案层。要确定目标层中小微企业信贷风险的大小，需要依次判断各层中各指标的权重系数。与 4.2.2 节相同的是，通过专家评分法，利用表 4-4 的评分法则对各层中相应指标之间的重要性进行评分以确定判断矩阵，计算出判断矩阵的最大特征根及其对应的特征向量，并判定该最大特征根下的判断矩阵是否满足一致性检验。若不满足一致性检验，需重新进行专家评分，直到满足一致性为止。通过 AHP 方法，得到互联网公司金融风险评估体系的分析结果（表 7-11）。

---

① 很多中小微企业的资产负债表中没有利息收入，否则此处的总资产回报率应该是利润总额与利息收入之和除以总资产总额。

表 7-11　AHP 权重计算及一致性检验

	财务状况	发展状况	信用状况	互联网金融状况	λ_{max}	*RI*	*CR*	权重
财务状况	1	3	1/2	2				0.2681
发展状况	1/3	1	1/5	1/3	4.0593	0.9	0.022	0.0803
信用状况	2	5	1	3				0.4760
互联网金融状况	1/2	3	1/3	1				0.1756

财务状况	偿付能力	运营能力	盈利能力				
偿付能力	1	1/2	2				0.2972
运营能力	2	1	3	3.0092	0.58	0.0079	0.539
盈利能力	1/2	1/3	1				0.1683

发展状况	企业高管状况	行业前景	员工素质	负面信息				
高管状况	1	3	4	5				0.5352
行业前景	1/3	1	2	3	4.111	0.9	0.0411	0.2302
员工素质	1/4	1/2	1	3				0.1580
负面信息	1/5	1/3	1/3	1				0.0766

信用状况	债务偿还比	纳税比	产品或服务信誉	财务信誉	商业信誉				
债务偿还比	1	2	3	5	4				0.4617
纳税比	1/2	1	2	4	3	5.0681	1.12	0.0152	0.2904
产品或服务信誉	1/3	1/2	1	3	2				0.1786
财务信誉	1/5	1/4	1/3	1	1/2				0.0692
商业信誉	1/4	1/3	1/2	2	1				0.1093

互联网金融状况	关联企业状况	客户评价	订单状况				
关联企业状况	1	1/4	1/3				0.1226
客户评价	4	1	2	3.0183	0.58	0.0158	0.5572
订单状况	3	1/2	1				0.3202

偿付能力	资产负债率	流动比率	速动比率	现金比率				
资产负债率	1	1/2	1/3	1/4				0.096
流动比率	2	1	1/2	1/3	4.0310	1.12	0.0115	0.1611
速动比率	3	2	1	1/2				0.2772
现金比率	4	3	2	1				0.4658

运营能力	应收账款周转率	存货周转率				
应收账款周转率	1	2	2	0	0	0.667
存货周转率	1/2	1				0.333

盈利能力	销售利润率	总资产回报率				
销售利润率	1	1/2	2	0	0	0.333
总资产回报率	2	1				0.667

高管状况	工作经历	高管资产	高管信用				
工作经历	1	2	1/3				0.2395
高管资产	1/2	1	1/4	3.0183	0.58	0.0158	0.1373
高管信用	3	4	1				0.6232

将各个指标赋予区间[0, 100]的值，即获得每个贷款企业的风险评估值(表 7-12)。根据 Zhang 等(2011)的研究，中国大部分中小微企业的资产负债率在(0.4, 0.6)，因此以(0.4, 0.6)为中心对其他范围资产负债率赋值。由于流动比率和速动比率的重要参考值分别是 2 和 1，所以其赋值以 2 和 1 为基准。现金比率太高会增加机会成本，太低则流动性较差，所以其赋值以[0.4, 0.6]为基准。根据 Zhang 等(2011)，我国中小微企业的应收账款周转率平均为 7.8，所以以该点被赋予 60 分为基准对其他范围的指标赋值。参考 Zhang 等(2011)，以 20.3 为基准对存货周转率赋值。高管资产状况以 500 万元人民币为基准赋值。销售利润率、总资产回报率、债务偿还比和纳税比的指标值都按照各比率扩大 100 倍即可。其余指标值按照其程度分别赋值。

表 7-12　评估互联网公司金融风险指标权重及赋值

指标层	权重	权重排名	指标赋值
资产负债率	0.0076	22	$y=\begin{cases}250x, & 0\leqslant x<0.4\\ 100, & 0.4\leqslant x<0.6\\ 250(1-x), & 0.6\leqslant x<1\end{cases}$
流动比率	0.0128	16	$y=\begin{cases}50x, & 0\leqslant x<2\\ 100, & x\geqslant 2\end{cases}$
速动比率	0.0221	13	$y=\begin{cases}100x, & 0\leqslant x<1\\ 100, & x\geqslant 1\end{cases}$
现金比率	0.0371	8	$y=\begin{cases}250x, & 0\leqslant x<0.4\\ 1, & 0.4\leqslant x<0.6\\ -250x+250, & 0.6\leqslant x<1\\ 0, & x\geqslant 1\end{cases}$
应收账款周转率	0.0289	11	$y=\begin{cases}7.69x, & 0\leqslant x<13\\ 100, & x>13\end{cases}$
存货周转率	0.0144	18	$y=\begin{cases}100x/20.3, & 0\leqslant x<20.3\\ 100, & x\geqslant 20.3\end{cases}$
销售利润率	0.0302	10	$y=\begin{cases}0, & x<0\\ 100x, & 0\leqslant x\leqslant 1\\ 100, & x>1\end{cases}$
总资产回报率	0.0605	5	$y=\begin{cases}0, & x<0\\ 100x, & 0\leqslant x\leqslant 1\\ 100, & x>1\end{cases}$
工作经历	0.0103	19	(不相关，较相关，相关，很相关)=(20，50，80，100)
高管资产状况	0.0059	21	$y=\begin{cases}x\div 5, & 0\leqslant x<500\\ 100, & x\geqslant 500\end{cases}$
高管信用状况	0.0268	12	(很好，较好，好，差，很差)=(100，80，60，40，20)
行业发展前景	0.0185	15	
员工素质	0.0127	17	

续表

指标层	权重	权重排名	指标赋值
负面信息	0.0062	20	(没有，较少，较多)=(100，60，20)
债务偿还比	0.2198	1	y=100x
纳税比	0.1382	2	y=100x
产品或服务信誉	0.0850	4	(很好，较好，好，差，很差)=(100，80，60，40，20)
财务信誉	0.0329	9	
商业信誉	0.0520	7	
关联企业状况	0.0215	14	
客户评价	0.0978	3	100×好评率
订单状况	0.0562	6	y=100x

注：其中 x 分别对应各指标值，y 表示各指标在取值为 x 时该指标在中小微企业风险评估中的得分。

从表 7-12 可以看出，互联网公司金融风险评估对融资企业的债务偿还比、纳税比等历史信用状况的权重较大，同时也非常看重总资产回报率、现金比率等财务状况。若要计算各贷款中小微企业的风险值，需要将融资企业的各种具体数据代入计算，然后根据表 7-12 分别赋值，再根据各指标的权重求加权和即可。该值越大，说明贷款给该企业的风险越小，因此该企业获得互联网公司金融服务的可能性越大。并且，在贷款之前，该风险值可用于判断是否放款给中小微企业，若该值小于 60 分，则考虑不发放贷款；在贷中和贷后，也可用该种计算方法继续监测中小微企业，当该风险值快速下降或较低时，应进行风险预警，加大追踪力度，提早做出风险预警预案，有效防控互联网公司金融风险。

3.DEA 值计算

由于 AHP 方法是由专家确认相关指标间的关系进行分析的，因此对专家的主观判断具有很强的依赖性。而 DEA 方法根据指标中的投入和产出评价出相对有效性，不受主观影响，因此可用于判断中小微企业信贷风险。本节将借鉴 C^2R 模型进行分析。

对于中小微企业而言，投入主要是营业成本、营业外成本(包括税金、销售费用、管理费用、财务费用等)，产出主要是营业收入和营业外收入，即有 2 项投入和 2 项产出①。假设有 n 个决策单元 $\mathrm{DMU}_l(l=1,2,\cdots,n)$。对任意公司 l，各项投入记为 $x_{il}(i=1,2)$，产出记为 $y_{jl}(j=1,2)$，根据 Charnes-Cooper 变换(Charnes and Cooper，2010)，可得 C^2R 模型为

$$\max v_i=\beta_{i1}y_{i1}+u_{i2}y_{i2} \tag{7-8}$$
$$\text{s.t. } \alpha_{i1}x_{i1}+\alpha_{i2}x_{i2}-\beta_{i1}y_{i1}-\beta_{i2}y_{i2}\geqslant 0$$
$$\alpha_{i1}x_{i1}+\alpha_{i2}x_{i2}=1$$
$$\alpha_{i1},\alpha_{i2},\beta_{i1},\beta_{i2}\geqslant 0$$

求解后即可得到投入产出各变量的权重值 α_{i1}、α_{i2}、β_{i1} 和 β_{i2}，将这四个权重归一化

① 在 DEA 方法计算相对效率时，需要 DMU 决策单元个数超过所有投入与产出指标种类数之和，否则会出现较多 DEA 值为 1 的情况。而此处只选择 4 种投入产出指标，主要是受篇幅影响，只能列举少量企业数据。而在实际操作中，凡是指标值越小越佳的都可列入投入类指标，凡是指标值越大越优的均可列入产出类指标行列，则 DEA 法指标体系会更接近 AHP 指标体系。

处理可得企业 i 的变量权重向量：

$$\boldsymbol{W}_i'=(\alpha_{i1}',\alpha_{i2}',\beta_{i1}',\beta_{i2}')$$

4.AHP-DEA 值计算

营业成本、营业外成本、营业收入、营业外收入这四个指标在 DEA 方法中的权重已经确定，但它们在 AHP 方法中对互联网公司金融风险影响的权重如何，需采用专家评分方法构造评价矩阵，然后确定评价矩阵的最大特征值，经过一致性检验后就可确定这四个指标的权重：

$$\boldsymbol{W}_i''=(\alpha_{i1}'',\alpha_{i2}'',\beta_{i1}'',\beta_{i2}'')$$

AHP 方法需要专家评分确定权重，可以涵盖各种指标，但较为主观；DEA 方法通过线性规划模型确定各指标权重，相对客观但 DEA 值受决策单元影响而存在区分度差的缺点。为整合 AHP 方法和 DEA 方法的优点并克服其缺点，有必要将二者结合。因此，本节采用加权方法确定各指标的综合权重，即综合权重 $\boldsymbol{W}_i$ 可表示为

$$\boldsymbol{W}_i=(\alpha_{i1},\alpha_{i2},\beta_{i3},\beta_{i4})^{\mathrm{T}}=\delta\boldsymbol{W}_i'+(1-\delta)\boldsymbol{W}_i'' \tag{7-9}$$

其中，$\delta\in(0,1)$，且 δ 和 $1-\delta$ 分别表示客观和主观的偏好系数。同时，δ 的大小由互联网公司的金融服务者自主确定。

将各投入指标的最小值与各产出指标的最大值一起构成最优指标向量 $\boldsymbol{V}_0=(x_{01},x_{02},y_{01},y_{02})$，并与各企业原指标向量一起构成矩阵

$$\boldsymbol{V}=\begin{pmatrix}V_0\\V_1\\\vdots\\V_N\end{pmatrix}=\begin{pmatrix}x_{01}&x_{02}&y_{01}&y_{02}\\x_{11}&x_{12}&y_{11}&y_{12}\\\vdots&\vdots&\vdots&\vdots\\x_{N1}&x_{N2}&y_{N1}&y_{N2}\end{pmatrix}_{(N+1)\times4}$$

对矩阵规范化处理，即将其第一、二列投入指标分别取最大值 $\max_1$ 和 $\max_2$，则规范化后的矩阵 $\boldsymbol{V}'$ 中第一、二列元素分别为

$$x_{i1}'=\frac{\max_1-x_{i1}}{\max_1-x_{01}},\quad x_{i2}'=\frac{\max_2-x_{i2}}{\max_2-x_{02}} \tag{7-10}$$

对矩阵 $\boldsymbol{V}$ 的第三、四列产出指标分别取最小值 $\min_1$ 和 $\min_2$，则规范化处理后矩阵 $\boldsymbol{V}'$ 的第三、四列元素分别为

$$y_{i1}'=\frac{y_{i1}-\min_1}{x_{01}-\min_1},\quad y_{i2}'=\frac{y_{i2}-\min_2}{x_{02}-\min_2} \tag{7-11}$$

要确定任意企业 i 的各指标与最优指标间的关联程度，需要借助灰色关联理论。可先将该企业 i 个指标与最优向量 $\boldsymbol{V}_0$ 对应的指标作差并取绝对值，然后分别将所有差值绝对值中的最小值和最大值记为 a 和 b。根据灰色关联理论，企业中各指标与最优向量 $\boldsymbol{V}_0$ 中指标的关联系数 ρ_{ij} 可表示为

$$\rho_{i1}=\frac{a+\omega b}{|x_{i1}'-x_{01}'|+\omega b},\quad \rho_{i2}=\frac{a+\omega b}{|x_{i2}'-x_{02}'|+\omega b} \tag{7-12}$$

$$\rho_{i3}=\frac{a+\omega b}{|y_{i1}'-y_{01}'|+\omega b},\quad \rho_{i4}=\frac{a+\omega b}{|y_{i2}'-y_{02}'|+\omega b} \tag{7-13}$$

由各 ρ_{ij} 可确定企业 i 的关联系数矩阵的关联系数向量 $\boldsymbol{Z}_i=(\rho_{i1},\rho_{i2},\rho_{i3},\rho_{i4})$。而企业与最优向量的关联度，可通过关联系数向量 $\boldsymbol{Z}_i$ 与综合权重 W_i 相乘，即

$$c_i=\boldsymbol{Z}_i\times\boldsymbol{W}_i=(\rho_{i1},\rho_{i2},\rho_{i3},\rho_{i4})\times(\alpha_{i1},\alpha_{i2},\beta_{i3},\beta_{i4})^{\mathrm{T}} \tag{7-14}$$

c_i 越大，表示企业 i 与最优指标向量的关联度越强，即企业贷款收回的可能性越强。

7.3.3 实例分析

本书调研××市中小微企业，随机选取 7 家企业数据信息(表 7-13)。

表 7-13 7 家中小微企业数据信息 (单位：元)

企业	A	B	C	D	E	F	G
营业收入	579200	4214209	377548.4	1208289	3703952	353824.3	54087
营业成本	533535.3	4132756	332414.6	1089993	3605442	308930	26818
营业外收入	33884.94	25818.9	65134.38	121635.7	86402.01	95301.21	6319
营业利润	11779.79	55634.36	−20000.6	−3339.44	12108.01	−50406.9	20950
营业外收入	18168	5489	3860.8	312.05	1143	1729.17	237
利润总额	29947.79	61123.36	−16139.8	−3027.39	13251.01	−48677.7	21187
流动资产	147255.5	1152684	605025.3	480973.7	1264518	987400.9	18759
总资产	147255.5	1158684	613745.9	2010974	1264518	987400.9	17805
流动负债	141560.2	506476.8	114320.3	11824.94	746773.9	32170	328
总负债	141560.2	506476.8	114320.3	11824.94	746773.9	32170	328
速动资产	116859.4	1111112	523577.9	426883.8	855759.7	111000	18545
货币资金	90985.67	83951.18	227436.6	180121.7	56475.85	67935	1583
平均应收账款	8838	406866.2	33715.75	96336.19	536292.5	15180	2165
平均存货余额	30396.13	41572	81447.39	54089.81	408758.6	876400.9	214
工作经历	100	100	50	50	80	80	80
高管资产	100	100	93	76	100	100	64
高管信用	100	100	100	100	100	80.00	100.00
行业前景	80	60	60	80	80	60	80
员工素质	80	80	60	80	80	60	80
负面信息	100	80	80	100	100	80	100
债务偿还比	100	100	86	100	100	60	100
纳税比	100	100	78	84	100	76	100
产品或服务信誉	100	100	60	100	100	60	100
财务信誉	100	100	80	100	100	80	100
商业信誉	100	100	60	80	100	80	80
关联企业	100	100	40	80	100	80	80
客户评价	97	95	68	72	80	56	93
订单状况	23	8	4	12	26	7	5

根据表 7-13，并结合表 7-12 的赋值和权重，可分别计算出这 7 家企业的风控值(表 7-14)。

表 7-14　7 家中小微企业风险状况

企业	A	B	C	D	E	F	G
风控值	84.5595	81.5342	61.0034	73.4523	78.4636	55.5663	84.932

根据表 7-13 所给的数据可知，投入为营业成本和营业外成本，产出为营业收入与营业外收入。利用 MATLAB 软件，即可计算出各企业投入产出的权重和 DEA 值。将权重归一化处理，可得表 7-15。

表 7-15　7 家中小微企业投入产出权重及 DEA 值

企业	A	B	C	D	E	F	G
营业成本权重	0.8176	0.0284	0.6647	0.4638	0.4638	0.6647	0.6381
营业外成本权重	0.0521	0.728	0	0.0598	0.0598	0	0.0079
营业收入权重	0.0118	0.1566	0.2893	0.4765	0.4765	0.2893	0.3353
营业外收入权重	0.1185	0.0871	0.0461	0	0	0.0461	0.0188
DEA	1	1	0.6678	0.7502	0.9367	0.577	1

对于投入与产出，通过 AHP 法构造的矩阵及计算的权重如表 7-16。

表 7-16　DEA 矩阵构造及权重计算

	营业成本	营业外成本	营业收入	营业外收入	最大特征值	*RI*	*CR*	权重
营业成本	1	4	2	3	4.0310	1.12	0.0115	0.4658
营业外成本	1/4	1	1/3	1/2				0.096
营业收入	1/2	3	1	2				0.2772
营业外收入	1/3	2	1/2	1				0.1611

若取主观偏好系数 $\mu = 0.5$，则分别得到 7 家企业的各指标的 AHP-DEA 权重 $\boldsymbol{W}_i (i = 1, 2, \cdots, 7)$

$$\boldsymbol{W} = (W_1, W_2, \cdots, W_7) = \begin{pmatrix} 0.6417 & 0.2471 & 0.5653 & 0.4648 & 0.4648 & 0.5653 & 0.552 \\ 0.0741 & 0.412 & 0.048 & 0.0779 & 0.0779 & 0.048 & 0.052 \\ 0.1445 & 0.2169 & 0.2833 & 0.3769 & 0.3769 & 0.2836 & 0.3063 \\ 0.1398 & 0.1241 & 0.1036 & 0.0806 & 0.0806 & 0.1036 & 0.09 \end{pmatrix}$$

接下来利用 AHP-DEA 构建灰色关联模型进行分析。首先，根据成本最小化收益最大化原则，确定最优指标集为 $\boldsymbol{V}_0 = (26818, 6319, 4214209.26, 18168)$，加入 7 个企业的指标值，可构建出如下矩阵：

$$V=\begin{pmatrix} 26818 & 6319 & 4214209.26 & 18168 \\ 533535.27 & 33884.94 & 579200 & 18168 \\ 4132756 & 25818.9 & 4214209.26 & 5489 \\ 332414.6 & 65134.38 & 377548.41 & 3860.8 \\ 1089992.64 & 121635.7 & 1208288.9 & 312.05 \\ 3605441.69 & 86402.01 & 3703951.71 & 1143 \\ 308930 & 95301.21 & 353824.32 & 1729.17 \\ 26818 & 6319 & 54087 & 237 \end{pmatrix}$$

规范化处理后可得规范化矩阵$\boldsymbol{V}'$：

$$\boldsymbol{V}'=\begin{pmatrix} 1 & 1 & 1 & 1 \\ 0.8766 & 0.761 & 0.1262 & 1 \\ 0 & 0.8309 & 1 & 0.2929 \\ 0.9256 & 0.49 & 0.0778 & 0.2021 \\ 0.7411 & 0 & 0.2774 & 0.0042 \\ 0.1284 & 0.3055 & 0.8773 & 0.0505 \\ 0.9313 & 0.2284 & 0.0721 & 0.0832 \end{pmatrix}$$

设关联系数$\lambda=1/2$，根据式(7-10)和式(7-11)可计算出$\boldsymbol{V}'$的关联系数矩阵$\boldsymbol{Z}$：

$$\boldsymbol{Z}=\begin{pmatrix} 0.802 & 0.6765 & 0.364 & 1 \\ 0.3333 & 0.7473 & 1 & 0.4142 \\ 0.8704 & 0.495 & 0.3516 & 0.3852 \\ 0.6588 & 0.3333 & 0.409 & 0.3343 \\ 0.3645 & 0.4186 & 0.803 & 0.345 \\ 0.8792 & 0.3932 & 0.3502 & 0.3529 \\ 1 & 1 & 0.3333 & 0.3333 \end{pmatrix}$$

因此，可得各企业与最优指标集$\boldsymbol{V}_0$的关联度

$$\boldsymbol{C}=(c_1,c_2,\cdots,c_7)=\boldsymbol{Z}\times\boldsymbol{W}=(0.7572,0.6585,0.6553,0.5132,0.5325,0.6516,0.736)$$

关联度越大，则企业与最优指标集企业越接近，因此该 7 家企业排名为 $A>G>B>C>F>E>D$。表 7-17 呈现出三种方法的不同结果。

表 7-17 三种方法结果比较

企业	A	B	C	D	E	F	G
AHP 值	84.5595	81.5342	61.0034	73.4523	78.4636	55.5663	84.932
AHP 排名	2	3	6	5	4	7	1
DEA 值	1	1	0.6678	0.7502	0.9367	0.577	1
DEA 排名	1	1	6	5	4	7	1
AHP-DEA 值	0.7572	0.6585	0.6553	0.5132	0.5325	0.6516	0.736
AHP-DEA 排名	1	3	4	7	6	5	2

首先，DEA 排名可用于检验 AHP 方法中确认的指标权重是否合理。由表 7-17 可以看出，AHP 排名与 DEA 排名基本类似，说明通过专家评分确定的各因素权重相对客观。其次，DEA 方法的区分度不大，而 AHP-DEA 方法克服了这一缺点。表 7-17 中企业 A、B、G 的 DEA 值均为 1，但其 AHP-DEA 值表明 $A > G > B$。最后，当三种方法的判定结果存在差异时，AHP-DEA 方法的结果更符合现实。表 7-17 中，三种方法得出的排名，前三名基本相同，A、G、B，但 DEA 方法无法将其区分开，而 AHP 中，与采用 AHP-DEA 方法的结果刚好相反。仔细分析这两家企业，虽然企业 G 的利润率，特别是成本利润率非常高，高层也注重自身信用和产品信誉，而企业 A 的高层信用、产品信誉和企业利润率等其他方面与企业 G 区别不大，但其资产规模比企业 G 大了近 10 倍，因此互联网公司金融服务提供者会认为规模较小的企业 G 的潜在风险较大，从而会更倾向于向企业 A 提供融资服务。所以，AHP-DEA 方法的结果更接近现实，优于单独的 AHP 方法或 DEA 方法。

7.3.4　研究结论

1.主要结论

互联网公司金融主要为中小微企业提供融资服务，因此其风险控制的关键在于对中小微企业的融资风险进行正确判断，并以此为基础进行贷前决策和贷后监测。AHP 方法可以将影响中小微企业信贷风险的财务状况、企业发展状况、企业信用、互联网金融状况等四个方面纳入考虑，同时每个方面又进一步考虑细化的影响因素。本节总共分析了互联网公司金融风险的 24 个影响因素，其中债务偿还比、纳税比、客户评价等历史信用状况的权重较大，同时总资产回报率、现金比率等财务状况占比也较大。

AHP 方法通过专家评分法确定判断矩阵，通过分析是否存在一致性收敛而确定各指标的权重，因此代入企业的具体数据就可得到具体的信贷风险值。信贷风险值越高，说明放款于中小微企业的风险越小。但是，AHP 方法中的专家评分较为主观，因此可采用较为客观的 DEA 方法，通过线性规划模型分析贷款的中小微企业的 DEA 值，从而判定互联网公司金融服务的风险大小。由于 DEA 方法有时存在 DEA 值区分度不高的情况，可取长补短，将 AHP 方法和 DEA 方法结合，通过灰色关联理论，计算 AHP-DEA 值。

在进行互联网公司金融风险评估时，AHP 方法、DEA 方法和 AHP-DEA 方法均可同时使用。AHP 方法较为主观，但能细化影响中小微企业信贷风险的各个因素，最为全面综合，且能得到具体的信贷风险状况值。虽然 DEA 方法的区分度不高，但可辅助判断 AHP 方法中确认的权重是否准确。同时若增加中小微企业个数，DEA 方法的区分度会提高，指标种类也可扩大，凡是指标值越小越好的均可放入投入类，凡是指标值越大越好的均可放入产出类。AHP-DEA 方法对 AHP 方法和 DEA 方法取长补短，当判定结果与 AHP 方法存在差异时，AHP-DEA 方法的结果更优。

2.政策启示

首先，互联网公司金融本质是经营风险。互联网公司金融主要为中小微企业提供金融服务，业务过程仍具有金融风险的隐蔽性、传染性、广泛性和突发性等特点，因此互联网公司金融发展首先要确保互金企业自身的风险管控到位。通过互联网金融为企业融资，投资者只能依据借款企业发布的信息评判公司的信用状况，若信息虚假则投资者不能准确掌握借款公司的真实状况，会给借贷双方增加风险。同时，抵押物不足是中小微企业融资的一大困扰，虽然部分互联网融资无须抵押物，但信用水平较低的中小微企业的融资实际加大了互金企业的经营风险。部分网络平台通过联保的方式为中小微企业融资，但仍然存在很大的潜在风险。依靠在线上或线下接收材料并通过线下实地考察与审核的方式的信用判别方式缺乏完整性和可分析性，削弱了信用评级的可信度。因此，互联网金融应时刻高悬达摩克利斯之剑，坚持合规经营、规模效应、规避风险、合规发展。

其次，互联网公司金融要严格防范信贷风险。由于中小微企业在资产总额、营业收入等方面均偏低，因此宏观经济政策对其运营影响很大，抗风险能力较弱，因此互联网公司金融面临很大的信贷风险。并且，由于互联网公司金融才刚刚兴起，并未经过国家经济政策的考验，且互联网金融信贷业务中的不良贷款数据不完备，因此基于大数据的互联网公司金融风控体系是否仍能维持较低的不良贷款率还有待检验。另外，互联网公司金融主要为中小微企业提供无抵押、无担保的信用贷款，一旦违约将给各方带来严重损失，而信贷风险随着信贷规模的扩大被不断放大，因此，要控制信贷风险。互联网公司金融可利用AHP 方法、DEA 方法和 AHP-DEA 方法测算中小微企业的风险状况，并据此确定是否为中小微企业放款，从而从源头上控制风险。并且，互联网公司金融还可创新还款方式，让中小微企业有更多选择余地，助其发展以提高其风控能力。

再次，互联网公司金融要注意防范自身的流动性风险。大多数互联网金融平台无银行牌照，故不具备吸收存款的资格。面对如此庞大的资金需求，其可贷资金明显不足，互金企业的公司金融业务面临较为突出的资金“瓶颈”。资金短缺几乎是所有互联网公司金融平台都会面临的问题，为了缓解信贷资金的压力，互联网公司金融平台可以通过股东增加注册资本金，通过资产证券化或理财产品创新等方式募集资金，也可优化贷款结构，增加信贷资金流动性，或 IPO 募集资金。此外，金融主管部门也应及时将金融牌照(主要是非银行类金融机构牌照)准予给优质的互联网公司金融平台，以降低资金成本，获得更广泛的资金来源。

最后，互联网公司金融要注意防范自身技术风险。互联网公司金融在充分展示其发展潜力和价值的同时，大数据等信息技术的掌握与运用逐渐被人们关注。借款公司在享受互联网公司金融便捷的同时，也出现很多诸如账号被盗、财产受损、欺诈交易、信息泄露等事故，这些事故在很大程度上是由互联网公司金融平台技术不到位引发的技术风险。如何保障录入信息的安全与可靠，如何保障信息不被泄漏或篡改，如何防范黑客攻击等问题是互联网公司金融平台必须面对的问题。基于此，互联网公司金融平台应当提高自身网络融资的信息技术水平，在互联网公司金融平台上设置安全访问，并采取身份验证的方式登陆，避免出现黑客非法登录盗取客户信息的现象。同时，互联网公司金融平台还需加大网络系统中安全技术方面的投入，真正提升技术水平，防范黑客等的攻击。

7.4　互联网公司金融的发展展望

首先，公司金融将朝着综合化方向发展。长期以来，公司金融业务一直是传统金融机构垄断把持的主要业务，由于公司金融服务的特殊性，涉足公司金融业务的金融机构都比较低调，不如消费金融的高调和广为大众所知。但实际上，公司金融服务一直是金融机构的主体业务，市场规模远大于消费金融。目前，阿里、百度、苏宁等大的互联网巨头已经开始进入公司金融业务，还有很多创业公司，也开始给中小微企业提供金融服务。以京东为例，京东的公司金融业务不仅限于为企业提供单独的融资和理财服务，还为企业客户提供投融资打通的服务，相继推出企业钱包、股权融资、信贷融资、企业金库、技术系统输出等多个产品。京东的公司金融业务实现了支付、理财、信贷等企业存贷汇的多个环节，满足广大企业"一站式"一揽子金融服务的需求。

其次，公司金融将朝着普惠化方向发展。与传统银行对公业务主要服务于大中型企业客户相比，互联网金融将主要服务于中小微企业。这些中小微企业往往无法满足传统银行放贷需要的担保、抵押等相关要求，因此无法获得企业经营需要的流动资金。通过互联网平台，以及相关的代计账、代缴税与社保、代收银等相关云计算服务，可以通过授权获得企业经营中的业务、交易数据等信息，再通过与合作伙伴的合作，全面掌握企业的信息流、物流、资金流，在此基础上尝试金融服务，通过互联网的技术与效率，可以低成本、高效率地覆盖广大长尾客群。互联网金融由于采用互联网进行金融供求信息对接，实时的动态数据可以成为风控的重要因子，金融的贷前、贷中、贷后的管理更加便捷有效，也可以进行更好地定价。因此，基于互联网的借贷业务，可以让整个利率更加市场化，贷款人在贷款过程中享有更大的自主权。

最后，公司金融核心竞争力为技术和风控。诸如阿里、百度、京东以技术见长的互联网公司，都是通过获得交易数据以及底层的技术平台输出金融科技能力，依据大数据进行风控，将企业各种融资需求的金融工具整合为互联网时代下企业公司金融的解决方案。除了自身的数据外，这些金融科技平台，还能够不断接入大量的外部数据，进一步优化其风控模型，提高基于技术平台的互联网公司的实时风控能力。依据企业规模大小、细分行业的不同特点，企业的金融服务需求也不同。于是，出现了多种满足不同金融需求的金融服务公司，以及提供技术、风控系统服务的公司。这些技术与风控能力输出的公司，共同丰富了金融服务的多样性。

第 8 章　互联网供应链金融：对供应链的普惠金融服务

以对消费者的对私金融服务和对生产者的对公金融服务为基础，互联网金融从支持产业发展视角为包括中小微企业在内的供应链上所有利益相关者提供一揽子普惠金融服务就是顺理成章的事。基于此，本章以互联网供应链金融为重点，研究互联网供应链金融的兴起原因，以及供应链金融的资金端、资产端、风控模型、业务模式和发展趋势，为我国互联网供应链金融的普惠化健康发展提供决策参考。

8.1　互联网供应链金融的理论分析

8.1.1　理论基础

1.供应链金融内涵

资金流就像企业的血液，决定企业运转的质量，而资金收入与支出容易出现时间错位的问题，因此企业容易出现资金缺口。比如企业生产，在原材料准备阶段的预付货款很可能超过企业自有资金，在生产阶段企业需与原材料供应商清算货款，会造成资金需求持续攀升甚至达到峰值，产品销售阶段企业发货后的应收账款会造成资金需求随之回落的现象（图 8-1）。在企业产供销构成的供应链中，各相关参与主体（企业）的经济实力和市场谈判能力不同造成各方在交易中地位的不完全平等，处在供应链核心位置的核心企业往往不会向弱势的中小微企业及时付款，从而给中小微企业的现金流造成缺口，影响其正常的生产经营活动，供应链金融（supply chain finance，SCF）应运而生。

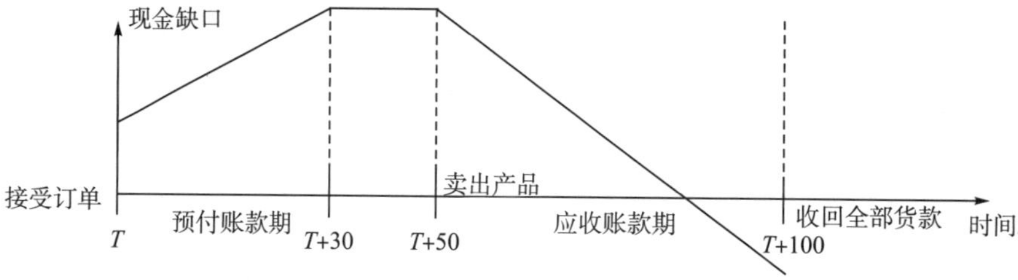

图 8-1　企业资本循环中的现金流波动及资金缺口

供应链金融是供应链条中上下游企业之间的资金合作，既可降低平均成本又可提高供应链收益(Randall and Ii，2009)。供应链金融既需要服务也需要技术，两者能将资金供给者、需求者和服务提供者融为一体形成链条，并透明化供应链，降低交易成本，优化现金支付方式(Atkinson，2008)。现代供应链是一个复杂的经营和管理过程，几乎每一个供应链运营的环节都会伴随大量的金融活动(宋华和陈思洁，2016)。供应链金融是把供应链条上的所有相关企业当作整体，通过分析供应链内的交易结构，运用自偿性贸易融资的信贷模型，将核心企业、物流公司、资金流引导工具等作为风险控制变量，通过应收账款与货权等质押手段封闭资金流，对供应链的不同节点提供封闭的授信、结算、理财等综合金融服务(包兴和郑忠良，2015；杨斌 等，2016)。根据企业的真实贸易背景和上下游客户资信实力，以产业链为依托、以交易环节为重点、以资金调配为主线、以风险管理为保证、以实现共赢为目标，以企业未来确定的销售收入等为还款来源，为整条供应链提供整体的金融解决方案(图 8-2、表 8-1)。供应链金融是中小微企业融资的一种模式，它从供应链角度为中小微企业提供授信服务，并将单个企业的贷款风险转变为整个供应链的风险，既打破了银行对单个企业授信的思维，又将供应链上下游企业视作整体，并依据链条关系和行业发展确定融资方案，既解决了供应链中中小微企业的资金问题，又提升了供应链的竞争力(牛似虎 等，2017；顾婧 等，2017)。

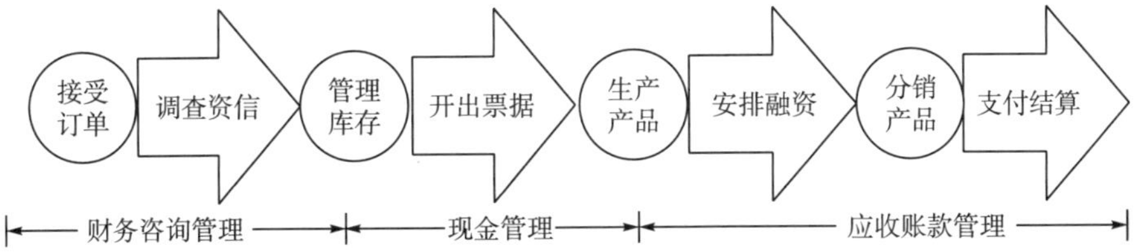

图 8-2　供应链金融中的金融服务活动

表 8-1　我国供应链金融的三个重要里程碑

发展阶段	主要特征	内容介绍
1.0 阶段	银行将核心企业作为信用支撑，并对供应链中上下游企业提供融资、支付结算、财富管理等多种金融服务，即所谓的“1+N”模式。核心企业在这一过程中被赋予了信用载体的身份，主要通过保理、库存融资等形式实现。该阶段我国企业、物流、银行技术应用水平不一，并未实现供应链金融的“四流”对接，表现出不同性质企业各自独立发展的局面	在获得中小微企业预付款、应收账款、存货等流动资产抵押的条件下，核心企业以自身较高的信用评级为上下游企业融得经营资金，有贷款支持的上下游企业能够扩张业务，核心企业的经营环境得到改善，而金融机构只需评估核心企业资信状况及供应链交易风险，就可以对整个产业链上的大量企业授信。具体模式包括商业保理、库存融资、应收账款管理等
2.0 阶段	通过信息技术手段对接供应链上下游及各参与方，将传统线下“1+N”供应链金融搬到线上。核心企业凭借资金优势完成企业 ERP 系统建设，初步实现了供应链上核心企业、上下游中小微企业、银行等资金提供方、物流服务商的商流、物流、资金流、信息流“四流”的归集与整合，为进一步提供适应于供应链的征信、融资、结算、理财等风险管理手段与融资金融服务打下基础。线上供应链金融能快速实现多方在线协同，而银行是重要授信者，关注资金往来	随着互联网应用的扩大以及 IT 技术的成熟，产业发展逐渐向线上倾斜，很多交易往来以及信息交互的处理由线下转向线上，依靠互联网的强大渗透力，除了核心企业，供应链上的各个企业都有自己的参与，各方信息透明，业务协同发展。2012 年平安银行把传统的线下供应链金融搬到线上，供应链中的商业、物流、资金等信息都能通过虚拟平台传递，交易、融资、结算及支付趋于电商化，资源整合与分配更合理，供应链各方效率迅速提高

续表

发展阶段	主要特征	内容介绍
3.0 阶段	“互联网+供应链+金融”三个要素的高度融合，供应链金融升级为基于供应链的征信、融资、结算、理财等端到端的综合金融服务。电商云服务平台将以核心企业为中心的“1+N”模式变为以中小微企业自身交易为中心的“N+N”模式，银行电商云平台互联网化中小微企业的订单、运单、收单等经营性行为，并与物流等第三方企业一起为供应链提供服务。平台链接智慧供应链、利用大数据构建金融生态系，使金融能真正服务于整个智慧供应链各类主体	互联网时代中小微企业不再绝对依附大企业，每个企业都有自己的上下游，使过去围绕核心企业的“1+N”模式升级为每个企业都是节点的平台模式，通过搭建综合性服务平台，各企业都能低成本电商化，与上下游对接后开展融资支持、支付结算、投资理财等服务，最终打造供应链金融生态系统。大企业不再是唯一核心，银行也不再是唯一的融资渠道，小贷公司、担保公司、商业保理、融资租赁、P2P 平台都参与到供应链金融的资金供给分一杯羹

资料来源：①招商证券研究报告：《互联网助推供应链金融迈向融合新时代》，2015-10-16.

②安信证券研究报告：《供应链金融的互联网化》，2015-10-20.

2.供应链金融属性

一方面，供应链金融具有金融属性。供应链金融的本质是金融，但相对于传统金融融资模式(表 8-2)，供应链金融又有自身显著的特征。首先，供应链金融是把产业和金融结合在一起构建的金融生态圈，供应链金融依托供应链实现资金融通，金融风险控制有真实交易的天然优势。其次，银行、核心企业、物流公司、互联网融资平台等多层次融资提供方为供应链上下游提供充裕的资金供给，还发挥各自的优势为企业提供全方位的金融服务(杨斌 等，2016；陶海鹏和马树建，2017)。除了传统的金融机构，核心企业和交易平台都可能成为主导供应链的金融业务，在整合供应链中的交易信息、资金供给者、物流资源后，就能为供应链中的相关企业提供适合的融资产品，而且还风险可控(陶海鹏和马树建，2017；何昇轩，2016)。最后，金融提供方不再单纯看重企业财务报表，而是通过大数据掌控行业动态(何昇轩，2016)。

表 8-2 供应链金融与传统金融比较

融资模式	金融类型	风险控制	金融机构角色	数据获得	贷款期限
传统信贷	金融	一般	资金供给方	财务报表等	1～2 个月
供应链金融	金融+产业	较强	全方位合作者	大数据征信	3～5 天

供应链金融也有产业属性。供应链金融“从产业中来，到产业中去”的产业属性决定了供应链金融的运行具有聚合性、丰富性与自循环三个显著的特征。聚合性是指供应链金融与产业是一个能够承载多种功能性主体的聚合体，能够满足多种利益主体各取所需的利益诉求。在聚合生态中，上游的制造商、下游的经销商、第三方物流、风险承担者与流动性提供者甚至到客户终端都能通过虚拟化的平台有机融合在一起，提高供应链整体的运营效率。丰富性是指供应链金融通过构建生态圈提供比传统供应链金融服务更有广度和深度的金融服务及增长服务。广度体现在跨地区、跨产业、跨部门的综合调配，深度主要体现在提供比传统信贷金融服务进一步的结构性金融创新服务，如一站式支付、全产业链融资等。自循环体现在供应链金融通过互联网线上线下的 O2O 闭环服务实现产业与金融融合的产金回路。线上线下的 O2O 闭循环必须通过线下真实供应链场景搭建、底层数据收集

与线上大数据分析与信用风险管理系统的构建来实现。在这个过程中，保持用户的黏性，提高渗透到客户供应链底层的服务能力是关键。另一方面，产金回路是一种将供应链生态与金融生态良好结合、互动的能力，是一种互联网金融与供应链金融的融合，同时也是整体供应链金融产生价值关键点所在。

3.互联网供应链金融创新

供应链金融创新的依据是解决企业的资金约束问题，让资金不足的企业也能获得融资服务以实现最优运营效益(陈祥锋　等，2008)。供应链金融创新可能体现在供应链金融与物流网的创新融合，供应链金融的大数据创新应用和区块链技术在互联网金融中的创新应用(宋华，2016)，也可能体现在流程创新(张诚和李晓翠，2015)、模式创新(顾婧　等，2017；Bernabucci，2005)和服务创新(姜超峰，2015)等。质押和保理等融资模式既改变了商业银行单独进行融资的模式，又大幅提升了商业银行与供应链的有效性，还有利于客户管理(Bernabucci，2005)。未来可能在线下线上结合方面、大数据控制交易场景方面、跨界组合方面进行创新，并创新出更多的金融产品(赵昕，2016)。并且，供应链金融本身就是产业金融跨界创新的重要体现，实现了商流、物流、信息流和资金流的四流合一(赵昕，2016)。虽然供应链金融创新已经历了技术创新、组织创新和制度创新，但却存在业务创新与模式创新动力不足、技术创新需求旺盛等状况，可通过建立完整的供应链信息系统、建立集多种服务为一体的第三方物流金融中介公司等方式解决(徐学锋和夏建新，2010)。

4.互联网供应链金融风控

供应链金融是一种信贷模式，发展过程中必然伴随风险。供应链金融虽能有效降低信息不对称程度，但不能完全消除风险，仍存在风险规避机制失灵的可能性，从而产生金融风险(弯红地，2008)。从信息角度考虑，信息不对称情况下质押贷款信贷合约可能存在道德风险和逆向选择(Brueckner et al.，2000)；从融资角度考虑，可能存在融资过程风险、环境风险、信息技术风险等三方面风险(Barsky and Catanach，2005)；从风险类型看，最主要面临的是信用风险(Wijst，2001)，还可能包括市场风险、流动性风险等多种风险(Duffie and Singleton，2003)。互联网供应链金融实现了原有供应链金融模式与互联网金融模式的融合，但由于发展时间短、速度快，风险较复杂(董培，2017)，并且，供应链中各企业之间还存在风险传染的可能(Chen et al.，2013)。因此，对供应链金融风险管理既能减少风险又能为企业提供流动性。由于实践中供应链金融较为复杂，所以风险控制可先改变传统风控中的主体准入理念，强调风险过程管理(Barsky and Catanach，2005)。具体操作中，可借助应收账款为标的，通过发行资产支持证券缩短资金周转期降低现金流(Tsai，2011)；也可将订单质押、合约和阶段融资结合起来分析完全信息下的最优解，以进行订单融资业务的风险管理(李娟　等，2010)；商业银行可建立风险限额体系，进行实时限额监控并对超限额进行处理(刘晓曙，2012)。

由于互联网供应链金融出现的时间较短，因此针对其风险的研究较少。就风险类型看，学者普遍认为存在互联网安全风险、操作风险、流程风险、法律风险等(郭菊娥　等，2014；田菁和宋玉田，2015)，其中多为针对互联网供应链金融信用风险的研究(王宝森和王迪，

2017)。从研究方法看，何昇轩(2016)通过对系统动力学模型和层次分析法的综合运用，可仿真预测线上供应链金融融资周期内的风险变化。

综上可知，互联网供应链金融的风险类文献主要集中在风险识别上，定性研究的文献居多。并且，对互联网供应链金融风险进行定量分析的文献较少，大多数是针对传统供应链金融评估风险。因此，有必要对互联网供应链金融进行定量分析，完善风险评估体系并提出相应的建议，从而对互联网供应链金融有一定的指导性作用。

总之，从金融角度发展供应链金融有利于供应链金融的做优做强做大，进而有助于传统产业的升级发展。因此，供应链金融在辅助产业发展的同时应更重视其金融属性，要以资金端、资产端和风控管理为重点发展供应链金融。从供应链金融初期来看，供给侧资金供血不足造成需求端资金需求无法满足的现象，严重影响业务规模，所以核心企业凭借自身信用从银行获取贷款再转贷给供应链上下游企业获得利差收益，但需求受限于供给的问题仍未根本解决。从中长期来看，供应链的行业因素决定融资格局，行业规模越大则资金需求越大，而行业产品的标准化程度越高，越容易实现整体融资。

8.1.2 生态系统

1.供应链金融生态环境

供应链金融的生态结构包括宏观环境、产业环境和微观环境等三个基本层面(图 8-3)。宏观环境是指环环相扣的政策、法律和技术，其中政策和法律包括产业政策、物流政策以及《中华人民共和国物权法》《中华人民共和国担保法》《中华人民共和国合同法》等法规；技术是指在供应链不同环节设计的各种融资产品及其风控手段。产业环境是指流动性提供者和风险承担者作为供应链金融中直接提供金融资源的主体和风险的最终承担主体，

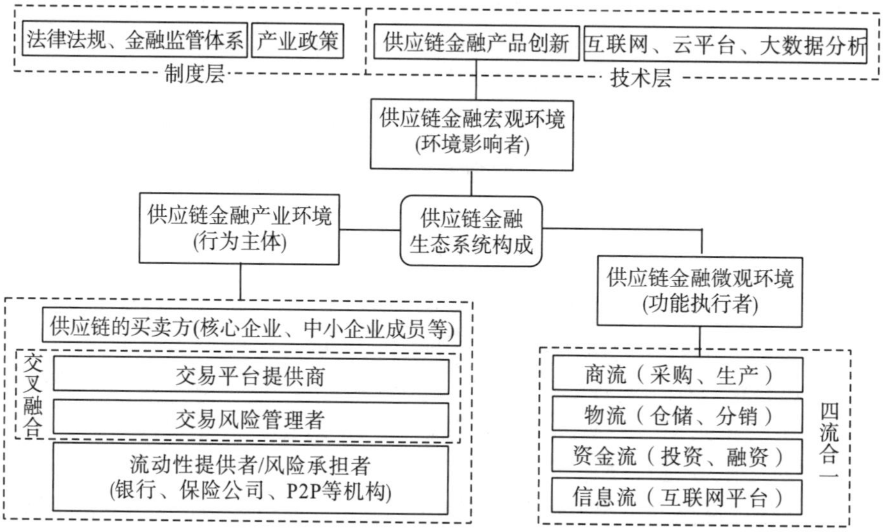

图 8-3 供应链金融的生态系统

共同提供供应链金融的设计与解决方案。微观环境指推动涉及供应链金融活动的所有部门，共同推动供应链上商流、物流、资金流、信息流“四流”的归集与整合，无缝对接供应链金融的所有参与方，构成面向供应链所有成员、企业的系统性融资解决方案。

2.供应链金融相关利益者

中小微企业是主要利益者。首先，供应链金融能有效促进中小微企业融资。供应链金融是在现代供应链体系上演变出的一种新的产业与金融融合的形式，供应链金融的客户来源于产业，尤其是那些在传统产业链条中处于弱势地位的中小微企业，资源获取能力不足、融资能力匮乏、运营成本高昂是长期困扰中小微企业发展的主要痛点。供应链金融对中小微企业的融资需求富有包容性，以往针对中小微企业固定资产抵押贷款的评判标准已不再适用，供应链金融更多地关注核心企业的资信情况，以核心企业为中心，将供应链作为整体对链条成员进行信用评估，放宽了上下游企业的融资门槛。其次，供应链金融能有效降低中小微企业的融资风险。传统金融中由于银企间的信息不对称问题易引起逆向选择，所以银行对中小微企业惜贷。供应链金融让银行对接供应链中的往来业务，轻松掌握中小微企业的运营状况、盈利能力等，从而使风险可控。同时银行对接第三方物流，用于跟踪供应链中的业务过程，确保供应链是否运作顺畅，加强防范信用风险。再次，供应链金融能有效降低中小微企业的融资成本。中小微企业有真实的链条交易，有应收账款与货款等作质押，因此可结合中小微企业的融资需求设计出适用于供应链所有参与成员的一系列金融解决方案，在风险可控的基础上降低中小微企业的融资成本。最后，供应链金融能有效促进企业间建立长期的战略联盟关系。核心企业能通过优化资金流加强自身供应链管理，增强市场竞争力；中小微企业凭借供应链中核心企业的资信状况可提高自身信用，降低融资成本，加快发展步伐。因此，核心企业与上下游企业能实现“双赢”，前者可建立严格的筛选产业链合作伙伴的制度并决定是否长期合作，后者可完善自身管理并提高自身与核心企业合作的实力以实现长期稳定的合作。从这个角度讲，供应链金融实际上是一种普惠金融，解决的是中小微企业的成长性问题，而其成长也为供应链金融带来巨大的发展空间。

核心企业处于核心地位。由于资信状况较差、财务制度不健全、缺乏足够的抵押担保等原因，中小微企业无法达到银行信贷的要求，难以获得银行信贷的支持。但是，资信评估是针对供应链整体的，处于核心地位的核心企业能提升供应链整体的信用状况，作为成员的中小微企业的信用状况也能被提升，融资门槛被降低。所以，核心企业既可以解决上下游企业的融资难题，又可以降低整个供应链的融资成本、产品成本，提高资金使用效率和节约财务成本，还可以帮助企业进行物流与现金流管理，形成稳定供应和销售网络，有利于供应链的良性循环并最终增强整体竞争力。此外，核心企业还可以利用专业及信息优势涉足供应链金融，进行传统产业转型升级并拓展利润来源。首先，在供应链条中，核心企业规模最大、实力最强，同时核心企业还充分掌握“四流”信息，能很好控制整个供应链条。其次，核心企业财务状况好，银行授信额度高，是供应链和渠道链的组织者、管理者和最终受惠者，往往能从全局出发，为供应链整体利益的优化做出主动安排和调整，对链上利益分配具有较大的调控权。最后，商业银行从风险角度考虑更倾向于为核心企业服务，而对单个的中小微企业仍会有抵押担保等要求。综上可知，与银行相比，核心企业有专业优势和信息优势，能对融资项目进行专业评估，在切入供应链金融领域时服务中小微企业的机会更大。

物流公司是重要参与者。物流公司参与供应链金融，在扩大物流业务的同时还能通过开展物流金融获得新的经济增长点。物流公司在货物存储方面专业优势明显，在交易信息方面优势明显，在仓单质押融资等模式中优势明显，还可通过搭建互联网交易平台深入渗透供应链金融。一方面，物流公司在供应链金融业务的实施中可以充分发挥其物资仓储、价值评估和监管方面的优势，与金融机构紧密合作，有效地监督中小微企业，降低融资风险，使得符合资质条件的中小微企业有机会获得资金融通，解决融资难困境。另一方面，物流公司也可以整合物流和金融，提供融资服务和其他供应链金融的高附加值产品。与上中下游企业紧密地协作也有助于稳定客户关系，提升物流公司的竞争实力。

银行由供应链金融的主导者变为辅助者。随着核心企业、物流公司、电商平台、P2P网贷、小额贷款、商业保理、融资租赁公司等机构陆续参与到供应链金融中，银行的供应链金融主要提供者的地位开始动摇。传统供应链融资服务中商业银行起主导作用，审查供应链后能及时掌握核心企业的实力和供应链的运营状况，并灵活安排金融产品和服务。在出现核心企业主导的供应链金融模式之后，尤其是在大量类金融机构也参与到供应链金融之后，银行逐渐由主导的角色转变为资金提供方之一，业务开展的主体由核心企业承担。这一模式的好处是核心企业作为行业专家以及信息流的交汇处，通过整合产业链交易信息、对接资金供给方、组织线下物流仓储资源，可以更好地针对具体的融资项目进行评估，在风险可控的基础上为产业链中的中小微企业提供可用的融资产品。银行则发挥自身的资金优势，辅助核心企业完成对上下游的中小微企业的“输血”。

3.供应链金融“N+N”模式

早期供应链金融核心思想是“1+N”，即1家商业银行或核心企业周围围绕着多家形成上下游供应链条的成员单位(图8-4)。这种模式的优势是银行利用对核心企业的把控，批量开发与之相关的上下游企业，从而依托核心企业对这些上下游企业提供资金融通、支付结算、流程优化等综合性金融服务。这种模式的本质在于以核心企业为中心，利用核心企业的信用外溢，以真实的贸易为支撑，重塑传统的信用评价体系，使商业银行能够挖掘在传统信用体系下无法开发的中小型企业客户，因此商业银行是这种模式的核心和主导，对提高企业乃至整个链条的竞争实力作用很大。银行通过抓住核心企业“1”去批量开发其上下游企业，为其提供贷款、结算等金融服务。信用的主要承载体是核心企业，具体模式包括商业保理、仓单质押、应收账款管理等方式，企业与银行相互依存共生发展。伴随着互联网浪潮的冲击，供应链金融开始呈现出新的发展特点与发展模式，更多上下游企业可联系核心企业直接为自己授信，而核心企业既可利用自身资金，也可通过小额贷款、商业保理、融资租赁、P2P网贷、电商金融获得补充资金，形成“N+N”的资金供需格局(图8-5)。

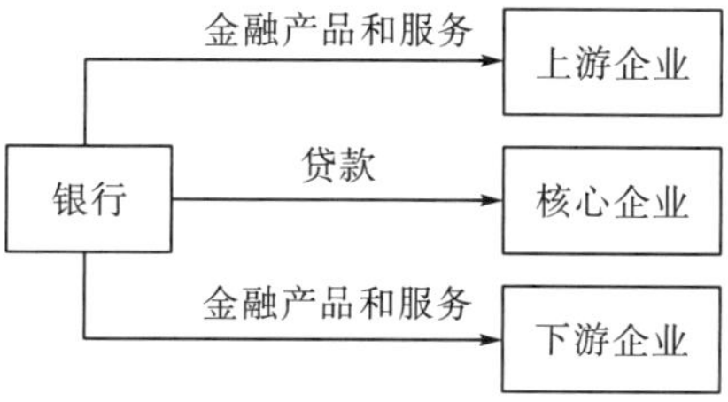

图 8-4 传统供应链金融的“1+N”模式

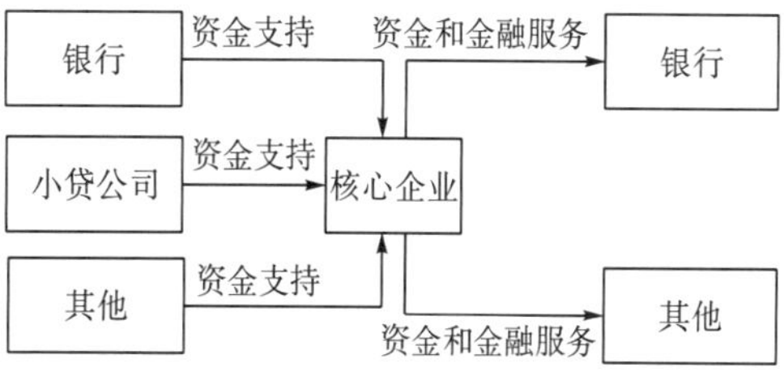

图 8-5 互联网供应链金融的“N+N”模式

4.互联网供应链金融生态圈

随着互联网的广泛渗透，未来的供应链金融将进一步朝着跨企业、行业、区域并与政府、企业、行业协会等联盟，与物联网和互联网相融合的金融生态平台发展，形成底层大数据渗透、平台链接的商业生态、垂直领域运用的闭环金融生态圈，让各金融业态为供应链所有主体服务，推动商业生态的产业发展(图 8-6)。底层系统是生态圈的基石，它由制度环境、支付场景搭建、IT 技术以及大数据采集等基础环境构成。平台系统是供应链金融发展壮大的关键，它由供应链交易平台、风险管理平台、物流综合平台以及金融服务平台构成。其中，交易平台主要为风险承担者和流动性提供者提供电子账单传递等必要的应用数据，物流平台为风险承担者和流动性提供者提供货物仓储、调运、配送等跟踪数据，风险管理平台把交易数据、物流数据和聚合数据传递给投资者以供其做出相应决策，金融服务平台旨在直接促进资金放贷和信用增强，同时根据供应链金融产品进行定价或者收益设计，促进供应链参与各方获得相应的利益与回报，它由供应链金融中流动性主要提供者构成，包括商业银行、投资机构、保险公司、商业保理、融资租赁甚至 P2P 以及小贷公司。垂直化是供应链金融最终实现产融结合的途径。在物流领域，供应链金融将促使第三方物流的发展，使得传统重资产区域性物流转变为广域型轻资产物流服务。在贸易流通领域，供应链金融将实现产业深度分销，下沉并拓展传统贸易零售服务渠道，最终形成一体化贸易零售服务。对于金融机构而言，互联网供应链金融将促进传统借贷服务向全产业融合型服务转变。

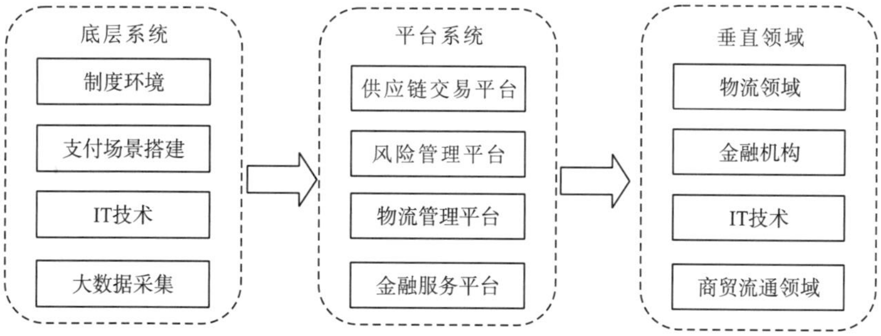

图 8-6 互联网时代的供应链金融生态圈

8.1.3 普惠体现

1.助力普惠金融

在“互联网+”的大浪潮下，几乎所有的传统产业(商业模式)都在思考着与互联网结合，而供应链金融更是被推上了风口。互联网供应链金融的出资人不再仅仅是银行，更多的供给方出现在互联网供应链金融领域，如电商平台、融资租赁公司、小贷公司、物流企业等，为供应链上的中小微企业提供融资服务，助力普惠金融发展。并且在“互联网+”浪潮下，一些处在供应链上的非银行部门的利益相关者，如物流公司等，利用自身信息优势、交易资源优势及客户资源优势，也渐渐转型提供供应链金融服务。互联网供应链金融让业务线上化、自动化，更有利于信息共享，更有助于融入更多参与者，更显著降低采购成本、交易成本和融资成本，更显著缩短应收账款周转期，更明显提升金融效率和资金透明度，更有助于企业进行规划经营(表 8-3)。实践表明，基于“互联网+产业”的供应链金融能够优化产业链条，提升整个产业效率。以阿里为例，大数据将店铺等级、评价、收藏人数等 800 亿项信息运用于 100 多个模型并进行处理，其结果运用于网商贷，实现了申请 3 分钟放款 1 秒钟的急速自动化流程，仅 2.3 元的单笔放贷成本占银行成本的 1/1000，低于 1%的违约率比小贷公司和银行低很多(蔡恺，2014)。

表 8-3 一些电商平台的互联网供应链金融运行效率

产品	服务对象	上线时间	推出方	最高贷款额度	贷款期限	商家贷款成本	放贷效率	违约金
商贷通	e-Bay 跨境电商卖家	2014 年 10 月	宜信、e-Bay	100 万	低于半年	月息 1.2%	30 秒授信	—
京小贷	京东供应商	2012 年 10 月	京东	200 万	低于 1 年	平均年化 12%～24%	1 分钟到位	—
京宝贝	京东商家	2013 年 12 月	京东	—	15～90 天	平均年化 10%	3 分钟到账	—
蚂蚁微贷	阿里卖家	2010 年	蚂蚁金服	500 万	平均 4 月	平均年化 12%～18%	1 秒放贷	1%以下

资料来源：根据网上资料整理所得。

2.扩大覆盖范围

当前我国产业发展越来越向技术密集和资本密集方向发展，这就决定了中小微企业很难独立发展，在起步阶段往往需要作为大企业的供应链成员加入该行业中，导致中小微企业同核心企业议价谈判时往往处于弱势地位，为了获得大企业的订单，中小微企业往往需要提供更低的折扣、更长的赊销期限和更短的交货期，使得中小微企业资产大部分以应收账款和存货形式存在。互联网供应链金融能解决中小微企业融资难问题，让中小微企业也能平等地以合理价格获得金融服务，实现普惠金融。供应链金融的实质是金融服务提供者通过对供应链参与企业的整体评价，未来确定性的资产现金流保证还款来源，采用闭合式资金的运作模式，运用丰富的金融工具为中小微企业提供个性化的金融服务，而互联网也解决了线下成本相对过高的问题(表 8-4)。供应链金融嵌入了供应链网络，交易中可能涉及多个主体，创新型金融工具对原本流动性较差的资产的盘活以及信息化手段对成本的降低，使得高成长性中小微企业对于资金提供方的吸引力大为增加。供应链金融以企业真实贸易背景和上下游客户资信实力为基础，有效解决了中小微企业信用记录空白的问题，绕过了账务不清的障碍。供应链金融围绕核心企业，从供应链角度评估整个上下游成员的资信，从而降低了中小微企业的融资门槛。供应链金融还可以通过核实贸易情况、第三方物流监管等方式去控制中小微企业融资风险。因此，供应链金融越来越受广大中小微企业青睐。

表 8-4　传统金融和供应链金融对中小微企业的认知差异

传统金融视角	供应链金融视角
信息披露不充分	供应链中信息充分，可解决由信息不对称导致的中小微企业融资难和融资贵问题
信用风险高	供应链成员中小企业要成为供应链运行中的参与者或合作伙伴，往往有较强的经营能力，而且其主要的上下游合作者有严格的筛选机制，因此信用风险较低
道德风险大	供应链成员有严格的认证体系，达到一定资格的中小微企业方可进入金融链条中，因此道德风险的机会成本过高
成本收益不经济	供应链本身的信息获取成本较低，电子化、外包也可降低部分成本

8.1.4　驱动力量

1.买方市场催生供应链金融服务

从需求方看，经济新常态下世界经济增长放缓和国内经济下行压力加大，我国各行各业出现产能过剩，买方议价能力上升，使得赊销成为企业缓解自身财务压力的普遍做法。在此背景下，我国企业应收账款规模持续上升，回收周期不断延长，企业资金周转需求加剧，各阶段资金需求缺口加大。为了不影响企业的正常生产经营活动，供应商对供应链金融服务的需求不断增大。供应链上日益增加的资金缺口，加剧了供应链参与成员间的利益冲突。中小微企业尽管运营成本灵活，但业务依赖大型企业而无定价权，一旦大型企业拖延现金支付，中小微企业就可能出现现金流问题。大型企业尽管掌握着供应链中的核心优势，但由于面对着数量众多的中小供应商或者经销商，通常会因为弹性支付产生信用、账单、收集和坏账等方面的问题。即便是正常运行的经济环境下，复杂的现代供应链极易导致企业收、支存在时间错位的问题，因此供应链上的企业间也会存在巨大的资金缺口。比如，上游大型企业在下达订单与接收货物间存在资金缺口，下游中小型企业与原料供应商存在资金压力，经销商销售产品和终端客户支付现金之间存在资金缺口，整个供应链链条上存在支付现金和实际接受现金之间的差异，产生现金转换周期，从而对上游企业产生资金上的压力，对企业的现金流产生不利影响，使正常的生产经营活动出现困难。目前，解决供应链成员间资金需求缺口的方法有单方面延长支付、早期支付折扣计划和供应商管理库存系统三种方案(表 8-5)。

表 8-5　解决供应链成员间资金缺口的方案比较

解决方案	适用情形	主要优点	主要缺点
单方面延长支付	在强势下游客户延长对弱势供应商的账款支付周期	有利于下游客户企业的资金流动和效率	为上游供应商带来较大的资金障碍
早期支付折扣计划	如果下游客户能够提前支付货款便能获得较好的交易价格	解决上游的资金问题	存在着将折扣算入价格的现象，从而提高下游客户的供货价格
供应链管理库存系统	以用户和供应商双方都获得最低成本为目的，持续改进库存管理	减少下游客户资金占压，有利于供应商合理规划生产，及时了解客户需求信息，避免呆库和死库	对上游供应商而言，不仅库存占压了资金，而且凭此获得融资较为困难

2.核心企业寻找新的经济增长点

目前我国经济结构处于转型期，许多企业面临着行业产能过剩的局面，企业利润逐年下降，依靠传统经营理念和资金管理方式已经无法实现企业产能升级和快速发展。由于各企业优劣势不同，因此各自的产业转型诉求不尽相同。对核心企业而言，供应链上下游企业与自己有唇齿相依的关系，由于上下游企业的财务压力大，严重影响了整个供应链的有效运行，对核心企业发展造成阻碍，因此迫切希望凭借自身优势嫁接金融业务，为供应链上其他成员融资的便利性和成本做出安排，利用金融业务将其在行业中长期建立起来的优势变现，满足核心企业诉求。这种安排包括核心企业利用自身具有的资金获取优势为上下游企业提供直接信用，或是以自身信用支持成员企业向商业银行、小贷公司、商业保理、融资租赁、电商平台、P2P 网贷等第三方融资。目前来看，核心企业拥有掌握供应链商流、物流、信息流、资金流的优势，植根产业底部，又有转型动机，在互联网快速渗透和金融改革的大背景下，核心企业切入供应链金融已经具备了相当优越的内外条件。不过，与银行类传统金融机构相比，核心企业参与供应链金融的劣势也是显而易见的，它的融资方式主要是银行贷款、小贷贷款和 P2P 平台以及股东增资，不具有银行类金融机构持续的低成本资金来源。

3.商业银行寻找新的利润增长点

供应链金融的发展不仅与产业组织结构变革下的金融需求变化相关，也是银行等传统金融机构面对激励市场竞争的创新需求反映。过去由于存贷利率管制存在高利差环境，我国商业银行依靠存贷利差就能够“躺着赚钱”，因此没有动力去创新业务，导致我国商业银行经营特色不明显，目标市场高度重叠，“大客户偏好”导致银行陷入恶性价格竞争和人际关系竞争之中，资源浪费严重，经营效益低。然而随着利率市场化进程的加速，商业银行以往赖以生存的高利差将逐步消失，银行要更多依赖于中间业务盈利，比如委托代理业务。作为信用关系中间人，银行并非资金借贷的任何一方，只是受客户委托处理各类金融业务并从中获取服务费用和佣金。与此同时，随着国内投融资体制的深入改革和金融深化、直接融资市场的逐步完善与壮大、多层次资本市场的构建，一些实力雄厚的大型公司客户能够自行发行股票和债券进行直接融资，对银行的依赖度降低，而银行在融资市场的份额也减少了。在此背景下，越来越多的商业银行开始在风险控制和产品模式方面进行创新，由此供应链金融应运而生(图 8-7、图 8-8)。供应链金融模式探索出全新的风险管理与流动性管理路径，为利率市场化后的金融机构找到丰富收入来源的通道。

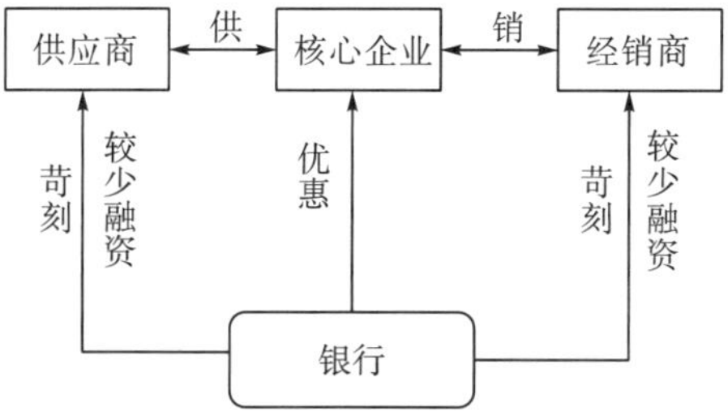

图 8-7　商业银行的传统融资模式

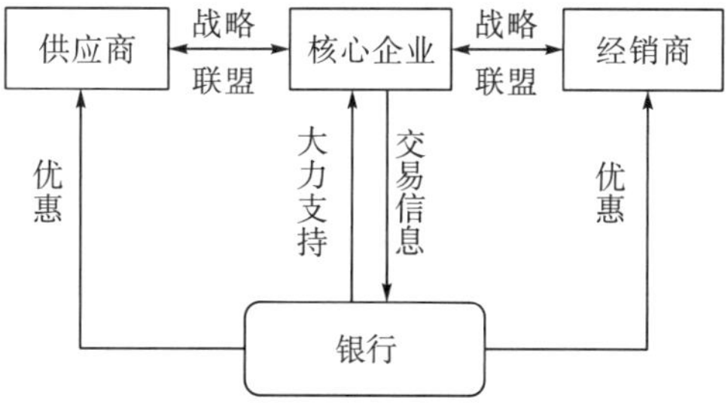

图 8-8　商业银行的供应链金融模式

4.互联网让供应链金融成为风口

互联网供应链金融本质是大数据金融，互联网为其实现了风险定价和资金对接，在互联网时代被刻画为“围绕核心企业管理上下游企业的资金流和物流，将单个企业的贷款风险转化成供应链整体的风险并将其控制在最低范围”。过去，由于企业间的交易和经营信息仍属于孤立和零散状态，供应链金融兴起的两大基石——定价能力和资金来源均处于空白状态，然而随着互联网对各行各业渗透率的不断提高，核心企业或交易平台提供用于风险评估的关键数据，使得供应链金融的兴起成为可能。互联网供应链金融的优势体现在网络化、精准化、数据化，网络化使得交易信息传递更为高效，从而实现在线互联；精准化提高了对质押物的风险控制能力；数据化对贸易、物流中的各类行为主体进行全方位记录，实现产融结合(图 8-9)。互联网供应链金融以在线互联、风险控制、产融结合的形式，基于大数据、云平台、移动互联网等手段，打造一个富有市场力的实体产业链生态环境，互联网是实现智慧供应链金融的最佳方式。当前我国正处于供应链金融互联网化发展的初期，未来基于传统产业场景的纵向一体化、横向网络化的互联网供应链金融将扮演重要角色。

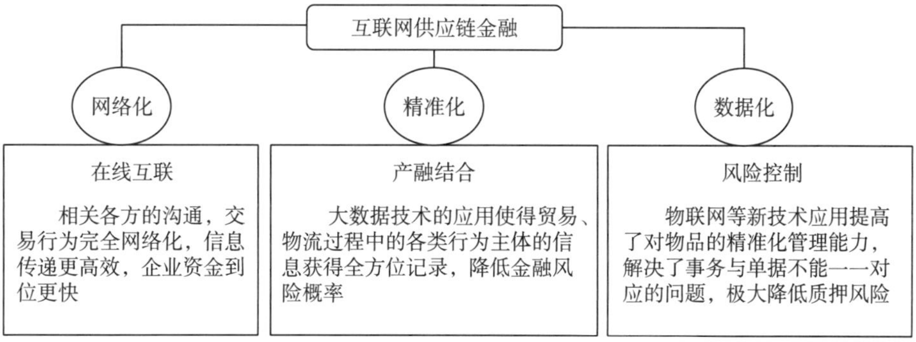

图 8-9　供应链金融的互联网化

互联网供应链金融更利于中小微企业。传统供应链金融以银行为主体，尽管供应链金融对中小微企业增信，但银行仍然聚焦于中小微企业中的“巨无霸”，仅对“矮子里面的高个”进行放贷。银行之所以聚焦在大客户上，一是因为大企业征信数据较为完善，经营时间长，营收稳定，可预测性强；二是与银行的模式有关。传统模式通常是通过派人进行尽调等方法取得可信的线下数据并持续进行线下跟踪，追求的是每个贷款投放的安全性。由于线下人员成本高，这种模式只能用在贷款额较大的大企业身上。大量的中小微企业被银行忽视，一方面是中小微企业经营时间短、数据透明度和累计量不够、信用记录差、经营风险大，另一方面是银行线下开展业务的成本相对贷款额显得过高。互联网由于信息获取的边际成本近乎为零，天然适合解决中小微企业信息不对称问题。同时，中小微企业存在经营风险，但风险管理不再集中在单个贷款项目的安全性上，而转变为整体贷款集合的安全性。因此，互联网供应链金融是目前解决中小微企业融资问题的较优方法。如果没有互联网，供应链利益相关者的关系不清晰，信息收集和整体风控的成本会非常高，无法让中小微企业受益。因此，供应链金融互联网化是成本驱动，而非概念驱动。互联网供应链金融一改过去服务于核心企业的状况，通过核心企业为供应链上下游企业提供产品或者服务，将以前传统银行没有覆盖到的企业的长尾需求涵盖进来，并为这些企业提供更加多样化的供应链金融产品和服务。

8.2 互联网供应链金融的创新方向

8.2.1 资产端创新

1.供应链金融属于结构融资

为了解决供应链条上的资金缺口，结构性融资应运而生。作为一种金融创新产品，结构融资创造性地运用各种传统和创新的融资方法，剥离出企业未来现金流的特定资产，并以此为标的进行融资。之所以被称为结构融资，主要是因为从财务报表的结构考虑资产的替换，如以现金资产将企业特定资产从其资产负债表中替换出来，在资产负债率不变的情况下，增加高效资产。企业现金缺口的产生主要来自三个方面的叠加，在采购阶段需要预付货款，在运营阶段需要以存货保证正常运转，在销售阶段又会产生应收账款（表8-6）。由于这些融资需求均基于正常企业间的经营交易，只要整个产业链上下处于正常经营状态，企业出现违约的概率风险在实质上属于可控状态。

表 8-6 供应链结构性融资三种基本模式比较

资产名称	发生阶段	融资企业	融资目的	模式介绍	业务流程	还款来源	风控措施
预付账款	采购阶段	制造商和下游分销商	买方获得银行贷款后购买生产资料，缴纳保证金后银行先向供应商垫付货款	卖方发货到银行指定的监管仓库；买方向银行交保证金；银行依据保证金大小释放部分抵押物给买方	在核心企业回购承诺下，中小微企业以既定仓单向金融机构申请授信	购买方在支付足额货款之前货物权归银行	银行与购销方及仓储、物流公司签署四方协议并将货物交由指定仓储、物流运输，便于银行监管

续表

资产名称	发生阶段	融资企业	融资目的	模式介绍	业务流程	还款来源	风控措施
存货动产	运营阶段	供应链上的所有企业	企业利用存货质押融资，提高了积压资金的使用效率，有利于中小微企业扩大规模	客户以自有存货产品为质押物的授信业务，银行委托第三方物流或仓储公司监管抵质押	借款企业将自有存货作为质押物向金融机构申请贷款，金融机构发放资金	购买方直接将货款给借款银行	买卖双方交易货物必须存放在银行指定仓库，或由指定物流公司运输，便于银行监管
应收账款	销售阶段	上游供应商债权企业	通过转让应收账款，客户可以获得销售回款的提前变现，加速流动资金周转	卖方销售商品形成应收账款，银行据此为卖方提供应收账款质押融资及管理综合服务	卖方将赊销的未到期应收款提交给金融机构质押获得金融机构贷款	购买方直接将货款给借款银行	在企业销售合同设定中将销售货款汇入指定银行账户，作为借款方的还款来源

资料来源：根据相关资料整理所得。

结构性融资与上述过程相对应，在采购阶段采取预付账款质押来实现账单支付时间后移，减少资金缺口；在运营阶段采取动产质押来减少从账单支付前到存货卖出期间的资金缺口；在销售阶段采取应收账款质押来减少从存货卖出到收取现金期间的资金缺口。按照融资切入点的不同阶段可将结构性融资分为采购阶段预付款质押、生产阶段存货质押及销售阶段应收账款质押三种，并且每种融资形态下面还可以细分为多种业务类型(图 8-10)。

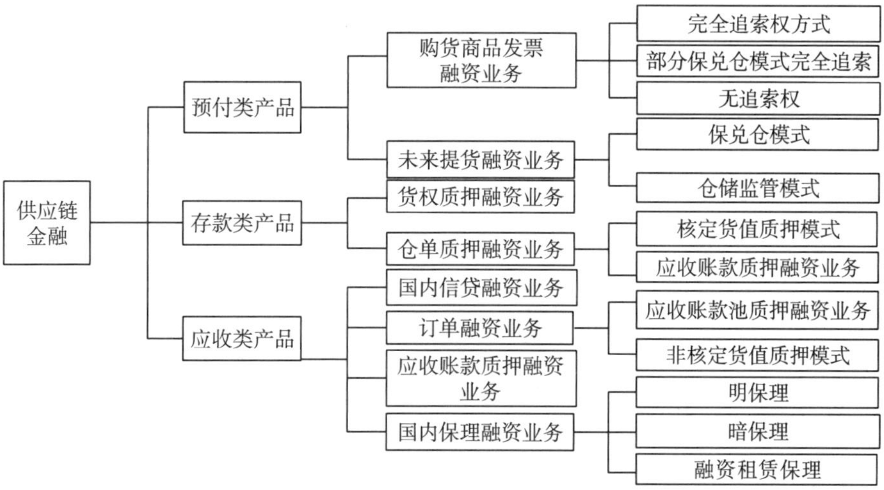

图 8-10　供应链金融的业务类型

2.企业采购阶段预付款融资

为了获得生产所需的原材料和产成品，处于供应链下游的企业往往需要向上游供应商预付账款，而资金流转困难的企业可暂时采用预付账款融资获得流动性。预付款融资可以理解为“未来存货的融资”，是指在货物的卖方允诺出现违约时可回购卖方货物，且物流公司为其信用担保，买方可凭借金融机构指定仓库的仓单向金融机构申请融资以缓解采购期间的资金压力，金融机构具有控制仓单货物的权利并贷款给买家(图 8-11)。在贷款未偿还期间，货权归资金提供方所有。预付款融资模式实现了资金供求双方的共赢，对于中小微企业而言，无须一次支付所有货款，只需分批支付和提货，给中小微企业带来了融资便利，缓解了短期的资金缺口问题；对于金融机构而言，放贷的前提是上游供应商允诺回购货物，核心企业有连带责任，且有指定仓库仓单质押，所以信贷风险较小的同时，还实现了盈利。

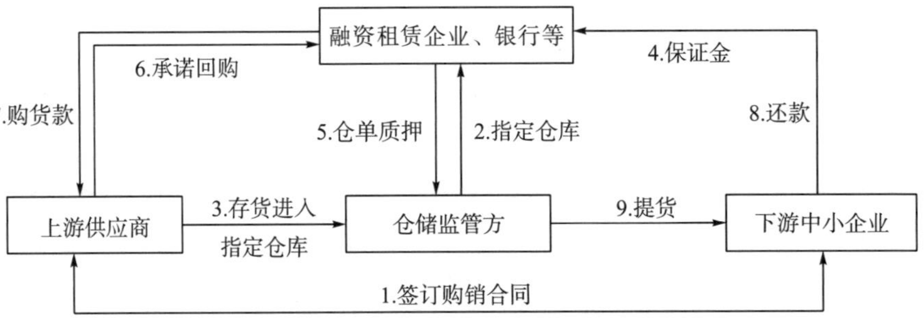

图 8-11 预付款融资的业务流程

预付款融资的模式主要有保兑仓和信用证贷款，其中以保兑仓业务最为普遍(图 8-12)。保兑仓业务是指卖方允诺回购货物，买方向银行申请融资，银行质押卖方在银行指定仓库的货物仓单，银行控制货物提货权后放款。从本质上讲，保兑仓融资模式主要适用于一些处于预付账款的买家，在预付账款期间，买方要给卖方预付账款才可获得原材料或半成品，所有买家可质押预购的原材料和半成品给银行获得融资，以实现分批付款和提货。

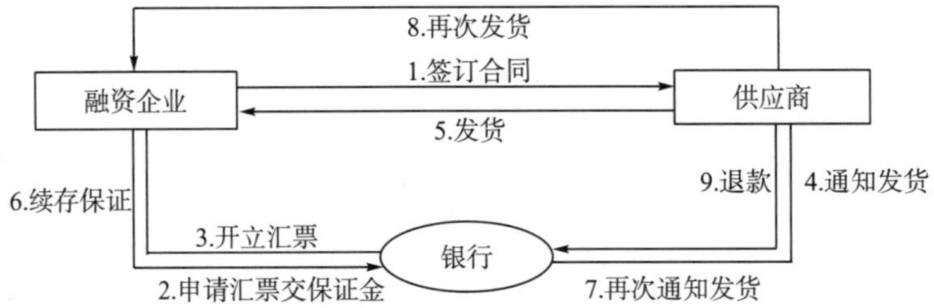

图 8-12 保兑仓业务流程

3.企业运营阶段的存货融资

企业正常经营时的库存成本往往占供应链运营成本的 30%以上，主要包含锁定在库存商品中的资金占用成本与融资成本，需要借助金融手段实现生产销售稳定与流动性充裕两者之间的平衡。存货融资是指企业以存货动产作为质押，向资金提供方办理融资业务(图 8-13)。存货融资模式需要核心企业提供担保，约定在贷款的中小微企业违约时由核心企业偿还债务或回购质押物，因此实力雄厚、信用状况好的核心企业在供应链中发挥了很大作用，既解决了中小微企业的贷款信用问题，又与中小微企业建立了良好的合作关系。物流公司可保管质押物，评估质押物价值，监督质押物动向等，在银行授信中起到了保障作用。金融机构本身不会接受原材料和半成品，但是可将其转化为原材料或半成品的质押权，还有核心企业的担保或回购承诺，则就成了卖家放款的担保贷款或质押贷款，风险可控。

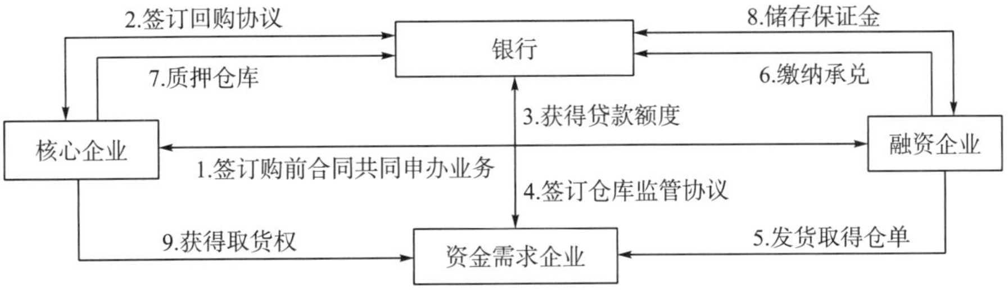

图 8-13　供应链存货融资的业务流程

根据作为抵质押的动产标的不同，存货融资还可进一步细分为货权抵质押融资和仓单抵质押融资。货权抵质押融资是银行委托物流公司监管借款人的抵质押商品，借款人还款提货，这种模式适合仅有存货的借款人，便于其盘活存货的积压资金，提高资金的周转率。仓单质押授信是指仓库或物流公司提供既定货物的仓单，客户以仓单为质押物做出质押背书后银行授信。鉴于仓单的有价证券性质，出具仓单的仓库或第三方物流公司需要具有很高资质。通常情况下，这两种模式统称为动产抵质押授信。存货融资模式可以使中小型企业将以前银行不愿意接受的动产转变为其愿意接受的动产质押品，从而架设了银行等资金提供方与供应链中工商企业之间资金融通的新桥梁。存货融资将金融机构、物流公司和仓储公司汇集到一起，将资金流、物流和信息流有效整合与管理，提高了资本的运作效率，达到了资源优化配置的目标，提高了供应链整体与成员企业的竞争实力，较好地解决了广大中小微企业生产销售稳定与流动性充裕两者间的平衡问题。

4.企业销售阶段应收款融资

在产能过剩的买方市场背景下，企业往往会采取赊销行为去库存的方法。据一项针对中国企业信用风险的专项调查统计，目前全国企业间赊销行为已高达 60%以上，尤其以 60 天期限的赊销比例最高。由于购买商的实力水平不同，企业货款回收期也会有长有短。如果货款回收期过长，则会给企业带来流动资金短缺的风险。应收账款是下游经销商赊购上游供应商商品时形成的，金融机构为应收账款提供账户管理、融资或催收等综合服务（图 8-14）。供应链中的应收账款融资主要为上游中小微企业服务，它们转让应收账款即可提前变现货款，从而提高资金周转效率。在这种模式里，上游供应商具有债权，下游供应商具有债务，核心企业融资担保，金融机构提供资金，都会参与到借贷活动中，并且在出现违约时核心企业需要弥补金融机构的损失，金融机构授信前要先评估贷款的下游企业风险，考察供应链运作状况，并根据结果决定是否授信。

应收账款融资主要是保理服务，保理又包括明保理和暗保理，两者的区别在于是否将保理业务通知经销商。明保理是银行基于供应商的应收账款提供账户管理、融资、催收和承担坏账风险等服务，但需要经销商确认，而暗保理无须确认。应收账款融资有助于解决中小微企业在资产规模、盈利状况、资信水平等无法达到银行贷款条件时的融资问题，核心企业凭借自身多方面的综合实力助力中小微企业获得银行融资，有利于小微企业的稳定发展，有利于整个供应链的高效运作，有利于银行降低贷款风险。

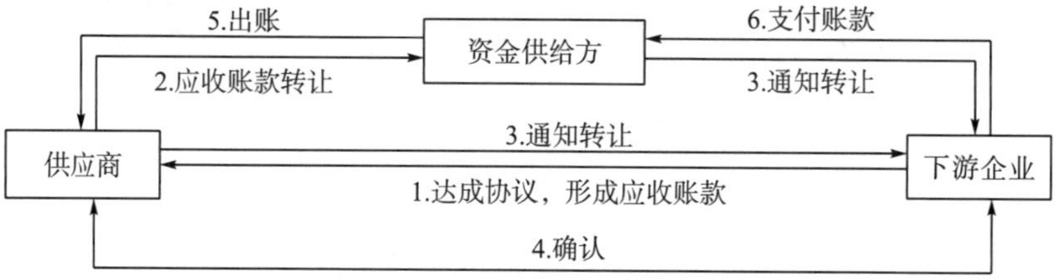

图 8-14　供应链金融的应收账款融资模式

5.供应链金融优质资产标的

从实践经验来看，供应链金融的发展往往受制于产业空间、上下游格局、核心控制力、杠杆成本和互联网化程度。大行业的融资需求巨大，所以供应链金融潜在空间巨大。支撑供应链金融业务的产业链需具备大体量的特点，所处行业必须具有较大空间，否则金融业务容易触碰天花板，甚至限制供应链金融业务的成长性。上下游格局要求上下游客户端至少有一环较为弱势，无法从银行获得廉价资金。供应链融资产品则是以整个产业链的角度考察成员企业的风险状况，解决了弱势的上下游企业的融资痛点问题，并且融资痛点越大，则供应链金融展示自身优势的空间越大，可覆盖更多传统金融机构未覆盖的上下游企业客户和更多的产业。上下游企业融资渠道匮乏，对核心企业的流动性支持依赖较强，核心企业有充裕的低成本资金可以有效调控链上资源。核心控制力还体现在核心企业对供应链上广大中小微企业的风控能力，供应链金融业务得以运转的根本基石在于资金提供方可以获得真实有效的信息对产业链中发生的真实交易进行风险评估。作为主导方，牢牢把控产业链的核心企业，对于交易双方具有较强黏性的第三方平台则需要提供上下游企业多方面的信息数据，帮助资金提供方把控风险。杠杆成本要求资金提供方自身有较低的融资成本，可带来更丰厚的利润，尽可能地运用杠杆比例较高的金融工具拓展更大的业务空间，如用 10 倍杠杆的保理或租赁要优于 2 倍杠杆的小贷。基于互联网的智慧供应链金融平台，能帮助解决供应链金融中第三方平台的风险定价问题并通过 P2P 等互联网金融形式拓宽资金来源，通过较少的投入对接供应链体系并深入渗透其中，实现商流、物流、资金流、信息流“四流”的归集与整合。如果没有互联网，供应链利益相关者的钩稽关系难以及时精准反映，信息收集和整体风控的成本会非常高，供应链金融的发展空间也大打折扣。

8.2.2　资金端创新

1.供应链金融的主要资金来源

资金端是供应链金融的开始，是供应链金融的核心所在，决定着供应链金融的业务规模和融资价格。从供应链金融的资金来源看，资金可来源于外部渠道和内部渠道。外部渠道主要是银行类传统金融机构对供应链核心企业及链上中小微企业的授信，本质是基于核心企业与上下游中小微企业的信用差。核心企业凭借自身良好信用从银行等外部获取资金，再利用自身与借款的上下游企业间业务关系控制借款风险，实现中小微企业的资金融通。在这种模式下，供应链上各企业都是金融机构的乙方，本质上无差异，但外部的融资能力有较大差异，核心企业容易获取贷款且贷款成本低，而上下游企业贷款难且贷款成本高，这种差异直接决定了供应链金融的业务空间。外部融资的最大局限为资金规模，因为基于信用差的贷款空间非常有限，所以一些核心企业主导的供应链金融往往会通过申请非银行类金融牌照从内部渠道获得更大的资金来源。

内部渠道主要是供应链上核心企业或物流公司通过设立 P2P 网贷平台、小额贷款公司、商业保理公司和融资租赁公司等非银行机构为供应链上的中小微企业提供资金融通服务。内部渠道资金来源非常广泛。核心企业开展融资业务需获得非银行类金融牌照，有此金融牌照后，将增强核心企业在资金端的把控能力，同时会比外部资金更有利于经营战略的选择；而且，自身资金实力越强，则杠杆越高，资金价格越低，越利于融资。除此之外，在众多的内部渠道中，P2P 渠道、融资租赁和保理的杠杆比率都会偏高一些，其中 P2P 的优势在于理论上没有资金规模的上限，只有供应链上融资的资产标的优质，总有资金参与；融资租赁与保理发展较快，除了政策支持和规范外，还有利用外资与银行资金等原因导致 10 倍左右的杠杆；虽担保公司的杠杆也是 10 倍左右，但需要接洽外部资金，而小贷公司的杠杆较低。需要说明的是，一旦进行资产证券化，这些非银行金融机构的杠杆将被明显提高，而目前我国券商资产证券化已经开始实施注册制，而很多资产管理平台都能为金融资产证券化及转让提供便利，从而大大提升核心企业在资产端的操作空间。

表 8-7　部分商业银行的供应链金融比较

银行	推出产品	特点
工商银行	沃尔玛供应商保理业务试点；供应链金融产品；电子供应链融资服务，与核心企业的 ERP（enterprise resource planning，企业资源计划）对接	业务流程方面，采用柜台化办理的思路；市场营销方面，转变单个客户营销模式为批量营销模式；风险管理方面，整合资金流和信息流，降低信息不对称性
中国银行	融信达、融易达、销易达、融货达、货利达、通易达、融通达等供应链金融产品	创新供应链金融产品，创新供应链，整合产品组合等，整合投行、国际结算等业务，满足供应链的资金需求；培育供应链核心企业客户，围绕工程机械、食品饮料、建筑等数十个行业，全面梳理核心企业并挑选目标客户
平安银行	采用“N+1+N”模式，实现点到链的创新，拓展了早期推出的供应链金融 2.0 的链到面格局	规模较大，第一家成立供应链金融业务的银行
民生银行	供应链金融生态圈是“一圈两链”，还有“商贷通”产品	“一圈”指城市的大型商圈，“两链”指下游经销商和上游供应商，“商贷通”指中小微企业的商户融资产品，通过“信贷工厂”批量审批流程，服务效率高
招商银行	电子供应链	加快审核融资速度

资料来源：根据相关银行网络资料整理。

3.通过小额贷款公司引入资金

供应链上的核心企业（包括物流公司）可以通过设立小额贷款公司以自有资金为主向供应链上下游的中小微企业提供融资服务，收取理想收入。小贷公司开展供应链金融的优点在于可以收取同期银行贷款基准利率4倍的高利率(目前年化利率约为15%)，获得高利息收入，且放款速度快、期限灵活。小贷公司开展供应链金融的不足之处在于只能以股东缴纳的资本金、捐赠资金和不得超过净资本50%银行融资作为资金来源，杠杆放大倍数低。在目前转贷比例不超过小贷公司资本金的0.5倍的政策约束下，核心企业利用自有资金成立小贷公司对企业自身的资金要求较高。以核心企业出资100亿元设立小贷公司为例，最高可以从银行贷款50亿元。假定从银行获取资金的成本和公司自有资金的成本均为7%，向供应链上中小微企业的借款利率为12%，则可以获得5个点的净利差，150亿元对应7.5亿元净利润，可实现7%左右可观的净资产回报率(return on equity，ROE)。况且，政策对“不得超过净资本50%银行融资作为资金来源”的约束正在逐步放开。目前全国小贷公司牌照由各地金融办发放，政策主要由地方制定，有的地方政府已开始放宽0.5倍杠杆限制，如重庆市、上海市等试点城市已将“不得超过净资本50%银行融资作为资金来源”放宽到了100%。不过，出于风控的考量，“50%的融入资金额上限”不会无限制放开。在此背景下高资信评级的核心企业可以通过小贷公司加有限杠杆获取5%的放贷利差，优于一般只有2%左右的担保收益。这就解释了为什么仍有很多核心企业热衷设立小贷公司开展供应链金融服务。

4.通过P2P网贷平台引入资金

基于互联网的P2P平台为丰富供应链金融的资金来源提供了新的选择(表8-8)。P2P平台对接有融资需求的企业和有理财需求的个人，平台可赚取约2%的利差。P2P平台的优点是审核放款快，无资金的杠杆天花板限制；缺点是对平台运营能力、技术能力和风控能力要求较高，前期需要有较大的人力和财力投入。我国P2P平台非标准化问题一直困扰行业发展，由于风控欠缺导致平台跑路的现象屡有发生，因此P2P平台与标准化且具有一定规模的优质资产端对接显得尤为迫切。供应链金融依托于供应链体系，在上下游强关联的前提条件下可有效控制风险，从而成为P2P平台不可多得的优质资产端。当前国家正持续对互联网金融进行整顿，明确要求P2P平台必须坚守中介性质，不允许搞资金池、不允许非法集资、不能提供担保，资金需交由银行或第三方支付存管。随着P2P平台的逐渐规范，P2P平台作为资金来源将为供应链金额融资方提供充足“弹药”。基于产业经营场景下的P2P金融模式，核心企业有信息优势和对上下游企业的控制能力，这是现行银行未开发的蓝海。目前互联网P2P金融已经在能源、旅游、珠宝、农业等各个行业发展起来，他们具备行业经营经验，在信息获取、风控技术上更加专业，通过金融脱媒快速解决资金来源问题。相比银企合作的业务流程限制和小贷公司杠杆率的限制，P2P平台是核心企业涉足供应链金融的最佳选择，只要规则利用得当，P2P具备快速扩张的基因。

表8-8 P2P平台在垂直领域的供应链金融实践

所属行业	P2P平台	支持企业	合作性质	供应链金融内容	风控
煤炭化工大宗	中瑞财富	中瑞控股	自设	为中瑞上下游提供应收账款转让及企业流动资金借贷等	经营数据筛选客户，经营所得还款，融资成本不超过15%；设立风险备用金，第三方托管

续表

所属行业	P2P 平台	支持企业	合作性质	供应链金融内容	风控
家电	海融易	海尔集团	自设	利用海尔产业链接金融服务推出优选理财融易发、海赚，票据理财小金票，应付账款理财小金链四款	海尔集团拥有覆盖全国信用等级数据库系统
皮衣市场	皮城金融	海宁皮城	自设	深度挖掘国内优质商圈和核心产业链金融需求，为小微商户和企业提供便捷、低成本的融资服务	商户摊位承租权质押；掌握用户信用状况
珠宝	珠宝货	多家珠宝公司	自设	为中国 10 万家珠宝商提供融资服务	产业链高资信企业担保；设立风险准备金账户；与珠宝行业四大融资担保机构合作
地产	世联集金	世联行	自设	基于自身房产销售而提供的家庭消费金融	标的均经过城市、项目、借款人三重风控筛选；标的不超过 20 万元，小额分散降低投资风险；设立本金保障计划，资金托管
农业	农发贷	诺普信	参股	满足农户在作物种植过程中农资采购的资金	通过实地考察，掌握海量农资经销商，种植大户的信息数据
零售	保利网	华联商厦	战略合作	订单融资、动产质押、应收款质押	专业担保机构
旅游	积木盒子	百拓商旅	战略合作	为百拓商旅提供无担保信用贷款咨询服务，其融资需求为大型机票采购商垫付机票款（百拓商旅企业信用贷）	百拓商旅将为积木盒子开放后台实时交易数据，根据数据掌握商家经营情况
电商		寺库网	战略合作	为寺库平台上游供应商提供便捷融资服务（核心商圈贷）	交易金额、合作年限、借款必须基于真实的贸易背景

资料来源：孔令峰. 当供应链金融遇上“互联网”和“P2P”[R]. 国海证券，2015-01-27.

5.通过商业保理公司引入资金

保理是指保理公司受让企业应收账款，并向企业提供应收账款的账户管理、融资、催收和承担坏账风险等一系列金融服务（图 8-15）。由于应收账款相比存货拥有更好的流动性，因此以保理业务为代表的应收账款融资模式成为供应链金融的最佳标的。保理作为一种综合性金融服务，基于核心企业和第三方平台提供的数据作为支撑，以债权人转让其应收账款为前提，集事前的资信调查、事中的融资和分账户管理、事后的应收账款催收和坏账担保于一体，风控管理贯穿全程。保理公司在此过程中获得资金利息、管理费、监管质押费和服务费等四个方面的收益。其中在贸易融资业务中，保理公司受让企业应收账款，并提供一定比例的融资，收取一定的资金利息、管理费、监管质押费等。在企业销售账户管理业务中，通过定期向企业提供应收账款的回款情况、逾期账款情况、账龄分析等服务并收取服务费。在应收账款催收业务中催收逾期账款并收取一定比例的服务费用。此外，保理公司还可以对企业信用额度内的应收账款提供担保并收取服务费。按照提供服务机构的不同，保理业务可分为银行保理与商业保理。自 2012 年商务部出台了《关于商业保理试点有关工作的通知》以来，国家利好商业保理发展的政策不断，有利于促进保理行业的快速发展，全国商业保理业务规模截至 2015 年底已达到 1600 亿元规模。

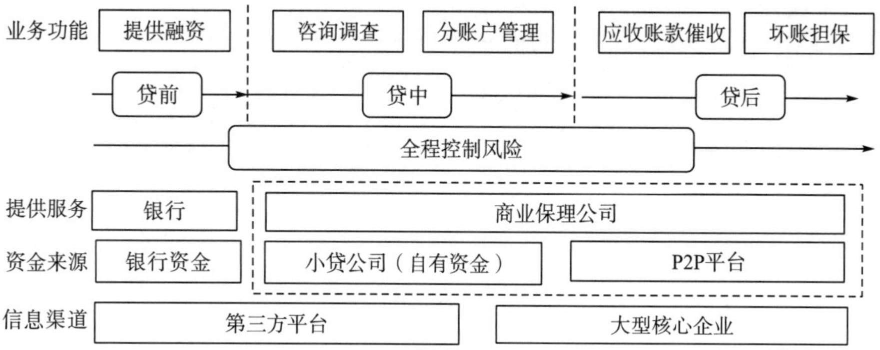

图 8-15 保理公司的业务流程

商业保理的资金来源主要有公司注册资本金、银行授信、私募基金、P2P 平台和资产证券化等。由于目前我国商业保理公司抗风险能力普遍较弱，加之我国整个信用体系不健全等因素，银行实际上对商业保理公司的支持不足。事实上，由于经济环境的下行，各家商业银行都在收紧对商业保理公司的支持。因此，在互联网时代下，P2P 及资产证券化日益成为商业保理公司做杠杆的主要渠道，P2P 与商业保理合作，供应商将应收账款转让给商业保理公司，由其为供应商提供保理服务并将应收账款转让给 P2P 平台上的投资者，到期时商业保理公司将从经销商拿回的本息支付给网贷投资者。典型的案例是旺财谷平台，该平台专注于应收账款融资理财服务，主要客户为中小微企业，成立 1 年多来，已为几十家中小微企业融资 5 亿多元。与银行理财产品相比，商业保理对接的 P2P 理财产品的收益通常是在同样的期限下银行产品的两倍左右。而比起信托计划、资管计划等产品需要一到两年的期限，P2P 平台的理财产品的期限可在一个星期到三个月之间。与银行和信托等金融机构理财产品设有数万甚至上百万元的投资门槛不同，P2P 平台通常对投资者不设投资额门槛。

6.通过融资租赁公司引入资金

融资租赁是承租人对租赁物及其供应商有特定要求，出租人根据这些要求购买租赁物并租让使用权给承租人，承租人支付租金，出租期满时按租赁合同约定或交易习惯将租赁物归给出租人或承租人，无法划分归属权时归出租人的融资方式。由于租赁履行过程中出现问题时，租赁公司可自由处置租赁物，所以该业务对承租企业的资信要求不高，也无担保要求，能很好地解决中小微企业的融资问题。同时，融资租赁属表外业务，所以也不会对承租企业的信用状况产生任何影响，有利于中小微企业多渠道融资。一般情况下，购买租赁物的资金额度很大，融资租赁既能有效缓解中小微企业一次性支付设备费用的资金压力，又可更新设备用于生产。

按照监管机构的不同，我国有金融租赁公司、外资租赁公司和内资租赁公司的区分，三类公司的准入门槛、业务范围和牌照等均有所不同(表 8-9)。根据融资租赁项目的复杂程度和操作模式，融资租赁的业务还可细分为直接租赁、售后租回、委托租赁、杠杆租赁、厂商租赁、分成租赁、或可转租赁等多种形式(表 8-10)。融资租赁可为供应链金融提供资金入口。从业务模式上来说，融资租赁并不属于供应链金融范畴，但在实际的运作过程中却和供应链金融有着交叉渗透、密不可分的联系。一方面，由于融资租赁公司都可以设立保理公司，通过保理公司对自身融资租赁业务形成的应收账款进行融资，以实现供应链上企业资金周转率的提高；另一方面，针对供应链金融三大业务形态中的另外两类——库存与预付款融资，融资租赁企业可针对供应链金融的存货融资和预付款融资分别介入融通仓和保兑仓融资模式提供融资服务。并且，从表 8-10 可看出直接租赁和售后租回作为供应链金融的重要对接模式，正在成为供应链金融的重要资金入口。

表 8-9　三类融资租赁公司相关比较

公司类型	监管机构	经营杠杆	注册资本	业务范围
金融租赁	银保监会	≤12.5 倍	最低 1 亿元注册资本，商业银行需 8%的资本充足率	融资租赁业务、吸收股东定期存款、接受承租人保证金、转让应收租赁款、同业拆借等
外资租赁	商务部	≤10 倍	最低 1000 万美元的注册资本	租赁及融资租赁业务、购买租赁物、租赁物残值处理维修、租赁咨询与担保、其他业务
内资租赁	商务部	≤10 倍	最低 1.7 亿元注册资本，经营三年无亏损	租赁与融资租赁业务、购买租赁物、租赁物残值处理维修；租赁咨询；承租人保证金等

表 8-10　融资租赁业务的主要细分

业务细分	业务内容
直接租赁	出租人据承租人对供应商和租赁物的需求购买租赁物，出租给承租人使用并收取租金
售后租回	租赁物被出售给融资租赁公司，再以直接租赁形式向融资租赁公司租回使用
委托租赁	出租人受委托人委托，根据委托人的要求向承租人办理融资租赁业务
杠杆租赁	租赁公司以吸收银行和社会闲散游资融资为主，以自有资金为辅（占 20%以上）购入租赁物件向承租人开展租赁业务
厂商租赁	机械设备的制造商或经销商，以租赁融资的形式交付设备给用户使用
分成租赁	租赁公司与承租人之间以租赁设备的生产量或企业与租赁设备相关的收益来确定租金水平
可转租赁	租赁公司从其他租赁公司融资租入租赁物后再转租给承租人

从融资租赁交易流程图可以看出，直接租赁对于中小微企业而言实质上是以分期付款的形式购进标的物，对于融资租赁公司而言其本质是定向贷款，而售后回租则类似于抵押贷款（图 8-16）。因此，融资租赁可以有效地盘活企业资产，缓解企业流动资金压力。另外，售后回租的节税效果节约了企业的资金，降低经营成本。一方面，企业购买标的可以抵扣增值税进项税；另一方面，根据当前的相关规定，售后回租中承租方资产的出售收入不应纳入增值税和营业税范围，并且资产的出售收入不计入企业的应纳税所得额。实质性的节税效果直接降低了企业的经营成本。

融资租赁也可与保理相结合。保理商可针对直接融资租赁业务的应收租赁款进行保理融资，即先交付后保理。在该模式中租赁公司与承租人签署融资租赁合同，与供应商签署买卖合同，货款及设备交付形成租赁公司的应收租金资产，保理商保理已形成的租金可解决租赁交易中的收款问题。保理商还对以出租人向供应商租赁物件的购买款进行结构性租赁保理。租赁各方合同已生效，但租赁公司尚未支付货款时，租赁公司与供应商的购买合同、与承租人的融资租赁合同也算生效(图 8-17)。保理商认可上述法律合同关系，并对未支付的租金进行先期直接保理，但要求租赁公司在获得租赁保理款项的同时支付给供应商，以确保保理商先期授让所获得的租金收益权。此模式用以解决高价值设备租赁交易架构中的付款问题，是租赁公司的优质租赁项目获得外部资金支持的一种融资方式。此类业务属于创新型业务，目前的应用较少。

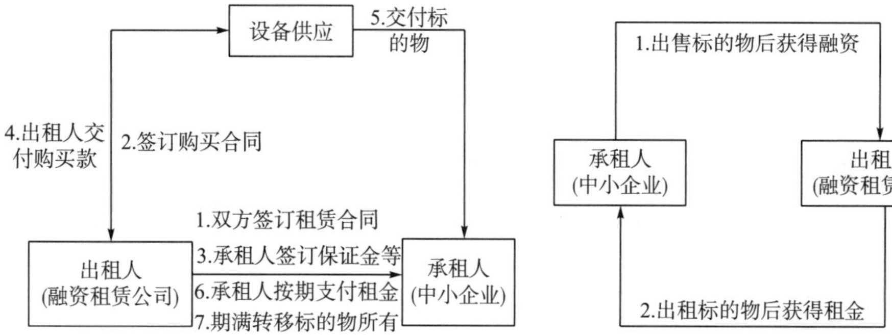

图 8-16 直接租赁和售后回租的业务流程

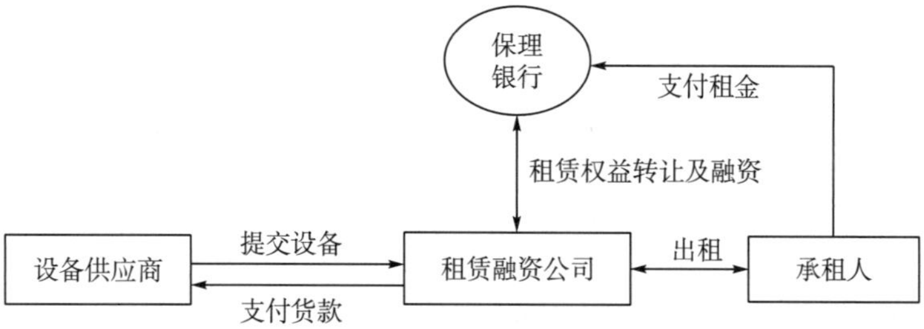

图 8-17 结构性融资租赁保理的业务流程

融资租赁可对接 P2P 平台。融资租赁对接 P2P 平台诞生了一类全新的网贷模式 P2L(person to leasing)，即个人投资对接融资租赁项目。P2L 是在 P2P 平台上多加了融资租赁公司这一中介(图 8-18)，P2P 网贷实现了资金供需双方的匹配，P2L 是将个人资金投入融资租赁公司的租赁项目。P2L 以融资租赁优质债权交易为核心，盘活了存量资产与社会沉淀资金，拓宽了融资租赁的债权转让渠道①。P2L 模式里融资租赁公司和投资者共享收益，虽然收益率比 P2P 模式低，但投资风险也要低一些，因为网贷平台的风控会与资质好的融资租赁公司合作，而融资租赁公司承担债权回购义务。此外，相比于网贷平台，融资租赁公司会严格审核项目，且租赁资产用途明确不会被挪用。正因如此，互联网金融 P2L 模式近年来在我国获得快速发展。截至 2015 年底，涉足融资租赁业务的 P2P 平台已超过 50 家，融资租赁标的成交量占网贷行业总成交量的比例已超过 16%。可以预见，随着国家对互联网金融秩序的整顿，P2L 通过引入独立第三方信用评级机构，或做独立的开

① 与 P2P 类似的是，P2L 也有非法集资的嫌疑。

放平台，或通过银行存管实现真正的债权转让，P2L 投资项目的风险将更小，因而还会迎来进一步的大发展。

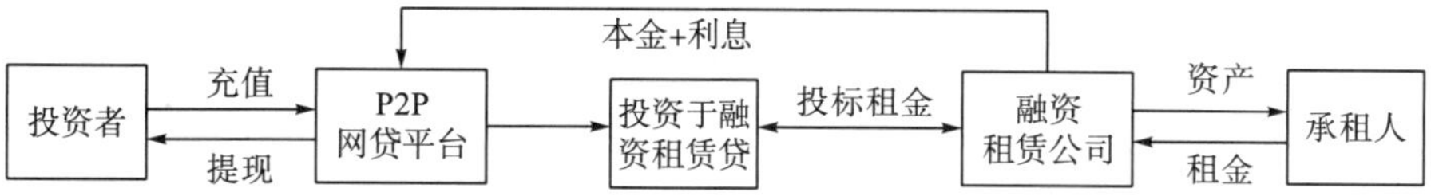

图 8-18　互联网融资租赁的 P2L 业务流程

8.2.3　服务模式创新

1.互联网供应链金融模式创新

供应链金融不是新名词，但它正引领实业经济进行一场深刻变革。“从产业中来，到金融中去”，供应链金融的特别之处还在于它根深蒂固的产业根基，供应链金融的创新在于互联网金融浪潮对传统供应链金融业务模式的改造与重构(表 8-11)，它通过深度产融结合的模式颠覆了“基于金融而金融”的传统金融范式，在引导更多金融资源流向中小微企业的同时，使互联网化的供应链商业生态系统得以构建。在这种生态系统下，商业运作和物流运作等经营行为和过程通过互联网与金融活动融为一体，交易中的买方、卖方、第三方物流以及金融机构、信息化服务商、供应链服务紧密联系在一起，从而实现通过供应链体系盘活资金，同时用资金强健供应链体系的目的。在此过程中，基于自身业务特点与供应链金融的资金端和资产端对接、匹配，商业银行、核心企业、物流公司、电商平台、P2P 平台、信息服务商、商贸园区、第三方支付等企业成为能够主导供应链金融生态的企业。这八类企业“八仙过海，各显神通”，为互联网供应链金融服务模式创新带来了丰富的实践案例。

表 8-11　互联网供应链金融与传统供应链金融服务模式比较

比较内容	传统供应链金融	互联网供应链金融
业务主体	以商业银行为单一主体	商业银行、核心企业、物流公司、电商平台、P2P 平台、信息服务商、商贸园区、第三方支付等多种主体
授信模式	有核心企业的类担保服务，银行授信给中小微企业，实质是给信用差的资金融通，授信对象也包括核心企业	银行只给核心企业融资，核心企业再给中下游企业融资，资金风险敞口至核心企业
业务模式	完全在线下进行，交易成本高，信息不对称问题突出	采取 O2O 模式，线下以真实交易为根基，线上进行资金高效供需匹配

2.商业银行主导模式

商业银行是供应链金融的创始者和深度参与者。中小微企业自身信用状况、盈利能力、担保物、担保机构等方面均无法满足银行要求，银行出于风险和成本的考虑对其惜贷。在此背景下，一些商业银行在国内最早开始开展供应链金融，对核心企业授信，再凭中小微企业在供应链中与核心企业的业务关系，以预付账款、应收账款和存货等动产为抵质押物进行放贷。银行主导的供应链金融实现了多方共赢，中小微企业借助核心企业的资信及实力降低自身的融资门槛并拓宽融资渠道，第三方物流公司与银行协作并为其提供物流金融、获取客户资源等服务，核心企业提供融资金融服务后能得到一定收益。银行在供应链金融模式中跳出单个企业的局限，从整个链条角度考察产业发展并动态跟踪企业动向，并为广大中小微企业新增融资业务，增加银行表内业务或表外业务，还获得相关的财务顾问和信息咨询等中间业务，同时这种基于真实贸易的融资降低了银行的贷款风险。所以供应链金融为银行带来了新视角、新思维、新战略和新理念。在众多参与者中，银行有着最强的资金优势，且在传统的借贷过程中对核心大企业的运营状况较为了解。由于银行强大的资金优势以及对借贷方选择的强势，目前银行基本占据了供应链金融最优质的行业客户，如汽车、钢铁、快销等。不过，随着互联网金融平台的融资能力增强，一些商业银行已感受到来自互联网供应链金融的冲击，开始尝试自建或者与电商平台合作开展互联网供应链金融，互联网平台整合资源，并优化物流链、资金链和信息链，为供应链企业提供专业化金融服务(表 8-12)。

表 8-12 部分商业银行的互联网供应链金融平台

商业银行	供应链金融平台	平台功能概要
平安银行	供应链金融 2.0 系统	包括预付款融资、存货融资、反向保理、仓单质押融资、核心企业协同等线上产品或服务
招商银行	网上企业银行平台 8.0 版	现金管理工具与网络平台、票据池、订单融资、保税区、发票融资等线上业务，还有小企业商务交易、现金增值、便捷融资、供应链金融等
中信银行	上下通融	以供应链全流程及前后端出发提供订单贷、保理、应收账款及消费贷等
工商银行	电子供应链	为供应链中所有企业提供会员管理、信息管理、融资、结算等服务
农业银行	E 商管家	供应链管理、线上线下协同发展、支付结算、云服务等。企业自身以及供应链上下游财务结算、采购销售、营销配送等管理

资料来源：根据商业银行相关资料整理所得。

3.核心企业主导模式

核心企业一般是行业龙头企业，掌握供应链中上下游的“四流”信息，也因自身长期的商业活动熟悉上下游企业运营情况。基于产业的供应链金融通过商业模式的重构，将原先需要银行完成的风控环节交由核心企业，且能实现核心企业多余授信额度的转让，产能过剩的加剧促使核心企业开展供应链金融。在这种模式中，核心企业自身对业务有很强的把控能力，同时仓储能力也很强，借助互联网平台提供抵押不动产的融资服务比传统金融机构优势更明显，还可通过下设的商业保理公司、融资租赁公司以及小额贷款公司向上下游企业提供金融服务，有助于供应链效率的提升(图 8-19)。并且，与传统金融机构相比，核心企业更易搭建供应链融资生态，将产品、物流、仓储、资金融通等多个维度系统建成以核心企业为中心的生态系统。

国内核心企业供应链金融以海尔集团的海融易为典型代表。海尔集团产业链上积累了大量的商家，上游客户主要以家电为核心，涉及供应商客户 2400 余家，下游约有 3 万家活跃的经销商，上下游客户以中小微企业为主。基于海尔产业链十万余家上下游客户的庞大资源，参考海尔 ERP 数据库中供应商和经销商的数据，并结合独立尽职调查团队对融资企业进行线上与线下综合分析，海融易供应链金融能够有效控制上游供应商应收账款的质押授信风险和下游经销商提货权的质押授信风险，将授信业务的风险降到最低。以“小金链”为例，供应商销售货物给海尔，资金到账前形成企业对海尔的应收账款，海融易的小金链业务让供应商可转让债权给平台投资者，从而实现资金的快速回流，到期时海尔下属企业兑付应收账款即可(图 8-20)。

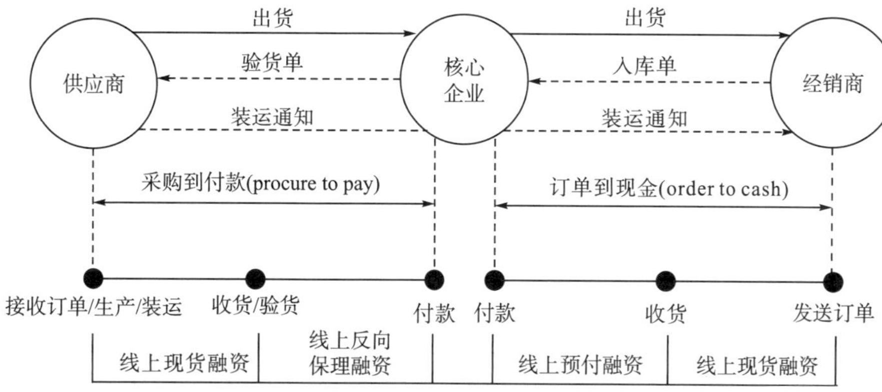

图 8-19　核心企业主导的供应链金融模式

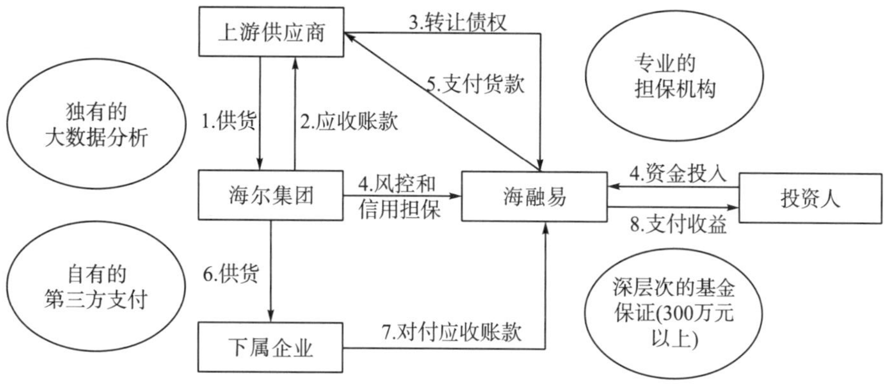

图 8-20　海融易的“小金链”债券转让模式

国外核心企业供应链金融以 GE 的供应链金融为典型代表。GE 在旗下设立了 GE CAPITAL(GEC)专门从事供应链金融，其中飞机租赁业务是其供应链金融的关键业务。GEC 通过融资租赁，直接向飞机制造商下订单购买飞机并交给航空公司使用，航空公司按期支付本金和利息给 GEC(图 8-21)。GEC 通过在供应链金融行业中长年的积累，其利润占 GE 总利润的四成左右，已是整个 GE 集团中不可或缺的部门。

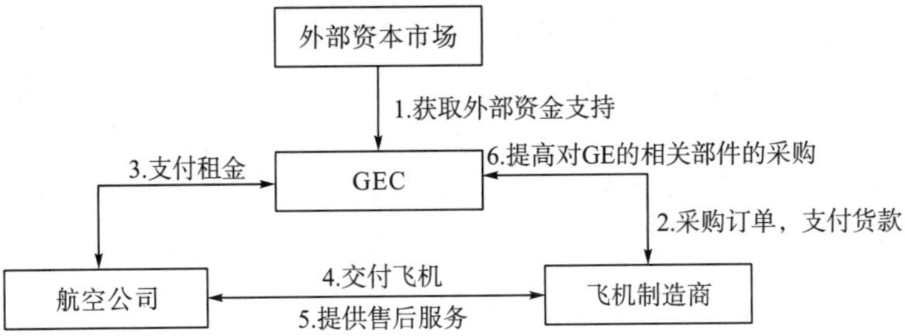

图 8-21 GEC 的供应链金融模式

4.物流公司主导模式

物流公司协调供应链金融服务。互联网时代，物流公司与供应链上下游长期合作形成的深厚关系，为中小微企业提供物流和仓储服务；物流公司与金融机构合作，帮助银行等金融机构监管抵质押物，有利于银行提高授信担保效率。因此，物流公司布局供应链金融既带来了新的增值业务和新的利润增长，又为自身规范发展与扩大竞争力带来更多机遇。在物流公司主导模式下，物流公司通过下设商业保理公司、融资租赁公司或者小额贷款公司开展供应链金融相关业务，商业银行则对接物流公司，提供资金和金融服务支持。物流公司主导模式的优点在于物流公司具有专业的货物运输、存储管理能力，动态掌控供应商与经销商的交易信息，在存货抵押融资中作用突出，能精准实时把握抵押物状态，了解客户经营状况。国内物流公司主导供应链金融以顺丰金融为典型代表。顺丰强大的物流体系，包括顺丰速运、顺丰仓配、顺丰供应链及顺丰家。顺丰金融服务需要评估信用，而数据主要来自信息流和物流，包括历史交易信息、支付交易信息、物流信息及征信引入，还有 B2B 交易中的沉淀数据。商流方面，涵盖顺丰优选和顺丰海淘。“四流合一”为顺丰进军供应链金融创造了良好的条件。目前，顺丰供应链金融服务已基本形成，包括货权融资、应收账款保理融资、订单融资和顺小贷(图 8-22)。基于上述“四流”，实现了交易数据、物流信息、系统对接、监控系统的不断提升，为顺丰金融开展仓储融资、保理、订单融资等各条供应链金融业务线提供了有力保障。

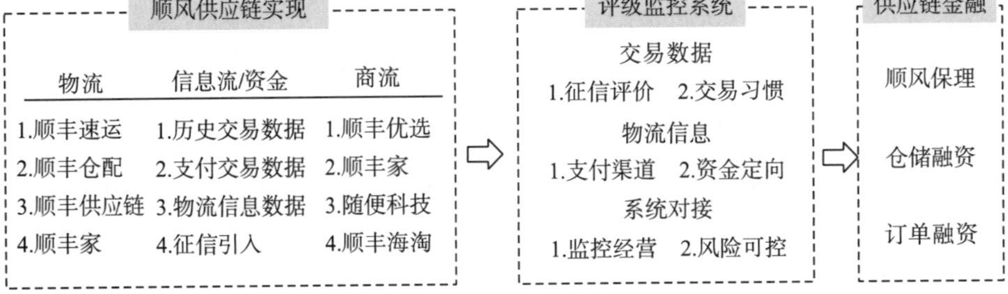

图 8-22 顺丰的供应链金融业务线

资料来源：冯苹. 2015 中国物流金融白皮书[R]. 万联网，2015-12-23.

5.电商平台主导模式

电商平台掌握了产业链上下游的交易、物流、现金流等相关数据，降低了传统金融行业信息不对称程度，简化了业务流程，具有开展供应链金融的天然优势。这一模式实现了多方共赢，电商平台通过对其商户提供融资服务可促进平台交易，还可绑定客户，吸引更多中小微企业加入供应链条；银行为供应链发放贷款的风险低，还带来黏性存款和中间业务收入；同时这也是网络中小贷所具有的核心竞争优势。在该模式下，一个平台往往对应若干个供应商和商户，电商凭借在商流、信息流方面的优势帮助供应商解决资金融通问题，即扮演担保角色或者通过自有资金借贷。电商平台有庞大供应链成员的资源，由此产生海量行为数据和交易信息，不断累积这些信息并形成大数据，分析挖掘后可获得上下游企业的经营状况和信用状况，据此判断其还款能力和还款意愿。行为数据和交易信息比企业的财务报表更直接、更真实，即时性也更强，能大幅降低筛选客户的成本。电商平台在交易中处于核心地位，熟悉各企业征信状况，对上下游企业的把控力强，因此可确认信用额度进而发放贷款，这不仅能赚取生态圈上下游企业的金融利润，还能保证生态圈健康发展。由于电商平台有 B2C 和 B2B 之分，对应的供应链金融也有 B2C 和 B2B 之分。阿里巴巴、京东和苏宁的供应链金融是 B2C 模式的典型代表。电商供应链金融主要有电商担保银行提供资金模式和电商自有资金放贷模式，三大电商供应链金融属于后者。三大电商平台获得小贷公司牌照后可用自有资金提供融资服务(表 8-13)，并通过资产证券化扩大资金来源，这样金融产品灵活性更强而收益更大。小贷公司与电商平台结合的模式发挥了小贷公司的牌照优势，电商平台的渠道优势和信息优势，在有效降低搜索客户成本的同时还很好地控制了信用风险，不再受与银行合作的束缚。

表 8-13　阿里、京东和苏宁的供应链金融比较

比较对象	业务模式	资金来源	服务对象
阿里供应链金融	向阿里系电商卖家发放阿里巴巴、淘宝和天猫信用贷款和订单贷等微贷产品	自己的小贷公司、债权的资产证券化等	阿里巴巴、支付宝、淘宝等客户
京东供应链金融	包括订单融资、应收账款融资、委托贷款融资等形式。一旦客户未自动还款，客户在京东产生的结算会用来还款	保贝和京小贷为自有资金，并将部分供应商推荐给银行放贷	面向京东商超所有的供应商和平台商家
苏宁供应链金融	订单融资、库存融资及应收账款融资及还款、转账、基金、保险等互联网金融服务	自有小贷公司和商业保理，以及银行保理	面向全国上游经、代销供应商

资料来源：根据阿里巴巴、京东和苏宁官网资料整理。

上海钢联的钢银电商平台是 B2B 电商平台供应链金融的典型代表。钢银电商交易服务平台作为钢材贸易业务的第三方服务提供商，基于公司强大的数据信息平台，寻找卖家(钢材供应商)及买家；向卖家购入所需的钢材实物，向需要采购的买家出售钢材。在交易过程中，钢银电商为交易的卖家及买家提供包括委托销售、委托采购等配套综合服务，交易双方通过钢银电商交易服务平台进行实物交易和结算。资金来源主要是自有资金、小贷公司、金控公司、融资租赁、票据融资和银行贷款。供应链金融业务主要涵盖“钢厂代订货”(图 8-23)和“现货质押”(图 8-24)两种预付款融资形态，目前钢银平台的盈利模式以利差为主，钢银贷给钢贸商的利率要明显低于银行。

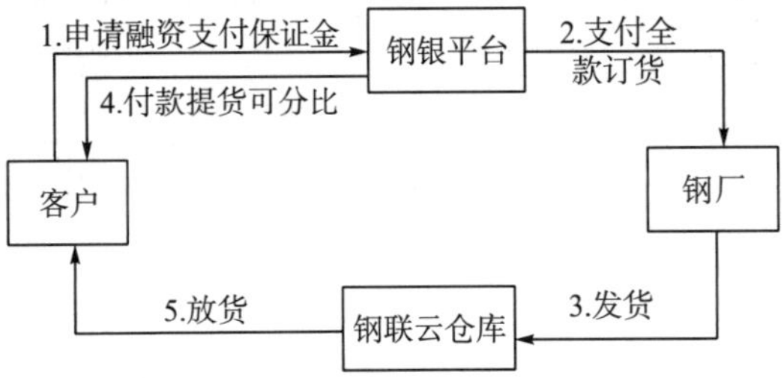

图 8-23 银钢网钢厂代订货业务流程

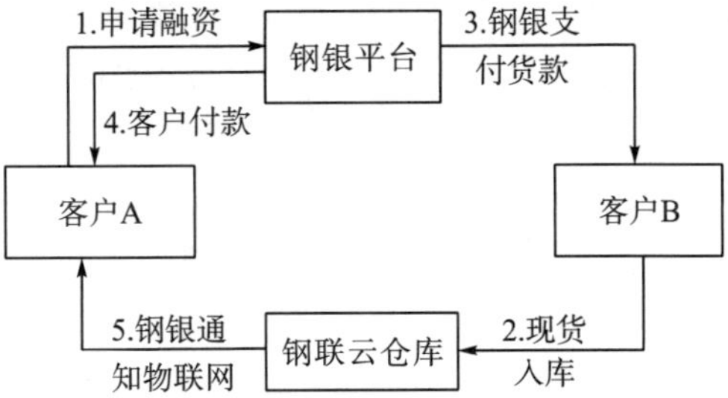

图 8-24 银钢网现货质押业务流程

6.P2P 网贷平台模式

在经济新常态和低利率时代，供应链金融成为 P2P 向低风险、优质资产行业转型的主要标的。目前 P2P 平台开展供应链金融主要有两种模式：一是如京东、阿里等传统电商拥有供应链企业资源而自建 P2P 平台为上下游企业服务，另一个是 P2P 平台通过合作或收购等方式整合借贷资源为中小微企业服务。早期时候，供应链上下游企业都借助银行融通资金，但银行融资门槛高、审核时间长，无法满足中小微企业需求，因此现在低门槛、高效率的 P2P 网贷拓宽了中小微企业的融资渠道。网贷供应链金融让供应链企业成为利益共同体，核心企业能获得优质供应商，还能帮助通过供应链依附在自己身上的中小微企业打破传统融资瓶颈，使其有效缓解资金压力并及时扩大生产经营规模，因此有利于供应链整体竞争实力的提高和持续健康的发展。从资产端看，目前我国 P2P 平台的大部分借款需求均来源于线下小额贷款公司、担保公司、融资租赁公司、信托公司等，基本上是民间借贷的线上化，而借款人的信用状况、资金实力等各不相同，网贷平台的风控模型和风控重心也不同，导致部分借款利率高于银行贷款，且坏账率偏高，所以 P2P 发展堪忧。而网贷供应链金融以供应链上下游企业的真实交易为依托，有透明的资金流向和核心企业的背书，业务过程中还强化借贷资金用途和还款资金来源，转变单个企业信贷风险为整个供应链的信用风险，P2P 平台的供应链金融风险更为可控。并且，P2P 网贷平台充当信息中介而非信用中介，有效降低了借款企业的融资成本。

P2P 供应链金融以农发贷为例。农发贷是由有农资背景的上市公司诺普信推出的国内规模较大的农业 P2P 供应链金融平台，依托诺普信在全国范围内建立的优质农资经销商网络，精选各类农产品主要产区的大中型优质种植农户，借助 P2P 平台将广大投资者的资金对接给广大需要经营资金的农户，为产业链下游的种植农户提供高效创新的融资、支付和信息等服务，在满足农户资金需求的基础上，加深他们对公司的黏性，加快公司产品的销售流通。以农发贷的“种植贷”为例，其场景通常是某地的种植大户为了能及时向诺普信采购所需的农药、化肥等农资，向农发贷平台申请借款。农发贷进行现场考察评估、确认申请人情况属实且资质较优后，在平台上向投资人公布借款计划，并且提供农发贷认证的第三方机构担保和借款人之间的相互联保，农户筹措资金顺利种植农作物并进行销售后，回款将用于偿还农发贷平台借款的本息(图 8-25)。

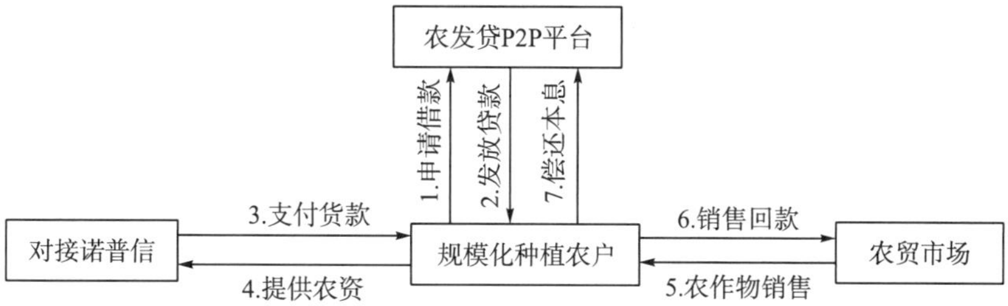

图 8-25 农发贷 P2P 供应链金融平台

7.信息化服务商模式

信息化服务商主要依靠软件、系统集成和系统运营维护盈利，长期维持着较为稳定的增长速度。信息化服务商在推广软件使用的过程中，将自身融入使用者的生产与经营中，由此产生的大数据为其征信体系的构建创造条件。而且，信息化管理服务在为客户提供软件系统服务时，也帮助企业利用大数据智能化分析生产并快速推动生产，使人力资源效率更高，这一过程中积累了很多企业客户，利用这些客户信息再连通供应链上下游，为融资服务提供丰富的客户资源。信息化服务商供应链金融的本质是金融，征信是信息化服务商控制风险的重要法宝，因此与传统金融相比，其优势表现在大数据的征信系统和标准化的质押融资标的，且优势明显。行业信息化龙头依托大数据，在风控端具备优势，而资金来源可以为自有资金、银行资金、P2P 网贷等。行业信息化服务商分综合型和垂直型服务商两类，相应的供应链金融也分成两类。

上海汉得信息是信息化服务商的典型代表。汉得信息发展十余年，研发出租赁管理平台等一系列企业管理产品，这些产品还可以在云端使用。汉得信息的优势在于处于领先地位的软件开发技术和丰富的客户资源，并将这些优势运用于供应链金融业务。汉得信息供应链金融业务主要采取保理公司和汉得供应链金融云平台相结合的模式。由于汉得信息的客户主要为中型或大型企业，为了能够扩大服务的范围，汉得信息主要采取的是针对一个核心企业客户，然后由核心企业客户带动 N 个供应商，再由 N 个供应商带动 N 个各自的供应商的策略，汉得信息为供应链企业提供数据用于大数据平台的风险控制，平安银行负责资金发放。以应收账款融资为例，核心企业在意的是平台能够使其和供应商之间建立更加紧密的联系，并以较少的成本稳固供应链体系。供应链上游企业向核心企业销售货物阶段，遇到回款压力时可以用票据作为融资载体，通过汉得信息的信息化手段管理整个流程，运用全面的信息规避信贷风险，与核心企业、金融机构共同形成分享利率收益并可动态调整的业务回报模式（图 8-26）。

新大陆(智联天地)是垂直型信息化服务商供应链金融的典型代表。公司主要布局快递 PDA、电商 ERP、物流应用软件等，利用电商和物流等大数据分析和挖掘后用于信用评估体系和风控平台，为中小微企业提供金融服务。优啦金融是该公司旗下的金融科技型企业，对互联网大数据挖掘分析后为各种供应链企业客户提供信用贷、供应链融资、保本理财等服务(表 8-14)。优啦金融主要包括仓单质押和信用贷，并借助智联天地完备的物流信息解决风控问题，通过电商 ERP、物联网(仓储物流信息化监管)、大数据挖掘的手段实现信息流与物流合一，降低重复质押率和不良贷款率；在资金端，早期为银行资金，现在正逐步引入 P2P 等资金渠道。

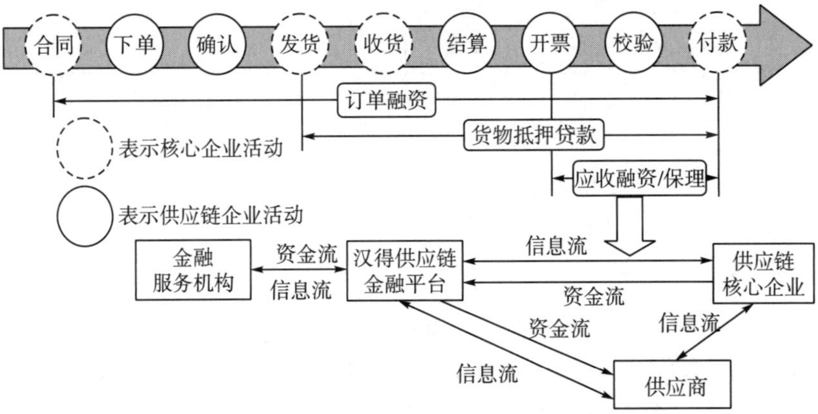

图 8-26 汉得信息供应链金融的基本业务模式

资料来源：根据上海汉得信息技术服务公司官网资料整理所得。

表 8-14 优啦金融与其他互联网金融贷款平台的对比

对比项目	优啦贷款	蚂蚁微贷	P2P	小贷公司
年息	6.48%～10%	14.6%～21%	6.5%～11%	8.7%以上
授信期限	最长 2 年	最长 2 年	最长 2 年	最长 2 年
授信额度	≤200 万	≤100 万	≤50 万	≤50 万
产品模式	信用贷/仓单质押	信用贷	信用贷	担保/资产抵押
审批时长	放贷快	放贷快	放贷慢	放贷慢
产品特点	额度稳定、放贷快，利率低、周期灵活	额度较小、模式呆板，难适应各行业特点和淡旺季转换等需求	手续费昂贵、认筹时间长，贷款时间短，不接受货押	信用贷款额度小，只承认资产，不接受货押

资料来源：根据优啦金融官网等网上资料整理所得。

8.批发市场主导模式

批发市场优势在于“坐商聚集”生态，坐商的聚集效应有利于开展供应链金融，较强的可复制性有利于降低金融服务边际成本，示范效应有利于在商户间传播。因此，批发市场已部分实现电商“聚集”生态，而交易效率仍有待提高。近年来，批发市场的业务开始受到电商冲击，电商充分展示了互联网运作的高效，聚集供应商、经销商和消费者于电商平台，也将信息和资金高度聚合，有利于信息沟通和产品多样化，能一站式满足用户需求。在此背景下，批发市场开始向电商化转型，把传统线下业务搬至网上，并以此为依托开展供应链金融服务，服务上下游商户融资的同时获得新的经济增长点。

浙江义乌小商品城的义乌购 B2R(商家对零售商)平台是批发市场涉足供应链金融的典型代表，公司通过义乌购平台整合金融服务，将线下存量资源与互联网融合，并通过第三方支付形成闭环，为中小微企业和个人提供一站式涵盖物流、信息流和资金流的服务。

物流方面，采购商可以迅速在义乌购平台上找到可信赖产品，与商户直接进行线上交易，同时义乌购提供物流直通车服务，化零为整的统一物流降低商户物流成本；信息流方面，在拥有海量交易数据以及商户信用数据的基础上，义乌购进一步进行大数据分析，提供相关信息服务，拓展盈利模式；资金流方面，供应链金融服务基于实体商户与义乌购平台商户的一一对应关系，公司能有效辨识贸易的真实情况，锁定商户现金流和还款来源，提供相应的金融产品。义乌购充分发挥自身对市场的管控与追溯能力，利用 O2O 数据构建大数据服务平台，并逐步形成具有支付结算、投融资、资产管理、信用评估等多样化金融服务生态圈。

9.供应链服务商模式

供应链服务商模式是指供应链服务商在采购、分销等过程中积累了一定资源，并以此为基础对供应链客户提供金融服务，典型代表是怡亚通。怡亚通是供应链服务企业，集四流信息为一体，主要为生产型、消费型、全球采购及产品整合等提供供应链金融服务。深度分销 380 平台作为深度供应链的核心组成部分，公司致力于将其打造成国内最大的 B2B 与 B2B2C 整合型供应链服务平台，借助上下游客户资源与业务资源，逐步增加在快销领域的市场份额，成为全国性直供终端平台，共享消费渠道和终端资源，为企业客户低成本高效率地提供分销、快速覆盖的终端网点服务。怡亚通发展供应链金融主要是基于信息优势的供应商担保和基于第三方信息共享的应收账款贴现，资金来源主要依赖商业银行（图 8-27）。怡亚通利用信息优势为零售商户提供担保，担保企业一般收取贷款总额的 2% 作为担保费。与此同时，怡亚通与下游大型电商及银行通过信息共享为怡亚通提供应收贴现服务，在电商下达订单并且确认收货后，银行可提前为怡亚通贴现，无须等待大型电商 80～90 天的账期。

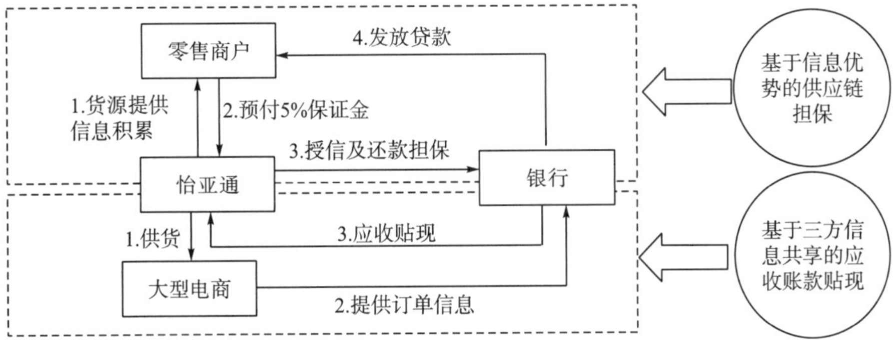

图 8-27　供应链服务商怡亚通的供应链金融模式

资料来源：根据怡亚通官网资料整理所得。

10.第三方支付商业模式

第三方支付平台依托平台广大用户的电子收付款和应收应付账款信息，以供应链上下游的真实贸易为融资条件，也可以成为供应链金融的重要提供者。第三方支付平台涉足供应链金融的优势在于与传统商业银行形成错位竞争，将金融服务覆盖到传统金融不愿覆盖的广大长尾客群，采用电子化手段标准化、智能化受理全国各地、各行各业广大中小微企业短、急、频的融资需求。以第三方支付平台快钱为例，公司定位为“支付+金融”的业务扩展模式深耕 B 端市场，与联想一起整合众多供应链经销商的电子收付款、应收应付账款信息，以真实贸易为基础提供金融服务，形成资金管理方案后包销给银行，由银行为中小微企业授信。

8.3 互联网供应链金融的风险控制

8.3.1 风险识别

互联网供应链金融将互联网、供应链、金融三个要素高度融合，中小微企业不再绝对依附于核心企业，将“1+N”模式变成了“N+N”模式。因此，互联网供应链金融除了考虑融资企业风险之外，还需考虑“N+N”模式中核心企业风险、物流企业风险、质押物风险、互联网风险和外部风险(表 8-15)。

融资企业多为处于供应链中的上下游企业，所以可参考第 7 章中的互联网公司金融风险评估体系，即分析企业的偿付能力、运营能力、盈利能力、发展状况、信用状况和互联网金融状况。只是，与第 7 章中的风险评估不同的是，由于外部环境对供应链中各参与者都有影响，因此行业发展前景对融资企业发展状况的影响这一因素将被剔除，直接在外部环境风险中分析。

核心企业风险是指因核心企业的变化给出资方带来损失的可能性。若融资企业无法偿还债务，则可能需要处于供应链条上的核心企业代为偿还，因此需要考虑核心企业的偿付能力、盈利能力和信用状况等。信用状况除了考虑其信用等级外，还需考虑其已有担保状况，因为这与核心企业可能需要偿还的资金额度有关。

物流企业风险是指物流企业因自身的一些问题而给互联网供应链金融带来损失的可能性。物流企业是供应链金融中业务外包的主体，物流企业的企业实力、信用状况、操作风险等因素的变动都可能带来风险。物流企业的企业实力主要通过企业的规模大小和竞争优势考察，规模越大，竞争优势越明显，则物流企业风险越小；物流企业信用状况需要考虑其信用等级和服务信誉，信用等级越高、服务信誉越好，则互联网供应链金融风险越小；物流企业操作风险可能是因为员工的不当操作出现单据错误、错发错送等事件，也可能是因为企业内部或外部的欺诈行为带来的损失。

质押物风险指质押商品在质押期内可能存在价格变动、变现困难或管理等方面的问题而带来损失的可能性。在互联网供应链金融交易中，通常融资需要质押商品，比如应付账款模式和质押融资模式。若质押物发生风险，则可能给互联网供应链金融带来损失。若质押物价格发生较大幅度变化，则商业银行等出资方可能因此减少对融资企业的授信额度，从而导致融资企业运营困难；也可能出现核心企业因质押物价格的大幅变化而违约，导致供应链断裂的现象，最终融资企业无法还款，给出资方带来损失。变现风险是指质押物出

表 8-15　互联网供应链金融风险评估体系

互联网供应链金融风险评估 A	融资企业风险 B1	偿付能力 C11	资产负债率
			流动比率
			速动比率
			现金比率
		运营能力 C12	应收账款周转率
			存货周转率
		盈利能力 C13	销售利润率
			总资产回报率
		发展状况 C14	高管工作经历
			高管资产状况
			高管信用状况
			企业员工素质
		信用状况 C15	债务偿还状况
			纳税情况
			产品服务信誉
			财务信誉
			商业信誉
		互联网金融 C16	客户评价
			订单状况
	核心企业风险 B2	偿付能力 C21	资产负债率
			速动比率
			现金比率
		盈利能力 C22	销售利润率
			总资产回报率
		信用状况 C23	信用等级
			已有担保状况
	物流企业风险 B3	企业实力 C31	企业规模
			竞争优势
		信用状况 C32	信用等级
			服务信誉
		操作风险 C33	内部违规操作
			内部欺诈风险
			外部欺诈风险
	质押物风险 B4	价格变动状况 C41	价格变化幅度
		商品变现状况 C42	商品差异化程度
			商品需求状况
		商品管理状况 C43	易损程度
			自然灾害状况
	互联网风险 B5	网络技术风险 C51	网络技术水平
		网络安全风险 C52	黑客攻击状况
	外部风险 B6	环境风险 C61	经济环境风险
			政策环境风险
		行业风险 C62	行业发展风险
			行业竞争风险

现变现困难而可能给出资方造成损失的可能性。变现困难可能与商品形态、商品需求状况、商品供给市场等有关，质押物商品的产品差异性越强，市场需求越旺盛，则出现变现风险的可能性越小。管理风险是指质押物的不当管理而带来损失的可能性。这可能是由于部分质押物有特殊的物理属性，需要物流公司特别保管或特别运输，否则易出现质押物变质等问题；或是由自然灾害或人为因素造成质押物损失的状况。

互联网风险是指互联网供应链金融在线上业务中因网络技术或网络安全等方面给互联网供应链金融造成损失的可能性，主要包括网络技术风险和网络安全风险。一方面，互联网供应链金融的很多业务都需要借助互联网开展，所以网络技术等信息技术水平至关重要，需要不断研发网络技术，提高网络平台和网络系统的完备性，以降低网络安全风险。另一方面，开展业务的网络渠道随时可能遭受黑客攻击，网络漏洞也随时存在安全隐患，因而可能给互联网供应链金融的参与者带来损失。

外部风险不仅包括经济环境风险、政策环境风险等环境风险，也包括行业发展风险、行业竞争风险等行业风险。经济环境风险主要考虑宏观经济的波动状况，因为供应链上下游的中小微企业本身体量小，很容易受宏观经济状况影响出现市场供求不均衡的现象。政策风险主要考虑国家政策的变动可能使互联网供应链参与者的权利义务发生变化而带来的法律风险，国家产业政策变动可能对经营活动产生影响而带来的经营风险。行业发展风险主要考虑供应链上下游企业和核心企业所处行业的发展状况，可能分别属于不同行业，若行业处于成长期或成熟期则各企业运营风险较小，但若处于衰退期则运营风险较大。行业竞争风险考虑供应链企业所在行业的竞争状况，若行业准入门槛较高则行业内企业数量较少，企业经营风险较小；反之，若行业同质化现象非常严重，行业竞争非常激烈，则该行业内企业数量较多，企业经营风险较大。

8.3.2 风险评估

在进行风险评估时，若仅采取层次分析法进行模糊评价，则该方法存在一定主观性，且可能存在信息丢失问题；也可以单独采用灰色综合评价法，该方法能弥补数据丢失问题，但无法衡量专家评判的一致性。因此，单独采用两者中的任意方法，都可能造成结果出现偏差，脱离实际的状况。基于此，有必要将两种方法结合，通过构建灰色综合评价模型来分析互联网供应链金融风险。

1.指标权重确定

在互联网供应链金融风险评估体系中，各指标对风险的影响程度不同而权重也不同，需要借助层次分析法分别判断各对应指标的权重。目标层是互联网供应链金融风险评估，准则层是融资企业风险、核心企业风险、物流企业风险、供应链风险、质押物风险和外部风险，而各种风险后面又分别对应各自的方案层。首先，专家对各层中的相应指标按照重要性的不同确定不同的评分（评分规则见表 4-4），从而确定判断矩阵；其次，计算判断矩阵的最大特征根及对应的特征向量；最后，判定最大特征根下判断矩阵是否满足一致性检验，若不满足还需重新进行专家评分，直到满足一致性为止。通过 AHP 方法，得到互联网供应链金融风险评估体系的分析结果(表 8-16)。

表 8-16　互联网供应链金融风险评估指标权重计算

	λ_{max}	*RI*	*CR*	权重
融资企业风险 B1	6.1225	1.24	0.0245	0.0434
核心企业风险 B2				0.0655
物流企业风险 B3				0.1604
质押物风险 B4				0.1024
互联网风险 B5				0.2488
外部风险 B6				0.3794
偿付能力 C11	6.0365	1.24	0.0073	0.1676
运营能力 C12				0.2581
盈利能力 C13				0.1075
发展状况 C14				0.0452
信用状况 C15				0.3533
互联网金融 C16				0.0683
偿付能力 C21	3.0092	0.58	0.0079	0.5390
盈利能力 C22				0.1638
信用状况 C23				0.2973
企业实力 C31	3.0092	0.58	0.0079	0.2972
信用状况 C32				0.539
操作风险 C33				0.1683
价格变动 C41	3.0092	0.58	0.0079	0.2972
商品变现 C42				0.539
商品管理 C43				0.1683
网络技术风险 C51	2	0	0	0.333
网络安全风险 C52				0.667
环境风险 C61	2	0	0	0.667
行业风险 C62				0.333

2.评价样本矩阵确定

首先，借助我国贷款风险的五级分类法思想，将互联网供应链金融风险的影响指标按照风险高低分为 5 类风险级别，分别是很低风险、低风险、中等风险、高风险和很高风险。以 5 分制为原则，对上述 5 类风险分别赋予 1 分、2 分、3 分、4 分和 5 分。若指标等级介于 5 类风险级别中相邻的两类间，则分别赋予 1.5 分、2.5 分、3.5 分和 4.5 分。

专家评分有两种方法，一种是精确评分，另一种是区间评分，因此分别对应两种处理方法。若专家根据自身经验进行判断分别给出各指标的估测分值，则需考虑专家评分的一致性。假设共有 N 位专家对指标评分，其中第 i 位专家对指标 C_{jk} 的评分值记为 d_{ijk}，则 Baker 集中度系数为

$$\rho_{jk}=\left[\sum_{i=1}^{N}\left(d_{ijk}-\sum_{i=1}^{N}\frac{d_{ijk}}{N}\right)^{2}\right]^{\frac{1}{2}}\frac{\sum_{i=1}^{N}d_{ijk}}{N} \tag{8-1}$$

该系数越小，则专家的指标评价结果越趋于一致，评价有效性越高。一般地，若系数小于 0.05，则专家评分满足一致性检验；反之，则需要专家重新评分，再判定集中度系数是否满足一致性检验。若专家根据自身经验对评价指标进行区间评分，并记第 i 位专家对某个指标评分区间的下限为 $\underline{m}_i$，上限为 $\overline{m}_i$，则通过集值统计法可知，风险评估值 R 为

$$R=\frac{\frac{1}{2}\sum_{i=1}^{N}\overline{m}_i^{2}\underline{m}_i^{2}}{\sum_{i=1}^{N}(\overline{m}_i-\underline{m}_i)} \tag{8-2}$$

置信度 CI 为

$$CI=\frac{1}{1+\frac{\sum_{i=1}^{N}(\overline{m}_i-R)^3-(\underline{m}_i-R)^3}{3\sum_{i=1}^{N}(\overline{m}_i-\underline{m}_i)}} \tag{8-3}$$

若置信度越高，表明专家对指标评定较准确，一致性较好，否则还需要专家重新评分，再次进行一致性检验。由此，即可确定二级指标的评价样本矩阵 $\boldsymbol{D}$ 为

$$\boldsymbol{D}=\begin{matrix}C_{11}\\ \vdots\\ C_{16}\\ C_{21}\\ \vdots\\ C_{23}\\ \vdots\\ C_{61}\\ C_{62}\end{matrix}\begin{pmatrix}d_{111} & d_{211} & \cdots & d_{N11}\\ \vdots & \vdots & & \vdots\\ d_{116} & d_{216} & \cdots & d_{N16}\\ d_{121} & d_{221} & \cdots & d_{N21}\\ \vdots & \vdots & & \vdots\\ d_{123} & d_{223} & \cdots & d_{N23}\\ \vdots & \vdots & & \vdots\\ d_{161} & d_{261} & \cdots & d_{N61}\\ d_{162} & d_{262} & \cdots & d_{N62}\end{pmatrix}_{19\times N} \tag{8-4}$$

其中，19 是指方案层的指标个数。

3.评价灰类确定

根据胡笙煌(1996)，确定评价灰类需要确定的等级数、灰类的灰数和相应的白化权函数。由于指标风险被分为 5 个级别，因此需要确定 5 个评价灰类。假定评价灰类序号为 r，其中 $r=(1,2,3,4,5)$。第 1 类是很低风险，$r=1$，灰数 $\oplus_1\in[0,1,2]$，白化权函数 f_1 是

$$f_1(d_{ijk})=\begin{cases}1, & d_{ijk}\in[0,1]\\ 2-d_{ijk}, & d_{ijk}\in(1,2]\\ 0, & d_{ijk}\notin[0,2]\end{cases} \tag{8-5}$$

第 2 类是低风险，$r=2$，灰数 $\oplus_2 \in [0,2,4]$，白化权函数 f_2 是

$$f_2(d_{ijk})=\begin{cases} d_{ijk}/2, & d_{ijk}\in[0,2] \\ 2-d_{ijk}/2, & d_{ijk}\in(2,4] \\ 0, & d_{ijk}\notin[0,4] \end{cases} \tag{8-6}$$

第 3 类是中等风险，$r=3$，灰数 $\oplus_3 \in [0,3,6]$，白化权函数 f_3 是

$$f_3(d_{ijk})=\begin{cases} d_{ijk}/3, & d_{ijk}\in[0,3] \\ 2-d_{ijk}/3, & d_{ijk}\in(3,6] \\ 0, & d_{ijk}\notin[0,6] \end{cases} \tag{8-7}$$

第 4 类是高风险，$r=4$，灰数 $\oplus_4 \in [0,4,8]$，白化权函数 f_4 是

$$f_4(d_{ijk})=\begin{cases} d_{ijk}/4, & d_{ijk}\in[0,4] \\ 2-d_{ijk}/4, & d_{ijk}\in(4,8] \\ 0, & d_{ijk}\notin[0,8] \end{cases} \tag{8-8}$$

第 5 类是很高风险，$r=5$，灰数 $\oplus_5 \in [0,5,\infty]$，白化权函数 f_5 是

$$f_5(d_{ijk})=\begin{cases} d_{ijk}/5, & d_{ijk}\in[0,5] \\ 1, & d_{ijk}\in(5,\infty] \\ 0, & d_{ijk}\notin[0,\infty] \end{cases} \tag{8-9}$$

4.灰色评价权矩阵确定

首先，确定灰色评价权系数。任意评价指标 C_{jk} 均对应 N 个专家评分，将这 N 个专家评分同时代入第 r 类白化权函数并求和，即可得到该评价指标属于该类的灰色评价系数，即

$$\lambda_{rjk}=\sum_{i=1}^{N} f_r(d_{ijk}) \tag{8-10}$$

其次，将所有灰色评价系数加总得到灰色评价系数和，即

$$\lambda_{jk}=\sum_{r=1}^{5}\lambda_{rjk} \tag{8-11}$$

再次，确定灰色评价权向量。对任意评价指标 C_{jk}，第 r 类的灰色权为该指标归属该类时的灰色评价系数所占灰色评价系数和的比例，即

$$\mu_{rjk}=\lambda_{rjk}/\lambda_{jk} \tag{8-12}$$

由此可得该指标对应各灰类时的评价权向量 $\boldsymbol{V}_{jk}=(\mu_{1jk},\mu_{2jk},\mu_{3jk},\mu_{4jk},\mu_{5jk})$。

最后，确定灰色评价权矩阵。所有指标的评价权向量组成的矩阵即为灰色评价权矩阵

$$\boldsymbol{V}_j=(V_{j1},V_{j2},\cdots,V_{jK}) \tag{8-13}$$

其中，K 表示影响一级指标 B_j 的二级指标个数。

5.风险评判

记第 j 个一级风险指标 B_j 中各二级风险指标通过层次分析法得到的权重向量为 $\boldsymbol{W}_j$，并对 B_j 做综合风险评估，得到 B_j 的综合评估向量 $\boldsymbol{Y}_j$ 为

$$\boldsymbol{Y}_j=\boldsymbol{W}_j\times\boldsymbol{V}_j \tag{8-14}$$

所有二级风险指标可组成综合评估矩阵 $\boldsymbol{Y}$。设综合评估向量可设一级风险指标的权重向量为 $\boldsymbol{W}$，则互联网供应链金融风险综合评估向量为 $\boldsymbol{Q}=\boldsymbol{W}\times\boldsymbol{Y}$。有两种方法可根据综合评估向量判断风险程度，一是找出变量中各元素的最大值，根据最大隶属原则确定风险所属范畴(风险评价对应表 8-17)。

表 8-17 互联网供应链金融风险等级表

评估值隶属范围	[0,1]	(1,2]	(2,3]	(3,4]	(4,5]
风险归类	第 1 类	第 2 类	第 3 类	第 4 类	第 5 类
风险属性	很低风险	低风险	中等风险	高风险	很高风险

二是按照前面的风险赋值，分别数量化 5 类风险为 1 分、2 分、3 分、4 分和 5 分，得到互联网供应链金融的综合风险评估值 q 为

$$q=q_1+2q_2+3q_3+4q_4+5q_5 \tag{8-15}$$

并根据综合风险评估值隶属范围(参见表 8-17)，得出互联网供应链金融风险所属风险范畴。比较而言，第二种方法将向量中所有元素都纳入考虑，因此更加全面、综合、客观。

由此可见，出资人决策是否给供应链上下游企业提供融资服务时，可根据上述方法得出企业综合风险评估值来判断。同时，若多个供应链企业想要获得融资服务，则出资人需要对借款的上下游企业排序，而本节中的多层次灰色评估法可为贷款企业排序。风险评估值越大，则互联网供应链金融风险越大。

8.3.3 实证分析

选取厦门科华恒盛股份有限公司为核心企业，其供应链下游某小企业需要融资，于是邀请 5 位专家对互联网供应链金融风险进行评分，依据相关财务报表数据等具体信息评分。首先对二级指标评分，确定如下评价样本矩阵：

$$\boldsymbol{D}^{\mathrm{T}}=\begin{pmatrix}2.5&1.0&2.5&3.0&1.5&4.0&4.0&1.0&2.5&3.0&2.0&1.0&2.5&1.5&0.5&1.0&2.5&4.5&3.0\\2.5&1.5&3.0&3.5&2.0&4.5&3.5&1.5&2.0&3.5&1.5&1.5&2.0&2.0&0.5&1.0&3.0&4.0&3.5\\3.0&1.0&3.0&3.0&1.0&3.5&3.0&1.0&2.5&3.0&2.0&1.0&3.0&1.5&1.0&1.5&3.0&3.5&3.5\\3.5&2.0&2.0&2.5&1.5&4.0&4.5&0.5&3.5&3.5&2.5&1.5&3.0&2.0&1.0&1.5&2.5&3.5&3.0\\3.0&1.0&2.0&2.5&2.0&3.5&4.0&0.5&3.0&3.5&2.0&2.0&3.0&1.5&0.5&1.0&3.0&4.0&3.0\end{pmatrix}$$

对矩阵 $\boldsymbol{D}^{\mathrm{T}}$ 的各列进行处理，分别根据 5 类风险对应的白化权函数求值加总，得到对应的灰色评价系数。将该系数除以该指标的所有灰色评价系数和，得到该评价质保的灰色评价权向量。将各指标的灰色评价权向量与 AHP 方法得到的对应权重向量相乘，可得各

指标的灰色评估权矩阵：

$$V_1=\begin{pmatrix}0.00&0.17&0.41&0.23&0.18\\0.30&0.27&0.18&0.14&0.11\\0.00&0.28&0.31&0.23&0.18\\0.00&0.20&0.33&0.26&0.21\\0.16&0.33&0.22&0.16&0.13\\0.00&0.04&0.28&0.37&0.31\end{pmatrix},\quad V_2=\begin{pmatrix}0.00&0.06&0.29&0.35&0.30\\0.44&0.22&0.15&0.11&0.09\\0.00&0.24&0.31&0.25&0.20\end{pmatrix},$$

$$V_3=\begin{pmatrix}0.00&0.13&0.33&0.30&0.24\\0.04&0.35&0.26&0.19&0.16\\0.25&0.29&0.19&0.15&0.12\end{pmatrix},\quad V_4=\begin{pmatrix}0.00&0.24&0.33&0.24&0.20\\0.12&0.34&0.23&0.17&0.14\\0.53&0.18&0.12&0.09&0.07\end{pmatrix},$$

$$V_5=\begin{pmatrix}0.34&0.26&0.17&0.13&0.10\\0.00&0.21&0.33&0.25&0.20\end{pmatrix},\quad V_6=\begin{pmatrix}0.00&0.04&0.28&0.37&0.31\\0.00&0.14&0.34&0.29&0.23\end{pmatrix}。$$

根据表 8-15 的权重结果，将权重向量分别代入对应的灰色评估权矩阵并相乘，即可得到总的灰色评估矩阵：

$$Y=\begin{pmatrix}0.01&0.01&0.01&0.01&0.01\\0.00&0.01&0.02&0.02&0.02\\0.01&0.04&0.04&0.04&0.03\\0.02&0.03&0.02&0.02&0.01\\0.03&0.06&0.07&0.05&0.04\\0.00&0.03&0.11&0.13&0.11\\0.06&0.18&0.28&0.26&0.21\end{pmatrix}$$

将表 8-15 中一级指标权重向量与总的灰色评估矩阵相乘，得到综合评估向量：

$$Q=\begin{pmatrix}0.06&0.18&0.28&0.26&0.21\end{pmatrix}$$

将评估向量代入式(8-15)，得到风险评估值 $q=3.39$。对应表 8-16 可以看出，给该企业进行贷款，则互联网供应链金融风险属于高风险，因此可不予放贷。

8.3.4　风控措施

1.大数据防范风险

互联网的应用使得金融机构能够比较容易地获得供应链中的信息流，掌握链上广大中小微企业存货的商品价值、库存变动、销售前景等第一手资料并汇成大数据，在一定程度上缓解了供应链金融供需方的信息不对称程度，降低供应链金融风险。纵观其数据来源，涵盖了电商平台交易数据、ERP 云平台交易信息、仓储物流数据、财税数据、O2O 贸易交叉数据、深度分销平台线下终端数据等，这些数据的便捷获得与高效使用都直接或间接受益于互联网技术与应用的蓬勃发展。

传统金融由于供应链条各节点间形成多重委托代理链关系，信息极不对称，因而金融风险较高。设供应链共有 m 个交易主体，从而形成 $m-1$ 个连续的委托代理关系。在传统金融模式下，设 π 为可观测的委托代理目的，是供应链上各交易主体的共同知识；$s_j(\cdot)$ 是第 j 个交易主体。根据冯 • 诺依曼-摩根斯坦效用函数制定的制约条件，用 $s_j[s_{j-1}(\cdot)]$ 表示第 j 个交易主体对第 j+1 个交易主体的制约是建立在第 j−1 个交易主体对自己的制约基础之上，于是有 $s_j[s_{j-1}(\cdot)], j=2,3,\cdots,m-1; s_1(\pi), j=1$。定义不确定条件下的效用函数 $u_j(j=1,2,\cdots,m)$ 服从边际效用递减规律，$u_j'>0$，$u_j''\leqslant 0$，即供应链上的各交易主体都是风险中性或风险规避者，$\overline{u}_j$ 为其保留效用；交易成本函数 $c_j(j=1,2,\cdots,m)$ 满足 $c_j'>0$、$c_j''>0$ 的边际递增；第 j 个交易主体的努力水平为 $a_j(j=1,2,\cdots,m)$，$0\leqslant a_j\leqslant 1$；密度函数 $f(\pi;a_2,a_3,\cdots,a_m)$ 对 a_j 的偏导数记为 $f_{a_j}(\pi;a_2,a_3,\cdots,a_m)$。

在没有充分利用互联网的情况下，供应链信息不对称，供应链上一个交易主体的努力程度降低，纵使供应链上其他交易主体的努力程度不变也会使整条供应链运行效率降低。为了研究的深入，先假定供应链上各交易主体间信息完全对称，于是整条供应链的委托代理关系可表述为

$$\begin{cases}\max\limits_{s_1(\pi)}\int u_1\left[\pi-s_1(\pi)\right]\cdot f\left(\pi;a_2,a_3,\cdots,a_m\right)\mathrm{d}\pi \\ \text{s.t.(IC)}\int u_j\left[s_{j-1}\left(s_{j-2}\right)\right]\cdot f\left(\pi;a_2,a_3,\cdots,a_m\right)\mathrm{d}\pi-c_j\left(a_j\right)\geqslant\overline{u_j} \qquad (j=m) \\ \int u_j\left[s_{j-1}\left(s_{j-2}\right)-s_j\left(s_{j-1}\right)\right]\cdot f\left(\pi;a_2,a_3,\cdots,a_m\right)\mathrm{d}\pi-c_j\left(a_j\right)\geqslant\overline{u_j} \qquad (j=2,3,\cdots,m-1) \\ \text{(IR)}\int u_j\left[s_{j-1}\left(s_{j-2}\right)\right]\cdot fa_j\left(\pi;a_j,a_{j+1},\cdots,a_m\right)\mathrm{d}\pi=c_j'\left(a_j\right) \qquad (j=m) \\ \int u_j\left[s_{j-1}\left(s_{j-2}\right)-s_j\left(s_{j-1}\right)\right]\cdot fa_j\left(\pi;a_j,a_{j+1},\cdots,a_m\right)\mathrm{d}\pi=c_j'\left(a_j\right) \qquad (j=2,3,\cdots,m-1)\end{cases} \tag{8-16}$$

将式(8-16)分解为最初环节、中间环节和最终环节的委托代理，即

$$\begin{cases}\max\limits_{s_1(\pi)}\int u_1\left[\pi-s_1(\pi)\right]\cdot f\left(\pi;a_2,a_3,\cdots,a_m\right)\mathrm{d}\pi \\ \text{s.t.(IC)}\int u_2\left[s_1(\pi)-s_2\left(s_1\right)\right]\cdot f\left(\pi;a_1,a_2,\cdots,a_m\right)\mathrm{d}\pi-c_2\left(a_2\right)\geqslant\overline{u_2} \\ \text{(IR)}\int u_2\left[s_1(\pi)-s_2\left(s_1\right)\right]\cdot fa_2\left(\pi;a_1,a_2,\cdots,a_m\right)\mathrm{d}\pi=c_2'\left(a_2\right)\end{cases} \tag{8-17}$$

$$\begin{cases}\max\limits_{s_j\left(s_{j-1}\right)}\int u_j\left[s_{j-1}\left(s_{j-2}\right)-s_j\left(s_{j-1}\right)\right]\cdot f\left(\pi;a_2,a_3,\cdots,a_m\right)\mathrm{d}\pi \\ \text{s.t.(IC)}\int u_{j+1}\left[s_{j-1}\left(s_{j-2}\right)-s_j\left(s_{j-1}\right)\right]\cdot f\left(\pi;a_2,\cdots,a_m\right)\mathrm{d}\pi-c_{j+1}\left(a_{j+1}\right)\geqslant\overline{u_{j+1}} \qquad (j=2,3,\cdots,m-1) \\ \text{(IR)}\int u_{j+1}\left[s_{j-1}\left(s_{j-2}\right)-s_j\left(s_{j-1}\right)\right]\cdot fa_{j+1}\left(\pi;a_2,\cdots,a_m\right)\mathrm{d}\pi=c_{j+1}'\left(a_{j+1}\right)\end{cases} \tag{8-18}$$

$$\begin{cases}\max\limits_{s_m\left(s_{m-1}\right)}\int u_m\left[s_{m-1}\left(s_{m-2}\right)-s_m\left(s_{m-1}\right)\right]\cdot f\left(\pi;a_2,a_3,\cdots,a_m\right)\mathrm{d}\pi \\ \text{s.t.(IC)}\int u_m\left[s_{m-1}\left(s_{m-2}\right)\right]\cdot f\left(\pi;a_2,\cdots,a_m\right)\mathrm{d}\pi-c_m\left(a_m\right)\geqslant\overline{u_m} \\ \text{(IR)}\int u_m\left[s_{m-1}\left(s_{m-2}\right)\right]\cdot f\left(\pi;a_2,\cdots,a_m\right)\mathrm{d}\pi=c_m'\left(a_m\right)\end{cases} \tag{8-19}$$

假设信息对称，即所有被委托人都能获知代理人的努力程度 $a_j(j=2,3,\cdots,m)$，且全部交易者均无私人信息，则最初环节、中间环节和最终环节的委托代理都能实现各自的帕累托最优，即最有利于委托人的业绩就是代理人的最优行为。因此式(8-17)～式(8-19)可解

除激励兼容约束条件，得

$$\begin{cases}\max\limits_{s_1(\pi)}\int u_1\left[\pi-s_1(\pi)\right]\cdot f\left(\pi;a_2,a_3,\cdots,a_m\right)\mathrm{d}\pi \\ \text{s.t.(IC)}\int u_2\left[s_1(\pi)-s_2\left(s_1\right)\right]\cdot f\left(\pi;a_1,a_2,\cdots,a_m\right)\mathrm{d}\pi-c_2\left(a_2\right)\geqslant\overline{u_2}\end{cases} \tag{8-20}$$

$$\begin{cases}\max\limits_{s_j(s_{j-1})}\int u_j\left[s_{j-1}\left(s_{j-2}\right)-s_j\left(s_{j-1}\right)\right]\cdot f\left(\pi;a_2,a_3,\cdots,a_m\right)\mathrm{d}\pi \\ \text{s.t.(IC)}\int u_{j+1}\left[s_{j-1}\left(s_{j-2}\right)-s_j\left(s_{j-1}\right)\right]\cdot f\left(\pi;a_2,\cdots,a_m\right)\mathrm{d}\pi-c_{j+1}\left(a_{j+1}\right)\geqslant\overline{u_{j+1}}\end{cases}\quad(j=2,3,\cdots,m-1) \tag{8-21}$$

$$\begin{cases}\max\limits_{s_m(s_{m-1})}\int u_m\left[s_{m-1}\left(s_{m-2}\right)-s_m\left(s_{m-1}\right)\right]\cdot f\left(\pi;a_2,a_3,\cdots,a_m\right)\mathrm{d}\pi \\ \text{s.t.(IC)}\int u_m\left[s_{m-1}\left(s_{m-2}\right)\right]\cdot f\left(\pi;a_2,\cdots,a_m\right)\mathrm{d}\pi-c_m\left(a_m\right)\geqslant\overline{u_m}\end{cases} \tag{8-22}$$

对式(8-20)运用拉格朗日函数求最优化一阶条件，即

$$\begin{aligned}\max L(s_1)&=\int u_1[\pi-s_1(\pi)]\cdot f(\pi;a_2,a_3,\cdots,a_m)\mathrm{d}\pi \\ &\quad+\lambda_1\left\{\int u_2[s_1(\pi)-s_2(s_1)]\cdot f(\pi;a_1,a_2,\cdots,a_m)\mathrm{d}\pi-(\pi;a_2,a_3,\cdots,a_m)\mathrm{d}\pi-c_2(a_2)-\overline{u}_2\right\}\end{aligned}$$

可得

$$\lambda_1=\frac{u_1'\left[\pi-s_1(\pi)\right]}{u_2'\left(s_1-s_2\right)}=\frac{u_1'}{u_2'} \tag{8-23}$$

同理对式(8-21)和式(8-22)运用拉格朗日函数求最优化一阶条件，得

$$\lambda_j=\frac{u_j'\left[s_{j-1}-s_j\right]}{u_{j+1}'\left[s_j-s_{j+1}\right]}=\frac{u_j'}{u_{j+1}'}\qquad(j=2,3,\cdots,m-1) \tag{8-24}$$

$$\lambda_m=\frac{u_{m-1}'\left[s_{m-2}-s_{m-1}\right]}{u_m'\left[s_{m-1}\right]}=\frac{u_{m-1}'}{u_m'} \tag{8-25}$$

将式(8-23)～式(8-25)合并，得

$$\lambda_j=\frac{u_j'}{u_{j+1}'}\qquad(j=1,2,\cdots,m-1) \tag{8-26}$$

由式(8-26)可以看出，当相邻交易主体的边际替代率相同时，委托代理链达到帕累托最优。但现实情况是供应链中间环节多存在信息不对称问题。但由式(8-26)递推，可得

$$u_j'=\lambda_j\lambda_{j+1}\cdots\lambda_{j+k}u_{j+k+1}'=\prod_{l=0}^{k}\lambda_{j+l}u_{j+k+1}'\qquad(k=1,2,\cdots,m-j-1) \tag{8-27}$$

式(8-27)表明，信息对称时多个彼此相邻的交易主体合并，其委托代理链仍是帕累托最优，即当经济体与外界交易成本太高时可采取内部合并降低交易成本，这正是互联网的优势所在。基于互联网的各类电商、第三方供应链金融平台，以及拥有大量供应链上下游交易数据的核心企业可借助自己对供应链情况的准确掌握，通过大数据分析构建信息渠道的卡位优势，一定程度上减少了应收账款造价以及仓单重复质押等传统线下模式中常见的漏洞的产生，从而较好地防范供应链金融的风险。

互联网供应链金融大数据风控通常是基于产业上下游数据和用户全景数据而进行的。产业上下游数据主要包括行业信息、原材料信息、制造商信息、经销商信息等；用

户全景数据主要包括电商信息、社交信息、银行信息、互联网行为信息等。以搜集追踪的大数据为基础，构建多维度的规则引擎并建立智能风控系统。通过对产业上下游数据和用户全景数据进行实时跟踪监测，判断借款企业的风险大小，并据此做出贷前是否放款的决策以及贷后风险预警。因此，这些风控系统和规则引擎能让那些在央行征信系统中信用数据缺失的中小微企业获得借款机会，同时有助于提高互联网供应链金融的风控水平。

2.O2O 防范道德风险

当前中国的征信体系并不完善，大数据可时刻追踪、监测互联网供应链金融风险并提供预警提示，但无法有效防范其道德风险，因此虚实结合是现阶段更有效的风控模式。所谓虚实结合的风控模式，指的是借款人抵押物的价值或违约损失要超过贷款额度。排除房、车等不动产，供应链金融的质押品还可以是预付账款、应收账款及存货以及店铺经营权等，最大限度降低借款人的道德风险。

在供应链金融中，资金提供方可以通过第三方对中小微企业的动产进行控制，以此来控制风险(表 8-18)。理论上讲，动产质押的坏账率较低，是因为供应链融资具有高频、小额等特点，还可及时通过实时监控经营数据发现问题，而实际结果正好与理论相符。但是，高频、小额的贷款业务需求要求很流畅的业务操作，故非常依赖互联网技术。调查显示，我国中小微企业更偏向于供应链融资的贷款抵押，也就是对应收账款与存货等的融资。当商户对线上(或线下)市场形成依赖，则店铺经营权成为隐性抵押物。而放眼线上渠道，各大电商在经营过程中通过数据的积累和放款模型的优化，基本都能实现对商户提供快速融资到账的金融服务。虽然很多人认为电商平台的自动放款是无抵押的信用贷款，但实际是存在抵押店铺的贷款。因为积累了一定信誉和人气的店铺就拥有一定价值，可在二级市场转让，如淘宝商铺获得不同的冠能在二级市场上按不同价格转让，而阿里微商贷都是依据淘宝店铺价值来提供相应额度的贷款，若商户贷款违约则会失去店铺经营权，违约成本很高，商户违约的动机不足。

表 8-18 供应链主要节点的金融风险控制

业务节点	控制措施
应收账款质押业务	在《应收账款质押登记公示系统》内登记，避免重复质押
保理业务	买卖双方的贸易背景的真实性
保兑仓业务	销售商无力持续销售，导致该笔贷款停滞
先款后贷	销售商无力持续销售，导致该笔贷款停滞
静态抵质押授信	抵质押商品的市场容量和流动性
动态抵质押授信	静态抵质押授信的风险要点
标准仓单质押融资	防止客户将授信资金用于投机炒作
普通仓单质押融资	建立区别于动产质押的仓单质押操作流程和风险管理体系

8.4　互联网供应链金融的发展趋势

(1) 市场规模预测。供应链金融是产业与金融的结合物，不仅能为产业提供新型的金融服务，还有助于整合和重塑产业链。我国中小微企业总规模大，目前全国已超过 5000 万家，其中小微企业数量占 99%，中小微企业的数量在“大众创业、万众创新”的背景下快速增长，企业潜在的融资需求旺盛。从行业格局看，供应链金融仍是等待挖掘的一片蓝海。根据前瞻网产业研究院 2014 年底的一份调查报告显示，目前我国企业的应收账款规模已超过 20 万亿元，而当前我国供应链金融市场规模刚突破 8 万亿元，未来可挖掘空间巨大。

(2) 发展策略分析。目前我国的供应链金融还处在发展初期阶段。由于信息渠道缺乏和资金来源缺乏，我国供应链融资的渗透率还很低，互联网技术及其思维在供应链金融业务中的应用还很不充分，所以只能普遍采取核心企业增信的方式为供应链上的中小微企业金融服务。之所以通过这种方法，是因为中小微企业由于经营规模较小、经营历史较短，几乎没有征信记录，导致获取传统贷款难度和成本太大。供应链金融是目前中小微企业信用体系极度不完善的情况下，曲线利用核心大企业的信用作背书的增信信贷。国内供应链金融的进一步发展尤其应注意以下四个方面的问题。一是供应链金融模式多样化，继续发挥银行在供应链金融中的主导作用，积极鼓励物流公司、核心企业、网络平台参与供应链金融服务。二是拓宽供应链金融服务主体的资金来源，商业银行尽力发挥自身特色及政策优势，其他主体要尽力依靠多种方式募集资金，提高财力的同时增强资本实力，为开展供应链金融业务夯实资本基础。三是加大投入建设信息平台的力度，提高网络平台的透明度和运行效率，以实现供应链金融的客户多维度拓展和业务信息网络式扩张。四是完善《中华人民共和国担保法》和《中华人民共和国合同法》中供应链金融的相关法律法规条款，清晰界定抵押权、担保物权等供应链金融可能涉及的法律概念与纠纷，建立和完善金融机构和物流机构交叉业务的监管模式和监管政策。

(3) 发展机会分析。供应链金融的发展趋势依然是扩展金融服务的广度和深度。也就是为目前的供应链企业提供更深层次的金融服务，以及为更多的未被覆盖的企业提供金融服务。供应链金融发展的方向，依然是为大量的中小微企业建立信用体系，提供更多更贴合实时需求的金融服务，且要覆盖大量体量更小的企业。同时，为了增强信用数据的有效性，供应链“链条间”的大数据将被引入。因此，企业数据的深度和广度必将是未来供应链金融发展的两个重要方向，一方面通过互联网挖掘更多的信息增强数据深度，另一方面通过供应链间的关系构建“供应网”数据增强数据广度。

鉴于此，在供应链金融的多元化参与主体中，行业信息化平台和产业核心企业将有更大的发展机会。平台型企业，如供应链信息处理平台、供应链运营平台(特别是物流平台)、供应链金融服务提供平台以及风控公司，都能够跨行业、跨供应链、跨银行进行供应链商流、物流、资金流、信息流整合。产业核心企业，即垂直领域行业龙头，做供应链金融更加快速和方便，通常是获取保理公司、融资租赁、小贷公司、P2P 平台、第三方支付等类金融牌照，利用自己在线下供应链中的控制力，有选择性地开展类金融业务，赚取利差，但随着竞争加剧和利差收窄，这种模式的空间非常有限。因此，核心企业供应链金融未来能够脱颖而出的必将是那些有巨大应收账款融资空间、供应链整合能力强和资金成本低的垂直领域的龙头企业。

第 9 章　互联网农村金融：对“三农”的普惠金融服务

虽然城乡均可能存在金融排斥与歧视现象，但从城乡比较来看，农村往往面临着更为严重的金融排斥。互联网金融很好地契合了普惠金融理念，理应被积极引入农村金融的发展中。为此，本章研究互联网金融在发展农村金融中的普惠特性和驱动力量，重点介绍互联网农村金融的创新方向和风险控制。

9.1　互联网农村金融的理论分析

9.1.1　理论基础

1.金融排斥与农村金融

金融排斥将某些特定社会阶层或人群阻挡在正规渠道金融服务之外(Leyshon and Thrift，1995)，特别是贫困人口和弱势群体(Conroy，2005)。金融排斥是世界范围内的普遍现象(Beck et al.，2007)，中国农村地区的金融排斥现象尤为明显，金融服务严重不足(许圣道和田霖，2008；王曙光和杨北京，2017)。

农村金融现状。近年来，在国家政策和各级金融机构努力下，我国农村金融服务的可获得性明显增强。据央行统计，截至 2016 年 6 月，金融机构本外币农村(县及县以下)贷款余额为 22.26 万亿元，同比增长 7.5%，占比 21.9%；农户贷款余额为 6.67 万亿元，同比增长 14.3%；农业贷款为 3.69 万亿元，同比增长 4.9%。但农村居民居住分散、交通不便、金融物理网点偏少，农户信贷需求额度小、期限短、放款快、还款频繁且可抵押担保物少，导致农村金融信贷成本高、风险大、金融支持可持续性差，农村金融发展严重滞后于城镇金融发展，也严重滞后于农村经济发展，甚至仍有很多乡镇无金融机构。我国农村家庭的正规金融可获得性约为 27.6%，低于 40.5%的全国平均水平，未获得正规金融信贷的农村家庭占 72.4%，其中 9.8%的家庭向正规金融提交信贷申请后被拒，62.7%的家庭虽有资金需求但因抵押担保物的缺少而主动放弃了对正规金融信贷的申请，致使我国农村家庭民间借款的比例高达 43.8%，高于全国平均水平 34.7%，这些家庭债务总额中 64.6%来自民间借款，远高于 32%的全国平均水平(甘犁，2014)。

农村金融问题。经过几十年的发展，我国农村一改过去金融机构少、规模小、功能不全的状况，但是农村金融难题依然存在，突出表现在以下几个方面。一是农村金融体系缺失。虽然已有商业银行、政策性银行、农村信用社等多类农村金融服务机构，但政策性银行对粮、棉、油的收购提供资金支持但不对农户服务，邮政储蓄机构仅储蓄不放贷，农业银行和农村商业银行基本都严格遵循“三性原则”而严重脱农，农村信用社可申请贷款但机构数量与放贷额度均有限且商业银行化趋势明显，村镇银行对小额、分散的农村金融需求兴趣不浓，小额贷款公司和资金互助社经营风险较高且服务农民能力有限。二是金融服务产品单一。农村金融需求主要是存取款等基础性服务及小额贷款，面大量小，而农村金融供给基本集中在存、贷、汇，没有转账、租赁、抵押、养老金及小额保险等其他业务，无法满足农户多样化的金融需求。三是金融服务网点太少。我国农村金融服务网点较少，ATM 机等设施不足，服务频率较低，但服务网点的高成本让金融机构反而想缩减落后地区服务网点。虽然近几年农村金融机构数量在增加，但真正植根农村的却很少，很多机构将服务网点分布在县城或镇一级，很难真正深入农村一线。据银保监会调查统计，我国每个乡镇仅 2.13 个服务网点，每 50 多个行政村仅 1 个网点[①]，部分乡镇存在金融机构空白现象。四是金融服务农业不足。因我国农业普遍小规模经营，较高的自然风险和市场风险导致农户信用风险较大，所以农业常常在信贷资源获取中处于弱势地位。Wind 资讯显示，截至 2017 年 6 月，全国农村贷款余额达 24.39 万亿元，同期农户贷款余额达 7.69 万亿元，占比仅为 31.5%。农村地区的主要信贷资源长期配置给农村工商户及少量种养专业大户，大多数农民很难获得贷款。以黑龙江为例，Wind 资讯显示，截至 2016 年 12 月涉农贷款余额为 7993 亿元，但大多被经商或非农企业占用，真正贷给农户搞农业生产经营的比例不到 1/10。并且，农村土地流转加速了企业化新型农业经营主体的崛起，他们在扩大经营规模、农业机械装备、农业信息化建设和农业新技术运用等方面的融资需求旺盛但供给不足，新型农业经营主体单体融资规模小且交易频繁导致交易成本高、农业自然风险和市场风险大且信息不对称，从而高门槛的传统金融不愿意介入农村金融，而低门槛的民间借贷融资成本又太高。五是农民的金融需求抑制明显。农民的很多生活品都自产自销导致农民的贷款需求不旺盛；农业生产对自然气候条件的依赖性很强，自然灾害会增加农业生产风险；农民自身文化素养普遍不高，金融知识欠缺，较难普及现代金融知识并熟练掌握金融操作技能，同时很多不接地气的金融产品让农民对农村金融功能认识不足，农户融资积极性不高，农村金融抑制明显。

金融排斥原因。一是农村金融的经营风险较大。农业生产过程依赖于自然力、自然条件及生命，遭受旱灾、洪涝、病虫害等自然灾害的风险较大。并且，单打独斗的小农户分散经营与社会化大市场存在产需脱节现象，国际金融投机、期货炒作和国际大粮商操纵使农产品价格大起大落。同时，农产品标准化、品牌化程度不足，某个地方某个企业某种产品出现问题往往会带来整个行业的灭顶之灾，经济风险也很高。因此，金融机构不愿将金融资源配置给高风险的农村。二是农村金融服务成本过高。农村地区交通不便导致农村信用信息收集难度高，地广人稀导致农村金融服务的边际成本严重高于城镇地区，农村中低收入群体、贫困人口和小企业占比较大导致农村贷款额度小、数量多、难回收，所以金融服务的交易成本高且难以形成规模经济，故金融机构更愿对利润丰厚的城市提供金融服

① 数据来源：未央网。《农村金融的时代大迈进》。https://www.weiyangx.com/146952.html. 2015-10-19.

务。三是农村金融的信用环境较差。由于央行征信系统中农民数量非常少，又无其他措施识别农民信用状况，因此金融机构对农民贷款存在很大风险。并且，农民的诚信教育相对滞后，守信意识较薄弱，贷款违约后的惩戒机制不健全，部分农民躲债、赖债造成贷款难以收回，极大挫伤了金融机构发放贷款的积极性。

2.互联网农村金融缓解金融排斥

现有文献中使用“互联网农村金融”一词的较少(安佳　等，2017)，使用“互联网+农村金融”一词的较多(黄玲霞　等，2017)，但基本含义都一致，表示将互联网金融引入农村开展普惠金融服务，以达到有效解决农村金融供给不足并刺激农村金融需求的目的。互联网农村金融的供给主体(以下简称涉农供给主体)既包括银行等传统金融机构，又包括开展农村金融业务的互联网企业，需求主体主要包括农民和农村企业。互联网金融能否缓解金融排斥，各国学者观点不一，Kempson 等(2004)认为互联网金融让既无电脑也无网络的人群更难获取金融服务，会加剧金融排斥，但多数学者认为互联网金融能有效缓解农村金融排斥。卢馨和李慧敏(2015)认为 P2P 网贷等互联网金融模式能扩大金融服务渠道，冯晓雷(2015)认为“互联网+农业”会给农村金融带来新机遇，王曙光和杨北京(2017)认为农村金融与互联网金融联姻能实现农村金融运行机制的彻底转型。

互联网农村金融解决金融排斥难题。一是多种业务满足农民多样化金融需求。互联网农村金融能呈现出各种各样的金融业务，满足农民投资理财、融资、支付、风险控制等金融需求。二是互联网明显降低农村金融服务成本。农村地区地广人稀，传统金融服务方式存在边际成本过高的缺陷，互联网农村金融借助互联网为农村提供金融服务，无须太多实体网点，农民只需借助手机等移动设备通过网络就可获取服务资讯，购买金融产品，提交贷款申请。农民还可利用碎片化的时间获取金融服务，机会成本明显。三是大数据解决农村金融信用问题。依靠传统金融方式识别农民信用状况需要耗费很大成本，且借贷过程中的实时追踪较为困难。由于互联网农村金融会通过互联网为农民提供金融服务，所以农民网上行为数据是评判其信用状况的重要依据。四是金融信息传播提高农民诚信意识。不仅可以通过互联网提供金融服务，还可实时呈现最新的金融资讯以提高农民的金融知识，呈现相应的法律法规以提高农民对金融的法律意识，呈现违法违约的处置案例以提高农民守信意识。

农村具备接纳互联网金融条件。首先，手机普及创造客观条件。随着农村金融基础设施建设的发展及手机等移动设备的逐步普及，农户已习惯用手机了解外面的世界，农村地区的后发优势和增长潜力明显。截至 2016 年 12 月，我国农村网民达 2.01 亿人，农村地区互联网普及率达 33.1%[①]，虽与城镇的 69.1%还有差距，但基本呈现出快速上涨的趋势(图 9-1)。信息传播渠道的通畅也使得农民不再像以前那么“老土”，对新鲜事物的接受速度明显加快，手机等移动设备的普及为“三农”获取金融服务提供便利。其次，网络购物带动互金融合。农村互联网逐渐普及的同时农村经济进入互联网化发展，2016 年

① 数据来源：中国互联网信息中心. 第 40 次中国互联网络发展状况统计报告，2017-8-4。

农村网购市场规模达 4823 亿元，同比增长 36.6%，预计 2017 年全年将突破 6000 亿元①，由此可以看到农村电商市场发展空间巨大，并有望成为市场新的增长点。全国电商巨头无论是阿里巴巴、京东等生态型电商巨头还是云农场、农分期等细分垂直型电商均加入农村电商，部分地方还打造互联网小镇，出现淘宝村、淘宝镇等，农村经济进入新常态，电商的逐渐普及让农民接触更好的互联网金融模式。电商平台也让农民在移动支付过程中逐步接触到了互联网金融服务，并对互联网农村金融表现出浓厚的兴趣和高度的认同。最后，金融需求创造融合空间。中国农业体量大、基础差、季节性强，农民在农忙季节缺钱，需要"融资"，在收获季节后又有余钱可以"投资"，为互联网金融服务农村市场创造了巨大空间。互联网农村金融以手机为媒介，服务的边际成本几乎为零，互联网农村金融可以低成本地推广，依托大数据还能为农户提供更多的增信服务，解决农村市场主体贷款难问题。农村互联网用户大多数是会使用 QQ、微信、微博的年轻一代农民，互联网农村金融的出现提高了农户金融教育水平。金融供、需双方的引力和合力使互联网农村金融方兴未艾，发展潜力巨大。

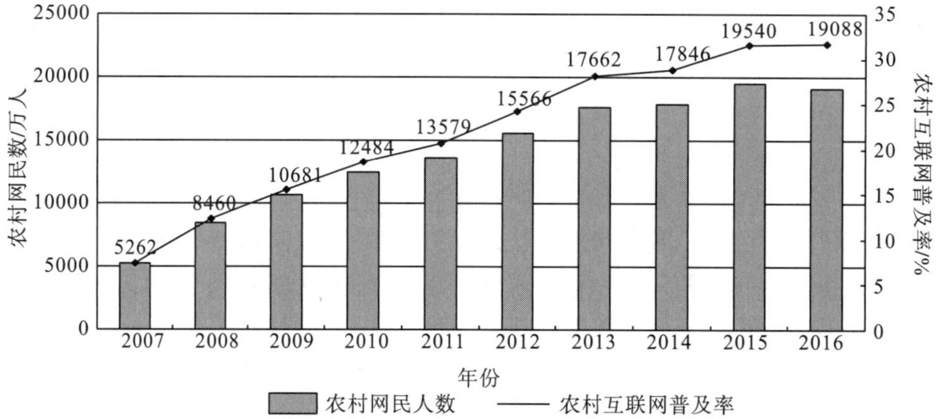

图 9-1 农村网民及互联网普及率增长趋势

数据来源：根据中国互联网信息中心公布的历年中国互联网络发展状况统计报告整理所得。

3.互联网农村金融创新

现有相关文献主要集中在传统的农村金融创新上。周雅琼（2017）认为，农村金融机构需要进行金融服务创新，因为这有助于地方发展经济，也能满足农村金融机构自身发展的需求。比较而言，互联网农村金融创新的文献较少。唐晓旺（2015）认为，"互联网+"时代农村金融机构需要创新，通过发展以线上银行、科技银行、社区银行、特色银行等为目标进行模式、产品、渠道等多方面的创新。王曙光和杨北京（2017）认为，互联网金融与传统农村金融的创新融合体现在信贷业务创新、理财服务创新、支付创新和供应链金融服务创新。陈灿伟等（2016）认为互联网的创新发展能改善农村金融信用环境，缓解信息不对称

① 数据来源：中国电子商务研究中心.《2016 年度中国网络零售市场数据监测报告》发布，http://b2b.toocle.com/detail--6 397555.html，2017 6-5。

程度及改善农村金融基础条件，农村金融体系的发展战略在于进行技术创新和业务创新。冯晓雷(2015)认为金融机构在发展“互联网+农业”时应该创新信贷技术，探索基于“互联网+平台”有效降低风险并提高盈利能力。由上可知，仅有的互联网农村金融创新文献主要对传统金融机构的农村金融服务创新进行研究，或是对创新功能进行分析，创新对策相对零散。互联网农村金融希望通过互联网缓解农村金融中的问题，即希望从供给侧为农民提供多样化的金融服务，从需求侧刺激农民的金融需求，因此互联网金融创新可从供给主体和需求场景分别进行。并且，无论是哪一种创新都离不开金融服务模式，所以服务模式创新也是互联网农村金融创新的方向。

4.互联网农村金融风险

根据金融风险的含义，互联网农村金融风险是指互联网农村金融市场参与者在农村金融服务过程中因各种不确定性而遭受信誉、财产等各种损失的可能性，参与者既包括提供服务的传统金融机构和互联网企业等供给主体，也包括农民和农村企业等需求主体，还包括“一行三会”等各种农村金融监管者。现有文献普遍从传统农村金融角度出发，研究金融机构给“三农”提供金融服务时存在的风险。潘燕鹏(2016)主要分析农村金融机构在开展金融业务时面临的信用风险、流动性风险和操作风险，三种风险均非常大；温红梅等(2017)利用 Copula 函数度量我国农村金融机构的整体风险；刘晓燕等(2017)认为自然灾害会带来金融风险，信用风险居高不下，资本充足率低导致流动性风险，可通过农业保险体系建立、工作人员操作流程规范、信用文化建设等方面控制农村金融风险。互联网农村金融风险研究的文献较少，李宏畅和陈娟娟(2016)认为信用风险、法律风险和操作风险是互联网农村金融的主要风险，应当通过构建信用体系、建立健全法律法规、培养相应人才等方式控制风险。总的来说，现有文献主要是定性分析农村金融风险，从自然灾害、金融机构自身、农民等角度考虑风险成因，并分别从农业信用体系建设、农业保险、人员培训等角度控制风险，这些文献对互联网农村金融风险分析有一定指导和借鉴意义。

9.1.2　普惠体现

1.农村金融普惠的核心是信息对称

透过农村金融排斥现象，分析金融排斥原因，发现破解的根本是健全农村信用体系，让农村不同信用级别的客户匹配不同涉农供给主体的金融服务供给，通过信息对称最大限度地避免农村金融服务中的事前逆向选择和事后道德风险。建立信用征信的信息根据其特征可分为反映客户还款能力的结构化历史数据和反映客户还款意愿的非结构化交流信息，传统金融机构往往只擅长识别结构化历史数据。目前我国农村还处于小农经济阶段，农户的信息主要表现为难以被金融机构识别的非结构化交流信息，因此金融机构或者直接拒绝放款，或者要求更高的利率来补偿风险，无论哪种都会挫败优质农民的贷款意愿，使得最终申请贷款的往往是劣质客户，形成所谓的事前逆向选择。

设某一农场由一位善于经营的优质客户经营可获得利润 $\pi = H$，由一位不善于经营的劣质客户来经营可获得利润 $\pi = L$。如果获得一笔金额为 I 的贷款改善该农场的生产经营条件，则不管是优质客户还是劣质客户均能使该农场增加收益 R，设单位贷款资金的机会成本 r 满足 $R > I(1+r)$。下面通过建立非完全信息博弈模型，分别对金融机构与农户签订固定利率合同和非固定利率合同两种情况进行分析论证。

①金融机构与农户签订固定利率合同。设经营农场的农户与金融机构签订了一份固定利率债务合同 X。若农户改善成功，则金融机构收益为 X，农户收益为 $\pi + R - X$；若农户改善失败，则金融机构收益为 $\pi + R$，农户没收益。由于 $L > 0$，会存在混同均衡，则两种情形均满足 $X = I(1+r)$，并都为金融机构所接受。现实中，由于传统金融征信系统把农户非结构化交流信息排斥在外，因而无法甄别农户的信用情况，使得劣质客户可能伪装成优质客户，增加贷款的信用风险，具有经济理性的涉农供给主体自然会以不放贷作为最佳选择，除非运用互联网将农户非结构化交流信息也纳入征信体系中，金融机构能据此甄别出不同的客户类型，按照收益与风险匹配原则向农户提供贷款。

②金融机构与农户签订浮动利率合同。设农户给金融机构的收益分成份额 s 满足 $0 \leqslant s \leqslant 1$。金融机构拒绝农户的贷款要约 $I(1+r)$ 会获得收益 $I(1+r)$，农户收益 π；金融机构接受农户的贷款要约 $I(1+r)$ 会获得收益 $s(\pi+R)$，农户收益为 $(1-r)(\pi+R)$。假定金融机构根据实践检验推断农户为劣质客户的概率为 p，则农户和金融机构达成这一要约的条件满足

$$(1-s)(\pi + R) \geqslant \pi \tag{9-1}$$

$$s\left[pL + (1-p)H + R\right] \geqslant I(1+r) \tag{9-2}$$

对农户而言，$\pi = H$ 比 $\pi = L$ 更难满足 $(1-s)(\pi + R) \geqslant \pi$；金融机构通常会推断 p=50%。这意味着由式(9-1)与式(9-2)联立的混同均衡只有式(9-3)成立时才存在。

$$\frac{R}{H+R} \geqslant \frac{I(1+r)}{(1-p)L + pH + R} \tag{9-3}$$

将 p=50%代入式(9-2)中，得

$$s \geqslant \frac{I(1+r)}{0.5(H+L)+R} \tag{9-4}$$

如果借款人分别是优质客户和劣质客户，将 $p=p_1=0$、$p=p_2=1$ 分别代入式(9-2)得

$$\begin{cases} s_1 \geqslant \dfrac{I(1+r)}{H+R} \\ s_2 \geqslant \dfrac{I(1+r)}{L+R} \end{cases} \tag{9-5}$$

由于 $H>L$，由式(9-4)与式(9-5)得，同等条件约束下 $s_2>s>s_1$，表明金融机构在确知贷款人为优质农户时会减少分成份额，而在确知借款人为劣质客户时会增加分成份额。但是由于传统金融机构不能通过非结构化交流信息甄别农户信用优劣，只能采取优质农户看来不划算、劣质农户看来很优惠的 s 来进行收益分成，形成经济学上所谓的逆向选择。由此可见，只有促进信息对称，针对不同信用等级的用户提供有差别的金融服务条款，才能解决金融机构惜贷、农村用户逆向选择等导致农村金融排斥的问题，实现农村金融普惠。这正是互联网金融的用武之地。

2.我国农村普惠金融内涵

农村普惠金融改善农村金融基础设施，提高农户金融需求的可获得性，让金融更好地服务于农业发展、农民富裕和农村繁荣，提升农户金融参与能力和参与意愿，形成金融与“三农”的良性互动与循环。结合现阶段我国“三农”的具体国情，农村普惠金融的基本内涵应包括以下几个方面。

(1) 深化金融供给侧结构性改革，加大金融资源投放力度。一方面，需要商业银行、农村信用社等涉农金融机构真正具备普惠金融理念，切实担负起相应的社会职责，将“三农”服务落到实处。在贷款业务方面，金融机构应单独罗列涉农计划，简化业务流程的同时还需下放审批权；在投资理财业务方面，金融机构应积极推出适合“三农”特点的金融产品，帮助农民合理分配资金，让农民能在农闲阶段投资金融产品获得收益而在农忙阶段又有资金用于生产。另一方面，应鼓励民营资本进入农业金融领域，加大对农业经营主体的资金支持，同时充分利用资产证券化、支农再贷款等方法扩大“三农”服务的资金来源。

(2) 大力发展民生金融，满足“三农”发展的各类金融需求。第一，对返乡农民工、农村青年等有创业和就业意愿的人群应通过金融支持加以鼓励。第二，对残障人士等特殊人群有针对性地提供适宜便捷的金融服务。第三，对特困地区和特困人群应加大信用贷款的投放力度，建立诚信档案并鼓励还款，还需将这些地区和人群作为今后工作的重点。第四，金融产品应从需求的角度出发，创新出更多适合“三农”的低成本、易推广金融产品。第五，鼓励利用互联网技术等现代科技手段为“三农”提供金融服务，既可以扩大服务范围，又可提高金融需求的可得性。

(3) 改善金融基础设施，提高农民获取金融服务的可得性。首先，凡是条件合适的行政村，都应该有相应的涉农金融机构。其次，除了增加农村的金融机构物理网点，还应多设立 ATM 机等自助服务终端以扩大涉农服务时间，还可通过手机银行、电话银行等电子银行渠道延伸金融服务的广度和深度，提高农村金融服务的可得性。最后，加大农村金融知识普及和教育宣传，加强金融服务的信息披露，做好金融产品的风险提示。

(4) 实施差异化监管，表现监管包容性。监管部门应结合农村经济发展的具体状况来制定农村金融监管制度，确定金融监管的方法和手段，最终实现农村金融市场的健康发展。首先，加快格局建设。支农服务监管应构建事前承诺、事中监测、事后考核的格局，同时在业务考核和市场准入等方面的监管都应区别对待。其次，差异化措施应被强化。涉农贷款的季节性强，且还款能力受自然条件和气候条件等影响较大，因此应对涉农贷款采取差异化措施管理，同时还应对涉农不良贷款持有更高的容忍度。最后，应加强风险管控。应通过多层次风险监管的预警作用，将涉农贷款的信用风险防范落到实处，以提高金融机构服务的积极性，利于农村经济发展。

3.互联网农村金融契合农村金融普惠

农村金融是我国金融体系中最薄弱的环节，虽然国家政策鼓励金融机构服务“三农”，但由于传统金融机构开展农村金融服务成本高、风险大、商业可持续性差，所以发展效果欠佳。互联网金融让金融服务跨越时空和区域，以低成本高效率的优势服务农村金融，还能降低信息不对称程度，为破解农村金融排斥、实现农村金融普惠提供了新的思路，以下是互联网农村金融的特点和作用。

(1)是农村微型金融最好的实现形式。与城市工商企业或居民的较大金额金融服务需求不同，农村金融更多是需要服务“三农”的微型金融。微型金融贴近客户、流程简单、手续简便、审核门槛低，无须担保也可借贷，其依据是客户的交易数据和行为数据等信息，这正是互联网金融最能发挥优势的地方。微型金融服务需要解决的核心问题是信息不对称，互联网金融运用大数据挖掘客户的信用、现金流和行为特征，促进信息对称，为微型金融的风险控制提供了最佳解决方案。随着国家“互联网+”战略的全面推进，在城市金融供给过剩和农村金融刚性需求的“经济新常态”下，中国互联网农村金融进入崭新发展阶段。互联网农村金融的兴起与发展为日益壮大的规模化农业经营主体、新农人及返乡农民工创新创业开启一扇窗，可用于满足他们的投、融资需求。另外，农村成千上万个规模的种植与养殖户，及大量二、三产业的专业户，为互联网农村金融市场的发展奠定客户基础，而且随着农村种植、养殖的规模化发展，互联网农村金融的市场规模将进一步扩大，借助互联网技术和移动互联网技术将金融服务与农村客户联系起来将是互联网农村金融服务的未来。

(2)提高涉农金融机构商业可持续性。普惠金融要求金融机构自身要实现商业的可持续性，金融机构物理网点成本高，风险管控严格，而涉农贷款具有额度小、数量大、周期长、风险难控等特点，因此很难满足银行等金融机构的贷款条件。互联网金融不再像传统金融那样建立运行成本高昂的物理网点，金融业务和风险控制主要依靠低成本的网络渠道，转化人力审核为系统自动化处理，加之业务流程智能化、金融产品标准化、客户来源无边界，从而降低贷款成本、提升金融服务效率。互联网金融以移动互联网、大数据、云计算为技术支撑，挖掘客户信息并管理风险，能有效地解决农村征信缺乏、信息不对称、交易成本和监督成本高等引起农村金融排斥的问题，助力实现农村金融普惠。互联网企业平台本身具有信息汇聚的功能，交易数据和浏览等行为数据都可作为判断信用的依据。只要上互联网看过东西或买过东西，就会留下痕迹作为判断信用的依据，也可以成为银行发放贷款的基础。借助互联网，农户偏好、行为、心理以及还款意愿等非结构化信息得以被个性化地挖掘，农户的征信系统建立得更加完善，农户金融知识教育通过搜索引擎也变得更加容易。由此可见，互联网金融在运行成本、风险控制和服务效率方面明显优于传统金融，具有很强的商业可持续性。正因如此，互联网金融得以成为一池活水为农村金融普惠注入新的活力。

(3)提高农民金融服务可获得性。传统金融不能满足农民的金融需求，而资金灵活运转的互联网金融逐渐成为农村投融资市场的主要选择。目前农民可以通过网上银行或手机银行完成转账、支付、投资等金融服务，通过众筹获得投、融资和产品预售等金融服务，通过第三方支付获得支付服务，也可通过网商贷等渠道获得融资服务，部分农村合作组织还通过在村委会办公室铺设 POS 机来满足农户的取款要求，从而提升农户的金融服务可获得性。比如，支付宝与微信的支付功能非常强大，安全便捷，农民可采用这些第三方支付工具完成支付、充值话费等消费。另外，也有金融机构相互之间合作，一起开展普惠金融服务，如第三方支付机构拉卡拉与农村地区商业银行合作，对农户推出“惠农通”业务，为银行推出自助服务终端和自助服务网络，为银行客户提供取款、收单、电商等服务。又如，第三方支付机构支付宝与基金公司天弘基金合作推出余额宝，农民可购买该产品进行理财。总之，农村金融借助互联网，边远农户通过手机银行、网络银行便可获得存取款、转账等基本金融服务，并可以进行网上支付、金融产品购买等操作，大幅度提高了获得金融服务的丰富性、便捷性和快捷性。

(4) 提高农户融资可获得性。互联网金融通过科技创新，使城乡资源配置更为合理，资金供求方信息更加对称，他们通过网络平台自行完成信息甄别、匹配、定价和交易的精准配对，创造出农商平台的网络贷款、P2P 网贷、众筹融资等互联网融资渠道提高农户融资的可获得性，能够更好地支持大众创业、万众创新，促进农业发展、农民富裕和农村繁荣。P2P 网贷、众筹融资、电商网贷，加之移动运营商的作用，能在一定程度上降低农村金融的信息不对称和交易成本高问题，弥补正规金融机构的不足，促进农村普惠性金融发展。P2P 网络贷款是在正规金融一直未能有效解决中小企业融资难等问题的背景下发展起来的，众筹模式开启了网上股权融资的大门，没有时间和地域的限制，在互联网金融各形态中最具创新性和普惠性。因此，应大力发展面向“三农”服务的 P2P 网贷和众筹融资平台，用于解决农村地区的投融资问题。另外，还可加大农村电商平台的发展力度，涉农金融机构或者自办网上商城，或者与农商平台合作，或者为龙头企业、农村合作经济组织主导农业产业化供应链开展供应链金融，实现资金、信息和“三农”场景互联互通，促进农村金融与农村经济的紧密结合。

(5) 完善农村金融基础设施。目前，大数据等技术已经比较成熟，可应用于解决我国无征信记录人群的信用问题，因此也可用于农村的信用体系建设。传统金融机构自身拥有的客户账户状况、资产负债状况等结构化数据，能评估客户的还款能力，但无法估计其还款意愿。互联网时代，数据就是信用，有信用就有财富，涉农金融机构借助大数据等技术对农村地区客户的实地走访记录、网上浏览记录、社交聊天记录等非结构化数据加工处理，就能形成有价值的资信评估，完善农村的信用体系建设。此外，农民获得金融服务的过程也是农民学习金融知识、利用金融知识的过程，互联网金融借助智能手机移动终端，让农民在网上购物、网上理财、信贷习惯、消费分期等互联网农村金融的参与中“干中学”，自觉地普及现代金融知识并熟练掌握互联网技能，提高互联网金融向“三农”普惠服务的渗透率。

9.1.3　驱动力量

(1) 传统金融不作为导致供给缺口。由于传统农村金融服务成本高、效率低、风险大，涉农金融机构在农村通常采取多吸存少放贷的策略。在农村现有的金融服务机构中，政策性银行主要为粮、棉、油等收购方提供金融服务，不面向农户；农村邮政储蓄机构基本只能为农村居民提供储蓄服务，不开放贷款业务；农业银行和农村商业银行基本上都严格遵循商业化原则，脱农化倾向非常严重，涉农服务比例不断下降，只存不贷现象已经常态化，所提供的农业贷款也仅对农村基础设施建设项目或在农产品加工领域具有一定实力的企业进行服务，对广大农户的服务程度很低；广大农户或中小微企业可以在农村信用社申请贷款服务，但全国农村信用社数量较少且很多农村信用社改制成农村商业银行的趋势明显；村镇银行完全由商业银行发起，其运营模式跟股份制银行差不多，对农村小额、分散的金融需求没有多大兴趣，所以很多村镇银行不在村镇而在城市；小额贷款公司和资金互助社有较强的跨界经营冲动，经营风险较高，服务社员融资需求也十分有限。传统金融结构的不作为导致农村金融资源大量流失，金融支持农业发展明显不足。近年来，在一系列政策刺激下，传统金融机构涉农金融业务有所增加。据统计，截至 2015 年底，银行业金融机构涉农贷款余额为 26.4 万亿元，同比增长 11.7%，涉农贷款余额在各项人民币贷款余额中的占比达 28.1%。然而，中国农业已经走上集约化、规模化、现代化、专业化的“新常态”，涉农贷款已不能满足金融需求。

(2) 规模化经营崛起的融资需求大。国家的土地流转政策和确权落地加速农地流转，适度规模经营的新型农业经营主体快速崛起。适度规模经营的兴起，推动相应资金需求的提升。据农业部在第十二届全国人民代表大会第四次会议上表示，截至 2015 年底，我国家庭承包耕地流转面积达 4.47 亿亩（1 亩≈666.67m^2），占家庭承包经营耕地总面积的 33.3%，流转合同签订率达到 67.8%（图 9-2）。截至 2016 年底，全国土地流转面积占家庭承包耕地总面积的比例上升到 35%①。随着农业适度规模经营主体的崛起，由于自有资金有限、农用机械、信息化建设、人工投入增加等方面的原因，资金需求逐步增加，预计我国土地流转面积将保持 30%左右的年增速增加，3 年后全国耕地流转比例有望达到 50%左右，农村金融市场面临着显著的扩容机会。基于粮食安全、食品安全、农村劳动力人口下降、缩小城乡收入差距、提升农村消费对经济拉动五位一体的因素影响，中国急需转变农业发展方式，发展适度规模经营是符合我国国情的出路。

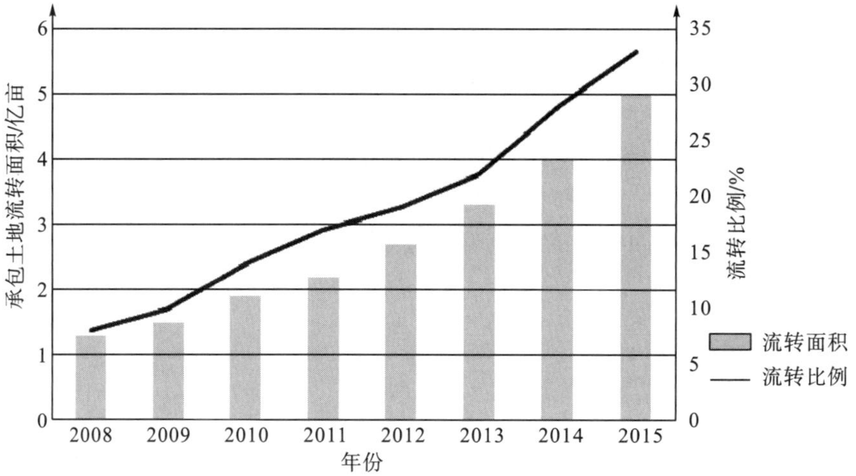

图 9-2 我国农村土地流转面积及比例

农业适度规模经营拉动农村融资需求（图 9-3）。仅按三种粮食（玉米、水稻、小麦）的亩均成本（1000 元/亩）计算，我国 20.27 亿亩耕地需要 2 万亿元左右的投入，其中多为流

① 数据来源：农业部（现农业农村部）在 2017 年第十二届全国人民代表大会第五次会议上通报的资料。

动资金投入。然而随着适度规模的兴起，经营面积扩大，单个经营主体往往无力承担这些投入，因此融资需求将会集中、率先体现出来。由于无抵押担保，因此农村涉农信贷资金无法满足农村规模化经营的资金需求，而资产化土地承包和经营权后解决了这一问题。据农业部估算，土地流转潜在资金需求规模上万亿元，表 9-1 给出了土地的不同经营规模的融资需求。

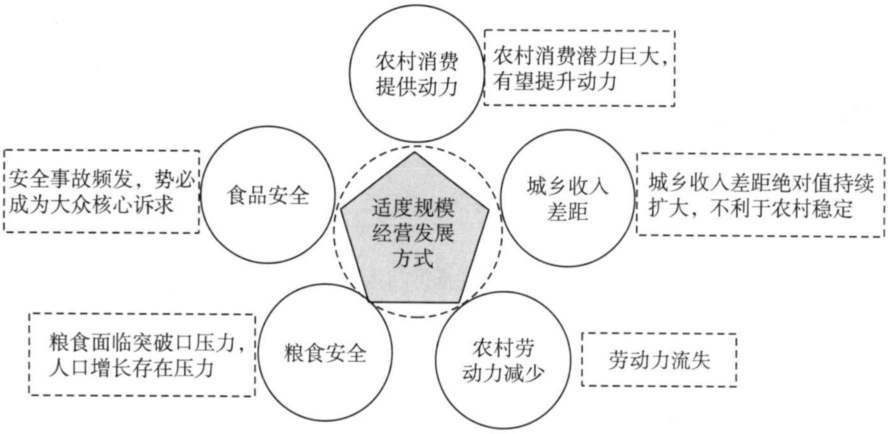

图 9-3　农村土地加速流转的五力模型

表 9-1　土地经营规模大小的融资需求比较

经营规模	30 亩以下	30 亩以上
设施投入	少量灌溉、收割设备	温室、大棚、节水灌溉、播种机、收割机
劳力投入	靠家庭内部劳动力为主成本内化	靠家庭外部劳动力为主成本外化
资金来源	依靠自有资金和少量民间借贷	依靠外部信用为主、自有资金为辅
资金缺口	小	大

以家庭农场、农业合作社等为核心的规模化经营主体促进了涉农金融服务 B 端发展，也催生了更多农村金融业态，如土地资产证券化、农机融资租赁、农业项目股权众筹、农业保险等。随着规模化经营逐渐壮大，人均劳力管理的土地增多，人工使用的边际成本会逐步升高，而农业机械、信息化系统等基础设施的平均成本会逐渐下降，农业机械化程度会逐渐增多，农田管理越来越借助物联网等信息化管理系统，从土地检测作物生长情况数据采集、产量分析到农机自动化耕作、食品安全保障的设施设备需求旺盛，中国农业机械行业市场规模从 2003 年的 700 亿元，到 2013 年达到 3800 亿元，10 年间增长 5.5 倍，年复合增长率达 20.7%[①]。农业产业化发展使农业企业经营资金需求增加，假定全国 40%以上的耕地由规模在 30 亩以上的大户耕种，有一半以上的大户有贷款需求，抵押率为 40%，每年按 2000 元 / 亩收入计算，则耕地部分将产生 2000 多亿元的贷款需求。

① 国机集团网。《农业机械：中国农业产业化的新引擎》。http://www.sinomach.com.cn/xwzx/xydt/2014hydt/201412/t20141218_46565.html. 2014-4-1.

(3)农户借贷的抵质押物更加丰富。以往金融机构服务“三农”总是显得力不从心，原因在于原有农户的抵押物不多，基本基于信用，违约风险高、收益低，即便是开展联户担保或者能人担保，贷款风险仍然高。但随着土地权能抵押的实现，土地制度改革所带来的农地和集体建设用地的抵押使担保功能得以实现，包括宅基地、农地经营权，有效缓解了农户抵押贷款困难的问题，可令资本快速进入“三农”领域，从而盘活存量市场。农村承包地的改革核心即所有权和经营权分离，稳定承包权，放活经营权，赋予土地经营权流转、抵押、担保等功能。土地抵押功能实现，预计将带来超过 30 万亿元的抵押价值，宅基地方面：我国目前宅基地面积将近 2 亿亩，预计将带来 20 万亿元的抵押价值(按 150 元/亩计算)；耕地方面：参考中国农业银行相关文件[农村土地承包经营权评估价值=政府公布的基准参考价格(元/亩年)×面积(亩)×(家庭承包合同剩余年限或已缴清租金的剩余使用年限-1)]，预计耕地带来的抵押价值将达到 15 万亿元以上(表 9-2)。

表 9-2 宅基地、耕地抵押将盘活农村土地资产

项目	宅基地	耕地
面积/亿亩	2	20
价值评估方式	宅基地价值=面积(m^2)×单位面积价格(元/m^2)×667	农村土地承包经营权评估价值=政府公布的基准参考价格(元/亩年)×面积(亩)×(家庭承包合同剩余年限或已缴清租金的剩余使用年限-1)
关键指标假设	按 150 元/m^2 计算	基准参考价值 500 元/亩，二轮承包以来土地平均剩余年限按 15 年计算(暂未考虑承包经营权永久不变)
评估价值/万亿元	20	15

金融机构还可进一步拓展抵押物范围。首先，若经营主体是粮食类种粮户，可抵押农机农具，质押存单和大额订单，利用涉农直补资金担保，或采取土地流转收益保证贷款等，金融机构可创新出与种粮户特点适应的贷款产品。其次，若经营主体是经济类种粮户，可抵押蔬菜大棚和现金流，质押应收账款等。再次，若经营主体是畜禽养殖户，可抵押厂房、畜禽产品和水域使用权等。最后，农村土地产权交易中心的设立，使农村产权、债权、林权得以通过互联网金融建立量化交易系统，以及类似传统抵押资产的评估系统、土地资产撮合交易市场等最有可能成为未来互联网金融的新增量，有望启动农村金融蓝海市场。

9.2 互联网农村金融的创新方向

9.2.1 需求场景创新

农村金融涵盖农村、农民和农业，是为农村发展、农民生活和农业生产提供金融服务。互联网金融比传统金融更强调金融生态，因此能为“三农”提供整体的金融服务，能为农业经营主体和农村中低收入人群提供投融资服务，能给农民工创业梦想一个机会，在提高金融服务质量和效率的同时还能使民间金融合规化，使农村金融普惠化，充分发挥金融服务的大协同作用。

1.农业生产场景创新

互联网金融使金融需求信息的共享更加流畅，让商业模式融入更多的利益相关者成为可能。农业生产的季节性特征为互联网金融服务留下“用武之地”，农村金融服务于农业经营主体，能解决农业生产经营投融资需求等问题。农村金融借助互联网把农业生产经营的农资购销、种养、加工、仓储、运输、销售等各个环节的金融需求连接起来，把农民生活的金融需求融入其中，形成网络化互联互通的全产业链金融需求场景，将传统农村金融碎片化的金融需求整合起来，相互耦合并相互制约，从而对整个农村金融的风险水平起到有效控制作用。依托农业供应链，互联网农村金融的贷款对象包括核心企业、上下游企业等供应链成员，以及合作社、普通农户、家庭农场等利益共同体，形成闭环 O2O 模式，资金在闭环供应链内循环，线上审批贷款并沉淀财务等数据，通过审核的借贷资金只能用于供应链各环节，线下借助物联网和供应链管控风险并带动利益共同体发展。农业供应链模式改变了对抵押物依赖的局面，资金用途、经营状况等信息透明，既能防范借贷资金被挪作他用，真真实实地发展农业，又能保障还款，减少贷款风险。

农业的产前、产中和产后构成一个完整的产业链，是农村金融开展在线供应链金融绝佳的场景。现代供应链是一个复杂的经营和管理过程，几乎每一个环节都会涉及资金流动，也会产生融资需求。在产业链的前端，农业经营主体都需要购买农资、农机、农具，开展农场信息化建设，流转土地扩大经营规模，因此有较大的融资需求。在这种场景下，农资电商通过 O2O 形式向农业经营主体提供农资产品、农技服务的同时，还可以以互联网线上即时服务工具为端口，以平台上户群的交易数据为基础建立农村征信系统，通过旗下的金融服务平台与金融机构合作为不同信用等级的农业经营主体提供土地抵押融资担保、农机分期或融资租赁、农资网络小贷、P2P 网贷、农业众筹等普惠金融，既显著提升农资企业传统业务销售效率与客户黏性，又通过通道提成、利差等多种形式增加收入来源，扶持产业链上利益相关者发展的同时又使自己获得很好发展。在产业链的中端，农业经营主体需要通过农业保险来规避农业生产经营的自然风险，通过购买农产品期货套期保值来规避农业生产经营的市场风险。在产业链的后端，农产品加工销售企业往往是整个产业链上的核心企业，因此通常会利用自身在产业链上的优势地位延期支付上游原料供应商的货款，而下游经销商的产品销售与终端客户的现金支付往往也存在一定时差，因此整个供应链都存在着较大的融资需求。为扩大产品销量和维持供应链稳定，借助互联网工具和 IT 技术，核心企业利用其掌握的上下游物流和资金流信息，以及长期的商业活动所掌握的上下游企业经营状况信息，与传统金融机构合作或独自设立商业保理公司、融资租赁公司、小额贷款公司，采取线上线下 O2O 模式向上下游的农业经营者或经销商提供存货融资、预付款融资、应收账款融资、融资租赁等供应链金融服务，从扩大产品销量和金融服务中获得更多收益(图 9-4)。

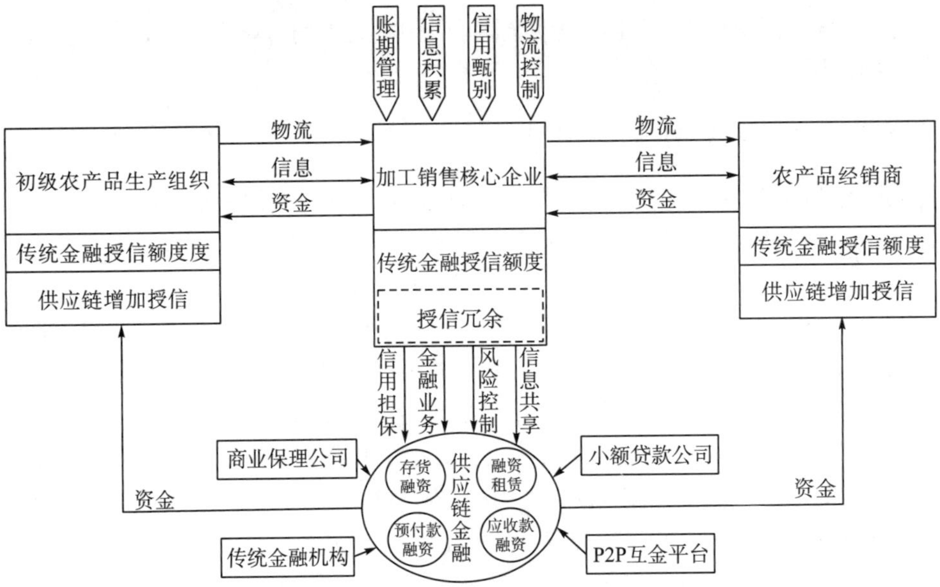

图 9-4 农产品供应链金融的业务流程

2.农民生活场景创新

随着农村经济社会的发展，农民改善生活条件的需求开始增加，尤其是外出务工经商农民的示范带动，农村的消费潜能正在不断释放，农村购房、买车、买家具、买家电、买智能手机以及农民工返乡创业和农家孩子上大学的金融需求开始增多，个人房贷、车贷、医疗贷、教育贷、耐用消费品贷成为农民生活的主要金融需求场景。一些互联网化的商业银行、专业消费金融公司和互联网消费金融公司开始瞄准农村消费市场。互联网化的商业银行主要通过 O2O 线上线下的形式提供信用卡、抵押消费贷款和信用消费贷款的服务。专业消费金融公司主要通过与商户开展合作，将消费金融的申请、使用环节嵌入到消费环境中，贷款资金一次性或分期直接提供给提供商品或服务的公司，也有少数直接发放到消费者提供的银行账户里的情况。互联网消费金融主要依托电商平台和 P2P 平台为消费者提供在线金融服务。依托电商平台的消费金融如阿里巴巴的天猫分期、芝麻信用、花呗和京东的京东白条，通过发放类信用卡产品支持用户购买平台商家的商品。依托互联网 P2P 平台的消费金融如“学好贷”“分期乐”“家分期”“住分期”“孩分期”“农分期”等，向用户提供分期购物、取现、O2O 商户交易、充值等服务。此外，农民在农忙季缺钱需要融资，在收获季节后又有余钱投资的季节性特征为互联网理财在农村的推广普及留下用武之地。农户利用手机就可便捷地购买余额宝等“宝宝类”理财产品，既无时间地域局限，又有门槛低、流动性强等优点，极大地提高了理财需求的可获得性。

3.农村支付场景创新

随着经济的发展和农民的外出务工，农民对交易、结算、汇兑、储蓄、保险等基础金融服务的需求不断增强，农产品商品化和劳动力转移的不断发展必会增强农民的支付结算需求。互联网等信息技术布局加速农村小额支付业务的创新发展，也提高金融服务质量和效率。农村金融的支付方式包括多种支付方式(表 9-3)，其中存折和银行卡支付是传统支付方式，其余均为移动支付方式。随着互联网尤其是移动互联网在农村的广泛普及，传统支付正逐渐被移动支付所取代，移动支付在农村具有广阔的发展前景。支付本身不产生利润，但该业务与场景的密切结合是汇聚流量和积累数据的重要手段。当前支付主要用于交易场景，仍有大量场景等待开发。农村地区场景多样，农业生产季节性强，农村习俗多，因此支付可被嵌入很多场景中。比如，针对婚嫁等诸多礼尚往来的习俗，可用红包支付；针对季节性生产的特征，可借助网络小贷或分期的办法帮助农民调剂资金。若支付服务操作便捷、场景丰富，既有利于推广使用，又便于增加农村流量，获取数据用于信用评估，为农村借贷服务保驾护航。

表 9-3　互联网农村金融支付方式

支付方式	定义描述
柜面支付	使用银行卡、存折到银行物理网点接受银行工作人员提供的货币资金存取、划转等人工服务
自助支付	运用拉卡拉、缴费易、ATM 等自助支付服务终端，通过电话线、互联网或移动互联网为银行持卡人提供刷卡消费的授权、清算等业务
POS 支付	运用固定或移动 POS 终端，为银行持卡人提供刷卡消费的授权、清算等业务
电话支付	电话拨打商户呼叫中心由银行给支付授权用于支付订单等
三方支付	独立于卖家和银行，为卖家和买家提供支付结算服务
网上银行	指借助 PC 设备，将传统到银行的柜面支付转移到网上，互联网发出支付指令后资金在买家和卖家间转移的行为
移动支付	指利用蓝牙、红外、NFC、移动互联网、短信等无线通信技术，通过移动设备实现资金转移的支付行为
预付费卡	指发行机构发行的具有预付功能的电子卡，可在指定范围内购买商品或服务

9.2.2　供给主体创新

互联网农村金融的兴起缘于农村长期的金融压抑。随着互联网向农村的快速渗透，尤其是大数据、云计算的快速发展，农村金融的服务成本和金融风险借助互联网手段大幅降低，一批具有互联网基因的“三农”服务商、农村电商企业、互联网企业和移动运营商开始涉足农村金融服务业务，为农村金融的普惠发展注入了新的活力。

1.“三农”服务商

长期从事农资(农药、化肥、种子、饲料等)供应、农产品购销、农业技术服务、农村信息化建设的“三农”服务商，是农村生产生活资金流动量最大的载体，是开展互联网农村金融服务最好的实施主体。“三农”服务商的业务贯穿在整个农村的生产生活中，而且随着渠道下沉，技术服务体系的建立，可以通过日常的销售、服务活动全面深入农户生产经营活动中，通过业务员和经销商频繁的拜访、服务，全面掌握农业生产经营、农民生活信息和农村发展状况。它们借助互联网将线下传统的经营活动搬到网络上，将经营与财务数据在网络上留痕，由此建立农村征信系统，解决线下业务数据收集面临的主观上误差及客观上存储数量有限等问题，然后通过旗下的金融服务平台与金融结构合作为不同信用等级的农业经营主体提供信贷担保、融资租赁、网络小贷、P2P 网贷、农业众筹、移动支付、互联网理财等普惠金融服务，既显著提升企业传统业务销售效率与客户黏性，又通过通道提成、利差等多种形式增加收入来源(表 9-4)。因此，具有互联网思维的“三农”服务商将是受益农村金融最充分的标的。农业生产具有较强的季节性，各类农业经营主体在农忙时需要购买农资和农机服务，在收获后则有闲钱可进行投资，给农村互联网普惠金融的发展创造空间。

表 9-4　部分“三农”服务商的互联网农村金融业务

企业简称	“三农”服务	互联网金融
大北农	以猪管网的线上服务(包括养猪学院、猪场 ERP、猪价查询、猪病诊断治疗)和终端门店的线下服务为入口、以智农商城(智农通 App、智农网站)的农资(饲料、兽药、疫苗、种子)及生猪电商(线上生猪拍卖交易)获取种养殖户海量交易数据以建立种养殖户征信体系，公司通过产品销售和农信网的金融服务实现流量变现	企业向银行推荐需要融资的优质种养殖户(农银贷和农信保)、以自有资金向种养殖户小额贷款(农富贷)、产业链上利益相关者间 P2P 网贷(农农贷)和向种养殖户提供的互联网理财与支付(农富宝)
新希望	配合线下服务体系打造集农民技术教育(云教育)、动物保健技术服务(云动保)、猪场物联网(云养殖)、养殖综合服务(云服务)、猪场综合托管服务(云农科)和养殖户和经销商金融服务(云金融)，从育种到养殖(监控)到流通环节全程可追溯的养殖云服务平台，从中积累养殖户的海量交易数据以建立养殖户征信体系，公司通过产品销售及互联网金融实现流量变现	企业将优质养殖户融资推荐给银行并提供担保(担保养殖)、企业以自有资金向产养殖户小贷(网络小贷)；养殖户与城市资金直接对接(P2P 网贷)、企业对平台交易主体支付与理财(希望宝)和向养殖户提供养殖保险
诺普信	以与经销商深度合作共同打造基于专业作物的线上线下作物专家和种植达人为农户植保服务的田田圈 O2O 平台和为种植农户提供优质农资(农药、肥料、种子、农机)的农集网 B2B2C 平台为入口，从中积累种植农户的海量交易数据以建立种植农户征信体系，公司通过农资销售及农发贷 P2P 互联网金融实现流量变现	把农发贷平台从网上募集的资金，以 P2P 形式直接借款给水稻、小麦、土豆、香蕉、茶叶、苹果等主要产区的大中型优质种植户，满足农户在作物种植过程中的农资采购需求
康达尔	公司以合作社担保向社员种植农户提供以土地承包/经营权及其农作物作为抵押物的丰收贷、农机融资租赁以及农业股权投资，农户所获资金用于在康达尔合作伙伴中的农资连锁店、农机服务站购买产品和服务，种植出的农产品可选择在康达尔都市农场平台销售，形成资金闭环	为产业链上下游配套企业和农户提供村镇银行、网络小贷、P2P 网贷、农业融资租赁、农业股权投资等金融服务，对接种植大户在发展农业适度规模经营中的资金需求
云农场	以村站和测土配肥站为基础构建“从厂家到农户”的农资流通模式，满足农户定制化农资需求，降低农民农资采购成本，改善农村的土壤环境；以县域为基本单位，建立集农资中转、农技推广、农产品销售为一体的县级服务中心，形成农业产前、产中、产后全方位的种植业一体化农业商城	以农资交易、农技服务为入口，建立物流配送“乡间货的”、农产品交易“丰收汇”、农技在线服务“农技通”，在此基础上植入农村网上支付与理财“云农宝”互联网金融

资料来源：根据各公司半年报、年报资料整理。

2.农村电商平台

农村电商平台在农村开展电商业务达到一定积累后可提供金融服务。积累后形成的大数据加上实地走访数据可获知客户信用状况，简化审批手续并实现高效放贷，物流公司还可依据物流信息协同发力，从而形成“电商+互联网农村金融”的循环生态。电商网贷是基于电商平台的网络贷款，即利用电商平台长期积累的数据，借助大数据技术对数据分析、挖掘形成客户的信用评估，这一信用评估能有效解决我国征信体系不完善导致的因信息不对称而借贷成本高等问题。有了资信评估，电商平台发起成立的小额贷款公司将客户的信用评估结果作为借贷依据，对资金需求者提供小额资金融通服务，包括卖家的经营性贷款和买家的消费分期。网商贷依据阿里巴巴集团积累的海量交易数据放贷，在阿里平台上开展电商的农业经营者可获得 100 万元以内的信用贷款。贷款所有流程均在网上进行，3 分钟可完成审批到放款的过程，通过支付宝放款(图 9-5)。网商贷(原名蚂蚁微贷)2013 年为 49 万客户放贷 120 亿元，其中四成是被传统金融机构排除在外的无抵押、无担保的农村中小微企业和农户卖家，但不良贷款率低于 1%，目前为企业提供贷款余额累计 4000 亿元。截至 2016 年 2 月，蚂蚁金服旗下网商银行已为 80 多万小微企业提供信贷资金 4450 亿元，其中“旺农贷”直接面向农村种植者、养殖者、小微经营者提供小额信用贷款产品。

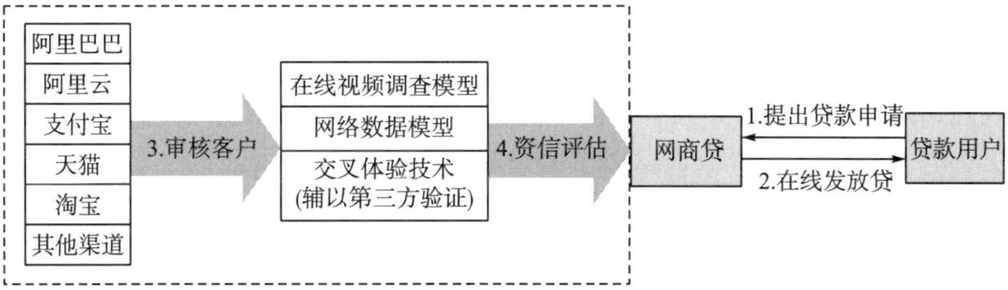

图 9-5　网商贷的业务流程

资料来源：肖装装和向启，2016。

京东也加入了互联网农村金融布局。通过京东白条、小额信贷等金融产品，京东金融解决了农民融资难、融资贵的困难，如农民购买农资、农具等，可先购买使用，出售粮食等农产品后再付款。2014 年 12 月京东与格莱珉公司合作开展农村小额贷款业务，2015 年 8 月京东开始发放农村互联网信用贷款，同年 9 月推出农村信贷品牌“京农贷”，用于解决农户生产销售环节的资金紧缺问题。目前京东正与宜信、农机 1688 联手打造一个农机 O2O 电商金融服务平台，未来还会推出消费、保险、理财等多个领域的金融服务。路寅投资控股集团旗下控股企业——亲民农业平台更接地气。本着以“农产品电商平台+生态农业示范区+农企联合创业”模式发展，专注农村、服务农民，把当地物产资源进行品牌农业化升级，进而实现生态农业产业化，让农民社员利用自有资源参与“大众创业、万众创新”，让每一个农民真实实现创业、增收。

3.互联网企业

目前各种种养殖户都有着资金上的需求，亲朋借钱难，银行贷款门槛高，农村金融市场巨大的金融需求吸引了各大互联网企业布局，以宜信、开鑫贷、翼龙贷、宝象金融、蚂蚁金服等为代表的互金企业采用互联网思维为涉农用户提供免费的平台服务，掌握涉农用户的采购、销售、库存以及运营等经营核心数据。再运用云计算、大数据等技术手段对农村中小微企业或农户进行信用评估并建立信用体系，以此为基础用户群体提供小贷、P2P

等金融服务，互金企业通过从中获取小额贷款利息或收取数据服务费等方式实现流量变现，填补商业银行在农村金融市场缺失的金融服务①。

P2P公司宜信已经为互联网农村金融开发出宜农贷、农商贷、农机融资租赁等农村金融项目，以及专注于借助互联网平台将拥有富余资金的个人(贷方)的资金引流给农村贫困妇女的经营项目，帮助农村贫困妇女家庭通过发展产业脱贫致富。2015 年初，公司还发布了针对互联网农村金融市场的第二个“五年计划”，即5年内构建出农村金融云台，打造农村金融服务生态圈，为提高征信能力和风控能力，自建1000个基层网点，为农户提供农村信贷、支付、保险等多种普惠金融服务。宜信P2P网贷主要有两大特点。一是采取“债券转让+资金池”的模式，债券转让模式是第三方放款给借款人，再把债券转让给投资者；资金池模式是指贷款与借款不是一一匹配，而是通过资金池对贷款进行打包分拆和标准化处理，借款人获得资金，投资人获得理财。二是以线下业务模式为主，通过设立分支机构和专业的业务团队在线下寻找借款人和投资人。线下网点有利于获取农民信任及认可，也是不懂网络的农民获得服务的入口，并且线下客源转为线上导流有宣传推广作用，还能增加客户黏性。

宝象金融是农业供应链P2P借贷平台，助农E站是基于农贸行业的涉农产品。凭借平台对历年的农产品流通研究及行业经验，产品设计时结合了农贸小微商户特点，利用网络数据及交易信息从多个维度发现小微商户信用状况，实现各种额度和期限资金的快速匹配，24 小时内放款。宝象金融利用多种金融科技技术从根本上解决农贸小微商户的资金周转问题，有效提高农贸效率，为上海地区的菜篮子供应及农贸发展做出贡献。

4.传统金融机构

“三农”服务商、农村电商、互联网企业等机构布局农村金融对传统金融产生冲击，农业银行、邮政储蓄银行等全国性大银行和农村信用社、农村商业银行、小额贷款公司、农村资金互助会、社区银行等地方性小银行以及证券公司、保险公司等涉农金融服务机构感到巨大威胁后，也积极拥抱互联网农村金融。首先，到农村人口相对集中的地方设立ATM自动存取款机，满足农户存取需求；其次，与拉卡拉等第三方支付机构合作为农民提供电费、手机充值、社保缴纳、车票购买等支付业务；再次，利用远程通信技术设置农村服务站，安放自动设备并配备工作人员，为农户宣传金融理财知识和办理基金、储蓄等理财业务；最后，推出网上金融店提供服务，实现农民网上申请业务，并通过网上银行为农民提供自助缴费、机票旅游、网购等服务。

涉农金融机构通过门户网站、手机运用软件等网络渠道提供的金融服务能有效缓解农村的地理金融排斥，对金融普惠有很大推动作用。中国农业银行的助农取款服务类似O2O，通过村委会及乡镇政府推荐及银行考察，选出经营合规、信誉好、场所固定的农家小超市、村委会等设置助农取款点，利用电话线并布放“智付通”为农民取现提供便利。中国邮政储蓄银行在国内首先试点，在农村开展网上银行、手机银行等终端银行服务，与

① 受互联网金融风险专项整治和网贷监管政策的频繁下发等影响，网贷平台数量持续减少，而其中涉农的网贷平台数量更是锐减。零一财经数据显示，截至2016年底，涉农P2P网贷平台中正常运营的有64家，超过50家网贷平台已经倒闭或转型。

6.6 万台 ATM 机一起提供网络、电视、手机、微博、微信和易信等全方位电子银行服务，并积累 1 亿户电子银行客户，其中 60%的客户分布在县级及县级以下区域。2014 年邮储银行还上线了“1 保贷”融资平台，向客户开放网上申请贷款服务，实现无纸化操作。

浙江德清农存商业银行搭建服务本地生活的小型电商平台，并在每个行政村设立电商服务网点，接入物流配送网络，招募电商合伙人，将县内龙头企业、农民合作社、家庭农场、农户及其农副产品引到电商平台，引导农业经营主体通过网络开展购销活动。以电商平台为基础，嵌入网上办理贷款、业务预约、直销金融产品、小额快捷支付等业务，并整合原农村助农取款点后升级助农终端服务，为用户提供线下小额存取款、查询、缴费、理财等服务，还可受理贷款申请，打通农村金融服务“最后一公里”。借助电商平台发布土地承包经营权流转、土地租赁等交易信息，配套支持产权类信贷；将农村企业、合作社、家庭农场的用工信息、产品及加工业务信息发布在平台上，方便农民就业创业，金融支持农村“大众创业、万众创新”。

5.移动运营商

移动运营商在发展农村普惠金融时作用很大，因为农村居民较少在 PC 端上网，智能手机是他们上网的主渠道。手机已实现实名制，通过手机号码就可识别客户身份，用户还能随时给手机充值，实现任何时间任何地点的接通。移动运营商通过通信记录、通话记录、短信记录，轻松掌握客户相互间的人际关系；利用手机等移动终端可掌握客户交易信息、行为踪迹等，从而评估客户信用状况并据此开展贷款业务。

目前，我国主要的移动运营商中国移动、中国电信、中国联通都相继涉足了互联网金融业务(表 9-5)。运营商推出互联网金融产品，不仅有利于农村金融普惠，而且对运营商自身大有裨益。一是能够激活现有用户，增加用户金额留存。运营商为了增加单个用户的现金留存量，推出存话费送话费的契约式长期使用和返点形式的活动，使用跨度长，时间周期久，用户不再买账的可能性越来越低。而互联网金融产品的意义是，既保有现有资金留存的同时，还能使用户有投入和回收提现的可能，给用户在资金使用形式上增加了更多自由的元素，对于产品和用户自身来讲，还是非常有意义的。二是获取支付渠道能力，拓展移动支付。一般情况下使用的支付应用，只具备多个平台资金流转的能力。而电信运营商本身不具备这种能力，电信运营商与基金运营商的合作有望打破这一僵局，让电信用户的资金具备在多个购物和应用平台支付的能力。捆绑上常用的手机号码后，使用户处于黏性比较高的状态，从而更多使用电信运营商的业务。在移动端支付逐渐爆发的今天，获得用户使用习惯和使用频度是移动端应用场景下电信运营商的优势，借机拓展移动支付，在增加其自身的使用用户上也具有相当大的意义。三是获取多元化的应用支付能力，拓展自身使用用户。在获取移动支付权限和应用场景后，电信运营商依靠自身强大的用户资源进行用户地面化生活的深度定制，用产品定位等形式，进行移动互联网化的产品深度开发，以期望达到拓展自身用户的可能性。互联网金融要解决的是用户在通货膨胀期间对资金增值的需求，互联网金融运营商在围绕此需求进行深度开发的同时，合理植入各种应用场景下产品的便捷实用方式，被用户热爱和追捧就会显得越来越简单。

表 9-5 移动运营商推出的代表性互联网金融产品

产品名称	和聚宝	添益宝	沃百富
属运营商	中国移动	中国电信	中国联通
合作企业	汇添富、聚宝贷	民生银行、上海银行	百度
主打优势	自动充话费、0 元购机、信用购机、流量特惠	手机账户余额理财，将支付账户和理财账户进行整合让客户消费和理财两不误	理财更赚钱、手机免费拿、靓号免费送、大片免费看、百度大礼包
年化收益	4.5%左右	5%～7%	6%

资料来源：根据相关资料整理所得。

9.2.3 服务模式创新

互联网农村金融发展时间较短，但由于其显著的普惠特征与我国“三农”金融需求高度契合，目前已经创新出若干种模式，通过服务网点、P2P 网贷、农业众筹、电商金融、在线产权交易、在线结构性融资、互联网农业保险、互联网农产品期货、网络理财以及农村传统金融的互联网化等多种模式创新服务“三农”，助力普惠金融。

1.服务网点创新

近年来，农业银行、农村信用社等涉农金融机构在农村布局了大量便民服务站点，且基本都能具备小额支付功能。服务站点一般选在人口较为密集的小卖部、农资售卖点、小餐馆等，它们充当“代理银行”的角色，具有支付等多种功能，体现金融普惠性。比如中国农业银行，以“金穗惠农通”服务点为基础，与电商平台、批发商、农产品经营主体合作，下沉农户生产生活，打造出 B2B2C 的农村金融生态圈。一是加大自动设备投放，满足农民自助存取款、转账、理财、缴费等金融需求；二是将便民服务金融网点延伸到乡村，运用移动智能手机通过 App 等程序满足农民移动支付需求，助农取款服务点也能实现支付功能；三是推出纯线上的自助信贷产品，产品“E 农管家”整合“三农”资源提供服务，产品“数据网贷”能提供纯线上的自助信贷服务。

2.P2P 网贷创新

互联网农村金融中的 P2P 网络贷款是指农业经营者作为资金需求者通过互联网金融 P2P 平台寻找有放款能力和投资意愿并能满足其借款需求的资金供给者，资金供需双方不见面，通过互联网渠道进行材料审核、合同签订和资金划转。在 P2P 融资过程中，首先是农业经营者在金融服务专业网络平台自主选择符合自己意愿的资金供给方，双方通过平台进行借贷事宜沟通，初步达成资金供求意向；接着是资金提供方通过该平台对借款方的营业执照、借款资格、信用状况、还款能力等进行在线审核；最后是资金供求双方实现借贷匹配，并在平台的协助下进行贷款风险控制。P2P 网贷的主要特点是交易便利、金额较小、频率较高，有效弥补了传统金融模式下农业经营者获取小额贷款时手续繁杂、费时费力、沟通和业务对接成本高等问题，能及时满足农业经营者的季节性、临时性、应急性的资金需求。近年来，随着国家对农业的重视，很多P2P网贷平台已布局“三农”，如翼龙贷、开鑫贷、宜信等。翼龙贷的农村加盟模式为“三农”提供低门槛、高效率的网贷服务，平台只负责提供信息和控制风险。翼龙贷在运营上采用同城O2O模式，资金供给方为拥有闲余资金的城市居民，渠道下沉至三四线城市，资金需求方为同城乡下农村的“三农”人群及个体工商户。翼龙贷是城市资本下乡支持“三农”发展的典范，已在数百城市设立运营中心，业务覆盖已超过1000个区县。

3.农业众筹创新

农业众筹是农业与众筹模式结合的产物，农业经营者通过网上融资平台发布筹资的农业项目信息吸引大众为其投资，筹资成功后以实物或股权形式回报投资者。农业众筹源自美国，代表案例是Fquare和Agfunder。“大家种”在国内率先开始农业众筹，很多综合性众筹平台也有零星的农业众筹项目。农业经营者（筹资者）将策划方案和融资需求上传到众筹融资平台，由平台组织相关专业机构对项目的可行性及风险进行综合评估。当项目获得平台认可后，农业经营者方可将该项目的筹资方案和回报条款发布在众筹平台上，吸引有投资意愿的个人和机构（投资者）。投资者在募资期内将资金转入与众筹平台有业务合作的第三方金融机构存管，在众筹平台的授权和监督下按照事先设定的放宽要求逐步转到农业经营者账户上，用于项目的实际运营。最后，农业经营者按事先设定的回报条款以股权凭证、红利、现金、债权凭证等一种或多种形式兑现对投资者的承诺回报，众筹项目执行完毕。农业众筹不以是否拥有成熟商业价值作为发放贷款的唯一判断标准，弥补了传统金融模式下大多数农业经营者因经营风险系数高而难以获得数额较大、时限较长的项目启动资金的不足，使农业经营者在从事生产以前就获得生产所需的发展资金，拓宽农业经营者的融资渠道，缓解农业经营者的融资难问题。此外，农业众筹还减少了农产品的中间流通环节，增进生产者与消费者的双向互动，促进农产品以销定产。传统农产品流通从生产到销售，中间经过经销商、零售商等，流通成本高、流通效率低、流通时效差，农产品到消费者手里时的质量无法保证。农业众筹利用团购和预购等形式，在农业产品生产前锁定市场，做到以销定产。农众筹让农业经营者自己选择农作物，并灵活定价，减少中间环节成本，还能与消费者互动，并根据消费者反馈的信息持续改进生产和服务。对消费者来说，农业众筹不只是O2O的概念，而是一种F2F（farm to family）的新潮生活方式，参与感是他们从中获得的最大附加价值。

根据参与人权益不同，农业众筹可分为消费型、平台型、权益型和公益型四种。首先，消费型是指农业经营者发起项目，并以相关农产品作为出资者（城市用户）的回报的众筹形式。经营者收到城市用户预订农产品的资金，收获时按约定数量和质量发货给预订者，在项目实施过程中农业经营者往往会采取一些措施让种植过程透明化，让农产品全程可追溯。消费型农业众筹操作简单没有门槛，同时也能更好地获得城市用户的信赖，也是我国农业众筹项目中的主要形式。国内“大家种”、“本来生活”与“众筹网”基本都是这种模式。其次，平台型农业众筹是指众筹平台完全定位为信息中介，自身不作为项目发起人参与众筹项目，只利用平台优势给发起人规划产品、发布项目等，并撮合有意向投资者。“有机有利”是平台型众筹的典型代表，其“生态通”农场项目管理系统具有展示项目、发布信息、网络销售等功能，以助农业经营者开展订单农业。再次，权益型农业众筹涉及股权和土地产权只是在试点阶段，比较典型的是“聚土地”（图 9-6）。继聚土地项目之后，很多众筹平台都推出了类似的土地众筹项目，基本做法是农场提供土地让人认购耕种，农场提供种子及技术指导，认购者自己享受地里产出的过程，获得安全食材的同时还感受到劳动的快乐。目前众筹平台上土地基本只能短期租赁，部分项目是与取得土地使用权的合作组织合作开展。公益型农业众筹是指通过互联网聚合碎片化分散的爱心人士为农业公益事业筹集资金支持、技术服务和扶贫帮困。现实生活中众所周知的往往是一些教育类公益众筹，如早期传统形式的“希望工程”和农村“三支一扶”，近年来通过互联网兴起的“阳光书屋”等。事实上，农业领域的公益事业有着更大的开发空间，比如北方治沙、节水灌溉、植树造林、农村扶贫等，借助互联网把社会公益资源配置到生态农业发展中来，具体运作模式可借鉴“阳光书屋”。网贷平台 PPmoney 上万惠众筹主要开展农业公益众筹项目，采取“互联网金融+农业项目+信用建设”模式，通过合作企业、合作社等发起奖励性众筹项目，一边把融得的资金发给贫困农户购买农资、工具，另一边让合作农企指导农民种植，指导农户通过互联网众筹融资。

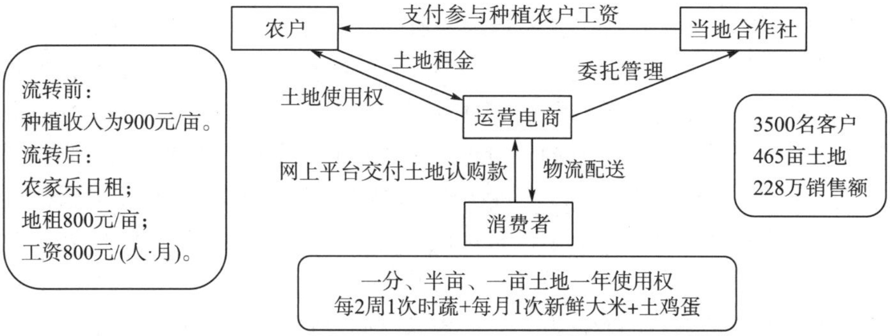

图 9-6　阿里聚土地项目运营模式

资料来源：根据淘宝网资料整理。

4.农村电商金融创新

互联网使得信息的共享更加流畅，让商业模式融入更多的利益相关者成为可能。农村电商金融是指涉农电商企业利用电商平台在农村积累的大数据，独自或与传统金融机构合作为参与电商交易的农村用户提供在线供应链金融，形成“电商+互联网金融+农户经营者”的交易闭环生态圈。农村电商金融依托农业供应链，对供应链相关成员企业线上审批及授信，打造封闭的农业供应链体系，使资金在供应链体内封闭循环，实现贷款资金在供应链内的使用。在农村电商金融业务中，先是电商平台上的资金需求者向电商平台提出融资申请，电商平台自身或与传统金融机构合作，通过信贷数据风险控制模型交叉检验申请者的历史交易记录、信用数据并评估其还贷能力后，决定是否为其提供信用担保或发放贷款。当实际发放贷款后，电商平台就会把在线监测到的借款者交易及财务数据转换为信用评价，线上实时控制贷款风险。该模式通过对大数据挖掘和利用，促进借贷双方信息对称，弥补农村传统金融机构因借贷双方信息不对称而对农村用户惜贷或慎贷的不足，有利于农村信誉好、管理合规、网络营销或消费参与度高的农村中小微企业、新型农业经营主体或农民获得短、平、快的经营性小额融资或消费分期贷款。

依据电商平台搭建企业的行业不同，可将农村电商金融分为互联网企业主导的电商金融、银行主导的电商金融和“三农”服务企业主导的电商金融三种基本类型。如前所述，电商金融的典型代表是网商贷和京东供应链金融。银行主导的电商金融利用农产品电商平台发展农业供应链金融服务，如中信银行对接服务网等相关平台和运营商开展 B2B 电商在线融资服务。“三农”服务企业主导的电商金融是指“三农”服务企业将自己传统业务线上扩大销量的同时，与传统金融机构合作逐步涉足农村金融服务，为自己服务的对象提供信用担保，甚至还专门成立小贷公司、信用担保、商业保理、融资租赁公司等微型金融公司向传统客户提供金融增值服务，实现流量变现，如大北农、新希望、诺普信等。这类企业有完整的产业链、庞大的客户群优势，互联网金融恰恰是平台资源转变成盈利增长点的最好出口，加之又有传统线下实体服务手把手教会农民网上购销产品、资金融通，还可线下进一步核实客户信息，真正实现产融结合，对发展农村互联网普惠金融具有特别重要的意义。

5.在线产权交易创新

传统金融机构服务“三农”总是显得力不从心，原因在于农户的抵押物不多，而信用放贷风险大，即便是开展了联户担保或者能人担保。但随着农村土地承包经营权、居民房屋所有权和林权的权能抵押实现，农村抵押贷款难问题得以缓解。尤其是通过互联网设立农村产权量化交易系统，使过去分散隔离的产权、债权、林权得以聚合起来与供需方互联互通，为互联网农村普惠金融的嵌入创造便利条件。以湖南“土流网”和云南“林业惠农云服务”为例，土流网通过 PC 端网站和移动端 App 进行农村土地流转信息收集、供需信息发布及撮合交易精准匹配的同时，在平台上为农业经营者和土地投资者提供土地抵押贷款、土地银行及农业保险等互联网金融增值服务。以往银行不愿接收农民用土地承包权申请抵押贷款，原因是出现违约时银行拿到零散地块无法变现。在土流网上的农民抵押贷款则完全不同，一旦农户出现违约，银行可将零散地块委托土流网进行变现。为进一步降低风险，土流网还要求申请抵押贷款者先与保险公司签订农业保险协议。与土流网类似，云南林业惠农云服务平台在通过 PC 端网站和移动端 App 实现数字化林权信息及政府惠农政策传递的同时，为林农提供在线支付、生产资料小微信贷、个人消费信贷、林权质押担保、保险、理财等金融服务，让林农足不出户就可以一站式办理金融业务。通过该系统可以让林业资产快速进入金融资本市场，在金融杠杆的带动下提升林业资源附加值。

6.在线结构性融资创新

结构性融资是指企业将拥有未来现金流的特定资产剥离开来，并以该特定资产进行融资，从而使农业产业链上的农副产品及其加工品获得融资功能。之所以称为结构性融资是因为它是用现金这类高效资产从企业财务报表的结构角度考虑资产置换。目前比较常见的结构性融资主要是应收账款担保融资、存货担保融资和预付款融资，是供应链金融的主要金融工具。应收账款融资是指金融机构质押卖方应收账款并提供账户管理、融资、催收等金融服务；存货融资是指企业以已经购买的存货抵质押获得贷款，它包括以货权为抵质押的授信和以货物为抵质押的授信；预付款融资是指金融机构先支付买方货款，卖方发货到金融机构指定仓库，买方追加保证金后金融机构才向客户发货。此外，融资租赁作为对存货融资、应收款融资和预付款融资等三种结构性融资的跨界融合，成为供应链金融的重要资金入口。一方面，融资租赁公司可以设立保理公司，通过保理公司对自身融资租赁业务形成的应收账款进行融资；另一方面，融资租赁公司可以分别介入融通仓和保兑仓融资模式对存货融资和预付款融资提供资金融通服务。当然，融资租赁不仅仅为农业供应链上的农副产品及加工品提供融资，还可以为农业生产环节的农机、加工环节的设备和厂房、仓储物流的设施设备提供资金融通服务，尤其是在互联网时代下诞生的“融资租赁+互联网金融”A2P(asset to peer)模式，通过互联网把资产端的融资租赁债权与资金端的社会沉淀资金连接起来，可以聚合更多的社会资金用于农业产业化发展。

7.传统银行互联网化创新

互联网金融的商业模式本质上是一种先下手为强、赢者通吃的平台经济，这给羸弱的传统农村金融带来了更大的不确定性。尽管短期内传统金融机构在农村市场的主导地位还很难被撼动，但金融脱媒、信息脱媒、支付脱媒、客户关系脱媒已是大势所趋，所以诸如中国邮政储蓄银行以及浙江德清农商银行等一些地方性农村商业银行开始从对互联网金融看不见、看不起的漠视态度转向拥抱互联网金融，积极进行传统业务的互联网化转型。近年来，传统银行做了很多有益的尝试。中国农业银行的助农取款服务就是一种接近O2O的业务模式。通过与农村小卖部、村委会合作，利用固定电话线和相对简易的机具布设，农户就可以进行小额取现。在对四川省的调研中发现，小额取现每笔金额均在50元以下，满足老乡对日常小额现金的基本需要。安徽农信社则走得更远一些，他们的手机银行通过短信进行汇款，方便快捷，用户基础广泛。目前累计用户238万，日均转账8亿元；累计转账1349亿元。已经形成了一定的规模。

8.互联网农业保险创新

随着经营规模和资金投入的扩大，农业经营主体的风险意识增强，农业保险成为控制风险的必需金融产品。我国在保险市场发展滞后，分保能力有限，农业自然灾害风险分散或转移不足。加上农业生产经营风险大、信息不对称、保险赔付率高，国内保险公司开展农业保险积极性低，农业保险产品供给严重不足。借助互联网信息技术监测和收集农业天气、土壤及作物大田表现和畜禽牧场表现、自然灾害、虫害疫病等大数据，定制化设计保险方案，改善农业保险信息不对称、赔付率高等问题。美国孟山都旗下Climate公司将保险业务平台与互联网农业数据有效协同，公司利用其互联网保险业务平台每天采集的250万点的天气数据，并结合天气模拟、植物根部构造等信息综合判断意外天气风险，据此为农场主提供农业保险。反观国内，和邦股份的种植业保险、新希望的畜禽养殖保险已经上线，国内互联网农业保险将迎来较快发展阶段。客观上说，真正对接农村的互联网保险还在探索中。国内首家网络保险公司——众安在线于2013年推出的高温险有部分自然灾害保险属性，而且投保方便，理赔灵活。理赔时，投保人无须提供相关证明，保险公司会根据中央气象台的天气预报进行自动赔付。可以预期，随着互联网技术的进步，大数据、云计算和保险精算的进一步融合，基于互联网保险的农业产品会大量涌现并更好地服务国内农村新经济环境。

9.互联网农产品期货创新

农产品期货市场可提供准确信息给粮食企业，用于生产经营决策，还可以应对市场风险，为农业经营者保驾护航。比如，粮食生产的农场可在当期卖出一定数量的粮食期货合约，以此来冲抵粮食价格降低的风险，粮食收储、加工企业可在当期买入一定数量的近期粮食期货合约，以此来冲抵粮食价格上升带来的风险。并且，粮食收储及加工销售企业还可以利用期货市场功能与农民发展订单农业，签订订单时利用期货市场套期保值功能锁定价格变化的风险，既要按较高价格与农民签约并强化农户履约意愿，又要确保产量能足额到期货市场交割，实现订单利润，农民与企业共赢。当前，伴随着农产品交易的全球化，入市者交易规模不断扩大，商品流通距离越来越长，农产品贸易已由以即期交易为主转变为以期货交易和远程交易为主，传统交易模式正逐渐被信用交易、委托交易、网上交易等新型交易模式取代。我国的农业生产经营者要在国际国内一体化开放的市场上赢得竞争，必须学会运用农产品期货进行自我保护。但我国农户小规模分散经营与期货的大规模集中交易、农民偏低的文化层次与期货交易的专业性相矛盾。这些问题恰好可以借助互联网加以解决。分散的小农户通过互联网聚合形成一个虚拟合作组织，然后以虚拟组织的身份集体委托专业的中介组织开展农产品期货套期保值服务，既摊薄了参与成本，又获得了专业服务，是我国农户有效参与农产品期货的一条捷径。

10.农村网络理财创新

一些研究发现农村储蓄水平偏低的主要原因是没有便利的适农理财产品。近些年，农民资金“反哺”城镇的现象明显，这可能是由于农村地广人疏，交通不便且金融网点少，缺乏合理管理农民存款的条件。互联网金融具有低成本、高效率、便捷等优势，在筹集农村小额闲散资金等方面有突出表现。资金紧缺时农民可通过 P2P 网贷和众筹模式等进行融资，资金富余时还可通过互联网购买“宝宝类”理财产品进行投资，互联网金融既提高了农民金融需求的可得性，又拓宽了农村投融资渠道。

9.3　互联网农村金融的风险控制

9.3.1　主要风险识别

(1) 互联网农村金融风险的常规性。互联网农村金融作为金融体系中的一种，必然面临互联网金融中常规性的金融风险，如信用风险、市场风险和操作风险等。①信用风险。互联网农村金融的信用风险较大，一是因为交易信息传递、支付结算等业务都是通过网络进行，农户的身份确认、信用状况等方面存在较大的信息不对称的问题，容易引发逆向选择和道德风险；二是因为农业本身具有高风险特征，农业经营容易因季节性和自然条件等因素影响而出现因产致贫，无还款能力的现象；三是因为农民普遍缺乏可抵押物，出现风险后涉农互金企业无法获得风险补偿。②市场风险。一是因为农业生产周期较长，市场调节滞后，导致农产品价格易受市场供求、经济贸易条件、市场前景预测等因素影响而给农户带来经济损失；二是农户或涉农互金企业因利率价格等市场价格变动而遭受损失。③操作风险。一是因为涉农互金企业员工自身因金融业务不熟悉而违规操作造成损失；二是涉农互金企业为抢占市场获取较高利润而违规经营造成损失；三是因为农户自身对互联网金融业务操作不熟悉而出现操作失误造成损失。

(2)互联网农村金融风险的特殊性。一是涉农互金企业经营风险更大。农业对自然力、自然条件及生命个体的依赖性强，容易受到旱灾、洪涝、病虫害等自然风险破坏，并且农产品标准化、品牌化不足容易出现因某个地方某个企业某种产品的问题而给整个行业带来风险，这些风险很容易通过金融服务转嫁给涉农互金企业。并且，涉农金融机构自身经营中面临着各种主观与客观上的牵制，导致其存在较大经营风险。二是涉农互金企业的营利性更差。农村地区不良资产比率较高，并且涉农贷款因惠农等普惠金融考虑而提供优惠利率导致盈利空间不大，因此涉农互金企业存在低收益、高风险的特征。三是非法金融活动更严重。与城镇地区相比，农村地区采取诈骗等手段非法集资等现象频发，乱集资等现象更严重，这些非法金融活动不仅扰乱正常的金融秩序，还阻碍农村金融的健康稳定发展。

9.3.2 风控模型分析

1.借贷博弈模型

假设贷款利率为 i，互金企业发放贷款的单位成本为 c_E(E 代表 enterprise)，农民申请 1 单位贷款，且每次申请贷款需要耗费的单位成本为 c_F(F 代表 farmer)，假设 a 为农民贷款后用于农业生产所得的收益，b 为农民借款不还时遭受的声誉、不能再次借款等多方面的损失，c 为互金企业借贷时遭受的国家补贴政策政策、客户流失等方面的损失。假设农民还款概率为 x，互金企业放贷概率为 y，则互金企业和借款农民的博弈矩阵见表 9-6。

表 9-6 互金企业和借款农民博弈矩阵

		借款农民	
		还款 x	不还款 $1-x$
互金企业	放贷 y	$(i-c_E, a-i-c_F)$	$(1-i-c_E, 1+a-c_F-b)$
	不放贷 $1-y$	$(-c, -c_F)$	$(-c, -c_F-b)$

根据表 9-7，农民选择还款时的期望收益为

$$E_{FY}=y(a-i-c_F)+(1-y)(-c_F) \tag{9-6}$$

农民选择不还款时的期望收益为

$$E_{\mathrm{FN}}=(1+a-c_{\mathrm{F}}-b)y-(1-y)(c_{\mathrm{F}}+b) \tag{9-7}$$

因此，由 Malthusian 方程可知，农民选择还款策略的复制动态方程为

$$f(x)=x(1-x)[y(-i-1)+b] \tag{9-8}$$

同理，互金企业选择放贷时的期望收益为

$$E_{\mathrm{EY}}=x(i-c_{\mathrm{E}})+(1-x)(-1-i-c_{\mathrm{E}}) \tag{9-9}$$

互金企业选择不放贷时的期望收益为

$$E_{\mathrm{FN}}=x(-c)y+(1-x)(-c) \tag{9-10}$$

因此，互金企业选择放款策略的复制动态方程为

$$f(y)=y(1-y)[x(2i+1)+c-1-i-c_{\mathrm{E}}] \tag{9-11}$$

令 $f(x)=f(y)=0$，则借款农民与互金企业之间演化博弈的复制动态系统存在 5 个局部平衡点，分别是(0，0)、(0，1)、(1，0)、(1，1)以及$(x^*,y^*)=((1+i+c_E-c)/(2i+1),b/(i+1))$。各局部平衡点的稳定性需借助第 5 章中 Jacobi 矩阵的行列式符号和迹符号来判断(表 9-7)。

表 9-7　平衡点的 Jacobi 矩阵行列式值和迹

初始奇点	det(***J***)	tr(***J***)
(0,0)	$b(c-1-i-c_E)$	$b+c-1-i-c_E$
(0,1)	$b(c-1-i-c_E)$	$(b-1-i)-(c-1-i-c_E)$
(1,0)	$-b(c+i-c_E)$	$-b+c+i-c_E$
(1,1)	$(b-i-1)(i+c-c_E)$	$-(b-i-1)-(i+c-c_E)$
(x^*,y^*)	$\dfrac{b(i+1-b)(1+i+c_E-c)(i+c_E-c)}{(2i+1)(i+1)}$	0

为促进互金企业放款，农民能借钱生产获得更多收益，因此只需考虑点(1,1)的稳定条件。

定理 1：当$b-i>1$且$i+c>c_{\mathrm{E}}$时，系统的演化稳定策略 ESS 为(还款，放贷)。

证明：由第 5 章可知，若要该平衡点(1，1)稳定，需 det(***J***) 值在该点为正，而 tr(***J***) 值在该点为负，即变量同时满足条件$b-i-1>0$且$i+c-c_E>0$。并且，在此条件下，Jacobi 矩阵的行列式值和迹的符号可判定(表 9-8)。

表 9-8　$b-i>1$ 且 $i+c>c_{\mathrm{E}}$ 时平衡点类型判定

初始奇点	det(***J***) 符号	tr(***J***) 符号	稳定性
(0,0)	负	无需计算	鞍点
(0,1)	正	正	不稳定点
(1,0)	负	无需计算	鞍点
(1,1)	正	负	稳定点 ESS
(x^*,y^*)	无需计算	0	鞍点

其相位图见图 9-7。

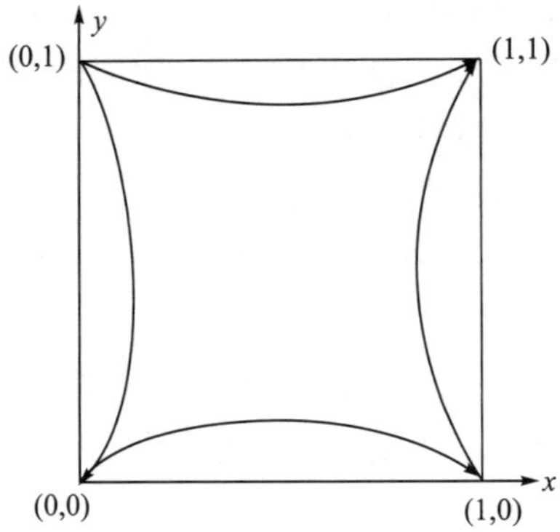

图 9-7 $b-i>1$ 且 $i+c>c_{\mathrm{E}}$ 时复制动态系统相位图

所以此时复制动态系统的演化稳定策略为(还款，放贷)。证毕。

由定理 1 可知，互金企业放贷意愿与贷款利率、放贷成本、不放贷的损失有关，农民还款意愿与贷款利率和不还款的损失有关。图 9-8 用 MATLAB 仿真模拟了借款农民初始还款概率为 0.4，互金企业初始放贷概率为 0.7 时两者的动态策略演化过程。该图表明，虽然互金企业的放款概率有下降趋势，但最终仍会选择放款，而借款企业的还款概率不断增强，最终也会选择还款。

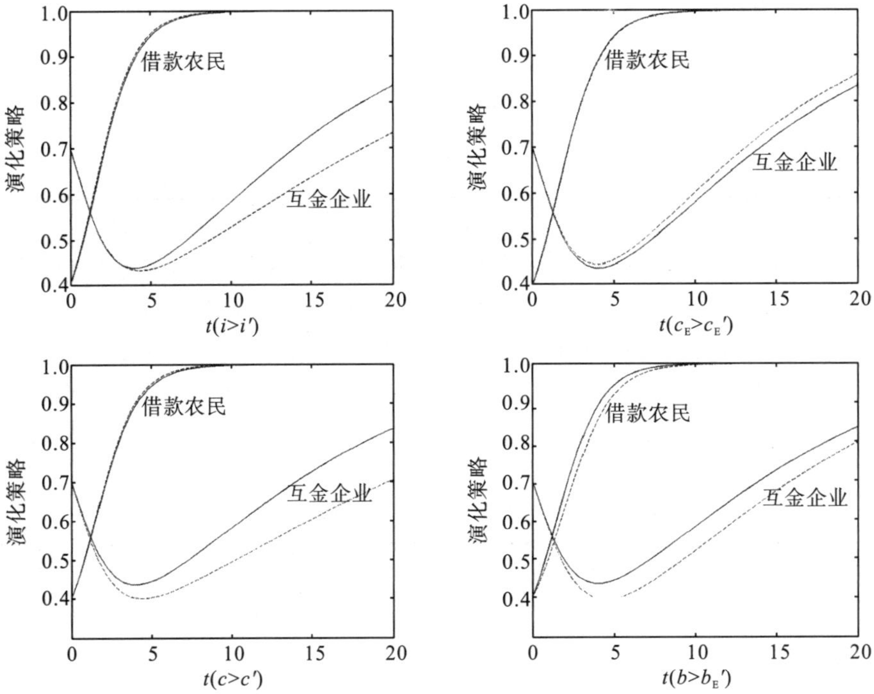

图 9-8 $b-i>1$ 且 $i+c>c_{\mathrm{E}}$ 时互金企业演化路径

注：其中各实线表示参数取原值，比如 $i=0.1$，$c_{\mathrm{E}}=0.02$，$c=0.05$，$b=1.2$ 时监管部门和互金企业的策略演化路径，虚线分别表示降低参数值为 $i'=0.06$、$c'_{\mathrm{E}}=0.01$、$c'=0.01$ 和 $b'=1.1$ 后两者的策略演化路径。

首先，当贷款利率上升时，借款农民还贷意愿减弱，互金企业放贷意愿增强，这是因为越高的贷款利率意味着互金企业越高的盈利收入，而这正好增加了农民的借款成本。其次，互金企业放贷成本的增加会降低互金企业放款意愿，但对借款农民意愿无影响，这是因为放贷成本增加会缩减互金企业利润空间。再次，当互金企业不放贷的损失增加时，借款农民的还款意愿会略微减少，而互金企业的放贷意愿会增加，因此可从增加不放贷互金企业损失的角度出发促使其放贷。最后，借款农民不还款的损失增加时，借款农民的还款概率增大，互金企业的放贷概率也会增加，因此可从增加不还款农民的损失角度出发，给予一定惩罚措施，最终达到放贷和借款的良性循环。

2.信贷激励模型

假设互金企业自愿放贷，农民自愿借款，且每年都需要申请贷款。若农民每年都按时还本付息，则还可获得互金企业下一年的贷款，否则互金企业将终止对农民的放贷且永不再对其发放贷款。假设贷款利率为 i，农民每年申请 1 单位贷款，需要耗费的申请成本为 c_F，用于农业生产可获得的收益为 a；互金企业发放该 1 单位贷款需要耗费的成本为 c_E。因此，两者的支付矩阵如表 9-9 所示。

表 9-9　互金企业和借款农民博弈矩阵

		借款农民	
		还款	不还款
互金企业	放贷	$(i-c_E, a-i-c_F)$	$(-1-i-c_E, 1+a-c_F)$
	不放贷	$(0, -c_F)$	$(0, -c_F)$

由博弈论可知，若互金企业与农民仅进行一次性博弈，则纳什均衡策略为(不还款，不放贷)。也就是说，在一次性博弈中，两者都只考虑短期收益状况，但显然的是，一次性博弈时的支付水平低于合作时的支付水平，即(还款，放贷)，因此可考虑长期合作的可能。从长期看，互金企业和农民会经历无数次博弈，一旦农民违约不按照约定还本付息，互金企业将永久性终止对其贷款，农民缺乏资金来源则不能再进行农业生产，造成永久性的损失。因此，需要考虑互金企业的激励还款机制在何种条件下对农民威胁有效。

假设互金企业与农民之间经历过 t 次博弈(其中 t 为自然数)，收益的贴现率为 r。假设农民在第 T 次违约，则互金企业从第 T+1 次开始不再给该农民发放贷款，农民前 T 次收益现值和为

$$
\begin{aligned}
\text{Income}_{FT} &= \sum_{t=1}^{T-1} \frac{a-i-c_F}{(1+r)^{t-1}} + \frac{1+a-c_F}{(1+r)^{T-1}} \\
&= [(1+r)^{T-1}-1] \cdot \frac{(a-i-c_F)}{r(1+r)^{T-2}} + \frac{1+a-c_F}{(1+r)^{T-1}}
\end{aligned}
\tag{9-12}
$$

如果农民坚守承诺，自始至终都不违约，则可获得的长久收益为

$$\text{Income}_{\text{F}}=\sum_{t=1}^{\infty}\frac{a-i-c_{\text{F}}}{(1+r)^{t-1}}=\frac{(a-i-c_{\text{F}})(1+r)}{r} \tag{9-13}$$

因此，要使互金企业对农民的违约惩罚有效，需长久收益超过违约收益，即 $\text{Income}_{\text{F}} > \text{Income}_{\text{FT}}$，化简即得

$$r(1+i) < a-i-c_{\text{F}} \tag{9-14}$$

由上可知，当且仅当条件满足 $r(1+i) < a-i-c_{\text{F}}$ 时，借款农民与放贷互金企业长期的最优策略为(还款，放贷)。并且，从式(9-14)可以看出，要想激励借款农民守信还款，一是将贷款利率控制在较低水平(i 较小)，而互金企业通过互联网提供金融服务，为农民等长尾客群提供的金融服务本身就具有低成本、高效率的优势，因此互联网金融能较好践行普惠金融并实现可持续性发展；二是提高农业生产收益(增大 a)，让农民增收、降低风险才能真正解决放贷互金企业的后顾之忧；三是降低贷款申请成本(减小 c_{F})，互金企业主要依靠大数据审核农民信用状况，减少传统金融在农民申请时烦琐的资料成本，还能快速放款减少时间成本。

9.3.3 风险管控措施

(1)建设农村征信体系。农村信用环境差也是阻碍农村金融发展的一个重要因素，一些地方农民耍老赖的情况还很常见，因此需要建立对家庭农场、专业大户、龙头企业等新型经营主体的信息采集和信用评估，形成信用数据库，并逐步将他们纳入征信系统中。农村征信体系建设是发展互联网农村金融的基础设施，是提高金融服务可获得性，体现普惠金融的重要条件，也是控制风险的必要手段。互联网金融运用大数据技术研究目标农民的经营情况、收入情况、网络信息等，进而评价农民信用状况，有效解决农村征信体系缺失导致的信息不对称和高监督成本等问题，能为农村征信体系建设和互联网农村金融可持续发展提供一个低成本、高效率的解决方案(表 9-10)。并且，互联网农村金融服务植根于“三农”的生产、生活场景，为“三农”解决投融资需求。与城市具有高度流动性和易逝性的金融服务场景相比，“三农”的金融服务场景相对固定和稳定。

表 9-10 互联网农村金融征信

农村电商快速发展	农村大数据获取	征信难题解决
农村智能手机普及 农村网购占比提升 农资电商平台火热 知名电商进驻农村	资金流水信息 历史信用 线上线下印证	大数据提供征信 降低现场到访成本 O2O 为风控提供双重保险

(2)发挥大数据风控作用。互联网农村金融以农村电商，尤其是农资电商、农业供应链为入口，往往还在线下布局了大量的服务点或体验店，线下人员在对农户服务时，利用网络信息实时监控农民资金状况，核实农户金融行为的真实性、还款能力和还款意愿，同时还可积累农民诚信大数据，为互联网农村金融的风险控制加了双保险。像大北农的“三网一通”体系、辉丰股份的农一网，在降低交易成本、提升销售效率与客户黏性的同时，

更重要的是获取农户的资金实力、信用评估等关键信息，起到了实际上的征信效果，大北农也正是基于此，通过农信网平台实现了低风险精准信用投放。

(3) 重视农民教育。对农民进行金融教育，切实提高农民自身金融素养和信用是控制互联网农村金融风险的有效补充。一是金融知识普及。偏远地区和老龄化农民普遍缺乏金融知识，对金融的认知普遍仅限于贷款找信用社，闲钱存信用社，因此有必要普及金融知识，让其了解信用社之外的金融体系，了解风险与收益等基本常识。二是网络操作交易。很多农民对互联网金融认识不足，更不熟悉网上购物、网络理财、网上信贷等现代金融形势，因此需要通过网络操作教育扩大互联网金融的普及范围，也让农民对相关操作了然于心，避免错误操作带来损失，并能游刃有余地利用网络获取金融服务。三是进行信用教育。部分农民信用意识差，或是因为农民没意识到信用差或贷款不还的不良后果，因此可通过信用教育提高农民信用，也可对借款不还的农民采取加大惩罚力度的措施以增加农民信用意识，同时减少放贷企业的信贷风险。

(4) 降低农业风险。农村金融信贷供给不足，很大程度上源于农业风险大，切实降低农业风险既可增加农民收入，又可减少互金企业的放贷风险。首先，借助农业保险抵抗生产过程中的干旱、洪水、病灾、虫灾等自然风险；其次，借助农业科学技术发展，提高并改良农业生产；最后，改变传统的销售渠道，借助电商平台、自媒体等扩大产品销量，利用期货等方式销售，避免农产品价格的大幅波动。

9.4　互联网农村金融的发展展望

由于农村的生产、生活和消费具有分散性、季节性、风险性和多样性等特征，农村金融的需求极其复杂。互联网金融为农村金融普惠带来了新的希望，但互联网金融也是金融，其本质仍然是经营风险，也无法回避传统金融在农村面临的诸多困难，因此发展互联网农村金融也需要采取一定的策略。

1.以移动支付为入口开展互联网农村金融

在移动支付之前，一些传统金融机构为改善农村支付条件进行了大量探索但收效甚微，无法满足农村地区对现代支付的需求。以互联网技术为支撑的移动支付活跃在银行主导的传统支付清算体系之外但能显著降低交易成本。在互联网金融中，移动支付还与金融产品挂钩，带来丰富的商业模式，与我国地广人稀、交通不便、传统金融服务物理网点少的农村的无现金支付需求高度契合，可缔造巨大的蓝海市场，只是移动支付在农村的推广普及还需要讲究策略和方法并循序渐进地推进。首先要健全农村支付体系。涉农供给主体要摒弃以往铺设物理网点的老路，要找到物理网点和网络布局的平衡点，如大规模投放成本低、效率高的转账电话等电子机具，在电子机具基础上借助卡媒介提供小额取现等服务以满足农民的现金支付习惯，依靠金融科技手段有效配置农村非现金支付资源以实现农村金融服务的持续发展。其次，改善农村支付环境。涉农供给主体加大农村支付业务创新，打通传统金融与互联网金融思维之间的脉络，弥补农村金融物理网点的不足，降低金融服务成本，实现农村金融基础服务向“最后一公里”下沉延伸。再次，采取 O2O 线上线下相结合的方式进行。加快二维码支付、刷脸支付等技术的应用以打造线上线下支付的“手机钱包”，鼓励农村年轻人通过网上银行、手机银行等形式获取金融服务，在线下小超市等地安装使用 POS 机、ATM 机等，多进行金融知识的免费宣传和传播，多对新型职业农民进行金融服务培训。

2.网络融资将是重点发展的互联网农村金融

对比互联网金融与传统金融在农村金融中的优劣，易发现互联网金融能解决农村小额信贷问题，还可利用自身高效便捷等优势将金融服务嵌入农村经济各环节中，提高资金配置效率。互联网金融依托大数据和云计算等技术，引入非结构数据挖掘潜在需求，精准配置资源，提高贷后管理有效性。同时高速放款和灵活的期限，也切实降低了农民的财务成本。

一是大力发展电商金融。随着互联网在农村的广泛普及，农村在电商平台开店卖物或购物的人越来越多，但这些人的交易信息并不能被拥有大量农村金融资源的农村传统金融机构获得。今后传统农村金融机构可以与电商平台合作，共享农村用户在电商平台上累积的大数据资源，共同构建农村信用大数据，有利于改善农村信息不对称问题，拓展农村金融的信用放贷能力，减少农村金融排斥，提高农村金融普惠。

二是积极开展农业众筹融资。与“生鲜预售”类似，融资者多为农村中小企业或家庭农场。农业众筹打破了传统生鲜农产品多环节的零售流程，让生产者提前组织生产，以销量驱动生产，降低农业经营风险，以 F2F(family to farm)的理念、众筹的方式联通农场与居民，减少流通环节，满足都市人的绿色产品需求。随着我国农业适度规模经营和新型农业经营主体队伍的壮大，以及城市碎片化消费者可以借助互联网实现社群化集聚的兴起(图 9-9)，农业众筹项目也可以开展大宗生鲜农产品。在这种模式下，城市消费者可按地理位置就近聚合为不同的食物社区，每个食物社区由一名领头人组织该社区消费者向众筹平台预购产品，并组织消费者参生鲜农产品生产基地的遴选与生产流通环节的消费体验。领头人既是食物社区的消费领袖，又是众筹平台在食物社区的销售代表，众筹平台根据领头人的销售业绩进行体验营销激励。生产基地为专业合作社等适度规模经营的新型农业经营主体，接受电商平台的认证许可后方可参与食物社区预购订单的投标，中标生产基地按照该食物社区预购订单组织生产和配送，产品由生产基地直接配送到食物社区指定的提货点，由消费者自行前往提货。这是一个多方共赢的平台，消费者与生产者从产销对接减少的交易环节中获益，生产者的绿色生产与消费者的体验消费形成双向正反馈和正激励，有助于我国大宗生鲜农产品通过众筹形式定制化产销对接和解决农村“最初一公里”集货难与到城市“最后一公里”配送难问题。

三是稳步发展农村 P2P 网贷。P2P 网贷在农村金融市场的优势体现在借款人的融资需求能够比较快速地获得满足，但近两年 20%左右的综合利率表明网贷实际融资成本较高，且贷款风险也很高。因此，一方面应鼓励实力雄厚的企业进入农村金融市场建立涉农 P2P 网贷平台，降低农民融资成本并提高金融服务的可得性；另一方面应采取 O2O 的形式开展 P2P，像“翼农贷”那样控制资金来源范围和放贷范围，类似于网络化的农村资金互助合作社，便于资金供给方对资金需求方的知根知底，同时将 P2P 平台严格地装进信息中介的铁笼子里，最大化降低 P2P 网贷风险。

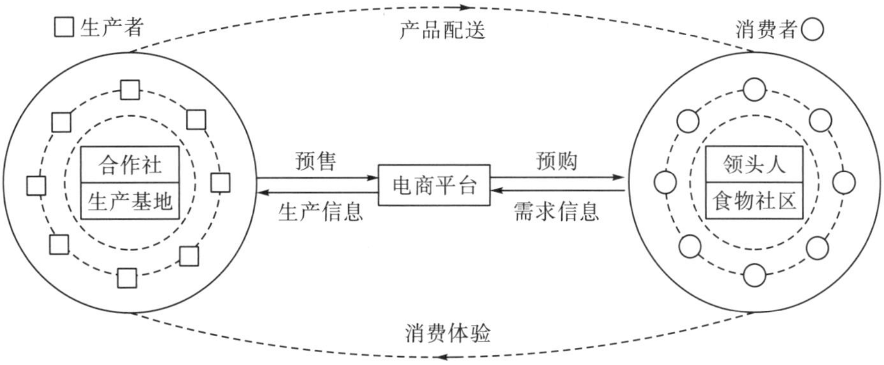

图 9-9　社群化消费者与组织化生产者通过众筹平台进行产销对接

3.O2O 模式将被用于控制互联网农村金融风险

互联网金融的本质仍然是金融，是经营风险，不管是互联网金融理财平台进攻线下农村市场，还是传统银行借助网上平台反攻线上，互联网农村金融都将面临较高的风险。客户身边设置物理网点是金融机构的竞争优势，而我国农民仍对物理网点有很高的依赖性，这正好与中国农村地广人稀使网点的单位成本过高而造成物理网点过少的现实相悖。首先，互金企业可以与传统金融机构合作，通过“技术换网点”、“理念换网点”以及“产品换网点”的方式，在轻资产模式下，推进农村的布点工作。更为重要的是，可以用线上线下相结合的方式收集大数据补充缺失的农村金融征信数据，目前农村的互联网普及率稳步增长，农民基本都能用智能手机上网，很多人对支付宝、微信等的使用率较高，收集的这些互联网大数据就可成为农村征信的数据基础。其次，目前取得成效的农村金融服务机构，无论是为经营资金提供贷款还是为农资提供分期付款，都是经历了商业到金融的渗透过程，典型代表如“旺农贷”和“什马金融”。“旺农贷”通过农村淘宝服务站负责人放贷授信，负责人是村淘合伙人，熟悉情况且受过阿里培训，阿里生产经营关系约束借款人，防止客户违约。“什马金融”与经销商一起提供电动车、摩托车等消费分期服务，用户赊销商品减少了大笔资金的筹集压力，经销商通过“什马金融”不仅缓解了资金压力还能增加销量，品牌商和经销商一起托底大部分风险，降低了“什马金融”自身的运营风险。

4.包容性监管引导互联网农村金融合规发展

从信息技术发展趋势看，互联网金融将成为服务农村电子商务和普通农户的重要新兴力量。目前，已经有部分互金企业开始普惠金融的尝试。但是，新兴的互联网金融也面临着业务发展过快、企业良莠不齐等问题，这些问题是所有行业发展初期都会经历的，监管层和政策制定者应该加以引导，给予包容，地方政府在这方面做出了一些努力。比如，在吉林省前郭县乌兰敖都乡查干花养殖场，养牛大户卢先生通过转账电话，为附近农户办理代付、代收等业务，三年间共发生交易 1.4 万笔，涉及金额 2600 万元。尽管他涉嫌多处违规，但是中国人民银行长春中心支行支付结算处相关课题组仍对他给予肯定，称其搭建了连接正规金融与农村社会的桥梁。同时，监管层在农村支付等领域已经表现出很大程度的包容性与鼓励性。2014 年 9 月央行发布《中国人民银行关于全面推进深化农村支付服务环境建设的指导意见》，允许助农取款服务点试点提供现金汇款、转账、缴费等服务，拓宽手机支付在农村的业务范围和种类等，表现出了极大的政策宽容度。互联网金融在对接农村时将面临更大的挑战，需要监管层给予更大的支持，在不踩监管红线的情况下，尽量给予宽容与鼓励。

5.创造条件推广普及互联网农村金融

完善网络基础设施。从 2004 年起，中央一号文件已连续 13 年聚焦“三农”问题，也由此加快了我国农村地区的发展，农村地区的基础设施不断完善，修公路、架电线、建水利、铺管网，为农村地区新经济形态的发展奠定了坚实基础。近年来，随着互联网的强力介入，网络基础设施的完善，农村经济又开始经历新一轮跨越式发展。互联网的应用使广大农民拥有了新的参与经济活动的方式，也获得了广泛的话语权。但也应清晰地看到，广大偏远农村地区交通仍然不便，农村物流配送成本高、效率低，农村电商发展缓慢。同时农村地区网络覆盖率仍然较低，尤其在中西部的一些经济欠发达农村，这些原因制约了农村消费金融市场的发展。因此，无论是传统金融机构的积极“触网”进入农村市场，还是电商、“三农”服务平台、供应链金融 P2P 借贷平台等不断地渗透，我国的互联网农村金融发展依然比较缓慢，迫切需要通过农村基础设施的完善加快互联网金融向农村的渗透。支持农村及偏远地区宽带建设，缩小城乡数字鸿沟，补上农村公共产品和服务“短板”。加快农村电商发展，让农村经济与互联网产生叠加效应，推动农业升级、农村发展和农民增收。加快农村快递业发展，降低物流成本，解决农产品进城的“最初一公里”和工业品下乡的“最后一公里”问题。

第 10 章　研究结论及决策建议

互联网金融为普惠金融的发展注入了新的活力，有望使我国市场化金融改革实现弯道超车，从而更好地普惠长尾客群，更好地滋养实体经济。作为本书的结尾部分，本章主要对本项目的研究进行了系统性概括提炼，得出本项目研究的一些基本结论，在把握互联网金融发展规律的基础上提出互联网金融普惠化创新发展与合规化健康发展的决策建议，为互金企业、监管部门、市场参与者和研究者提供决策参考。

10.1　研究结论

基于对互联网金融本质属性的认识、创新发展规律的把握和金融风险控制的诉求，本项目获得以下研究结论。

(1) 互联网金融利用互联网思维和金融科技手段经营信用和风险。互联网金融以用户为中心，利用云计算进行后台管理，利用区块链进行信用管理，利用大数据进行风险管理，通过互联网为有钱人理财，为实体经济融资。与传统金融相比，互联网金融和传统金融都是金融，其基本活动都是经营信用、操作杠杆和管控风险，但由于互联网金融充分植入了互联网这种先进的生产力，因而在交易媒介、销售方式、风控方式、协议签订等方面实现了对传统金融的帕累托改进，能够低成本、低风险和高效率地将金融服务范围覆盖到广大中小微企业和低收入人群等长尾客群，获取规模经济和范围经济，能够通过与居民消费、企业经营、产业发展和“三农”场景的无缝对接服务实体经济，使普惠金融从理念变成现实。

(2) 互联网金融是合力驱动下的创新产物。金融排斥与监管包容、金融科技与网络消费等合力驱动金融服务与互联网跨界融合，并以互联网金融化为入口对金融服务理念、业务流程和用户体验进行重新塑造，进而逐渐促进金融组织结构、金融经营管理和金融制度的创新，使现代金融重新回到为实体经济提供普惠金融服务的轨道上来，并集中通过金融服务模式创新表现出来。创新包括互联网金融化、金融互联网化及其两者的融合发展，可进一步细分为 P2P 网络借贷、众筹融资、第三方支付、虚拟货币、互联网金融门户、大数据金融等互联网金融化模式以及银行、证券、保险、信托、期货、基金、理财、小贷、担保、保理、租赁等金融互联网化模式。

(3) 互联网金融的风险复杂，但创新出大数据等风控手段。互联网金融是互联网与金融创新融合的产物，金融风险和网络风险都具备并且两者还相互叠加，故互联网金融风险更复杂，若不及时控制创新过程中出现的各种金融风险，任何局部的或行业的微小风险都可能导致系统性风险。从过去金融风险的动态演变过程来看，互联网金融风险控制与金融创新并不矛盾，需要做的就是在两者之间寻找到合适的平衡点。由于可以借助云计算、大数据、区块链等金融科技进行风险控制，使互联网金融的风险控制多样并高效。从互金企业的视角看，互联网金融风险主要有信用风险、法律风险、流动性风险、技术风险和操作风险，而风险控制的方法除可继续使用传统金融的风险控制手段外，还可采用大数据、金融科技以及加密技术和电子签名进行风险控制。

(4) 互联网金融应立体化适度监管。世界上不存在不受监管的金融，作为仍然是金融的互联网金融自然也不例外。最好是从一开始就运用“守住不发生系统性风险”的底线思维去监管。就具体监管措施而言，应遵循“宏观审慎+功能监管+行为监管”的思路，形成“中央银行+审慎部门+行为部门”的格局，构筑“政府监管+行业自律+中介辅助”的体系，坚持“践行普惠+鼓励创新+适度监管”的宗旨，并配合运用传统监管方法与创新监管方法。没有清晰的规则和边界，放任金融野蛮生长，最后的结果是“好人给坏人买单”，倘若等到问题大量浮出水平面后再去监管和整顿，极有可能是釜底抽薪，动摇社会对整个互联网金融的信心，一旦信心不再，再高的大厦也会毁于一旦。不过，由于互联网金融是金融科技创新的新生事物，对互联网金融的监管须秉持包容性与严肃性兼顾，把握管与不管的度，避免出现“一放就乱、一管就死”的困境。

(5) 互联网消费金融在服务消费者中践行普惠金融并创新发展。伴随着网络经济的快速发展，由互联网消费金融长尾效应引发的杠杆化网络消费蒸蒸日上，在经济新常态下鹤立鸡群，成功逆袭为我国经济健康增长的原动力。消费往往与各种场景直接相连，因此消费是互联网大数据金融或 O2O 金融最容易发挥优势的地方，也是互联网金融最早切入的地方。以电子商务为引擎的网络经济高速增长并向传统产业高速渗透，垂直场景深化、超前消费的兴起、各种金融服务的迎合和国家政策的大力刺激是我国互联网消费金融发展的驱动力量，也使我国互联消费金融在需求场景、产品形态、服务模式和风控措施等方面表现出显著的普惠金融特征。

(6) 通过服务中小微企业及供应链做实互联网金融服务实体经济的普惠表现。互联网金融在需求侧以消费金融为入口，顺藤摸瓜涉足广大中小微企业及其所在供应链的融资、投资理财业务，打破了一直由传统金融机构垄断的企业对公业务的传统。互联网公司金融和供应链金融的模式呈现出八仙过海的局面，互联网公司金融方面有电商金融、P2P 网贷、众筹融资以及“互联网+传统金融”，而供应链金融则分别有商业银行主导、核心企业主导、物流公司主导、批发市场主导、信息化服务商主导、供应链服务商主导以及 P2P 平台和第三方支付机构主导等多种形式。目前，互联网公司金融和供应链金融的资金端主要在银行、小贷公司、P2P 平台、商业保理公司、融资租赁公司以及 ABS 资产证券化，资金来源还十分有限。由于互联网公司金融和供应链金融的资产端是基于产业背景的实体经济，且采取 O2O 或大数据手段进行风险控制，因而风险相对可控。

(7) 互联网农村金融将加快普惠金融在我国农村推广普及的进程。普惠金融最大的短板在农村。互联网金融能否助推普惠金融，不在于它在多大程度上与传统金融重新配置了城市消费与工业增长的金融资源存量，而在于它在多大程度上拓展了农村等传统金融无法覆盖的长尾客群及需求增量。由于农村生产、生活场景有广阔的金融服务需求，一些“三农”服务商、农村电商企业、互联网企业和移动运营商都纷纷进军互联网农村金融领域，并创新出网络支付、P2P 网贷、农业众筹、农村电商金融、在线产权交易、在线结构性融资以及银行、保险、理财、农产品期货等传统农村金融业务的互联网化，为互联网金融在我国农村推广普惠金融服务带来了新的希望。

10.2　决策建议

基于上述研究结论，为确保互联网金融普惠化创新发展和规范化健康发展，本书研究提出以下决策建议。

(1) 坚定互联网金融普惠化服务实体经济的发展方向。普惠性是互联网金融的看家本领，服务实体经济是互联网金融赖以生存发展的基石。中国金融体系并不缺少为大企业和富裕人群提供金融服务的机构、产品及服务，这块领域已经是传统金融竞争白热化的红海，草根起家的互联网金融没有优势，至少在发展初期没有这个实力与传统金融竞争。互联网金融的优势在于利用金融科技低成本、低风险的优势为传统金融无法覆盖的广大中小微企业、弱势人群等长尾客群提供小额需求、高频交易、时效性强的普惠金融服务，缓解广大长尾客群的金融抑制与排斥现象，在开拓小微金融服务需求增量的过程中，积累业务规模，实现规模经济。并且，由于长尾客群的金融服务需求主要用于居民个人消费或中小企业生产经营，金融资源主要投向实体经济，减少了传统金融的资金空转的虚拟经济活动的现象发生，加上又增加了大数据这种先进的风险控制手段，互联网金融较传统金融的风险更加可控，更有利于互联网金融实现商业上的可持续发展。因此，互联网金融应咬定青山不放松，坚持普惠化服务实体经济的发展方向不动摇、不偏离，通过互联网金融实现弯道超车，走出一条有别于欧美国家传统金融的中国特色新金融发展道路。

(2) 坚持以用户为中心，与时俱进，进行互联网金融创新。互联网金融是互联网渠道与金融业务的创新融合，同时还创新出了没有物理网点的互金企业、商业模式、金融的理念和思维、金融产品和服务以及大数据风险控制方法，创新带动了互联网金融行业的快速发展。但是互联网金融的创新是一个过程而非结果，任何一种创新都必须能适应社会客观环境的变化，满足市场格局的变化，跟上客户消费观念变化的步伐，满足社会公众对普惠金融的需要。互联网金融是普惠金融，这就要求互金企业根据客户需求深刻把握互联网金融的消费趋势、潜在金融需求、消费行为特征，充分利用各种即时通信工具与客户沟通和互动，了解客户的真实需求，利用大数据技术为产品创新、客户定位、商业模式创新和金融服务模式创新提供有效支撑，建立以客户体验为核心的业务运行体系，为用户提供多元化、差异化、个性化的优质服务。当前互联网金融比较热，尤其在经济新常态下，很多企业都想把互联网金融作为经济转型的突破口。在这种情况下，对于涉足互联网金融的互金企业来说，不能盲目跟进，也不能过分模仿跟进，更不能只把互联网作为金融消费渠道，这就需要互金企业以自身资源禀赋为基础，坚持有所为有所不为，不触碰国家对互金企业开展 P2P 网贷、股权众筹、资管业务、第三方支付等规定的禁止性行为，明确自己能做什么、不能做什么、近期做什么、远期做什么，守好法律和风险底线。在平台经营过程中探索最适合自身的盈利模式，通过用户的逐步增加、流量的逐步增长、数据的逐步积累和利润来源的逐步拓宽，在实现互联网金融风险可控的前提下规范化可持续发展。

(3) 打造多元共享共赢的互联网金融开放性生态系统。从目前已在互联网金融领域获得巨大成功的 BATJ 的经验来看，互联网金融要获得可持续性健康发展，关键在于构建多元共享共赢的开放性金融生态。互联网金融是开放的，单个企业无法拥有该行业的所有资源，这就要求互金企业必须加强与外界的合作，共同打造一个多元化的利益共同体。这个利益共同体必须具有多样性、开放性、系统性和互利性等显著特征。多样性和开放性要求互金企业在打造互联网金融生态系统时，摒弃单打独斗、什么都要自己干的陈旧做法，广泛与产业链上下游合作伙伴合作，如余额宝与基金公司、商业银行、政府部门、电商平台的合作与嵌入，形成多方共赢的生态环境，共同实现产业的繁荣。系统性是指互联网金融平台的打造是一项系统工程，它是投资者、金融机构、电商平台、互联网企业、网络运营商及周边供应商、监管机构等共同构成的有机整体。互利性是指要让参与互联网金融价值链的各利益相关者都能获得各取所需的相应的利益，也包括各自分担与利益对应的风险，从而真正形成以利益为纽带的利益共同体。从空间维度看，互联网金融生态系统的构建可从横向和纵向进行拓展。横向拓展指互联网金融生态朝着集团化和综合化混业经营的方向发展，使得一家互联网金融平台往往拥有比较全面的金融牌照，一个用户账户可以在平台上办理各种金融业务。横向拓展适合经济实力雄厚、资源整合能力强的综合型互联网金融公司，如大而全的 BATJ 等互联网企业通过自己打造生态链，或是通过扩大自身产品生产线，再以并购等方式联合行业内竞争对手或优秀企业，多位布局互联网金融形成生态闭环，获客能力和客户黏性都大幅提升。纵向拓展指互联网金融平台进行业务聚焦和资源集聚，在垂直细分领域深耕业务。纵向拓展适合专业能力强的行业领导者，如链家的房金融、顺丰的物流金融等。但不管是哪个维度的业务拓展，都很重视应用场景的开发，因为应用场景是确保互联网金融平台流量优势的关键。在未来，场景争夺必然会迎来线上线下的融合，并且各场景中产生的海量交易信息会与其他途径获取的信息糅合在一起形成大数据，便于互金企业掌握客户习惯偏好、金融需求、信用状况等，充分发挥大数据在产品定价、精准营销和风险控制等方面的作用，为互金企业创造财富并提升竞争力。就生态系统的构建方式而言，不外乎产业联盟、企业联盟、战略联盟以及通过收购、控股、参股、成立合资公司等资本运作方式。

(4) 审慎监管协同跟进，引导互联网金融规范化健康发展。互联网金融仍然是金融，因此需要对互联网金融进行适度的监管，确保投资者的合法利益。世界上不存在一个不进行金融监管的国家，没有一定清晰的规则和边界，鼓励金融野蛮生长，最后的结果是“好人给坏人买单”。但是互联网金融作为一种创新型新金融形态，具有高度竞争性和时代性，过多、过宽的限制又会削弱甚至扼杀其创新活力。因此，对互联网金融监管力度的把握就显得极其重要，原则上应采取底线思维进行监管，以鼓励创新、公平竞争，维护市场的稳定和保护投资者为准则，守住不发生区域性金融风险和系统性金融风险这两条底线，给互联网金融创新发展适度的时间和空间。就具体监管措施而言，应遵循“宏观审慎+功能监管+行为监管”的思路，形成“中央银行+审慎部门+行为部门”的格局，构筑“政府监管+行业自律+中介辅助”的体系，坚持“助力普惠+鼓励创新+适度监管”的宗旨，配合运用传统监管方法、大数据方法与创新监管方法。要以金融服务的本质要求界定互联网金融监管的管与不管，采取注册、备案等相对中性或者低强度的市场准入制度，并主要以负面清单的形式明确互联网金融行为的边界。比如，P2P 网贷平台不得发放贷款、设立资金池、自融自保以及资产管理、债权或股权转让、高风险证券市场配资等金融业务活动；股权众筹平台不得自筹、发布虚假标的、虚假陈述和误导性宣传以及资产管理、债权或股权转让、高风险证券市场配资等金融业务活动；互联网企业没有相关金融业资质的，不得依托互联网开展相应业务，不得将私募等金融产品打包、拆分向公众销售，不得依托互联网嵌套开展资产管理业务，取得多项金融业务资质的互联网金融平台不得违反关联交易等相关业务规范；非银行支付机构不得挪用或占用客户备付金，不得连接多家银行系统变相开展跨行清算业务；未取得相关金融资质的企业不得开展相关房地产金融业务，严禁各类互金企业开展“首付贷”性质的业务；互联网金融领域的广告不得对金融产品和业务进行不当宣传。要采取“穿透式”的监管方法，重点防范以 P2P 形式出现的非法集资罪、以网络众筹和网络理财形式出现的诈骗罪以及互联网金融平台不委托第三方进行资金存管的挪用资金罪、未取得金融业务资质的非法经营罪或擅自设立金融机构罪。要充分利用金融科技进行互联网金融监管，金融科技既为金融创新提供技术手段，也为互联网金融监管提供更加完善的技术手段。

(5) 引导社会公众正确看待和理性参与互联网金融活动。虽然互联网金融是接入金融科技创新的产物，金融的本质属性仍没有变。不仅如此，传统资金市场上的马太效应在互联网金融身上反而更加明显，即越是信用水平高的融资方越容易得到资金的青睐，从而只愿意支付较低的融资成本。信用水平越低的融资方，往往不受资金的青睐，因而只有通过支付较高的融资成本来吸引资金。对投资者而言，这就意味着想要较高的投资回报只能将资金提供给信用水平低的融资者，而较低的投资回报则会将资金匹配给信用水平高的投资者，这就是所谓的高收益高风险、低收益低风险背后的真实原因。这种情况在现实中已有印证。部分互联网金融平台以高回报的许诺吸引投资者，然而，由于融资方难以承受这样的高息，因而极易出现兑付危机。有的高回报项目是互联网金融平台的自融资行为，平台取得资金后由于难以找到合适的高回报项目，不得不用资金池的后续资金归还前面的资金，一旦资金链条断裂就会给后进入的投资者造成损失。还有一些不法分子，通过搭建互联网金融平台以高息、高回报方式编制庞氏骗局进行集资诈骗活动。这些违规甚至违法的金融活动之所以有市场，很大程度上是社会公众对互联网金融的认识出现了偏差，被互联网的表象迷惑。互联网金融的本质仍然是金融。因此，互联网金融要想健康发展，对投资者的教育很关键。要通过教育引导投资者正确看待和理性参与互联网金融活动，要知道金融产品的风险与投资回报存在正向关系，要教育投资者形成正确的投资理念，摒弃依靠投资一夜暴富的心态。遇到高回报产品要理性分析借款人是否有可靠的优质资产作为还款保证，自觉抵制高回报诱惑。这就要求投资者在选择互联网金融平台投资时，要优先选择那些信息披露充分、预期投资回报水平合理和背景可靠的互联网金融平台。当前，互联网金融正在从草根演化为传统金融机构、电商巨头、互联网巨头、工商业龙头企业、上市公司、国有企业和大型民营企业等多方参与的一个领域，互联网金融平台的股东背景对投资者具有显著的风险背书作用。

10.3 研究展望

创新永无止境，对于正处于日新月异创新发展中的互联网金融也不例外。随着互联金融从混沌走向有序，从野蛮生长回归理性发展，互联网金融将呈现出服务普惠化、产业生态化、创新科技化、体验场景化、风控数据化、监管常态化等发展趋势。

(1)服务普惠化。在未来，随着资金配置效率的提升，金融服务效率的提高，互联网金融将深度践行普惠金融。大数据、云计算、人工智能等金融技术将持续发展，企业的风控能力将大幅提高，能为更多客户提供金融服务。大数据将继续用于挖掘客户需求，并据此进行产品创新，以更好地满足客户个性化的金融需求。互联网金融将激励更多的民间力量，盘活民间资金存量，使民间金融更加阳光化、规范化，更好地为实体经济服务。

(2)产业生态化。生态化是互联网金融平台整合多种金融业务后形成的生态价值服务的产品链条。此外，专业化的产业细分平台也将在产业内获得一定的生存空间。所谓专业化是指互联网金融平台只专注于产业内某一个细分领域，如众筹、P2P、征信、消费分期等。生态化和专业化两种形态将在互联网金融领域长期并存，并通过并购重组形成相互竞争的格局。

(3)创新科技化。互联网金融是互联网渠道与金融业务的创新融合，同时还创新出了没有物理网点的互金企业、商业模式、金融的理念和思维、金融产品和服务等，创新带动了互联网金融行业的快速发展。互联网金融的创新是一个过程而非结果。未来以区块链为核心的金融科技将在金融创新中扮演重要角色。区块链技术将重构整个互联网金融的底层架构。它的优势在于降低金融风险和运营成本，有助于实现共享金融。

(4)体验场景化。应用场景是确保流量优势的关键，因此未来的金融服务将被嵌入各种与金融产品紧密相连的具体生活场景中，充分反映客户需求。在未来，场景争夺必然会迎来线上线下的融合，并且各场景中产生的海量交易信息会与其他途径获取的信息糅合在一起形成大数据，便于互金企业掌握客户习惯偏好、金融需求、信用状况等，充分发挥大数据在产品定价、精准营销和风险控制等方面的作用，为互金企业创造财富并提升竞争力。

(5)风控数据化。风控是互联网金融的核心竞争力，而风控的核心在征信，征信的核心在数据。未来，互联网金融支付体系的建设在于更好地利用金融科技搭建安全可靠的支付体系，为客户提供高效、便捷、安全的支付服务。由支付积累起来的数据的4V特征将更加明显，将大数据应用于征信业务必然有助于征信的发展，并且央行的征信系统和民间的征信机构将共同发力以完善我国征信体系，金融为互联网金融提供可靠的风险控制保障。

(6)监管常态化。我国互联网金融的发展是一种基于互联网技术的诱致性制度变迁。国家对互联网金融的引导采取的是“自下而上”的道路。在互联网金融发展的前期，采取的是开放、包容的态度，允许互金企业自行制定行业规范和操作制度。但随着互金企业问题的逐渐暴露，政府逐步跟进和提供监管已是民心所向。随着重塑后的监管体系的落地，互联网金融跨界、混搭的监管难题将得到缓解，未来必将形成“政府监管、行业引导、企业创新”的行业治理框架和格局，合力走向规范发展。

互联网金融上述发展趋势自然是互联网金融研究的重要方向。但由于本书结题时间将至，加之研究经费的限制，本书研究只能以当前时间为节点对观测到的互联网金融问题及已经显现出来的互联网金融发展趋势进行研究。不过，本书研究对互联网金融上述发展趋势都有所涉及，尽管由于项目视角选择的原因只重点研究了互联网金融服务的普惠化、用户体验的场景化、风险控制的数据化、金融监管的常态化等内容，对基于区块链技术的金融科技创新、基于互联网金融生态化的马太效应的研究还不够深入，有待于在今后进一步的研究中加强。比如，互联网金融诞生的初衷是打破金融垄断，但互联网金融生态化发展的结果又形成了新的垄断，互金企业要获得规模收益，必须达到一定的市场集中度，而市场过度集中又会形成垄断，什么才是合适的市场集中度是互联网金融前瞻性的问题，需要战略性考量。又如，网络经济理论研究和大量案例表明，传统金融模式与互联网金融模式间的竞争更多的是行业标准之争，是安全性与便捷性的对立统一，但目前互金企业与传统金融机构往往对此各执一词。类似的问题需要监管当局或者行业协会予以清晰界定，才能在规则统一的情况下让互金企业公平、有序地竞争以促进行业健康规范发展。再如，如何平衡金融创新和风险监管也是一个仁者见仁、智者见智的话题，需要有大量的定性定量的实证研究和数据测算来为决策者提供参考。这些问题，有待于在进一步的研究中予以重点关注。

参考文献

艾迪斯. 1997. 企业生命周期[M]. 北京: 中国社会科学出版社.

艾瑞咨询. 2016. 2016年中国互联网消费金融市场研究报告[R]. 3-21.

安佳, 田苏俊, 刘畅, 等. 2017. 互联网农村金融供给对农户借贷需求的影响效应研究——基于八省市农村借贷供需情况调查的卡方分析[J]. 中小企业管理与科技(16): 105-108.

白钦先. 2000. 20世纪金融监管理论与实践的回顾和展望[J]. 金融论坛, 5(5): 8-15.

包兴, 郑忠良. 2015. 供应链金融风险控制与信用评价研究[M]. 北京: 清华大学出版社.

贝多广, 李焰. 2016. 普惠金融: 中国金融发展的新阶段[M]. 北京: 人民出版社.

波士顿咨询公司. 2014. 互联网金融生态系统2020: 新动力、新格局、新战略[R]. 10-15.

蔡恺. 2014. 阿里小贷大数据精控低成本放贷[N]. 证券时报, 1-30.

曹廷贵, 苏静, 任渝. 2015. 基于互联网技术的软信息成本与小微企业金融排斥度关系研究[J]. 经济学家(7): 72-78.

陈灿伟, 郭静仪, 罗文洁, 等. 2016. 农村普惠金融的重要性及其在互联网条件下的发展[J]. 时代金融旬刊, 646(36): 32-33.

陈华, 李国峰. 2014. 互联网金融: 现状、存在问题应对策略[J]. 金融发展研究(5): 77-79.

陈平. 2015. 我国普惠金融监管政策效果研究[D]. 广州: 广东财经大学.

陈祥锋, 朱道立, 应雯珺. 2008. 资金约束与供应链中的融资和运营综合决策研究[J]. 管理科学学报, 11(3): 70-77.

丁夏. 2015. 互联网金融背景下商业银行个人金融业务创新策略研究[D]. 福州: 福建农林大学.

丁玉, 卢国彬. 2016. 互联网金融: 本质、风险及监管路径[J]. 金融发展研究(10): 38-42.

董培. 2017. 线上供应链金融风险评估的研究[J]. 市场论坛, 1(6): 64-66.

范文仲. 2014. 互联网金融理论、实践与监管[M]. 北京: 中国金融出版社.

冯娟娟. 2013. 互联网金融背景下商业银行竞争策略研究[J]. 现代金融(4): 14-16.

冯科, 何理. 2016. 互联网消费金融的创新[J]. 中国金融(11): 32-34.

冯晓雷. 2015. "互联网+农业"模式下的农村金融新机遇[J]. 中国农业银行武汉培训学院学报(4): 21-22.

甘犁. 2014. 中国农村家庭金融发展报告[M]. 成都: 西南财经大学出版社.

高山. 2009. 金融创新、金融风险与我国金融监管模式研究[J]. 北京市经济管理干部学院学报, 24(1): 82-86.

高祚. 2016. 互联网金融时代我国商业银行金融创新发展策略研究[D]. 长春: 吉林财经大学.

顾婧, 程翔, 邓翔. 2017. 中小企业供应链金融模式创新研究[J]. 软科学, 31(2): 83-86.

郭菊娥, 史金召, 王智鑫. 2014. 基于第三方B2B平台的线上供应链金融模式演进与风险管理研究[J]. 商业经济与管理, 1(1): 13-22.

何昇轩. 2016. 基于B2B平台的线上供应链金融风险评价研究[D]. 长春: 吉林大学.

胡波, 姚新宇, 樊清华. 2017. 供应链金融下P2P平台为中小企业提供融资的风险研究[J]. 首都经济贸易大学学报, 19(3): 29-39.

胡笙煌. 1996. 主观指标评价的多层次灰色评价法[J]. 系统工程理论与实践, 16(1): 12-20.

黄浩. 2017. 互联网银行的普惠金融实践[J]. 清华金融评论(5): 40-41.

黄玲霞, 陈颖, 肖智华, 等. 2017. “互联网+农村金融”服务模式创新实践: 基于广西“四位一体”新型农村金融服务模式的比较案例分析[J]. 农村经济与科技, 28(8): 170-172.

黄卫东. 2015. 互联网金融创新[M]. 北京: 新华出版社.

黄宪, 金鹏. 2004. 商业银行全面风险管理体系及其在我国的构建[J]. 中国软科学(11): 50-56.

黄小强. 2015. 我国互联网消费金融的界定、发展现状及建议[J]. 武汉金融(10): 39-41.

姜超峰. 2015. 供应链金融服务创新[J]. 中国流通经济, 3(1): 64-67.

姜皓天. 1998. 对中小企业融资问题的探讨[J]. 财经研究(7):7-8.

蒋雁峰, 熊宇. 2016. 我国互联网金融监管研究分析[J]. 时代金融(5): 329-331.

孔令峰. 2015. 当供应链金融遇上“互联网”和“P2P”[R]. 国海证券. 01-27.

李大鹏, 曹彦栋. 2014. 中小企业融资难问题及对策——基于银企信息不对称视角[J]. 经济研究导刊(22): 115-116.

李宏畅, 陈娟娟. 2016. 农村互联网金融风险与对策研究[J]. 农村经济与科技, 27(9): 158-159.

李卉. 2016. 基于创新视角的我国互联网金融发展研究[D]. 天津: 天津商业大学.

李慧, 宋良荣. 2016. 互联网金融风险的分类及评估研究[J]. 电子商务(12): 50-53.

李娟, 徐渝, 贾涛. 2010. 物流金融创新下的订单融资业务风险管理[J]. 统计与决策(19): 171-173.

李琦, 曹国华. 2015. 基于Credit Risk+模型的互联网金融信用风险估计[J]. 统计与决策(19): 164-166.

李文启. 2014. 互联网金融破解中小企业融资困境研究[J]. 经济理论与实践(8): 51-54.

李小龙. 2017. 我国互联网消费金融风险及其防范研究[D]. 合肥: 安徽大学.

李学林, 李晶, 朱平安. 2016. 信息技术创新与互联网金融研究[J]. 技术经济与管理研究(12): 73-77.

李怡然. 2017. 互联网金融与普惠金融发展的内在耦合性及其挑战性分析[J]. 金融经济月刊(5): 31-32.

廖理, 吉霖, 张伟强. 2015. 借贷市场能准确识别学历的价值吗?——来自P2P平台的经验证据[J]. 金融研究(3): 146-159.

刘畅, 刘冲, 马光荣. 2017. 中小金融机构与中小企业贷款[J]. 经济研究(8): 49-65.

刘维奇, 高超. 2006. 中小企业贷款问题的进化博弈分析[J]. 中国软科学(12): 94-102.

刘晓曙. 2012. 商业银行市场风险限额设置与管理[M]. 北京: 清华大学出版社.

刘晓燕, 高祥晓, 庞彦龙. 2017. 新常态下农村金融风险管控研究[J]. 山西农经(1): 12-13.

刘占辉. 2016. 我国股权众筹的风险分析与监管制度研究[J]. 金融理论探索(5): 41-47.

卢馨, 李慧敏. 2015. P2P网络借贷的运行模式与风险管控[J]. 改革(2): 60-68.

鲁政委. 2014. 互联网金融: 鼓励创新与完善监管的平衡[N]. 21世纪经济报道: 3-17.

陆磊, 刘海二. 2015. 第三方支付监管的有效性[J]. 中国金融(1): 42-44.

麻文奇. 2016. 大数据征信在企业融资中的应用——以广东省中小微企业信用信息和融资对接平台为例[J]. 金融科技时代(12): 15-20.

马玉霞. 2012. 普惠金融促进法律制度研究[D]. 重庆: 西南政法大学.

马彧菲, 杜朝运. 2017. 普惠金融指数测度及减贫效应研究[J]. 经济与管理研究, 38(5): 45-53.

苗文龙. 2015. 互联网金融: 模式与风险[M]. 北京: 经济科学出版社.

缪莲英, 陈金龙. 2014. P2P网络借贷中社会资本对借款者违约风险的影响——以Prosper为例[J]. 金融论坛, 1(3): 9-15.

牛继萍. 2015. 对经济新常态下资源型地区发展消费金融的调查[J]. 华北金融(11): 77-79.

牛似虎, 方继华, 苏明政. 2017. 基于供应链金融的中小企业绩效评价与实证[J]. 统计与决策, 2(1): 64-66.

潘燕鹏. 2016. 中国农村金融风险问题研究[J]. 区域金融研究, 522(5): 84-90.

单良, 茆小林. 2015. 互联网金融时代消费信贷评分建模与应用[M]. 北京: 电子工业出版社.

石睿. 2011. 金融创新、金融风险与金融稳定的理论分析[J]. 南方金融(6): 32-37.
宋光辉, 吴超, 吴栩. 2014. 互联网金融风险度量模型选择研究[J]. 金融理论与实践(12): 16-19.
宋华. 2016. 基于产业生态的供应链金融的创新趋势[J]. 中国流通经济, 30(12): 85-91.
宋华, 陈思洁. 2016. 供应链金融的演进与互联网供应链金融: 一个理论框架[J]. 中国人民大学学报, 30(5): 95-104.
宋清华, 李志辉. 2003. 金融风险管理[M]. 北京: 中国金融出版社.
宋晓玲, 侯金辰. 2017. 互联网使用状况能否提升普惠金融发展水平?——来自 25 个发达国家和 40 个发展中国家的经验证据[J]. 管理世界(1): 172-173.
粟芳, 方蕾. 2016. 中国农村金融排斥的区域差异: 供给不足还是需求不足?——银行、保险和互联网金融的比较分析[J]. 管理世界, 5(9): 70-83.
孙小丽, 彭龙. 2013. KMV 模型在中国互联网金融中的信用风险测算研究[J]. 北京邮电大学学报(社会科学版), 15(6): 75-81.
唐晓旺. 2015. “互联网+”背景下农村金融机构转型与创新[J]. 中州学刊, 228(12): 50-54.
陶海鹏, 马树建. 2017. 基于电商供应链金融的融资模式及风险决策分析[J]. 财会月刊(17): 113-117.
田菁, 宋玉田. 2015. 线上供应链金融操作风险管理研究[J]. 天津商业大学学报, 35(2): 26-29.
弯红地. 2008. 供应链金融的风险模型分析研究[J]. 经济问题(11): 109-112.
王宝森, 王迪. 2017. 互联网供应链金融信用风险度量与盯市管理[J]. 中国流通经济, 31(4): 77-84.
王达. 2014. 美国互联网金融的发展及中美互联网金融的比较——基于网络经济学视角的研究与思考[J]. 国际金融研究, 332(12): 47-57.
王丽辉. 2017. 金融科技与中小企业融资的实证分析——基于博弈论的视角[J]. 技术经济与管理研究(2): 93-97.
王曼怡, 周晔. 2015. 中国金融风险发展报告 2015[M]. 北京: 首都经济贸易大学出版社.
王曙光, 杨北京. 2017. 农村金融与互联网金融的“联姻”: 影响、创新、挑战与趋势[J]. 农村金融研究(8): 19-24.
王秀贞, 丁慧平, 胡毅. 2017. 基于 DEA 方法的我国中小企业融资效率评价[J]. 系统工程理论与实践, 37(4): 865-874.
温红梅, 汪忠保, 王雪莹. 2017. 基于 Copula 函数的我国农村金融机构整体风险管理的度量与控制[J]. 哈尔滨商业大学学报(社会科学版), 155(4): 69-76.
吴本健, 毛宁, 郭利华. 2017. “双重排斥”下互联网金融在农村地区的普惠效应[J]. 华南师范大学学报(社会科学版)(1): 94-100.
吴成颂, 周炜, 张鹏. 2016. 互联网金融对银行创新能力的影响研究——来自 62 家城商行的经验证据[J]. 贵州财经大学学报(3): 54-65.
吴俊霖. 2017. 互联网金融发展与中小企业融资约束[J]. 金融监管研究(2): 51-64.
吴诗伟, 朱业. 2015. 互联网金融创新与区域金融风险的实证研究[J]. 金融与经济(10): 53-58.
吴晓求. 2015. 互联网金融: 成长的逻辑[J]. 财贸经济(2): 5-11.
肖曼君, 欧缘媛, 李颖. 2015. 我国 P2P 网络借贷信用风险影响因素研究——基于排序选择模型的实证分析[J]. 财经理论与实践(1): 2-6.
肖裴裴, 向启. 2016. 网商银行: 普惠金融践行者[R]. 中信证券.
谢平, 邹传伟, 刘海二. 2014. 互联网金融手册[M]. 北京: 中国人民大学出版社.
谢平, 邹传伟, 刘海二. 2015. 互联网金融的基础理论[J]. 金融研究(8): 1-12.
谢平, 邹传伟. 2012. 互联网金融模式研究[J]. 金融研究(12): 11-22.
徐学锋, 夏建新. 2010. 关于我国供应链金融创新发展的若干问题[J]. 上海金融, 1(3): 23-26.
许圣道, 田霖. 2008. 我国农村地区金融排斥研究[J]. 金融研究(7): 195-206.

许志峰，吴秋余，欧阳洁. 2017. 如何服务实体经济？怎么防控金融风险？深化金融改革向何处推进？[N]. 人民日报，07-15.

晏海运. 2013. 中国普惠金融发展研究[D]. 北京：中共中央党校.

杨斌，朱未名，赵海英. 2016. 供应商主导型的供应链金融模式研究[J]. 金融研究(12)：175-190.

尹一军. 2016. 互联网消费金融的创新发展研究[J]. 技术经济与管理研究(6)：67-71.

雍灏. 2008. 基于全面风险管理框架的金融产品创新关键风险研究[D]. 杭州：浙江大学.

俞林，康灿华，王龙. 2015. 互联网金融监管博弈研究：以P2P网贷模式为例[J]. 南开经济研究(5)：126-139.

禹亦歆. 2016. 电商小额贷款信用融资风险甄别机制研究[D]. 长沙：湖南大学.

张诚，李晓翠. 2015. 国际供应链金融模式与流程创新研究[J]. 南方金融，5(3)：52-59.

赵大伟. 2017. 大数据技术驱动下的互联网消费金融研究[J]. 金融与经济(1)：41-45.

赵晓玲，陈雪蓉，周勇. 2012. 金融风暴中基于非参估计VaR和ES方法的风险度量[J]. 数理统计与管理，31(3)：381-383.

赵昕. 2016. 产业金融创新：从跨界到无界——互联网+供应链金融生态报告[J]. 学术交流，267(6)：136-141.

赵岳，谭之博. 2012. 电子商务、银行信贷与中小企业融资——一个基于信息经济学的理论模型[J]. 经济研究(7)：99-112.

周剑平. 2017. 互联网金融风险影响因素及法律规制[J]. 齐齐哈尔大学学报(哲学社会科学版)哲学社会科学版(1)：78-80.

周娟. 2015. 互联网金融：现状、风险及对策[J]. 当代经济(12)：11-13.

周士元. 2017. 中小企业融资渠道拓展和工具创新研究[J]. 金融经济月刊(1)：139-140.

周雅琼. 2017. 农村金融服务创新及风险研究[J]. 时代农机，4(1)：127.

朱智恒. 2016. 基于BP神经网络的互联网金融风险预警研究[D]. 长沙：湘潭大学.

姜皓天. 1998. 对中小企业融资问题的探讨[J]. 财经研究(7)：28-34.

Akerlof G. 1970. The market for "lemons": Quality uncertainty and the market mechanism[J]. Quarterly Journal of Economics, 84(3): 488-500.

Allen F, Gale D. 1994. Financial Innovation and Risk Sharing[M]. Cambridge: MIT Press.

Andersen T G, Bollerslev T, Meddahi N. 2011. Realized volatility forecasting and market microstructure noise[J]. Journal of Econometrics, 160(1): 220-234.

Anderson C. 2004. The long tail[J]. Long Tail-Business Book Summaries, 11(1): 1-20.

Arrow K J. 1968. The economics of moral hazard: Further comment[J]. American Economic Review, 58(3): 537-539.

Atkinson W. 2008. Supply chain finance: the next big opportunity[J]. Supply Chain Management Review, 12(3): 57-60.

Baesens B. 2003. Using neural network rule extraction and decision tables for credit-risk evaluation[J]. Management Science, 49(3): 312-329.

Barsky N P, Catanach A H J. 2005. Evaluating business risks in the commercial lending decision[J]. Com. Lending Rev(13): 27-32.

Beck T, Demirgüc-Kunt A, Levine R. 2007. Finance, inequality and the poor[J]. Journal of Economic Growth, 12(1): 27-49.

Berger A N, Saunders A, Scalise J M, et al. 1998. The effects of bank mergers and acquisitions on small business lending 1[J]. Journal of Financial Economics, 50(2): 187-229.

Berger A N, Udell G F. 2002. Small business credit availability and relationship lending: The importance of bank organizational structure[J]. Economic Journal, 112(477): 32-53.

Bernabucci B. 2005. Helping customers cure cash-flow through better supply chain management[J]. Secured Lender, 11(12): 62-64.

Bodie Z, Merton R C. 2000. Finance[M]. New York: Prentice Hall.

Bollerslev T P. 1986. Generalized autoregressive conditional heteroskedasticity with applications in finance[J]. General Information, 31(3): 307-327.

Bollerslev T P. 1987. A conditionally heteroskedastic time series model for speculative prices and rates of return[J]. Review of Economics & Statistics, 69(3): 542-547.

Borello G, Crescenzo V D, Pichler F. 2015. The funding gap and the role of financial return crowdfunding: Some evidence from european platforms[J]. Journal of Internet Banking & Commerce, 20(1).

Brockman P, Cicon J. 2013. The information content of management earnings forecasts: An analysis of hard versus soft information[J]. Journal of Financial Research, 36(2): 147-174.

Brueckner E C, Duft K D, Mccluskey J J. 2000. Patron demand deposit account and regional patronage financing activities of agribusiness cooperatives[J]. Journal of Agribusiness, 18: 289-302.

Cadbury A. 1992. Report of the committee on the financial aspects of corporate governance: The code of best practice[J]. Stomatologiia, 1(3): 34-38.

Charnes A, Cooper W W. 2010. Programming with linear fractional functionals[J]. Naval Research Logistics, 9(3-4): 181-186.

Chen T K, Liao H H, Kuo H J. 2013. Internal liquidity risk, financial bullwhip effects, and corporate bond yield spreads: supply chain perspectives[J]. Journal of Banking & Finance, 37(7): 2434-2456.

Chowdhury A M, Bhuiya A. 2001. Do poverty alleviation programmes reduce inequities in health? the bangladesh experience[R]. Poverty Inequality & Health An International Perspective.

Chwolka A, Raith M G. 2001. Group preference aggregation with the AHP-implications for multiple-issue agendas[J]. European Journal of Operational Research, 132(1): 176-186.

Clark J M. 1943. Imperfect competition theory and basing-point problems[J]. American Economic Review, 33(2): 283-300.

Clemons E, Madhani N. 2010. Regulation of digital businesses with natural monopolies or third-party payment business models: antitrust lessons from the analysis of Google[J]. Journal of Management Information Systems, 27(3): 43-80.

Conroy J. 2005. APEC and financial exclusion: missed opportunities for collective action?[J]. Asia-Pacific Development Journal, 12(1): 53-79.

Crockett A. 1996. The theory and practice of financial stability[J]. De Economist, 14(4): 531-568.

Davies S R, Horst M. 2015. Responsible Innovation in the US, UK and Denmark: Governance Landscapes[M]. New York: Responsible Innovation 2. Springer International Publishing.

Debreu G. 1959. Theory of Value: An Axiomatic Analysis of Economic Equilibrium[M]. New Haven: Yale University Press.

Dowd K. 1998. Beyond Value at Risk The New Science of Risk Management[M]. Hoboken: John Wiley & Sons.

Dowd K. 2009. Estimating VaR with order statistics[J]. Journal of Derivatives, 8(3): 23-30.

Duesenberry J S. 1949. Income, saving and the theory of consumer behavior[J]. Review of Economics & Statistics, 33(3): 111.

Duffie D, Singleton K J. 2003. Credit Risk: Pricing, Measurement and Management[M]. Princeton: Princeton University Press.

Dyer R F, Forman E H. 1992. Group decision support with the analytic hierarchy process[J]. Decision Support Systems, 8(2): 99-124.

Engle R F. 1982. Autogressive conditional heteroscedasticity with estimates of the variance of the United Kingdom inflation[J]. Econometrica, 50(4): 987-1007.

Enrique G M, Rios-Rull J. 2009. Financial integration, financial development, and global imbalances[J]. Journal of Political Economy, 117(3): 371-416.

Fama E F. 1965. The behavior of stock-market prices[J]. Journal of Business, 38(1): 34-105.

Fan J, Gijbels I. 1995. Data-Driven bandwidth selection in local polynomial fitting: Variable bandwidth and spatial adaptation[J].

Journal of the Royal Statistical Society, 57(2): 371-394.

Finnerty J D. 1992. An overview of corporate securities innovation[J]. Journal of Applied Corporate Finance, 4(4): 23–39.

Friedman L. 1956. A competitive bidding strategy[J]. Operations Research, 1(4): 104-112.

Gennaioli N, Shleifer A, Vishny R. 2012. Neglected risks, financial innovation, and financial fragility[J]. Journal of Financial Economics, 104(3): 452-468.

Grossman S J, Stiglitz J E. 1976. Information and competitive price systems[J]. American Economic Review, 66(2): 246-53.

Gurley J G, Shaw E S.1955.Financial aspects of economic development[J]. The American Economic Review, 45(4):515-538.

Hagerman R L. 2012. More evidence on the distribution of security returns[J]. Journal of Finance, 33(4): 1213-1221.

Hansen B. 1994. Autoregressive conditional density estimation[J]. International Economic Review, 35(3): 705-730.

Henderson B J, Pearson N D. 2011. The dark side of financial innovation: A case study of the pricing of a retail financial[J]. Journal of Financial Economics, 100(2): 227-247.

Herzenstein M, Sonenshein S, Dholakia U M. 2011. Tell me a good story and I may lend you money: The role of narratives in peer-to-peer lending decisions[J]. Journal of Marketing Research, 48(SPL): S138.

Hester D D. 1969. Financial disintermediation and policy[J]. Journal of Money Credit & Banking, 1(3): 600-617.

Hicks J R. 1939. Value and Capital: An Inquiry into some Fundamental Principles of Economic Theory[M]. Oxford: Clarendon Press.

Hicks K, Watkins T A. 2009. Evaluating microfinance program innovation with randomized controlled trials: examples from business training and group versus individual liability[J]. Contemporary Studies in Economic & Financial Analysis(92): 215-249.

Jorion P. 2000. Value at risk: The new benchmark for controlling market risk[C]. Irwin Professional Publishing, IL.

Kane E J. 1978. Getting along without regulation q: Testing the standard view of deposit-rate competition during the "wild-card experience" [J]. The Journal of Finance, 33: 921-932.

Kane E J. 1981. Accelerating inflation, technological innovation, and the decreasing effectiveness of banking regulation[J]. Journal of Finance, 36: 355-367.

Kane E J. 1988. Interaction of financial and regulatory innovation[J]. American Economic Review, 78(2): 328-34.

Keming Y, Jones M C. 1998. Local linear quantile regression[J]. Journal of the American Statistical Association, 93(441): 228-237.

Kempson E, Atkinson A, Pilley O. 2004. Policy level response to financial exclusion in developed economies: Lessons for developing countries[J]. Nova Acta Stomatol, 3(1): 1-33.

Kempson E, Whyley C. 1999. Kept Out or Opted Out? Understanding and Combating Financial Exclusion[M]. Bristol: Policy Press.

Keynes J M, William S J. 1936. A centenary allocation on his life and work as economist and statistician[J]. Journal of the Royal Statistical Society, 99(3): 516-555.

Khashman A. 2010. Neural networks for credit risk evaluation: investigation of different neural models and learning schemes[J]. Expert Systems with Applications, 37(9): 6233-6239.

Killer J M. 1984. The use of the ARCS model of motivation in teacher training[J]. Aspects of Educational Technology(17): 140-145.

Knight F H. 1921. Risk, uncertainty and profit[J]. Social Science Electronic Publishing(4): 682-690.

Kruger A P. 1974. The political economy of a rent-seeking society[J]. American Economic Review, 84(3): 291-3-3.

Kuester K, Mittnik S, Paolella M S. 2006. Value-at-risk prediction: a comparison of alternative strategies[J]. Journal of Financial Econometrics, 4(1): 53-89.

Kumar. 2007. Multichannel shopping: Causes and consequences[J]. Marketing: 134-141.

Laeven L, Levine R, Michalopoulos S. 2015. Financial innovation and endogenous growth[J]. Journal of Financial Intermediation,

24(1): 1-24.

Larrimore L, Jiang L, Larrimore J, et al. 2011. Peer to peer lending: The relationship between language features, trustworthiness, and persuasion success[J]. Journal of Applied Communication Research, 39(1): 19-37.

Lee Y. 2008. A practical approach to credit scoring[J]. Expert Systems with Applications, 35(4): 1762-1770.

Leyshon A, Thrift N. 1995. Geographies of financial exclusion: Financial abandonment in Britain and the United States[J]. Transactions of the Institute of British Geographers, 20(3): 312-341.

Mandelbrot B. 1963. The variation of certain speculative prices[J[. The Journal of Business, 36(4): 394-419.

Mckinnon R I. 1973. Money and capital in economic development[J]. American Political Science Association, 41(163), 121-125.

Meltzer A H. 1967. Margins in the regulation of financial institutions[J]. The Journal of Political Economy(75): 482-511.

Merton R C. 1995. Financial innovation and the management and regulation of financial institutions[J]. Journal of Banking & Finance, 19(3-4): 461-481.

Miller D, Toulouse J M. 1986. Chief execative personality and corporate strategy and stracture in small firms[J]. Management Science, 32(11): 1389-1409.

Millon M H, Thakor A V. 1985. Moral hazard and information sharing: a model of financial information gathering agencies[J]. Journal of Finance, 40(5): 1403-1422.

Minsky P D, Hyman P. 1982. The financial instability hypothesis: Capitalist processes and the behavior of the economy[J]. Financial Cricics(5): 13-47.

Mishkin F S, Strahan P E. 1999. What will technology do to financial structure?[J]. Nber Working Papers.

Modigliani F, Miller M H. 1958. The cost of capital, corporation finance and the theory of investment—a correction[J]. American Economic Review, 48(2): 154-155.

Modigliani F, Miller M H. 1963. Corporate income taxes and the cost of capital: a correction[J]. American Economic Review, 53(3): 433-443.

Modigliani F. 1949. Fluctuations in the Saving-Income Ratio: A Problem in Economic Forecasting[M]. Columbia: National Bureau of Economic Research, Inc.

Mollick E. 2013. The dynamics of crowdfunding: An exploratory study[J]. Journal of Business Venturing, 29(1): 1-16.

Myers S C. 1984. The capital structure puzzle[J]. Journal of Finance, 34(3): 575-592.

Miller D, Toulouse J M. 1986. Chief Executive personality and corporate strategy and structure in small firms[J]. Management Science, 32(11): 1389-1409.

Peltzman S. 1976. Toward a more general theory of economic regulation[J]. Journal of Law & Economics, 19(2): 211-40.

Pennathur A K. 2001. "Clicks and bricks": E-risk management for banks in the age of the Internet[J]. Journal of Banking & Finance, 25(11): 2103-2123.

Piazza R. 2015. Financial innovation and risk: The role of information[J]. Annals of Finance, 11(3): 477-502.

Poppe C. 2016. Money machines: Electronic financial technologies, distancing, and responsibility in global finance[J]. Information Communication & Society, 2: 1-5.

Rajan R G. 2006. Has finance made the world riskier?[J]. European Financial Management, 12(4): 499–533.

Randall W S, Ii M T F. 2009. Supply chain financing: Using cash-to-cash variables to strengthen the supply chain[J]. International Journal of Physical Distribution & Logistics Management, 39(8): 669-689.

Saaty T L. 1990. An exposition of the AHP in reply to the paper "Remarks on the Analytic Hierarchy Process"[J]. Management

Science, 36(3): 259-268.

Satty T L. 1980. The Analytic Hierarchy Process: Planning, Priority Setting, Resource Allocation[M]. New Haven: McGraw-Hill.

Saunders A, Cornett M M. 2013. Financial Institutions Management: A risk Management Approach[M]. New Haven: McGraw-Hill Education.

Scaillet O. 2010. Nonparametric estimation and sensitivity analysis of expected shortfall[J]. Social Science Electronic Publishing, 14(1): 115-129.

Schumpeter J A. 1980. Theory of Economic Development[M]. London: Routledge.

Schwert G. 1990. Stock returns and real activity[J]. Journal of Finance, 45(4): 1237-1257.

Shaw E S. 1973. Financial Deepening in Economic Development[M]. Oxford: Oxford University Press.

Silber W L. 1983. The process of financial innovation[J]. American Economic Review, 73(2): 89-95.

Sosnick S H. 1958. A critique of concepts of workable competition[J]. Quarterly Journal of Economics, 72(3): 380-423.

Stigler G J. 1971. Theory of economic regulation[J]. Bell Journal of Economics, 2(1): 3-21.

Stiglitz J E, Hoff K. 1990. Peer monitoring and credit markets[J]. World Bank Economic Review, 4 (3): 351-366.

Stiglitz J E, Weiss A. 1981. Credit rationing in markets with imperfect information[J]. American Economic Review, 71(3): 393-410.

Taylor M. 1995. A regulatory structure for the new century[J]. Open Grey Repository, 1(2): 1-5.

Tsai C Y. 2011. On delineating supply chain cash flow under collectionrisk[J]. International Journal of Production Economics, 129(1): 186-194.

Tufano P. 1997. Business failure, judicial intervention, and financial innovation: Restructuring U. S. railroads in the nineteenth century[J]. Business History Review, 71(1): 1-40.

Tufano P. 2002. Financial innovation[J]. Handbook of the Economics of Finance, 1(3): 2-7.

Wijst W N V D. 2001. Default probabilities in a corporate bank portfolio: A logistic model approach[J]. European Journal of Operational Research, 135(2): 338-349.

Yohe G W. 1979. Taxing consumption to finance reduced emissions: an alternative pollution control[J]. Economics Letters, 2(1): 1-4.

Yurdakul M, İc Y T. 2004. AHP approach in the credit evaluation of the manufacturing firms in Turkey[J]. International Journal of Production Economics, 88(3): 269-289.

Zhang Y, Huang Y, Yang H. 2011. Empirical research of local corporate financial institutions interest rate pricing ability evaluation system based on the index system design and application of analytic hierarchy process (AHP) [J]. Financial Theory and Practice, 10: 57-63.